EL REAL CONVENTO DE SAN FRANCISCO DE VALENCIA

Hoy *Plaça de l'Ajuntament*

VICENTE GARCÍA ROS

EL REAL CONVENTO DE SAN FRANCISCO DE VALENCIA

Hoy *Plaça de l'Ajuntament*

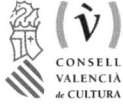

CONSELL
VALENCIÀ
de CULTURA

Agradecimientos

Deseo expresar mi agradecimiento a los religiosos de la Provincia Franciscana de Valencia, Aragón y Baleares, Fr. José-Benjamín Agulló *(in memoriam),* Fr. José Mª Falo y Fr. Joaquín Beltrán *(in memoriam).* Al coronel de Infantería en la reserva D. Julián Fernández García, ex-Director del Archivo Intermedio Militar Centro de Valencia, y a su Directora Técnica, Rebeca Sánchez. Al Canónigo-Archivero de la Catedral de Valencia D. Vicent Pons y colaboradores, particularmente a Alberto Marín, Técnico de los archivos franciscano y catedralicio. Al Jefe de Servicio de Proyectos Urbanos del Ayuntamiento de Valencia, Pedro Soler y a la Jefa de Sección de Arquitectura, Beatriz Romero. A la directora del Archivo Histórico Municipal de Valencia, Icíar Vilar *(in memoriam)* y personal del mismo, en especial a Beatriz Sena. A Silvia Villaplana y técnicos del *Arxiu-Biblioteca Històrica de la Universitat de València-Estudi General.* A los Doctores en Arquitectura, amigos y compañeros en la docencia universitaria, Antonio Gómez, Federico Iborra y Guillermo Guimaraens por sus valiosos consejos y aportaciones. A las arquitectas Victoria Espasa, Carla Satoca, Julia Mª Martínez y María Mezquita por su inestimable ayuda en la preparación del material gráfico. Al profesor Josep-Marí Gómez, al historiador y arqueólogo Vicent Artur Moreno, y a los investigadores y coleccionistas Rafa Solaz y Manuel Sarti. Expreso también mi agradecimiento a los alumnos del curso 2011-2012 de la asignatura *Historia de la Arquitectura 1* de la ETS Arquitectura-Universidad Politécnica de Valencia, cuyos trabajos constituyeron la base de algunas ilustraciones en los inicios de esta investigación.

Diseño y maquetación: Pascual Lucas

Imprime: Editorial MIC

PRINTED IN SPAIN / IMPRESO EN ESPAÑA

I.S.B.N. : 978-84-482-6945-6

Depósito Legal: V-4506-2023

Dedicado a Amparo, Javi y Carlos

SIGLAS Y ABREVIATURAS

AC	Archivo Catedralicio
ACA	Archivo de la Corona de Aragón
ADP	Archivo de la Diputación Provincial
ACGE	Archivo del Cuartel General del Ejército
AHEF	Asociación Hispánica de Estudios Franciscanos
AHM	Archivo Histórico Municipal
AHN	Archivo Histórico Nacional
AIA	*Archivo Ibero-americano*
AIMC	Archivo Intermedio Militar Centro
AM	Lucas Wadding: *Annales Minorum*
APF	Archivo de la Provincia Franciscana
APMDA	Archivo Privado del Marqués de Dos Aguas
APP	Archivo de Protocolos del Patriarca
Arch Franc Hist	*Archivum Franciscanum Historicum*
Arch Frat Praed	*Archivum Fratrum Praedicatorum*
ARV	Archivo del Reino de Valencia
ASC	Archivo de la Real Academia de BB.AA. de San Carlos
BHM	Biblioteca Histórica Municipal
BN	Biblioteca Nacional
BS	Boletín de Sesiones
BUV	Biblioteca-Archivo de la Universidad de Valencia
BV	Biblioteca Valenciana
Bull. Franc.	*Bullarium Franciscanum*
Cel	Tomás de Celano: *Vidas*
Comp Cron	*Compendio Cronológico*
EEMCA	*Estudios de Edad Media de la Corona de Aragón*

EF	*Estudios Franciscanos / Estudis Franciscans*
epígr./epígrs.	epígrafe/s
f.	folio
Flor.	*Florecillas de San Francisco*
fr.	fray
Franc Stud	Franciscan Studies
Franz Stud	Franziskanische Studien
Ley Per	*Leyenda de Perusa*
Lib./ lib.	Libro
LM	San Buenaventura: *Leyenda Mayor*
MC	Manual de Consells
MS	Museo Sorolla (Madrid)
Ms./ Ms inéd./ Ms. desap.	Manuscrito / Ms. inédito / Ms. desaparecido
MuVIM	Museo Valenciano de la Ilustración y la Modernidad
n.	nota
not.	notario
Narb.	Constituciones de Narbona
OFM	Orden de Frailes Menores
ORM	Órdenes religiosas y militares
perg.	pergamino
PU	Expedientes de Policía Urbana
RC	Real Cancillería
Reg bul	Regla bulada
Reg nbul	Regla no bulada
Rev Arch Bib Mus	Revista de Archivos, Bibliotecas y Museos
Rev Est Franc	*Revista de Estudios Franciscanos*
RSEAP	Real Sociedad Económica de Amigos del País
Spec Perf	*Espejo de Perfección*
TOR / VOT	Tercera Orden Regular / Venerable Orden Tercera de Penitencia

Í N D I C E

INTRODUCCIÓN

La plaza del Ayuntamiento, antigua de *Sent Francesch* 15
Justificación del estudio 22
Fuentes y metodología 26

INICIOS · 1217-1290

Capítulo I. Valencia en tiempos de la reconquista 41
El arrabal de *Báytala* 42
Confluencia histórica de dos personajes 46
El viaje de San Francisco a España 47
Çeyt y los mártires de Teruel 53
La supuesta donación de Çeyt 65

Capítulo II. La primitiva sede franciscana 75
La casa del camino de *Ruçafa* 75
La primera concesión de Jaime I 78
El problema de las brazas 84
Las casas de Ravalcadi 86
Segunda concesión Real: el cementerio 90

Capítulo III. Contexto social del convento 95
¿Predilección de Jaime I por los franciscanos? 96
El favor Real y ciudadano 99
Disputas de los frailes con los judíos 102
Advertencias de San Buenaventura 104
Tercera concesión Real: el lugar de *Alchannitia* 110

ESPLENDOR · 1290-1806

Capítulo IV. Concentración y afluencia de recursos 115
Crecimiento de la comunidad y nuevas necesidades 116
La hipótesis de un templo intermedio 117
Consecuencias de la Peste Negra 120
Berenguer de Codinats: el mecenas esperado 122

Capítulo V. Prestigio y esplendor de la nueva fundación 127
    La refundación del convento 128
    El vecino Hospital de la Reina 137
    El convento intramuros y la muralla del rey Pedro 139
    Eiximenis y el *Studium* de Valencia 140
    Prestigio conventual frente a pobreza franciscana 144
    La capilla Montagut del maestro Baldomar 152
    ¿Una portada gótica salvada de la destrucción? 156

Capítulo VI. Observantes contra conventuales 159
    Polémicas en torno a un zócalo de azulejos 162
    Primeros dibujos del convento: la vista de Wyjngaerde 164
    El edificio en el plano de Mancelli 167
    Nuevas series de alicatados 170

Capítulo VII. Nuevo florecimiento barroco 187
    Lorenzo Mateu y la imagen de la *Ecclesia Triumphans* 188
    La descripción de Juan Bautista Valda 195
    Campaña de renovación barroca 200
    Contratación de Juan Pérez Castiel 203
    Una reflexión sobre los claustros de San Francisco 206

Capítulo VIII. Visiones ilustradas del edificio 211
    El convento en el plano de Tosca 212
    Campaña de renovación barroco-clasicista 221
    Dos testimonios de la Ilustración valenciana: Teixidor y Ponz 224
    Impresiones de viajeros extranjeros 231
    Entorno urbano del convento 239

OCASO · 1806-1891
Capítulo IX. Hostigamiento político contra la comunidad 253
    Primeros conatos de agresión 254
    Derribo fortuito del vallado y extraño relato de un balcón 255
    Destrucción alevosa del jardín conventual 259

Dos frailes de San Francisco contra Napoleón 262

La nueva enfermería-noviciado de fray Vicente Cuenca 264

Depuración neoclásica del templo 266

Capítulo X. Visiones decimonónicas del convento 269

El convento en la cartografía urbana decimonónica 271

Un célebre grabado anónimo 274

El edificio en las litografías de Guesdon 281

La xilografía de Muller 285

Restitución histórica y gráfica del campanario 286

Los cuarteles de San Francisco y la renovación urbana 290

Capítulo XI. Abandono, ruina y demolición 297

Indiferencia social ante la ruina del edificio 301

Los planos inéditos del Cuartel de San Francisco 304

Fotografías de una nevada histórica 309

Demolición del convento 312

Los solares de San Francisco 314

Anexos

Anexo A: *Real Privilegio de fundación del convento* 323

Anexo B: *Carta de Fray Nicolau Espital a los Jurados de la Ciudad* 325

Anexo C: *Memoria de las sepulturas existentes en el convento en 1771* ... 326

Anexo D: *Secuencia cronológica del convento de San Francisco* 328

Anexo E: *Prospección geofísica por radar en la Pl. del Ayuntamiento (1992)* . 333

Anexo F: *Pinturas procedentes del convento de San Francisco* 335

Apéndices

Fotográfico - Planimétrico - Infográfico 339

Fuentes 352

Bibliografía 353

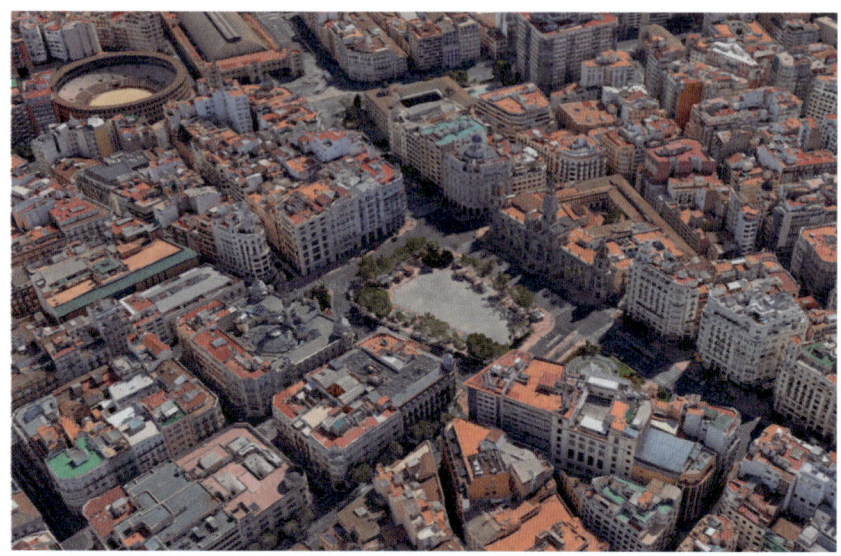

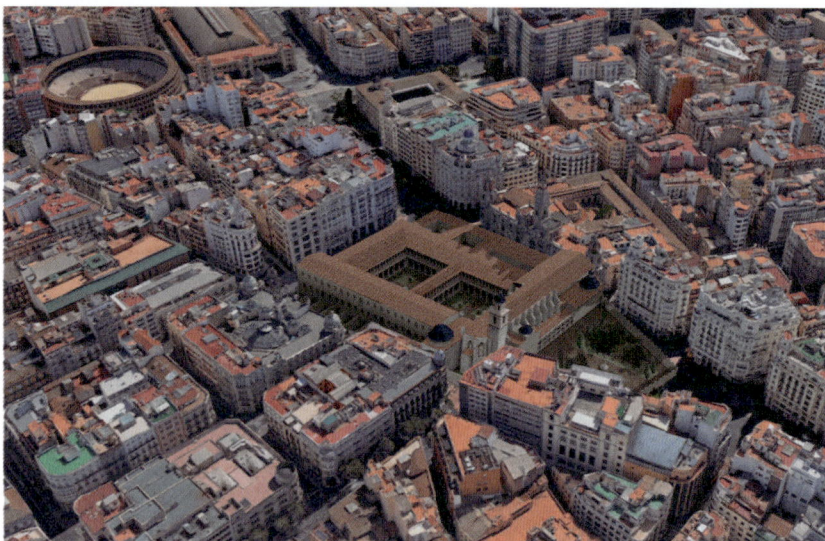

Inserción urbana del convento de San Francisco en la Plaza del Ayuntamiento de Valencia según V. García Ros. Fotocomposición: David Melero / Fernando Jarque.

INTRODUCCIÓN

La plaza del Ayuntamiento, antigua de *Sent Francesch*

El Real Convento de San Francisco de Valencia, cuya larga existencia se prolongó durante 653 años, estaba ubicado en el lugar de la actual plaza del Ayuntamiento, hoy corazón administrativo y de negocios de la ciudad. La peculiar forma triangular de la plaza se debe precisamente a su coincidencia con la pequeña parcela ocupada por los franciscanos a partir de la reconquista cristiana de la ciudad en 1238 y su posterior engrandecimiento con nuevas donaciones Reales. Con la transformación del convento en cuartel de Infantería y Caballería en 1836 y su demolición en 1891, la explanada resultante siguió manteniendo su característica forma de embudo. La desaparición del edificio culminó una ambiciosa operación urbanística ideada casi un siglo atrás por las autoridades liberales, ávidas de ganar para la ciudad los solares de San Francisco y hacer del lugar una gran plaza pública.

La destrucción del que fue uno de los conventos mendicantes más prósperos y de más temprana de fundación de la antigua Corona de Aragón constituyó una pérdida irreparable para la memoria histórica de la ciudad, viniendo a reproducir una situación muy recurrente en la España del siglo XIX: a la expulsión de los frailes en 1836 y la inmediata desamortización de Mendizábal le sigue la transformación del convento en cuartel y, más tarde, el abandono de las viejas construcciones, la demolición del edificio y la expropiación del solar con fines especulativos. Ni siquiera la restauración de las órdenes religiosas a partir de 1851 o el mayor interés por el patrimonio en el último tercio de siglo

XIX lograron salvar de la piqueta al convento de San Francisco, cuya espléndida fábrica gótica con adiciones clasicistas quedó reducida a una vasta explanada.

En el subconsciente colectivo de la ciudad ha venido flotando la idea de construir un garaje subterráneo en la actual plaza del Ayuntamiento, acaso inspirado en el ejemplo de la plaza de la Reina que, por cierto, también emergió súbitamente en el tejido urbano, si bien en este caso como resultado de la demolición de unas manzanas de viviendas previo *referendum* popular. El concurso de ideas para la remodelación de la plaza del Ayuntamiento de 1996 contemplaba la inclusión de un aparcamiento subterráneo, si bien advertía que:

"Cualquier propuesta que pueda afectar al subsuelo de la Plaza deberá tener en cuenta las posibles afecciones a los restos arqueológicos y en especial a la localización del antiguo convento de San Francisco"[1].

Esta apostilla se hacía sin que se tuviera una noción clara de la configuración de los cimientos del convento, más allá de los difusos resultados de una prospección por georadar encargada a una empresa privada en 1994 (Anexo E). Sin embargo, las bases del concurso no recibieron el plácet de la Dirección General de Patrimonio de la Generalitat Valenciana porque afectaban directamente a los restos arqueológicos del convento de San Francisco:

"La Dirección General de Patrimonio Artístico constata que la implantación del parking del Ayuntamiento no está justificada respecto al grado de impacto sobre la accesibilidad y la arqueología de la ciudad. Por lo tanto, no puede validar la implantación del parking mientras estas cuestiones no estén resueltas, se conozca su alcance e incidencia y se traduzca en una ordenación específica [...]"[2].

---

1   Concurso de ideas para la remodelación de la Plaza del Ayuntamiento, Exp. 256/96. Ayuntamiento de Valencia. Area de Urbanismo. Servicio de Proyectos Urbanos. Sección: Proyectos Urbanos. Firmado en Valencia a 16 de Julio de 1996. La arquitecta municipal (firma ilegible).

2   Anexo contenido en el pliego del Concurso de ideas para la remodelación de la Plaza del Ayuntamiento, Exp. 256/96. Ayuntamiento de Valencia. Area de Urbanismo. Servicio de Proyectos Urbanos. Sección: Proyectos Urbanos.

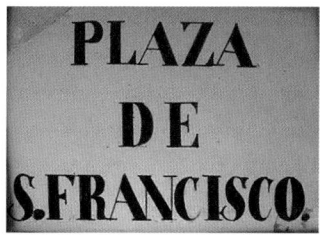

Rótulo de la Plaza de San Francisco, entre 1874 y 1900. Cerámica original. Colección particular Rafael Solaz.

Tras esta resolución, el garaje subterráneo fue excluido repentinamente de las condiciones del proyecto cuando el plazo de entrega de propuestas todavía estaba abierto. Con todo, hay que reconocer que la construcción de un *parking* a los pies de la Casa Consistorial podría ser factible si previamente somos capaces de ubicar con exactitud los cimientos del convento, como pretendemos hacer en este libro.

Análogamente a lo ocurrido hace unos años en Valencia con la aparición de las ruinas del Palacio Real durante el curso de unas excavaciones en la calle General Elío, una eventual actuación en los antiguos solares de San Francisco hará aflorar de inmediato los cimientos del convento, lo que proporcionaría un caudal de datos arqueológicos con los que documentar mejor el edificio. Datos físicos que no han estado a nuestro alcance por razones obvias, pero al menos sí hemos tenido acceso al citado sondeo por georadar, cuyos resultados por sí solos son estériles a menos que se superpongan a la planta del convento. Una hipotética apertura de los cimientos de San Francisco permitirá verificar o, en su caso, revisar nuestra hipótesis de restitución arquitectónica que, a falta de información arqueológica, deberá emanar de fuentes documentales y de archivo.

El hecho de que la ciudad todavía no haya sido capaz de encontrar una solución satisfactoria a su *plaza mayor*, y que las posibles alternativas planteadas (alguna ciertamente meritoria, como la de Javier Goerlich, de vigencia efímera entre 1931 y 1961) hayan estado repletas de vacilaciones y dudas, sugiere que la demolición del convento de San Francisco vino a resolver un problema inmediato –el de eliminar una ruina abandonada– pero planteó a la larga el reto de cualificar el espacio urbano que emergió como consecuencia de la demolición de aquella ruina.

Pues bien, tan cambiante como la respuesta al problema urbanístico ha sido la nomenclatura de la propia plaza a lo largo de los dos últimos siglos. La histórica *Devallada de Sent Francesch*, como la rotuló el P. Tosca en su plano original de 1704, era una calle en suave declive que, viniendo de la iglesia San Martín, desembocaba en una pequeña plazuela ante la tapia del jardín conventual. Esta reducida plaza triangular que antecedía al convento se reconoce perfectamente en el plano del oratoriano y aparece grafiada en él como *"plaça de S. Francesch"*.

Sin embargo, aquel minúsculo espacio urbano empezó a ganar superficie el seis de octubre de 1806 como resultado de la demolición del jardín conventual por orden de la Intendencia, que envió una brigada de operarios con el propósito de convertir el frondoso lugar de los frailes en una vasta explanada. Es en aquel premeditado acto de talado masivo de árboles donde encontramos el germen de la actual plaza del Ayuntamiento, cuya nomenclatura, decíamos, ha variado enormemente en los dos últimos siglos.

Consecuentemente con el hostigamiento cultural y político contra la Iglesia en el siglo XIX, los *constitucionales* suprimieron la histórica denominación de *plaça de S. Francesch* por otras de carácter civil y militar. Y aquella plaza que empezaba a emerger en el paisaje urbano conoció una serie de extrañas rotulaciones ajenas a sus orígenes franciscanos; algunas de vigencia efímera, como *plaza del General Espartero* (1840-1843), después de *Isabel II* (1843-1868), *de la Libertad* (1868-1874), nuevamente *de San Francisco* en el último cuarto de siglo (1874-1900) y, muy fugazmente, de *Blasco Ibáñez* con la llegada del siglo XX, sin bien el tributo al insigne escritor tan solo duró unos meses. Otras, en cambio, más consolidadas y mejor conocidas, como la dedicada al presidente de la I República, Emilio Castelar, cuyo nombre campeó desde 1900 hasta el fin de la Guerra civil. Seguida después por *plaza del Caudillo* durante el franquismo, *del País Valenciano* en la transición democrática y, por último, *de l'Ajuntament*, denominación que pretendía zanjar la controversia política mediante una solución neutral no exenta de cierto narcisismo institucional. Eso, sin entrar a valorar las connotaciones modernas y castellanizantes del término *Ayuntamiento* y su forzada traducción *Ajuntament* para denominar aquello que en la Valencia medieval se conocía en realidad como *Sala del Consell* –comúnmente *"la Sala"*– o *Casa de la Vila*.

Que la cuestión nominal continúa hoy abierta lo demuestra la última propuesta, ésta proveniente del *Consell Valencià de Cultura*, de rebautizar la plaza con el nombre del *Rei Jaume I* –benefactor, por cierto, del terreno de los franciscanos– y más anecdóticamente la intentona popular, difundida por las redes sociales, de renombrarla como *plaza del 15-M* en recuerdo de unas acampadas de protesta celebradas allí en mayo de 2011. Con todo, algunas tímidas voces han sugerido la recuperación de la genuina *Plaça de Sant Francesc* como recuerdo simbólico del malogrado edificio, aunque a decir verdad, sin éxito ni eco alguno.

Se podrá argumentar que el largo periplo nominal de la plaza refleja los avatares políticos de la España contemporánea y viene a sintetizar toda nuestra historia reciente. Admitiendo la validez de tal razonamiento, es obvio que tales denominaciones siempre acaban por ignorar precisamente aquello a lo que la plaza debe su existencia y justifica su razón de ser: el sitio que fue del convento de San Francisco. Por más que el edificio fuera arrasado en 1891 hasta no dejar de él piedra sobre piedra, la plaza que emerge en su lugar llevará siempre inscrita en su genética la impronta de su origen conventual. Y puesto que ya no es posible recuperar físicamente el edificio, bueno sería reintegrar al menos su memoria sustituyendo la inconsistente denominación actual por otra de mayor justificación histórica como la del *Convent de Sant Francesc* –así rotula una calle próxima– o simplemente *Plaça de Sant Francesc*, como siempre se conoció el lugar desde el medievo hasta 1840 y durante el paréntesis 1874-1900. Bien entendido que no se trata de conmemorar al *poverello* de Asís en la plaza principal de la ciudad, sino de hacer memoria del edificio que permaneció allí bajo su advocación durante más de seis siglos. A fin de cuentas, la contigua calle de la Sangre no hace sino recordar la iglesia y archicofradía de la Santísima Sangre de Cristo que existió en ese lugar desde el siglo XVI hasta la Guerra española. Lo mismo otra calle no lejana, la de *Convento Jerusalén*, recuerda al malogrado monasterio de clarisas de Nuestra

Señora del [Es]Pasmo de Jerusalén, fundado en 1469, por no citar la calle de la Corona o la de Jesús, que también evocan sendos conventos de la Orden franciscana.

La torpeza política para encontrar un nombre convincente para la plaza discurre en paralelo a la dificultad de los arquitectos para idear una solución urbanística definitiva a un espacio urbano que, recordemos, surgió inesperadamente en la trama urbana sin planificación ni trazado previos. Ciertamente la reforma iniciada por Javier Goerlich en 1933 durante la II República –la célebre *tortada*– fue, con mucho, la intervención más brillante de las proyectadas en esta plaza. Por desgracia nada queda hoy de aquella plataforma elevada accesible a través de sinuosas escalinatas, debajo de la cual existió un peculiar mercado neobarroco de flores en torno a una plaza circular que recordaba, a pequeña escala, la Plaza Redonda, y cuya balaustrada en superficie era conocida popularmente como *la escupidera* al ser utilizada por algunos ciudadanos incívicos para lanzar salivazos al visitante del mercado subterráneo. La meritoria obra de Goerlich fue demolida en 1961, aunque muchos de sus elementos se encuentran dispersos por la ciudad[3].

Más recientemente, los dos concursos convocados en la última década del siglo XX para la remodelación de la plaza se materializaron al final en una mera operación de pavimento, plantación de arbolado, muevas farolas y remodelación de los puestos de venta de flores, mostrando una vez más la voluntad y, al mismo tiempo, la dificultad de cualificar un espacio urbano que siempre se entendió más como una cavidad accidental en la trama urbana que como una verdadera plaza. Algo así como una *antiplaza*, un colosal residuo urbano o un conflicto sobrevenido difícil de gestionar si tenemos en cuenta, por un lado, lo anómalo de su planta triangular y, por otro, las distintas servidumbres impuestas a la plaza a lo largo del último siglo. Éstas, como es natural, condicionaron los proyectos ganadores de diferentes concursos, primero el de Javier Domínguez, después el de Pepe Font y Rafael López, y últimamente el de Miguel del Rey.

---

3   Cuando este libro entra en imprenta, el Ayuntamiento ha planteado la posibilidad de devolver a la plaza la Tortada de Goerlich (*Las Provincias*, 29 Agosto 2023).

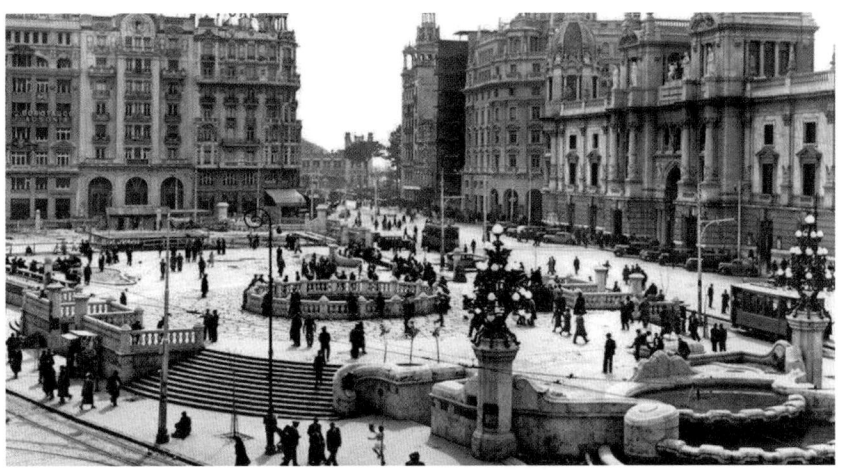

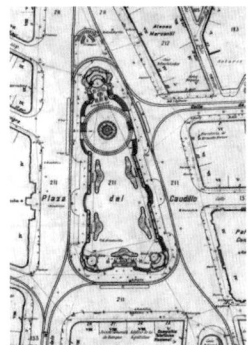
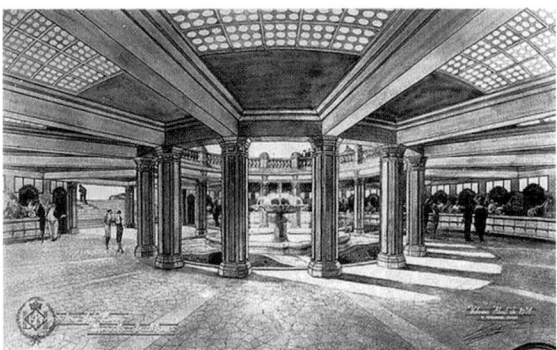

J. Goerlich: La *tortada*, inaugurada en 1933 en la plaza de Emilio Castelar y demolida en 1961 (plaza del Caudillo). Vista general. Instituto Geográfico Nacional. V. Vidal Corella, 1980: 125. Planta del proyecto y Mercado de flores subterráneo. Ayuntamiento de Valencia. Área de Urbanismo. Servicio de Proyectos Urbanos.

Una de esas servidumbres era la de los tradicionales puestos florales, cuya presencia se remonta a los tiempos de la plaza de Castelar cuando unos exóticos kioscos de aspecto orientalizante se diseminaban bajo la sombra de los árboles creando un ambiente entre romántico, ecléctico y *Belle-époque*. Pero no solo esta servidumbre, también otras menos bucólicas han lastrado históricamente a nuestra plaza: la circulación rodada perimetral, primero del tranvía y después del automóvil, hoy parcialmente recuperada para el peatón; el estratégico nudo de comunicaciones del transporte público, que durante décadas obligó a transitar por la plaza a más de mil autobuses diarios; y, cómo no, la exigencia de una explanada central permanentemente despejada donde disparar la *mascletà* veinte días al año. Bajo tales condiciones se comprende mejor la dificultad de los arquitectos para encontrar una solución satisfactoria a un desatino urbano derivado de otro mayor: la demolición del histórico convento de San Francisco.

Justificación del estudio

El contenido de este libro es fruto de una investigación de más de diez años que no pretende sintetizar ni reelaborar el trabajo de otros autores ya que, hasta el momento, no existía ningún estudio monográfico sobre el Real Convento de San Francisco de Valencia. Más bien trata de recuperar para la historiografía de la arquitectura valenciana la memoria de un edificio prácticamente desconocido del que se posee una documentación muy sumaria, de ahí que nunca haya sido restituido o interpretado en toda su complejidad. Es, también, el resultado de una inquietud cuyo origen se remonta a los tiempos en que este autor presentó en la Universidad Politécnica de Valencia su Tesis doctoral con el título *Arquitectura de los franciscanos en la Corona de Aragón (1217-1835)*, defendida en la Escuela Técnica Superior de Arquitectura en abril de 1996. Por la gran amplitud geográfica y cronológica de aquel estudio quedó pendiente una investigación futura acerca del que fue uno de los cenobios más importantes de los dominios de Aragón: el convento de San Francisco de Valencia.

La importancia de este edificio residía no solo en la respetable superficie de suelo que llegó a ocupar –la mayor de todos los conventos de la ciudad– sino también en sus valores arquitectónicos, reconocidos por cronistas y viajeros, que cierta historiografía le ha negado. A ese esplendor contribuía la fábrica de sillería gótica del templo y su hermosa sala capitular, los espaciosos claustros y las piezas artísticas allí guardadas, algunas de gran valor, de las que hoy conservamos una ínfima parte en el Museo San Pio V de Valencia y en el Museo episcopal. Reflejo de la relevancia de este convento fue también su numerosa población, variable según épocas pero casi siempre superior al centenar de frailes. A su prestigio no fue ajeno el *Studium* de Teología radicado en sus claustros desde el siglo XIV, siempre en continuo diálogo y confrontación ideológica con el *Estudi General* de la Universidad de Valencia, o el Capítulo General de la Orden celebrado allí en mayo de 1768. Tampoco debemos descuidar los abundantes frutos de sabiduría y santidad emanados de sus muros, tal como recuerdan enfáticamente los cronistas de la Orden. Baste citar el paso de hombres del linaje de fray Pedro, infante de la Casa Real de Aragón, quien tras enviudar ingresó en el convento, o fray Francesc Eiximenis, que ocupó una celda desde su llegada a Valencia en 1383 hasta su fallecimiento en 1409.

Restituir histórica y gráficamente el convento de San Francisco de Valencia no es en absoluto tarea sencilla. De hecho, algunas tentativas realizadas en el pasado desde dentro y fuera del ámbito universitario resultaron infructuosas en todos los casos. Sucías, en su obra *Los conventos del Reino de Valencia*, ya advirtió que, de todos los cenobios valencianos existentes o desaparecidos, los de San Francisco y San Agustín son los peor documentados en los archivos. La escasez de información que acompaña al estudio de la arquitectura monástica en general, unida a la transformación o pérdida del edificio concreto, son inconvenientes que obstaculizan la labor investigadora e impiden muchas veces llegar a resultados convincentes.

Nos anima, sin embargo, el deseo de reconstruir este episodio perdido en la arquitectura valenciana porque creemos, como recordaba Leopoldo Torres Balbás en 1943, que la desaparición de muchos edificios que aportaron innovaciones a la técnica constructiva o a las modas artísticas nos obliga a restaurar, si no el edificio, sí al menos su memoria[4]. Añadía Balbás que la historia de la arquitectura estudiada tan solo a base de las construcciones subsistentes, salvadas del desgaste fatal del tiempo y de la furia destructora de los

---

4   Torres Balbás, L.: Dos formas olvidadas de la arquitectura hispanomusulmana. En: *Crónica arqueológica de la España musulmana* XIII, recopilado en: *Obra dispersa I Al Andalus*, vol. 2, Instituto de España, Madrid 1981: 239-241.

hombres, presentará siempre abundantes lagunas. De ahí que el prestigioso arquitecto-historiador reclamara el conocimiento, también, de los edificios que ya no existen:

> *"Falta por escribir una historia de la arquitectura en la que, al lado de lo que se sabe, figure la sugestión de lo mucho que se ignora, intentando evocar, a fuerza de paciencia y hasta de imaginación disciplinada, los edificios desaparecidos [...] reconstruyendo sobre el liviano andamiaje de indicios, pequeños fragmentos y supervivencias, monumentos convertidos en polvo desde hace siglos"*[5].

En 1961, un año después de la muerte de Torres Balbás, Juan Antonio Gaya Nuño respondía a ese llamamiento al publicar *La arquitectura española en sus monumentos desaparecidos*. En este ensayo ya clásico, Gaya advierte que en España ha sido tan abundante la nómina de edificios notables perdidos, que solo con ellos se podría escribir una historia de la arquitectura paralela. Sin embargo, lo magno de su empeño no le permitió ir mucho más allá de una recopilación de datos e imágenes publicadas con anterioridad. Por cierto, entre las obras valencianas perdidas, este autor omite por completo el edificio al que dedicamos este libro. Tal es el desconocimiento que se tenía del mismo.

Más recientemente, en 1999, Salvador Aldana coordinó una meritoria publicación, *Monumentos desaparecidos de la Comunidad Valenciana*, donde reivindicaba con nostalgia el abundantísimo patrimonio valenciano destruido. La obra, ésta sí, dedica tres páginas al convento de San Francisco de Valencia, del que recopila algunos momentos fuertes de su historia, acompañando el texto de una conocida lámina decimonónica atribuida habitualmente por error a Eutimio Fernández. Muy parecida es la reseña de Fernando Pingarrón en su *Arquitectura religiosa del siglo XVII en la ciudad de Valencia*, donde el autor reconoce que todavía está pendiente un análisis exhaustivo del edificio.

Sabemos que el patrimonio arquitectónico de la Valencia medieval conservado en la actualidad es, de hecho, menor del que se ha perdido en circunstan-

---

5   Ibídem, 239.

cias adversas, siempre con la oposición más o menos firme de algunos intelectuales quienes lamentaron la merma que suponía para las generaciones futuras el abandono de los edificios históricos. Tal es el caso del convento de San Francisco de Valencia, cuyo alarmante estado hacia 1880 no mereció la denuncia de Cruilles ni de otros intelectuales, quienes tampoco levantaron la voz contra la demolición del que fue buque insignia de la Provincia franciscana de Valencia.

La histórica rivalidad entre las órdenes mendicantes, especialmente la que existió desde los primeros momentos fundacionales entre franciscanos y dominicos, que en ocasiones llegó a litigios judiciales, es uno de los factores que explican el progresivo engrandecimiento de sus respectivos conventos en Valencia. Es obvio que el de San Francisco no igualaba en elegancia y belleza al de Predicadores, pero llamaba la atención de los visitantes por sus imponentes dimensiones y por la soberbia fábrica gótica de la iglesia y sala capitular. La nave del templo debía impresionar no tanto por su altura de 17,65 metros hasta el arranque de las bóvedas y de 22,30 hasta las claves, ciertamente elevada para los parámetros del gótico meridional, sino por su considerable profundidad de más de 55 metros con diez tramos de bóvedas *barlongas* y presbiterio poligonal. Tampoco debemos obviar la considerable amplitud de sus dos claustros, asombrosamente grandes en el plano de Tosca, que también mencionaron Teixidor, Ponz y otros historiadores locales cuyos testimonios suelen ser más objetivos al contemplar el edificio sin el apasionamiento de los cronistas franciscanos.

Si el primitivo campanario gótico de San Francisco se podía equiparar al de la iglesia del Salvador, tras la adición del cuerpo barroco de ladrillo con remate cupulado llegó a alcanzar una esbeltez tan inusitada –solo comparable a la del dieciochesco de José Mínguez en el caserío de Campanar– que su admirable altura de 46,40 m. no pasó desapercibida a cronistas y viajeros. De hecho, la vista de Guesdon desde el Este sugiere que la *torre* de San Francisco era de altura casi igual a la de Santa Catalina, sobresaliendo por encima de muchos otros campanarios de la ciudad a excepción del *Micalet*. Sin embargo, lo más probable es que su altura estuviese dentro del rango de los del Remedio, San Juan del Mercado, San Nicolás, El Carmen, o Predicadores, aunque su base más reducida hacía que su esbeltez fuera mayor, lo que acentuaba la sensación de altura[6]. Por ello, todo apunta a que Mancelli, Tosca y el autor de la estampa decimonónica apenas hipertrofiaron su esbeltez.

Por último, hacemos constar que la restitución histórica y gráfica que nos proponemos abordar siempre será una hipótesis razonable, avalada por un amplio conocimiento de la arquitectura franciscana y por el manejo de múltiples fuentes, pero en todo caso sujeta a la crítica y a posibles revisiones en la medida que nuevas investigaciones, eventuales descubrimientos o futuras excavaciones arrojen datos adicionales acerca del edificio.

Fuentes y metodología

La tarea de restituir histórica y gráficamente el antiguo convento de San Francisco de Valencia puede parecer un tanto temeraria si tenemos en cuenta que, a fecha de hoy, no existe ningún estudio específico sobre el edificio más allá de algunas breves reseñas que, por otra parte, suelen insistir en los mismos tópicos. No cabe duda que el mejor documento para conocer la historia de un edificio es el propio edificio. Sin embargo en nuestro caso nos enfrentamos a una construcción monumental de la que no existe vestigio alguno, lo que supone una dificultad añadida para estudiarlo por métodos convencionales. Conservamos, no obstante, algunos planos y dibujos, fotografías anteriores a su demolición, numerosas noticias documentales y datos de archivo que nos permiten abordar la tarea.

El primer artículo monográfico sobre el convento es el que publicó en cuatro entregas José María Zacarés en los números de febrero de 1846 del periódico literario y pintoresco *El Fénix*[7]. Por entonces el edificio todavía conti-

---

6   La sección del campanario de San Francisco era de 20 x 20 pies (5,57 x 5,57 m.) según el plano de Ulloa/Navarro [Madrid, ACGE, PL, sign. V-4/18]. Esta dimensión era mayor que la de la torre de las Escuelas Pías (4,62 m. de base), el Colegio del Patriarca (4,73 m.), Santo Tomás (4,77 m.), San Esteban (5,03 m.), San Martín (5,30 m.) y Campanar (5,40 m.). La de San Francisco era de dimensiones muy parecidas en planta a la San Bartolomé (5,53 m.). Otras torres de planta cuadrangular en la ciudad de Valencia poseen más base: El Pilar (5,78 m.), San Andrés (6,09 m.), San Agustín (6,17 m.), San Nicolás (6,44 m.), Santo Domingo (6,65 m.), Santa Mónica (6,66 m.), Santos Juanes y El Carmen (6,78 m.) y El Salvador (7 m. de lado mayor). Su esbeltez (relación altura/sección) sería similar a la de la torre de Campanar.

7   ZACARÉS Y VELÁZQUEZ, José María: Valencia artística y monumental. Fundación del Real convento de san Francisco de Asís de esta ciudad, *El Fénix* 19 (Valencia, 8 Feb. 1846); 20 (15 Feb. 1846); 21 (22 Feb. 1846); 22 (1 Mar. 1846).

nuaba en pie, aunque convertido ya en instalación militar. El artículo, repleto de tópicos e inexactitudes, revela la dificultad del autor para abordar un tema enormente complejo, de ahí que la mayor parte del texto se destine a fabular sobre la vida de Jaime I y a reivindicar la figura del *moro* Çeyt, hasta entonces sumamente criticado, cuando no a transcribir literalmente el *Viage* de Ponz.

Tres décadas después, en 1876, aparecieron en la *Revista de Archivos, Bibliotecas y Museos* unas *Observaciones sobre la Ruzafa de Zeit y el Convento de Menores de Valencia*. Su autor, oculto tras las siglas J. M. L. de A.[8], trató de demostrar con pruebas la ubicación del convento sobre el lugar del palacio de recreo del rey almohade, refutando así la opinión de otro articulista, José María Torres y Belda, quien poco antes había negado tal extremo en la misma publicación[9]. El contundente artículo firmado por el primero comenzaba con un enfático "*vamos a probar al Sr. Torres y Belda que el ex-convento de San Francisco de Valencia ocupa el lugar del palacio de recreo del último rey moro*". La controversia se centró en el momento prefundacional, pero ninguno de los articulistas osó adentrarse en la historia de un edificio que, por entonces, aún seguía en pie aunque en un estado deplorable.

A estas primeras tentativas siguieron las breves reseñas del filólogo franciscano Luis Fullana Mira, publicadas entre 1922 y 1924 en la revista de exhortación franciscana *La Acción Antoniana*[10]. En ellas el lingüista se limitó a divulgar, transcribiendo casi *ad literam*, la *Historia de la Provincia de Valencia de la Regular Observancia de San Francisco* de fr. Vicente Martínez Colomer que,

---

8 J. M. L. de A., 1876: 377-380. Acostumbrado a firmar a pie sus artículos con esas siglas, no hemos conseguido averiguar su verdadera identidad, pues los índices de la *Rev Arch Bib Mus* anotan igualmente sus siglas. Consultado el *Manual* de Vicente Boix [BOIX, 1849: 249-359] creemos que podría tratarse de Juan Martí, vicesecretario de la Sección de Bellas Artes del Liceo Valenciano [Ibídem, 355]. Más improbablemente sería otro miembro del Liceo, José Méndez de Alvaro, si bien éste pertenecía a la Sección de Declamación [Id.]. Otra posibilidad es la de José María de Arróspide, marqués de Sardañola, Boil y Dos-Aguas [Ibídem, 308].

9 TORRES Y BELDA, José María, 1876. Rectificaciones a varios artículos sobre sigilografía española, *Rev Arch, Bib Mus* 10 (Madrid, 20 Mayo 1876): 169-172; 11 (Madrid, 5 Junio 1876): 185-189.

10 FULLANA, 1922a; 1922b; 1922c; 1922d; 1922e; 1922f; 1822g; 1923a; 1923b; 1923c; 1923d; 1923e; 1924a; 1924b; 1924c.

junto con la crónica de fr. Miguel Magraner[11], constituyeron prácticamente sus únicas fuentes de información. Con todo, el trabajo de Fullana supuso un primer empeño de construir la historia del edificio que, sin embargo, no pasó de un elenco de noticias inconexas sobre los primeros siglos de vida del convento, revelando que los autores tienden a centrar su atención casi exclusivamente en los tiempos *heroicos* del franciscanismo.

Los cronistas de la Provincia franciscana de Valencia aportan copioso material histórico sobre nuestro convento[12]. Por desgracia las obras más antiguas se han perdido, tanto la del P. Tomás Silvestre[13], de 1585, como la del P. Juan Insa[14], de 1607. Otras crónicas seráficas desaparecidas que hubieran aportado abundantes datos sobre el edificio son las de Jerónimo Sánchez[15]

---

11 MAGRANER Y SOLER, P. Fr. Miguel: *Historia de la Provincia de la Regular Observancia de San Francisco*, Ms. inéd., 1824. Copia de 1975 por el P. Germán Rius. Valencia, Archivo Histórico de la Provincia Franciscana.

12 La nómina de escritores y obras fue recopilada por Ivars en un exhaustivo trabajo que, sin embargo, quedó incompleto: IVARS, Andrés: Cronistas franciscanos de la Provincia de Valencia, *AIA* 28 (1927), 263-271 y 378-386; 31 (1929), 387-402.

13 SILVESTRE, Tomás: *Crónica de las cosas memorables y particulares acerca de los Religiosos menores y Religiosas de Sta. Clara de Valencia.* Ms. desap. 1585. MARTÍNEZ COLOMER [1803: 309-310] le supone autor de las notas sobre las fundaciones valencianas publicadas en el *De origine Seraphicae* de Gonzaga [Gonzaga, 1587]. Al decir de Ivars, la Crónica del P. Silvestre no era una obra maestra, ya que carecía de espíritu crítico, y su autor, crédulo en exceso, recogió todo tipo de leyendas o tradiciones más o menos fundadas [*AIA* 28 (1927): 270]. Ello no obsta para que deploremos su pérdida, pues aun en el supuesto que no pudiera utilizarse como fuente segura de información en lo referente a los primeros siglos de franciscanismo valenciano, sí que proporcionaría abundante material histórico sobre los siglos XV y XVI, más inmediatos al autor.

14 INSA CORIA, Juan: *Historia de la Provincia de Valencia de la Orden de San Francisco*, Ms. desap., 1607. Nada se sabe de este manuscrito y hasta su datación es incierta, pero no se puede dudar de su existencia puesto que Wadding guardaba una copia que utilizó para sus AM, donde se refiere al autor como "Joannes Inca, hispanus, Reg. Observ., Provinciae Valentiae […] scripsit Historiam praedictae" [*AIA* 28 (1927), 271; 379]. Al tratar este religioso, los dos últimos cronistas de la Provincia, Colomer y Magraner, nunca le dan título de cronista por desconocer el manuscrito que retenía Wadding [*AIA* 28 (1927): 271]. La existencia en la Provincia de Valencia de dos religiosos con el mismo nombre llevó a algunos errores que fueron aclarados por Agulló [cfr. Agulló, 1988: 61 y 116].

15 SÁNCHEZ DEL CASTELLAR, Gerónimo: *Crónica de todas las cosas memorables que desde su principio ha tenido esta Provincia de Valencia, sacada de los Archivos de la Provincia*, Ms. desap., 1635. Fue el mejor de los cronistas franciscanos de Valencia, y para su crónica pudo utilizar los tres primeros tomos publicados de los AM de Wadding. [*AIA* 28 (1927): 380]. Su crónica la usaron Hebrera y Colomer, entre otros. El P. Escartín la utilizó para su panegírico sobre los mártires de Teruel [Lorte y Escartín, 1708].

(1635), Lorenzo Guardiola[16] (1664), Cristóbal Mercader[17] (1697), Juan Salvá[18] (1726) y José Sorribas[19] (1740). Dejando aparte la *Chronica* de Hebrera, de 1703, las que han llegado a nuestros días son más tardías y se limitan a la ya citada *Historia* de Colomer[20], la homónima de Magraner[21], el *Compendio Cronológico*[22] y las *Notas* del P. Conrado Ángel[23].

Fuera de la Orden tenemos noticias en las respectivas crónicas de Beuter[24], Mateu[25] y Valda[26], en las *Décadas* de Escolano[27], las *Antigüedades* de Teixi-

16 GUARDIOLA, Lorenzo: *Memorias Históricas de la Provincia de Valencia*, Ms. desap., 1664. Se conservaba en el Archivo de Santa María de Jesús en Valencia. Hebrera y Colomer conocieron este manuscrito porque lo citan como fuente de información propia. Sin embargo, a juzgar por lo que dice Hebrera siguiendo al P. Guardiola, éste no estaba bien informado acerca del origen del convento de San Francisco de Valencia por cuanto sitúa en 1237 la donación de tierras a los frailes [*AIA* 31 (1929): 401].

17 MERCADER, Cristóbal: *Crónica de la Santa Prov.ª de la Observancia de S. Francisco de Valencia*, Ms. desap. 1697. Lo cita MARTÍNEZ COLOMER, 1803: 458; *Comp Cron*, 1805-1826: 77.

18 Lector de Arte y Teología, Definidor, Cronista y Ministro Provincial. Al P. Agulló no le consta que escribiera algo [Agulló, 1988: 164].

19 SORRIBAS, José: *Historia Seráfica de la Provincia de San Francisco de Valencia*, Ms. en 3 vol., desap. [cfr. Colomer, I, 464].

20 MARTÍNEZ COLOMER, Vicente: *Historia de la Provincia de Valencia de la Regular Observancia de San Francisco*. 2 vol. t. I: Valencia: Salvador Faulí, 1803. (ed. facsímil: Madrid: Cisneros, 1982); t. II: Ms. inéd. nº 6422, Archivo Histórico Municipal de Valencia.

21 MAGRANER Y SOLER, P. Fr. Miguel: *Historia de la Provincia de la Regular Observancia de San Francisco*, Ms. inéd., 1824, Copia de 1975 por el P. Germán Rius. Valencia, Archivo Histórico de la Provincia Franciscana.

22 *Compendio Cronológico de la Provincia Observante de S. Francisco de Valencia*. 1805-1826. Ms. inéd. Valencia, Archivo Histórico de la Provincia Franciscana.

23 ÁNGEL, Conrado. *Notas históricas de las Seráficas Provincias de Valencia*. Ms. inéd. 1943. Valencia, Archivo de la Provincia Franciscana.

24 BEUTER, Pedro. A.: *Primera parte de la Coronica general de toda España, y especialmente del Reyno de Valencia donde se tratan los estraños acaecimie[n]tos que del diluuio ... hasta los tiempos del rey don Iayme de Aragon en España se siguieron* [...] Impressa en Valencia: en casa de Pedro Patricio Mey, 1546 [1604].

25 MATEU Y SANZ, Lorenzo, 1658. *Relacion de las festivas demostraciones que ... Don Luis Guillen de Moncada* [...], *Capitán general en* [...] *Valencia* [...] *hizieron por el* [...] *alumbramiento de la Reyna* [...]. Valencia: Bernardo Noguès.

26 VALDA, Juan Bautista de, 1663. *Solenes fiestas que celebró Valencia a la Inmaculada Concepción de la Virgen María*. Valencia: Gerónimo Vilagrasa.

27 ESCOLANO, Gaspar, 1610-1611. *Décadas de la historia de la insigne y coronada ciudad y Reino de Valencia*. Valencia: Pedro Patricio Mey.

dor[28], el *Viage* de Ponz[29] o la *Guía* de Cruilles[30], por citar las más relevantes, si bien en muchos casos los autores se limitan a repetir tópicos e informaciones equívocas que copian unos de otros. Investigadores y eruditos de nuestro tiempo como Robert I. Burns, Mª. Desamparados Cabanes, Juan L. Corbín o Jill R. Webster también proporcionan datos sumamente interesantes para nuestra investigación.

En cuanto a información gráfica del convento, el documento más antiguo que se conoce es el detalle del dibujo preparatorio y la vista definitiva de Wyjngaerde (1563), al que siguieron los planos cartográficos de Mancelli (1608) y Tosca (1704). En este último, el edificio adquiere un claro protagonismo por sus imponentes dimensiones, reconociéndose todo el conjunto con cierto nivel de detalle. Contamos también con las panorámicas de Guesdon donde se distingue, todavía íntegra, la mole del convento a lo lejos, además de tres versiones de una estampa anónima, mediado el ochocientos, cuando el edificio ya estaba desprovisto de su frondoso jardín. Por lo demás, la cartografía decimonónica conocida, la del plano de Cortés, el geométrico de Ferrer y la serie posterior con el convento convertido en cuartel apenas aporta datos de interés.

Sin embargo, esencial para nuestra investigación ha sido rescatar dos documentos inéditos conservados en el Archivo del Cuartel General del Ejército en Madrid y en el Archivo Intermedio Militar Centro de Valencia. Por un lado, el *Plano del Cuartel de San Francisco para Infantería y Caballería (1847) levantado por Dn. Francisco Ulloa y Dn. José Navarro*[31] muestra, prácticamente íntegra, la planta a cota cero del convento tras su conversión en instalación militar. Por otra parte, disponemos de los planos de 1879, éstos con el edificio ya parcialmente derruido, del *Proyecto de demolición* y expedientes de derribo

28 TEIXIDOR TRILLES, Josef: *Antigüedades de Valencia. Observaciones críticas donde con instrumentos auténticos se destruye lo fabuloso, dejando en su debida estabilidad lo bien fundado*. vol.I: Valencia: El Archivo Valentino; vol.II (reed. 1895): Valencia: ed. a cargo de Roque Chabás, F. Vives Mora, 1767.

29 PONZ, Antonio, 1772-1794. *Viage de España, ó Cartas, en que se da noticia de las cosas más apreciables, y dignas de saberse que hay en ella*. Madrid: por D. Joachin Ibarra.

30 SALVADOR Y MONSERRAT, Vicente (Marqués de Cruilles), 1876. *Guía urbana de Valencia antigua y moderna*, 2 vol. Valencia: José Rius (ed. facsímil: París-Valencia, 1979).

31 Madrid, ACGE, PL, sign. V-4/18.

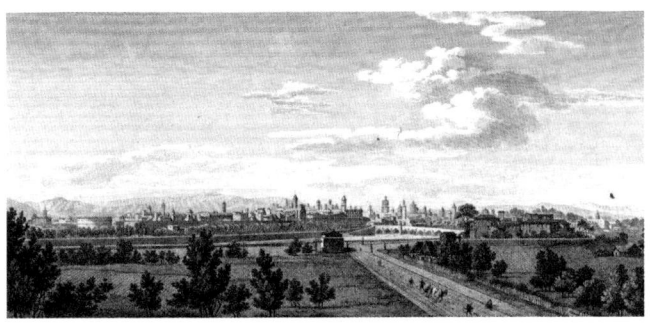

Vista de Valencia tomada del camino que conduce al Grao, 1805. Grabado calcográfico. Museo de la Ciudad; Archivo J. Huguet; Col. E. Rieta; M. A. Catalá, 1999: 87.

del Cuartel de San Francisco, firmado por el coronel de Ingenieros Gustavo Valdés[32]. De este pliego existe al menos dos copias, una en Madrid y otra en Valencia. El documento ofrece un levantamiento del cuartel en el momento previo al abandono del edificio, incluyendo cuatro plantas a escala con indicación de alturas, espesores de bóveda y materiales de construcción. Forzados los frailes por ley a abandonar sus monasterios y conventos en 1835 tras los decretos *liberales* de exclaustración primero y de desamortización inmediatamente después, muchos establecimientos religiosos fueron reconvertidos en cuartel para las tropas. Con ese motivo, fue una praxis habitual realizar el levantamiento gráfico del edificio a fin de adecuarlo a su nuevo uso castrense, tarea a la que se aplicaron con rigor los ingenieros militares. En ocasiones, el proyecto de demolición se efectuaba con vistas a la medición de los materiales de derribo que pudieran ser aprovechables, como así ocurrió con el cuartel de San Francisco de Valencia. Este tipo de levantamiento posee gran valor, ya que las plantas a escala proporcionan una información precisa que de otro modo no sería posible conocer si se trata de edificios desaparecidos como el nuestro.

La ciudad de Valencia ha sido representada a lo largo de la Historia en forma de grabados y litografías que aportan un gran caudal de conocimiento acerca de

---

32 Valencia, AIMC, sign. YP-7/234. Madrid, ACGE, PL, sign. V-4/19; V-4/20; V-4/21; V-4/22.

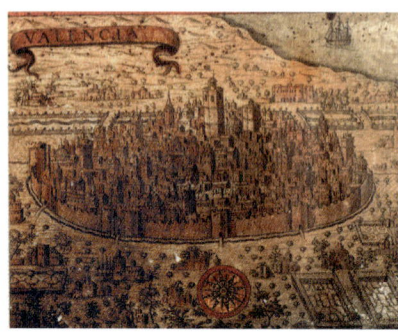

F. A. Casaus / J. B. Francia: Vista meridional de la ciudad de Valencia, 1693. Grabado calcográfico. Madrid, Biblioteca Nacional; Valencia, Archivo Catedralicio; Biblioteca Mas Carbonell; M. A. Catalá, 1999: 37.

los edificios existentes o desaparecidos. Habitualmente predomina la vista septentrional[33], lo que deja en clara desventaja al convento de San Francisco dada su ubicación en el extremo sur de la población, lo cual ha influido, sin duda, en el profundo desconocimiento que se tiene de él. En esas vistas prototípicas de una ciudad amurallada sobre las aguas del río, donde torres y cúpulas apuntan hacia el cielo, la perspectiva se abre normalmente desde el puente de Serranos hasta el Llano del Real, por lo que *Sant Francesc* suele quedar fuera del plano. Así, ni de la *Naumachia* ni de tantas otras vistas habituales desde San Pío V podemos recabar información acerca del convento de San Francisco.

A partir de 1850 los dibujantes comenzaron a cultivar un punto de vista más escorado hacia el este, eligiendo habitualmente el Puente del Mar como puesto de observación. En este caso las vistas urbanas permiten observar el tramo comprendido entre la mole del desaparecido convento del Remedio y el de Predicadores, pero incluso esta posición más ventajosa tampoco deja ver siquiera la torre de San Francisco. Además de la litografía de Guesdon *desde encima de la puerta del Mar*, sí que disponemos de una *Vista de Valencia tomada del camino que conduce al Grao* (ca. 1805) donde despunta el campanario

---

33 Rosselló i Verger, V. M. / Esteban Chapapría, J., 2000. *La fachada septentrional de la ciudad de Valencia*, Valencia, Bancaja.

de San Francisco reconocible tan solo por su esbeltez y por su emplazamiento topográfico. Excepcionalmente, se conoce una vista tomada desde la parte meridional de la ciudad, por tanto desde una posición muy favorable para contemplar nuestro convento. Se trata de la franja inferior del grabado calcográfico de Casaus (1693) que, por el simplismo de su representación y el abigarramiento del núcleo urbano, no aporta información alguna de nuestro convento dado que los edificios aparecen como meros elementos de relleno respecto al hegemónico Miguelete.

Entre 1741 y 1898 se editaron guías destinadas a proporcionar información sobre una ciudad o lugar. Las vemos con título de anuario, almanaque, comercial, industrial, manual, monumental, popular, topográfica, práctica… pudiendo ver a través de ellas las diferentes transformaciones de la ciudad. De ahí su importancia, ya que estas publicaciones fueron imagen exacta de Valencia, sus calles, edificios, monumentos e instituciones. El caso de las guías turísticas nos interesa especialmente porque incluyen imágenes y planos para una mejor localización. Esta información visual por medio de grabados de edificios emblemáticos se vio desde mediados del siglo XIX, aunque por entonces nuestro convento ya era cuartel. Tampoco debemos olvidar las imágenes de paisajes urbanos y monumentos de la ciudad que aparecen en las tarjetas de felicitación navideñas del cuerpo de vigilantes y en los carteles de la feria de Valencia entre 1893 y 1899, si bien estas pistas no han arrojado datos relevantes sobre nuestro convento.

En cambio contamos con la ventaja de la tardía demolición del edificio (1891) que hace posible la existencia de fotografías. Las imágenes relativas a San Francisco son escasas y en todo caso posteriores a 1880 cuando el inmueble ya presentaba un considerable deterioro. Las tres instantáneas de 1885 conservadas en el Museo Sorolla de Madrid, tomadas por el suegro del pintor tras una intensa nevada caída poco antes de la demolición del edificio, aparecieron en la prensa de la época y fueron publicadas por Huguet[34] en su monografía sobre la Plaza del Ayuntamiento, aunque la versión original está

---

34 HUGUET CHANZÁ, José, 2013. *La plaza del Ayuntamiento de Valencia, 1890-1962*. Valencia: Ayuntamiento.

digitalizada en la página web del museo. La colección de fotografías de Pascual Pérez en el Archivo del Seminario Metropolitano de Valencia, hoy facultad de Teología, apenas aportó información que no conociéramos por otras fuentes.

La cimentación del convento continúa sepultada en el subsuelo de la Plaza del Ayuntamiento y por el momento no ha sido excavada. No obstante, existe en la antigua Casa de Enseñanza, hoy dependencias municipales, un vano correspondiente a la entrada de una capilla adjunta a la iglesia de la Sangre que perteneció a la venerable Orden Tercera Franciscana de Penitencia, a la que hace alusión el emblema tallado en piedra que remataba la puerta. También en el jardín de la Casa-Museo Benlliure de Valencia encontramos algunas piezas arqueológicas, acaso procedentes de San Francisco, expuestas allí debido a una probable adquisición que el pintor José Benlliure realizó poco antes del desescombro del edificio en virtud de su devoción por la Orden de frailes menores. De hecho, se cree que la sencilla portada gótica de ingreso al taller del artista, ubicada al fondo del patio de su casa solariega, acaso procediera del convento franciscano, sin que esta hipótesis pueda ser demostrada científicamente. Cabe preguntarse también por algunas basas, molduras y otras piezas de cantería exhibidas en el propio jardín del Museo, de los que se presume su procedencia de los conventos de San Francisco y San Agustín de Valencia. No obstante, creemos que solo de un capitel jónico se podría suponer su pertenencia a la sede franciscana como tendremos ocasión de comprobar.

Aparte de los datos objetivos, poseemos un conocimiento extenso de la arquitectura franciscana derivado de nuestra tesis doctoral sobre el tema, lo que nos permite contemplar el edificio con suficiente amplitud de miras para, en caso de duda, recurrir a la praxis habitual de los frailes menores. Así, en el estudio podremos ir contrastando los resultados con otras arquitecturas coetáneas, estableciendo relaciones con edificios de la Orden u otros ajenos a ella. Comprobaremos que el de San Francisco de Valencia fue, como ya sabemos, uno de los conventos más grandiosos de la antigua Corona de Aragón, e identificaremos sus dos grandes momentos de esplendor, concretamente los de 1359-1567 y 1675-1805, que coinciden con el apogeo franciscano del tiempo tardogótico-renacentista y barroco-clasicista, respectivamente.

Restituimos la historia del edificio apoyándonos en los datos dispersos que ofrecen los cronistas franciscanos y la documentación de archivo, interpretando los espacios arquitectónicos teniendo siempre como referente la lógica constructiva y el conocimiento analógico a través de otros ejemplos coetáneos. En este sentido, el convento de Predicadores de Santo Domingo, el franciscano de Santa María de Jesús y la iglesia de Santa Catalina mártir de Valencia se han demostrado útiles para comprender mejor el aspecto gótico post-fundacional y las transformaciones de Edad Moderna llevadas a cabo en San Francisco.

Durante dos meses se hizo un vaciado exhaustivo del Archivo Provincial de la Orden sin encontrar más documentación que la proporcionada por los cronistas. Por otra parte, la recopilación de papeles del convento que realizó un fraile de Xàtiva hace unas décadas se puede dar por desaparecida al haberse llevado las cajas tras su secularización y posterior fallecimiento, por lo que dimos por cerrada esa pista. Además, por el hecho de pertenecer históricamente a la rama observante, el convento de Santo Espíritu del Monte no posee información específica sobre nuestro edificio más allá de la encontrada en crónicas y revistas franciscanas.

Hemos desistido de rastrear los más de quinientos volúmenes que llenaban las estanterías del antiguo convento de San Francisco, pues la decena escasa encontrada en el Archivo del Reino de Valencia se refieren casi siempre a libros de entradas de limosnas y salidas de pequeños gastos de sacristía, por lo que asumimos que el resto de su contenido está disperso o fue destruido tras la exclaustración. La propia comunidad franciscana de Ruzafa ya nos desalentó en ese sentido. No obstante, se conserva en el Archivo del Reino un interesante inventario de 1764[35] procedente de la antigua biblioteca del convento, de las bulas y privilegios papales que afectaban directa o indirectamente a la comunidad franciscana, el cual ha sido especialmente útil sobre todo para documentar los litigios entre los frailes y los Jurados de la ciudad.

---

35 Valencia, ARV, Clero, Lib. 1869: *Notas de las Centurias que contiene el Archivo de la Provincia. Libro de las Bulas, Privilegios y otros papeles que contiene el Archivo de la Provincia desde la Centuria 1200*, Ms. inéd., 1764.

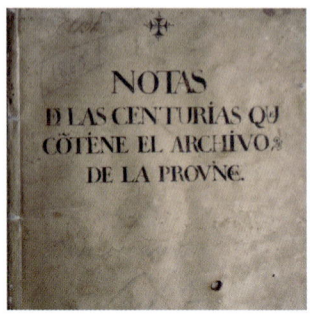

Notas de las Centurias que contiene el Archivo de la Provincia. Ms. inéd., 1764. Valencia, ARV, Clero, sign. 1869

La consulta de las revistas franciscanas *Archivo Ibero-americano*[36], *Archivum Franciscanum Historicum, Estudios Franciscanos* y *La Acción Antoniana* proporcionó abundante información literaria, en particular la citada serie de artículos que Fullana publicó entre 1922 y 1924 en esta última, si bien su trabajo, centrado exclusivamente en la fundación, engrandecimiento y patronazgo del convento, no aporta nada que no conozcamos por los cronistas Colomer y Magraner en quienes se apoya. Por otra parte, la Hemeroteca Digital de la Biblioteca Nacional de España nos ha facilitado la consulta de la serie "Valencia monumental y pintoresca" de la revista *El Museo Literario*, y de otras publicaciones periódicas coetáneas como *El Fénix,* la *Revista de Archivos, Bibliotecas y Museos, La Ilustración Española y Americana, La Ilustración Ibérica, El Semanario Pintoresco Español* o *El Liceo Valenciano*, si bien muchos ejemplares han tenido que ser consultados en la Biblioteca Histórica Municipal de Valencia y en el Archivo Histórico de la Universidad al no estar aún digitalizados. No obstante, hay que reconocer que las muchas horas de búsqueda tuvieron un éxito muy reducido. También fue infructuosa la consulta de la *Crónica de la provincia de Valencia* de Vicente Boix, incluida en la *Crónica General de España* publicada en Madrid en 1867. Como resultado de estas y otras exploraciones pudimos

---

36 Archivo Ibero-americano publicó en su número inaugural una reseña sobre la Provincia franciscana de Valencia a partir de las crónicas de Colomer y Magraner [*AIA* 1 (1914): 245-248].

constatar la práctica inexistencia de dibujos y grabados del convento más allá de las conocidas versiones de la estampa decimonónica repetidamente publicadas.

Innumerables búsquedas en internet nos han permitido completar este estudio con información a la que difícilmente podríamos haber accedido por los medios convencionales. Buen ejemplo de ello son las consultas a los fondos de la Biblioteca Valenciana, cuya digitalización ha facilitado un cómodo acceso a volúmenes históricos como el opúsculo de Lorenzo Mateu, de 1658, *Relacion de las festivas demostraciones,* escrito con motivo del nacimiento del primogénito de Felipe IV, Felipe Próspero de Austria, que contiene una descripción del convento de San Francisco tal como se encontraba al momento, así como las *Solenes Fiestas* de Juan B. Valda, de 1663.

En conclusión, lo que se conocía hasta ahora del convento de San Francisco de Valencia era muy escaso, limitado a datos dispersos e incoherentes y a veces contradictorios, por tanto insuficientes para comprender y restituir el edificio si esa historia fragmentaria no se completa con un trabajo netamente arquitectónico de razonamiento constructivo y ajuste métrico. Halladas en los archivos las plantas del convento, y superpuesta la de cota cero al reciente análisis por georadar, restituimos la posición real del edificio sobre la plaza del Ayuntamiento con su iglesia, los dos claustros y todos los demás elementos que conocemos por Tosca y por el plano de Ulloa-Navarro, brindando a la ciudad, por primera vez, una radiografía de los restos ocultos en el subsuelo de la plaza y su posición exacta.

Nuestra larga investigación de más de una década dio su primer fruto en una exposición celebrada en el Ayuntamiento de Valencia entre noviembre de 2022 y enero de 2023 que llevó por título *La Casa de la Ciutat i el Bon Govern.* En ella se explicaba de manera didáctica el traslado del poder municipal desde su primitiva ubicación en los actuales jardines de la Plaza de la Virgen, antigua de la Seo, hasta el edificio de Mora y Carbonell en la *Plaça de l'Ajuntament.* La exposición dedicó una sala monográfica al origen y evolución del *Pla i convent de Sant Francesc,* cuyo comisariado recayó en este autor, habiéndose incorporado todo el material gráfico de la sala a este libro junto con otra información inédita.

En cuanto a la formalización del texto hemos optado por una estructura clásica al dividir la larga andadura del edificio en tres grandes etapas coincidentes con sendas secciones del libro: inicio, esplendor y ocaso. Esta articulación resulta cómoda ya que, por un lado, permite seguir la evolución del edificio en un orden cronológico, y por otro, ayuda al lector a no perder el hilo conductor evitando la fatídica dispersión de datos inconexos que siempre ha caracterizado el acercamiento a este edificio.

Partimos del momento previo a la reconquista cristiana de Valencia en 1238 cuando se dejaba sentir en la ciudad la primera predicación franciscana, poniendo de relieve el prestigio que llegó a adquirir el convento en consonancia con el enriquecimiento de la Orden y con la propia evolución de la arquitectura valenciana. Seguidamente nos adentramos en el edificio de Edad Moderna, período al que dedicamos numerosas páginas pese a la escasa información bibliográfica y de archivo disponible. Analizamos y cruzamos los documentos literarios y gráficos existentes ayudándonos del método analógico solo cuando es estrictamente necesario. También se procede a un estudio pormenorizado de los distintos ámbitos y elementos del convento en función de la mayor o menor información que poseemos de cada uno de ellos, sobre los que también se buscan paralelos, y se intenta establecer una cronología correcta. Por último, constatamos que la fase contemporánea del edificio no está mejor documentada por estar más próxima a nosotros, antes al contrario, los datos relativos al convento decimonónico siguen siendo escasos y, en ocasiones, confusos y hasta contradictorios.

Con toda esta información planteamos la restitución grafica del convento en su momento de máximo desarrollo evolutivo, que situamos entre el nombramiento del arzobispo Mayoral en 1738 y el ataque municipal de 1806. De ese modo habremos cumplido nuestro propósito de recuperar para la historiografía la memoria del convento de San Francisco de Valencia, convencidos que nuestra hipótesis es lo suficientemente madura y contrastada como para constituir una verdadera propuesta científica.

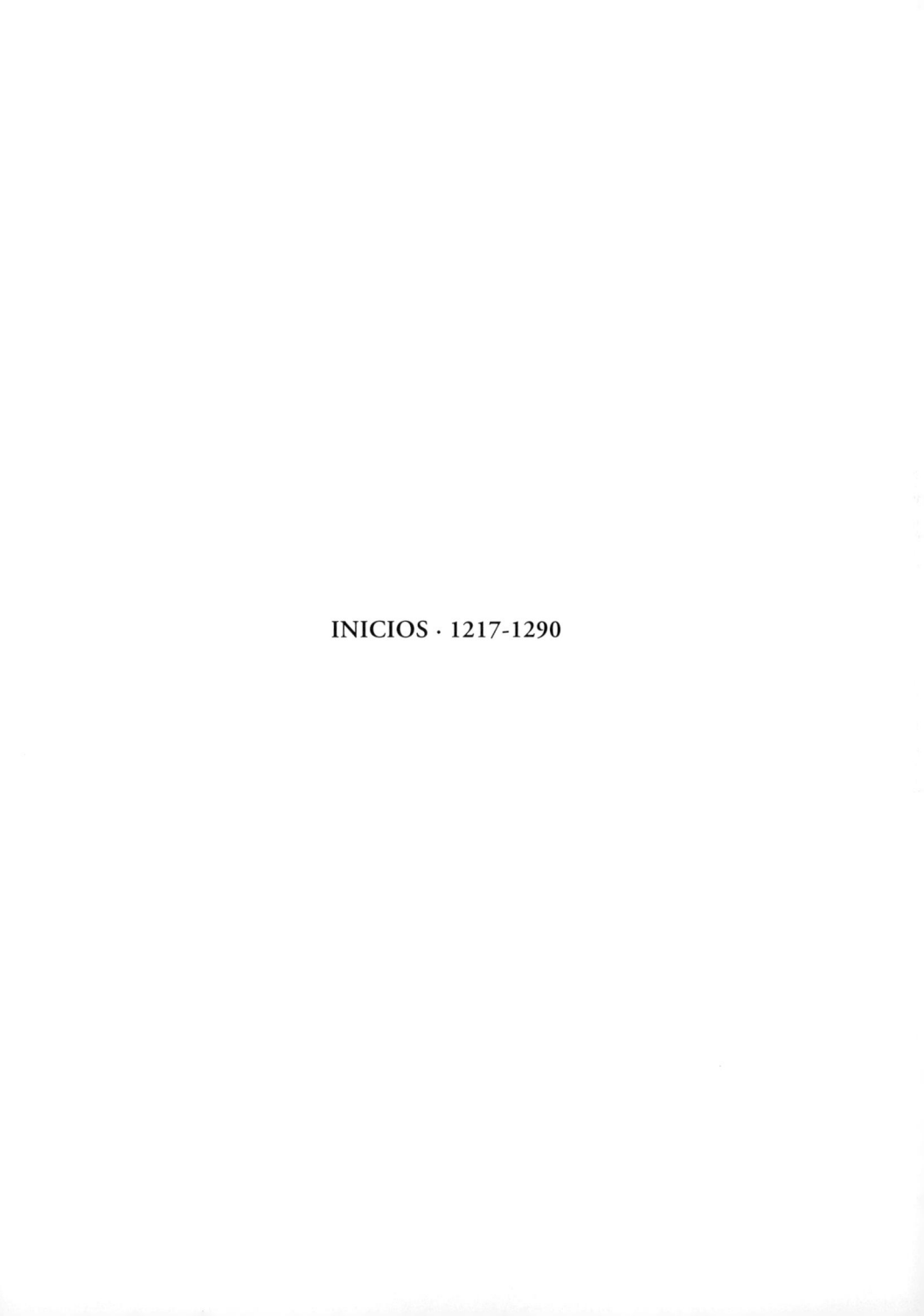

INICIOS · 1217-1290

CAPÍTULO I

VALENCIA EN TIEMPOS DE LA RECONQUISTA

El testimonio más antiguo que tenemos de *Balansiya*, la Valencia islámica, proviene de Ahmad al-Razi, geógrafo del siglo X que nos la describe como una ciudad sólidamente amurallada y provista de cuatro puertas[37]. Posiblemente esta noticia haya que interpretarla en el sentido de que, en torno al primer milenio, el recinto urbano todavía conservaba las líneas maestras del trazado romano, presentando por tanto dos ejes viarios principales norte-sur *(cardus)* y este-oeste *(decumanus)* cruzados en ángulo recto, con el acusado quiebro que la *via carda* formaba antes de tomar la dirección hacia el puente denominado más tarde *dels Catalans* o de la Trinidad, del que ha quedado testimonio vivo en la actual calle del Salvador.

Durante el siglo XI la ciudad experimentó un considerable crecimiento, siendo necesario construir un nuevo recinto murado. Los arqueólogos valencianos atribuyen esta circunstancia a la caída del califato de Córdoba en 1031 que conllevó una diáspora de población fuera de Andalucía. Un segundo motivo hay que encontrarlo en la proliferación de los reinos independientes de Taifas, que provocó exacciones tributarias hacia esas administraciones descentralizadas. En ese marco hay que inscribir las reformas urbanas acometidas desde comienzos del siglo XI de las que se hacen eco autores como

---

37 BADÍA, 1989: 52.

Ibn Hayyan o Al-Udri, derivadas seguramente de la necesidad de incorporar barrios de población suburbana en una ciudad que en esencia procedía de la *Valentia* romana. Al-Udri describe con cierto detalle la nueva muralla islámica del siglo XI mandada construir por Abd-al-Aziz, próxima a la cual se ubicará extramuros el futuro convento de San Francisco.

Al parecer, el valladar islámico no sufrió alteraciones importantes con ocasión de la ocupación y, supuestamente, posterior incendio de la ciudad en 1102 por las tropas del Cid, vasallo de Alfonso VI de Castilla. Verídico o no, lo cierto es que la circunstancia concreta de aquel incendio no ha podido ser comprobada por la arqueología al no quedar constancia alguna de niveles de destrucción datables en ese momento[38].

Sabemos que la reconstrucción de *Balansiya* se produjo de inmediato a su recuperación para el Islam, de modo que, mediado el siglo XII, la ciudad había retomado el pulso anterior al ataque del Cid. Según se desprende de una referencia de Al-Idrisi, Valencia era por entonces una metrópoli cuya economía se apoyaba a la vez en un sólido comercio con ultramar y una productiva agricultura de regadío, inmersa en la etapa de crecimiento que caracterizó toda la zona levantina durante el reinado de Ibn Mardanis, el *rey Lobo* para los cristianos, y el posterior gobierno de la dinastía almohade. De hecho, en el momento de la reconquista cristiana, *Balansiya* era una de las ciudades más populosas de Sarq al-Andalus con más de 15.000 habitantes en el interior de la medina y un censo de viviendas en torno a 3.800[39].

El arrabal de *Báytala*

El geógrafo del siglo XI Al-Udri, cuyo testimonio es de gran valor para conocer información acerca de la muralla islámica de Valencia, afirma que ésta fue construida bajo el mandato de Abd al-Aziz, convirtiendo a la próspera ciudad en la plaza más fuerte de Al-Andalus[40]. Dibujos de la década de 1930, realizados con ocasión de las excavaciones que por entonces se llevaban a

---

38 Ibídem, 53.
39 Id.
40 Id.

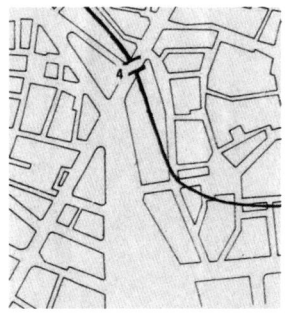 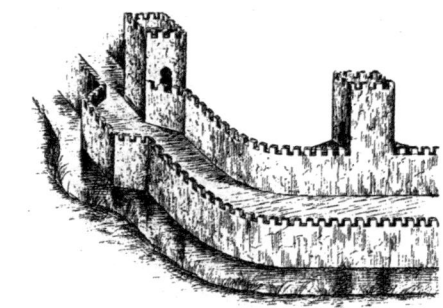

Izq.: Tramo de la muralla almohade de Valencia con el portal de la Boatella. Valencia, Ayuntamiento, SIAM; A. Ribera, 1989: 80. Dcha.: Reconstrucción hipotética del sector de muralla islámica en la actual esquina de la plaza del Ayuntamiento y calle de las Barcas, según Nicolau Primitiu. M. Sanchis Guarner, 1976: 29.

cabo en la zona del que fue Portal de la Boatella, suponen un doble recinto amurallado constituido por un recinto principal de tapia, dentado, con cubos salientes cuadrangulares, que satisfacían una misión táctica y estructural, la de apuntalar las cortinas y favorecer el ataque del flanco. Por delante de dicho recinto, otro auxiliar a modo de antemuralla almenada de menor altura precedida por un foso garantizaba una mejor defensa. El conjunto debía evocar más modestamente las murallas de Constantinopla, también constituidas por un triple anillo: foso, antemuralla y cerca dentada, con la diferencia de que en este caso se intercalaban torres poligonales y su materialidad era distinta. Las torres dominaban el adarve desde lo alto, constituyendo un último reducto defensivo en caso de que éste fuera coronado por las huestes sitiadoras.

Seguramente la muralla fue ejecutada con una endeble tapia común como corresponde a una fortificación almohade, cuya principal misión era más bien atenuante, es decir, trataba de impactar psicológicamente al enemigo por su aparente fortaleza. Al parecer fue ejecutada con mucha rapidez, y su remate dentado remitía a una larguísima tradición procedente de modelos asirios. Muchas otras fortificaciones almohades del territorio peninsular se construyeron siguiendo esta tipología, ejecutadas en tierra y con torres falsas de sección cuadrangular.

Tradicionalmente se ha trazado el perímetro de esta muralla partiendo de la que existía en el preciso momento de la reconquista cristiana en 1238, cuyos restos aún permanecían visibles en 1704 cuando el P. Tosca los incluyó en su plano de la ciudad. Poco después, en 1740, Ortí y Mayor realizará una descripción bastante extensa del valladar islámico. Otros autores contemporáneos como Rodrigo Pertegás, Nicolau Primitiu y Huici Miranda aportaron nuevos datos que han permitido al Servicio de Investigación Arqueológica Municipal efectuar un levantamiento gráfico fiable de la muralla islámica de Valencia[41], cuyas puertas del lienzo situado más al sur permiten comprender mejor la ubicación del convento franciscano y la tapia que cercaba su atrio.

A mediodía de la muralla almohade se encontraba el arrabal de *Báytala* o Boatella, que se extendía desde la actual calle de San Fernando y avenida María Cristina hacia el Mercado Central. Sabemos que el arrabal era grande porque contaba con varias mezquitas y santuarios. Una de esas mezquitas fue derribada tras la reconquista cristiana y otra ocuparía el solar donde hoy se levanta la iglesia de los Santos Juanes, antes San Juan de la Boatella. A él se accedía a través del portal de *Bab Baytala*, que se encontraba exactamente en la actual calle de San Vicente en un lugar que conocemos con exactitud: el pequeño tramo viario entre la calle San Fernando y la plaza Mariano Benlliure[42]. De la torre albarrana que defendía la puerta de la Boatella –la torre Cremada, llamada así a consecuencia de un incendio– no se ha conservado ningún vestigio, pero sus restos eran aún visibles a principios del siglo XV. Martí[43] da la noticia de que Gómez Serrano afirmaba haber localizado los arcos que conformaban la antepuerta en unas zanjas abiertas en los años veinte junto a la calle de San Fernando.

El nombre de Boatella pudiera haber sido en principio el de *Bú Atiyya*, aunque algunos lo hacen derivar de Bayt Allah (casa de Dios), lo cual no tiene mucho sentido tratándose de una puerta, y otros de *boyata* o terreno destinado al pasto del ganado vacuno, en cuyo caso tendría origen románico,

---

41 Ibídem, 53-54.
42 TEIXIDOR DE OTTO, 2006: 22; Véase también TORRÓ, J./GUINOT, E.: De la madina a la ciutat. Les pobles del Sud i la urbanització dels extramurs de València (1270-1370), *Saitabi* 51/52 (2001-2002): 51-103.
43 MARTÍ, 1989: 85.

latino[44]. Esto sería más lógico si pensamos que la Boatella siempre tuvo un mercado importante que pudiera ser herencia del *forum boarium* romano, mercado semanal de ganado, pero lo más probable es que el nombre de la Boatella provenga de *Bab Baytala* o Puerta de la Oración.

Al sur del arrabal, más allá de su puerta homónima y próxima al lugar donde se ubicará nuestro convento, había una extensión apacible formada por casitas con jardín diseminadas en un paraje de marismas donde abundaban los ánades y otras aves. Este asentamiento disperso, que podía llegar hasta el camino de Tudmir, actual calle de San Vicente mártir, lindaba con una amplia *Walaýa* donde se ubicaba la residencia del penúltimo gobernador almohade, el sayyid Abú ʿAbd Alláh Muhammad ben al-Mansur, Çeyt para los cristianos. Coscollá[45] cree que la *quinta* de Çeyt ocupaba la parte oriental de la actual plaza del Ayuntamiento y sus jardines se extendían hacia el sur, lindando con el camino de Russafa, hasta la actual plaza de toros. Ciertamente no se puede demostrar la ubicación exacta de la quinta de recreo del monarca almohade, aunque parece claro que la almunia de Çeyt solamente ocuparía un pequeño sector de una extensa *walaýa*.

La existencia de una *munya*, villa o palacete de recreo del gobernador almohade Çeyt en el paraje próximo a la puerta de la Boatella, así como otros indicios que iremos desgranando más adelante, da credibilidad a la teoría de quienes, como Hebrera[46], sostienen que el convento franciscano fue edificado tras la conquista jaimita en los jardines de la quinta de Çeyt, y resta credibilidad a otros autores más recientes como Fullana[47], al que siguen Corbín[48] y Agulló[49], quienes afirman que en ese lugar no existía más que un despoblado. Sin embargo, rechazamos la idea de que el cenobio franciscano fuera edificado sobre los cimientos del palacio islámico de Çeyt y menos aun aprovechando sus muros como cierta historiografía heroica ha querido transmitir.

---

44 Huici, 1969, I: 30-31. Coscollá, 2003: 94; Corbín, 1988: 18.
45 Coscollá, 2003: 99.
46 Hebrera, 1703, II: lib. I, cap. III, 7-9.
47 Fullana, 1922c: 9; 1922d: 8; 1922e: 7.
48 Corbín, 1988: 28-29.
49 Conversaciones mantenidas con el autor entre 1991 y 2019.

Fuera de la muralla de Abd al-Aziz, no lejos de la puerta de la Boatella, debió existir un cementerio o *fossar* según se desprende de dos documentos de Jaime I fechados en 1239[50] y 1248[51]. Cada arrabal, aldea o caserío poseía su propio cementerio junto a las últimas casas del poblado. El que estaba fuera de la puerta Báytala o de la Boatella se encontraba probablemente entre el camino de Russafa y el de San Vicente, escorado hacia el oeste de la *Walaýa* de Çeyt. Por tanto, este cementerio estaba suficientemente alejado de la apacible marisma donde se levantaba la *munya* del sarraceno y no condicionará en modo alguno la ubicación del convento franciscano de Valencia.

Confluencia histórica de dos personajes

El siglo XIII constituye un momento decisivo en la historia de la cristiandad, ya que en esos años se produjeron cambios que forjaron una nueva espiritualidad bajomedieval basada en la escolástica. La confluencia histórica de dos hombres relevantes, Francisco de Asís y Jaime I de Aragón, fue decisiva para el desarrollo del ideal franciscano en la península ibérica y constituye, a su vez, el origen último de la fundación de nuestro convento.

San Francisco, fundador de la Orden de frailes menores, no necesita aquí más que una breve presentación. Nacido en la ciudad umbra de Asís en el año 1181 (o 1182, según las fuentes), era hijo de un acomodado comerciante de telas. Estudió en la escuela de canónigos de San Giorgio de la misma ciudad, adquiriendo la cultura media de los que, no habiendo cursado el *trivium* ni el *quadrivium*, no podían considerarse letrados. Gustará de llamarse *simple e inculto,* pero no era un ignorante; dominaba el latín, cantaba en lengua provenzal, sabía de romances y trovas y sobre todo leía y meditaba la Sagrada Escritura[52].

Terminados sus estudios comenzó a ayudar a su padre en su negocio de telas, llegando a adquirir cierta desenvoltura en el oficio. Pero con el comienzo de la guerra entre Asís y Perugia en 1202, Francisco fue hecho prisionero durante un

---

50 Barcelona, ACA, Repartiment, f. 55. Valencia, ARV: Justicia civil, Manaments i Empares, a. 1608, Lib. 9, mano 108, f. 1r-1vº.

51 Barcelona, ACA, perg. 4617: "Censo de Cabildo de la Catedral a favor de Arnaldo Beltrán por el que concede un fosar fuera de la puerta Abd la Boatella en Valencia, calle que conduce a San Vicente".

52 MISTRETTA, 1983: 41.

año, lo cual quebrantó su delicada salud. Vuelto a Asís ocurrió el decisivo episodio de San Damiano, cuando escucha del crucifijo bizantino dispuesto sobre el altar una voz exhortándole a *"reparar mi casa que, como ves, amenaza ruina"*[53]. Sin alcanzar a comprender el verdadero significado de esas palabras, Francisco se procura del dinero para restaurar materialmente la pequeña iglesia vendiendo los paños de escarlata de su padre quien, furioso, le encierra en un cuarto oscuro[54]. El episodio concluirá con la reposición del dinero, el despojo público de sus vestiduras y el abrazo de Francisco al obispo como signo de entrega filial.

El viaje de San Francisco a España

Uno de los acontecimientos decisivos de la vida de San Francisco, seguramente no tanto a nivel práctico como simbólico, es el viaje que realizó a España en fecha incierta, posiblemente 1214[55]. Estaba en la lógica que la península ibérica fuera considerada tierra de misión, puesto que durante el primer tercio del siglo XIII se encontraba en buena parte bajo dominio musulmán y por tanto *necesitada* del mensaje del evangelio. Pero si las noticias acerca del trabajo misional de Francisco y sus primeros hermanos son escasas y en muchos casos contradictorias, la fecha de partida hacia España no es una excepción y continúa siendo motivo de controversia, barajándose como más probable la de 1214. De lo que no se puede dudar es de la realidad del propio viaje, que la historiografía da por seguro.

¿Qué pudo llevar a un hombre tan frágil de salud como Francisco a emprender un difícil y peligroso viaje a España? Probablemente tenía intención

---

53 *1Cel* 1. En: *San Francisco de Asís. Escritos, Biografías, Documentos de la época*, ed. a cargo de J. A. Guerra, 5ª ed., Madrid: BAC, 1993.

54 *1Cel* 6, 13. En: *San Francisco de Asís. Escritos, Biografías, Documentos de la época*, ed. a cargo de J. A. Guerra, 5ª ed., Madrid: BAC, 1993. La difícil cronología de la vida de Francisco sitúa este acontecimiento hacia finales de 1205 o principios de 1206.

55 LÓPEZ, A.: Un Centenario. ¿Vino a España S. Francisco en el año 1211?, *El Eco Franciscano* 28 (15 de Junio 1911): 388-391 refutó una tradición de principios del siglo XVIII, divulgada por Jaime Coll: Crónica de la Povincia de Cataluña, Barcelona 1738 que difundió la errónea creencia, apoyada en Hebrera, 1703, lib. I, cap I: 2s., que atribuyía a Francisco la fundación en 1211 del convento de Gerona. Al respecto véase *Sant Francesc d'Assis, "el Pobrissó" (1181/2-1226). El seu pas per Catalunya*, Col. "Les nostres devocions" 18, Reus, Torrell de Reus, 1968: 481-507.

de predicar en tierras de *infieles* tal como habría hecho en 1219 al presentarse ante el sultán de Siria, Melek-el Kamel, en el curso de la 5ª Cruzada (1217-1221). Tomás de Celano[56], su biógrafo oficial, nos presenta a Francisco camino de Marruecos; al parecer debió tomar la ruta más corta, por mar, a Barcelona. La tradición recogida por Eiximenis[57], al que siguieron Sanahuja[58], Coll[59] y otros cronistas de la Provincia de Cataluña, cuenta que allí oró en el hospital de San Nicolás donde además ocupó una celda, dato al que Webster[60] concede credibilidad. De Barcelona debió dirigirse a Burgos con el fin de obtener del rey Alfonso de Castilla el permiso para su misión apostólica en Marruecos. Tal ardor misionero no es incompatible con la opinión de quienes creen que antes de emprender su misión evangelizadora entre sarracenos intentó visitar la tumba del apóstol Santiago en la catedral románica de Compostela[61]. Posiblemente logró su propósito de alcanzar *finis terrae* antes de caer víctima de una enfermedad que le obligó a abandonar su proyectado viaje a Marruecos, regresando después a Italia.

La tradición oral y escrita atribuye al *poverello* la fundación de conventos en diversas localidades españolas con ocasión de este viaje. Se cree que las fundaciones de Vilafranca del Penedés, Montblanc y Tarragona estarían relacionadas con la supuesta visita de San Francisco a la zona. De hecho,

---

56 *1Cel* 20; *Flor* 24; *LM* 9, 8. En: *San Francisco de Asís. Escritos, Biografías, Documentos de la época*, ed. a cargo de J. A. Guerra, 5ª ed., Madrid: BAC, 1993.

57 EIXIMENIS, Francesc: *Llibre del crestià*. Edición a cargo de Arseni Pacheco, 2 vol. Girona: Col.legi Universitari / Diputació de Girona, 1986-1987: "Especialmente me gustaría contarte un hecho destacable acerca la gloriosa virgen y mártir, Nuestra Señora Santa Eulalia, quien como nuestro padre San Francisco vino de la tierra de moros a Barcelona para predicar en una pequeña capilla". [...] Entonces él [San Francisco] les dijo: "Persuadíos que en este lugar habrá un famoso monasterio con frailes pertenecientes a mi orden". Cfr. LÓPEZ, 1915a: 491; WEBSTER, 1982: 6.

58 SANAHUJA, Pedro, 1959: *Historia de la Seráfica Provincia de Cataluña*. Barcelona, Ed. Seráfica: 50.

59 COLL, Jaime, 1759. *Chronica seráfica de la Santa Provincia de Cathaluña de la Regular Observancia de nuestro Padre San Francisco*, I, seccs 12-17. Barcelona, ed. facsímil a cargo de Josep Martí i Mayor, Colecc. "Crónicas Franciscanas de España" 21, Madrid, Cisneros, 1981: 5-7 sugiere que San Francisco efectuó por tierra a través del Rosellón.

60 WEBSTER, 2000: 27; 1982: 6.

61 BOADAS, Agustín/Martí, José, 2002: "San Francisco por el Camino de Santiago, Historia y Leyenda". En: Peláez del Rosal, M. (dir.): *El Franciscanismo en Andalucía*, t. II, Córdoba: CajaSur: 237-258.

las leyendas acerca del paso de San Francisco por tierras catalanas hablan de supuestas visitas a los monasterios cistercienses de Poblet y Santes Creus. A partir de ahí, el seguimiento del viaje del santo nos conduce hacia Zaragoza pasando probablemente por Cervera y Lleida[62]. De allí se habría dirigido hacia el oeste, deteniéndose en la pequeña población de aragonesa de Tarazona donde fundó un convento, aunque Sanz cree que lo hizo de camino inverso a su regreso de Compostela *"sin fundar después ningún otro establecimiento"*[63]. En un muro exterior del convento de Tarazona existe un grupo escultórico que representa a San Francisco y otro fraile menor recibiendo una donación de unos bienhechores. El relieve es de fecha muy posterior a la de 1214 que figura en su pie, pero nos ofrece un testimonio tangible de las múltiples leyendas acerca del paso de Francisco por los reinos hispánicos.

La hipótesis de Sanz acerca de la fundación del convento de Tarazona guarda relación con un fragmento de las *Florecillas de San Francisco*, obra compuesta a mediados del siglo XIV en la región italiana de las Marcas, que recopila episodios de la vida del *poverello*[64]. El texto cuenta el prodigio que vivió el santo de Asís en la catedral compostelana cuando sintió de Dios una revelación que le impulsó a fundar conventos:

> "[…] *pasando la noche en oración en la iglesia de Santiago, le fue revelado por Dios a San Francisco* que *él debía ocupar muchos lugares en el mundo* […]. *Por esta resolución comenzó San Francisco a fundar conventos en aquella comarca*"[65].

Aunque existen demasiadas contradicciones y pocos hechos constatables, lo cierto es que Tarazona, al igual que otras poblaciones con fundación fran-

---

62 Coll, Jaime, 1759. *Chronica seráfica de la Santa Provincia de Cathaluña de la Regular Observancia de nuestro Padre San Francisco*, I, seccs 12-17. Barcelona, ed. facsímil a cargo de Josep Martí i Mayor, Col. Crónicas Franciscanas de España 21, Madrid, Cisneros, 1981, I: 5-7.

63 Sanz Artibucilla, J. Mª. 1924. *El convento e iglesia de San Francisco en Tarazona y el Santísimo Cristo de la V.O.T.* Tarazona: 32.

64 *Flor* 4. En: San *Francisco de Asís. Escritos, Biografías, Documentos de la época*, ed. a cargo de J. A. Guerra, 5ª ed., Madrid: BAC, 1993.

65 Ibídem.

ciscana temprana, en todo caso anterior a la muerte de Francisco (1226), pudo recibir la *inspiración* del santo para la creación unos años después de una morada estable. Pero no solo esta localidad aragonesa, también otras leyendas hablan de localidades catalanas como Sant Joan d'Espí, Reus, Gerona, Manresa, Prades, Vic y Sant Celoni atribuyéndoles a todas ellas algún tipo de contacto personal con San Francisco[66].

A lo largo del Camino de Santiago, todos aquellos lugares que cuentan con un convento franciscano pretenden vincular su origen a la peregrinación del *poverello* de Asís con el fin de dotar de un timbre de gloria el momento fundacional. Verídico o no, lo cierto es que, en Jaca, veinte años después del posible paso del santo por la localidad, no existía todavía un convento franciscano y los frailes seguían utilizando como iglesia la ermita de San Pablo. El problema de estas tradiciones orales es que entrañan una cierta perversión cuando la devoción popular las deforma y los cronistas transcriben la información recibida sin el suficiente contraste.

Ahora bien, conviene aclarar qué se quiere decir al afirmar que Francisco *fundó* numerosas casas a lo largo del Camino de Santiago. Si entendemos el término *fundació*n como lo interpretan muchas veces los cronistas de la Orden, es decir, como *inicio de los trabajos de construcción*, las leyendas no merecen credibilidad alguna por ser ajenas a la lógica evolutiva de los acontecimientos y al pensamiento de Francisco acerca de la construcción de edificios[67]. Menos aún si tenemos en cuenta lo prematuro de la fecha de 1214 en un momento en que la postura del *poverello* acerca del uso y propiedad de edificios es tajante en cuanto a su prohibición. Ciertamente la crítica histórica debe hacer justicia de esta circunstancia, que tiene que ver con el fervor devocional, *necesitado* de santuarios consagrados por la mano del santo, y con la voluntad de la Orden de avalar o justificar el desarrollo asentativo refiriéndolo a la voluntad misma

---

66 Cfr. *Sant Francesc d`Assis, "el Pobrissó" (1181/2-1226). El seu pas per Catalunya*, Col. "Les nostres devocions" 18, Reus, Torrell de Reus, 1968: 481-507. AA.VV.: *Sant Francesc a Catalunya*, ed. por la AHEF, Barcelona 1997, 198 págs.; AA.VV.: *Llegendes de Sant Francesc d'Assis*, versión en catalán y notas por F. Gamissans (OFM), Barcelona, La Hormiga de Oro, 1996, 399 págs.

67 GARCÍA ROS, 2000: 48-52.

del fundador. Pero, a decir verdad, de la documentación que disponemos parece desprenderse que el viaje de san Francisco tan solo *inspiró* la fundación de casas y en modo alguno significó el inicio de la propia construcción.

Solo así se pueden interpretar en su justa medida relatos como el relativo al convento franciscano de Madrid, localidad muy alejada de la ruta jacobea. Una leyenda recogida por Del Corral[68] cuenta que, llegado San Francisco a la villa, por entonces un pequeño pueblo amurallado situado en la ruta toledana, decidió permanecer allí unos días para descansar. Junto a un pobre eremitorio hizo el santo una humilde choza construida con ramas y barro que, supuestamente, sentó las bases de la primera fundación franciscana, que con el tiempo se convertiría en el actual convento de San Francisco el Grande. Según la leyenda, el aumento del número de frailes exigió construir un cenobio más amplio y de menor provisionalidad, pero lo inverosímil del relato está en afirmar que la obra se hizo bajo la dirección del mismo Francisco:

> *"Pronto acudieron al monasterio muchas vocaciones, y fue preciso, dirigido por el mismo Santo de Asís, construir más grande y sólido refugio".*

Tomada *ad literam*, es obvio que esta leyenda no merece credibilidad alguna por ser ajena al pensamiento edilicio de Francisco. A decir verdad, el santo no hubiera aprobado siquiera el plan de fray Elías para la edificación a partir de 1226 de la basílica donde iban a descansar sus propios restos en Asís. Pero la noticia, seguramente falsa, del paso del santo por la villa de Madrid llegó a tener cierto eco entre los autores. Así, Sucías se refiere a ella a propósito de la fundación del convento franciscano de Valencia:

> *"Se cree por todos los cronistas de esta seráfica institución, que se introdujeron en España los religiosos de San Francisco primeramente en Madrid cuando estuvo en esta capital el Santo patriarca, más tarde en Santiago de Galicia pasando desde allí a Andalucía y Valencia"*[69].

68 Del Corral, J.: *San Francisco el Grande*, "Temas Españoles", nº 246, t. 13(6): 3-28, en p. 3.
69 Sucías, 1907, t. I: 253.

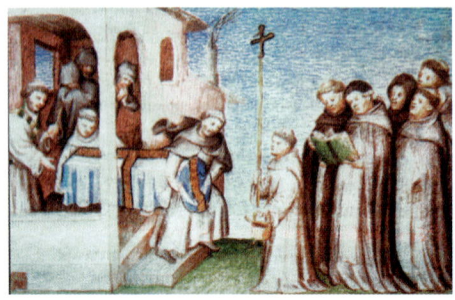

Entierro con frailes mendicantes. Miniatura del Roman de la Rose. Valencia, Biblioteca Histórica de la Universidad de Valencia.

Más que las leyendas en sí, lo verdaderamente significativo de tal abundancia de testimonios es el fuerte impacto que debió producir en el norte peninsular la más que probable visita del santo, forjando, siquiera simbólicamente, los cimientos del franciscanismo en España. Ello preparó el camino para ulteriores fundaciones, contribuyendo así al firme establecimiento del seráfico Instituto en territorio hispano.

La segunda figura del siglo XIII que promovió la causa de los franciscanos y de otras órdenes religiosas en la península ibérica fue Jaime I de Aragón (1208-1276). Este monarca llegó a gobernar diversos reinos costeros desde el Roine hasta Valencia[70]. Su gran contribución histórica fue la reconquista gradual del territorio ocupado al sur de Aragón por los musulmanes, incluídas las islas Baleares. Él mismo describe en su *Crónica* o *Libre dels Feyts*[71], su autobiografía más auténtica, los avatares de la conquista de Valencia. La crónica narra con todo detalle diversas escaramuzas bélicas, como el asedio de los zapadores a la barbacana de la muralla o la toma e incendio de la torre albarrana que defendía la puerta de la Boatella al sur de la ciudad. El monarca había seguido muy de cerca la guerra civil que libraban en 1228 Zayyan de Onda [Zaen] y Çeyt por el dominio de la capital de *Balansiya*, que finalmente

---

70 BURNS, 1989: 48.
71 *Crónica de Jaime I* o *Libre dels Feyts*, epígrs. 131; 220-242; 255-288.

acabó en manos del primero en enero de 1229, hasta que en septiembre de 1238 la ciudad se rindió a Jaime I por hambre y falta de perspectivas de ayuda de otras regiones musulmanas[72]. A Jaime I le cabe el triple honor de consolidar para el cristianismo las tierras reconquistadas, acometer la repoblación cristiana y promover el establecimiento de las nuevas órdenes religiosas. De hecho, el progresivo asentamiento de los frailes franciscanos en la Corona de Aragón discurre paralelamente al avance de las tropas del rey Jaime y es parte inseparable de su política de cristianización.

La feliz coincidencia histórica de la reconquista de Jaime I con el momento de expansión del franciscanismo llevó a Webster[73] a establecer entre ambos personajes un paralelismo, acaso una especie de *alter ego*, al considerarles por igual baluartes del cristianismo frente al enemigo musulmán e impulsores de la integración de las nuevas clases medias urbanas en la escena política.

Çeyt y los mártires de Teruel

A diferencia de algunas localidades catalanas, aragonesas y del norte hispánico, la fundación del convento franciscano de Valencia no puede presumir de contar con la inspiración directa de Francisco. Esto es así por la sencilla razón que, al momento del presumible paso del santo por la península ibérica en 1214, la ciudad de Valencia se encontraba todavía bajo dominio almohade y no consta tradición oral ni escrita de incursión alguna del *poverello* en territorios de Al-Andalus. Sin embargo, el convento valenciano se vincula a otra leyenda no menos heroica a la que sí podemos reconocer certeza histórica: nos referimos a los *mártires de Teruel*.

Todas las fuentes franciscanas, incluso las más autorizadas como Wadding[74], Moorman[75] y López[76], coinciden en la historicidad del episodio relativo a fray Giovanni da Perugia, sacerdote, y fray Pietro di Sassoferrato, lego, seguramente dos de los compañeros de San Francisco enrolados en la

---

72 Ferrer, 1999: 29; Furió, 1999, I: 171.
73 Webster, 1998: 72.
74 Wadding, *AM*, I: 417.
75 Moorman, 1983: 474.
76 López, 1915a: 86-107.

misión que capitaneó en 1217 Bernardo de Quintavalle, discípulo del santo, tras ser elegido primer ministro provincial de España[77]. Otra versión afirma que los dos frailes formaban parte de la misión que lideró fray Juan Parente en 1219 hacia tierra de sarracenos; incluso una tercera teoría apunta que, en el año 1220, un año después de su nombramiento como ministro provincial de España, el mismo Parente presidió un capítulo en Zaragoza donde algunos frailes solicitaron permiso para ir a Valencia a predicar la fe cristiana, entre ellos los dos italianos. Sea como fuere, Giovanni y Pietro se dirigieron entre 1217 y 1220 desde Asís camino hacia Valencia con idea de llevar a cabo su misión evangelizadora entre *infieles*, obedeciendo quizás al empeño personal de Francisco[78].

Llegados a Teruel se establecieron junto a la ermita de San Bartolomé, extramuros de la ciudad, que por entonces se construía junto al río. La tradición franciscana ha adornado románticamente este relato con una supuesta autorización de Francisco para *edificar* dos celdas, cavar un pozo y cultivar un pequeño huerto. La ubicación concreta del *locus* franciscano sería la actual calle de los Santos Mártires, donde actualmente una placa de azulejos los recuerda.

Tras un tiempo incierto de estancia en Teruel –seis años según Cruilles[79]– los frailes llegaron a la Valencia islámica gobernada entonces por el jefe almohade Çeyt, alojándose en casa de un noble aragonés, Blasco de Alagón, quien intentaría disuadirles de predicar entre musulmanes advirtiéndoles que con ello ponían sus vidas en grave peligro[80]. El vaticinio se hizo realidad, pues la misión terminó en martirio y decapitación posiblemente en 1228[81]. Eran los primeros

---

77 Véase también Hebrera, 1703, II: lib. I, cap. III, 7-9; Amorós, 1956. López, 1915a: 15-16. Cárcel, 1987, I: 67.
78 Hebrera, 1703, lib. I, cap. IV; Webster, 2000: 28.
79 Cruilles, 1876: 260.
80 López, 1915a: 86-107. Burns cree que esto sucedió en 1228 [Burns, R. I., 1982, II, 448].
81 Son incontables los autores que se han referido al episodio de los mártires de Teruel, ya sea a favor o en contra de la tradición comúnmente admitida que el martirio tuvo lugar en el mismo sitio que después ocuparía el convento. Por citar solo algunos cronistas valencianos, Hebrera, 1703, I: lib. II, cap. V y VI; Beuter, 1546 [1604], II: XXII; Escolano, 1610-1611, I: 496; Diago, 1613, II, lib. VII, cap. II; Teixidor, 1767, II: 29s.; Chabás y Lloréns, Roque, 1909: *Episcopologio Valentino*: Valencia, F. Vives Mora, cap. XXVI: 325.

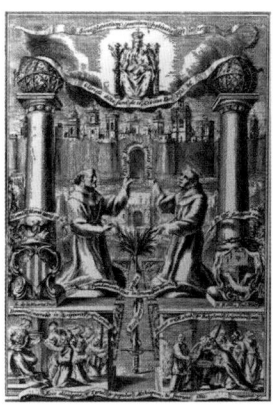

Los mártires de Teruel en un grabado de Hipólito Rovira según dibujo de Gaspar de la Huerta. Gilet, Convento de Santo Espíritu del Monte.

santos mártires de la nueva cristiandad valenciana igual que el diácono Vicente lo fue de la primitiva iglesia valentina. Sucías[82] narra con todo lujo de detalles la decapitación de los italianos "*en un extremo del huerto del palacio*", cómo rodaron sus cabezas y fueron arrojados los cadáveres "*a un pozo sin agua que había en un rincón del jardín*", cubriendo después sus restos con piedras y tierra. Este autor, cuya información siempre hay que tomar con reservas, apunta la posibilidad de que ese pozo estuviera ubicado donde a comienzos del siglo XX se encontraba la antigua estación del ferrocarril, hoy delante del edificio de Correos, lo que situaría la fundación del convento en el venerable lugar del martirio.

Desde entonces el culto a los mártires ha sido ininterrumpido, sobre todo en Teruel que los honra como copatronos y protectores especiales de la ciudad[83]. La iconografía suele representarles atados a una palmera; este detalle no debe pasar desapercibido si lo relacionamos con las tradiciones que coinciden en señalar a dos frailes martirizados en el frondoso jardín de la *munya* de Çeyt.

---

82 Sucías, 1907, I: 254.

83 El proceso formal para su beatificación culminó el 31 de Enero de 1705 con un Decreto de Clemente XI que autorizaba el culto público [Valencia, ARV, Clero, Lib. 1869: *Notas de las Centurias que contiene el Archivo de la Provincia…*, ob cit., Ms. inéd., 1764: 41vº]. La iglesia valentina lo recuerda en su oficio propio en la fiesta litúrgica que se celebra el 3 de septiembre.

El año exacto del martirio ha sido objeto de controversia, aunque el *Necrologio*[84] de Agulló supone 1228 como fecha más probable, es decir, diez años antes de la reconquista jaimita. Wadding[85], Moorman[86] y López[87] adelantan la decapitación a 1217, un dato del todo inverosímil puesto que Çeyt no asume el cargo de gobernador hasta 1223. Los cronistas de la Provincia franciscana proporcionan información algo más fiable; así, la *Chronica* de Hebrera[88] retrasa la fecha del martirio a *"1227 ó 1228"*; otros, como el anónimo autor del *Compendio Cronológico*[89], al que copia Teodoro Llorente[90], arriesgan con notable audacia la fecha exacta del 28 ó 29 de agosto de 1231. Estas desviaciones se explican por lo incierto del año de la llegada de los religiosos a Teruel –entre 1217 y 1220–, por ignorarse el tiempo que permanecieron allí antes de dirigir sus pasos hacia *Balansiya*, y por desconocer cuándo llegaron a esta ciudad y el tiempo que pasaron en ella hasta su decapitación. Pero lo más probable es que llegaran a Valencia poco antes de 1229, todavía bajo el gobierno del *sayyid* Abu Çeyt.

Lógicamente, la mayoría de los cronistas valencianos ajenos a la Orden también se hace eco del acontecimiento, aunque todos discrepen en la cronología. Cruilles sitúa la decapitación en 1228, *"posiblemente el 29 de agosto"*[91], mientras que Escolano, citando una información del hagiógrafo Marieta que supone cierta, la lleva a *"1230 o a lo sumo 1231"*[92]. El P. Escartín, al tratar de probar

---

84 AGULLÓ PASCUAL, Benjamín, 2011. *Necrologio de la Provincia de San José de Aragón, Valencia y Baleares*. Valencia, ed. del autor, entrada 1228 agosto 29, s.p.

85 WADDING, *AM*, I: 417.

86 MOORMAN: 1983: 474.

87 LÓPEZ, 1915a: 192.

88 HEBRERA, 1703, II: lib. I: 165.

89 *Comp Cron*, 1805-1826: 3, s.a. El P. Benjamín Agulló creyó haber leído que el autor de este manuscrito podría ser Vicente Martínez Colomer {AGULLÓ, J. B.: *Archivo Histórico de la Provincia Franciscana de Valencia, Aragón y Baleares*, Valencia, Provincia Franciscana, 2002: 72].

90 LLORENTE, 1887-1889: 764 n.1.

91 CRUILLES, 1876: 260. Los autores que tuvieron acceso a la documentación del proceso de canonización coinciden en señalar la fecha del 29 de agosto como fiesta litúrgica del martirio, si bien difieren en el año. Cfr. SALAS Y ALCALÁ, T. Agustín, 1746. *Memorias históricas del antiguo santuario del Santo Sepulcro de Valencia*, Valencia: Imprenta J. Estevan Dolz, IX: 78.

92 ESCOLANO, 1610-1611, I: 496 añade que el martirio ocurrió en el palacio de Ceyt Buceyt; MARIETA, Juan de, 1596. *Historia Eclesiástica de todos los santos de España*, lib. III, s.p.; BEUTER, 1604, lib. II, cap. 22.

que los mártires fueron degollados en 1231 y no en 1227 ó 1228, remite a la Crónica del P. Silvestre, al que copia literalmente[93]. Todavía podemos encontrar una datación extemporánea de Sucías quien, mencionando una imprecisa "*crónica Franciscana*" que no cita, la sitúa *"por el año 1234* [...] *un día del mes de Octubre"*[94], hipótesis que nos parece inasumible.

Sin embargo, más que la datación cronológica de martirio, que en cualquier caso se puede ajustar a la horquilla de 1228-1229, lo verdaderamente relevante a los efectos de nuestro estudio es la discusión acerca del lugar donde los italianos fueron inmolados, pues ese lugar estaría vinculado, o no, al suelo asignado por Jaime I para la fundación del convento. Sobre este particular se ha apuntado dos teorías opuestas, cada una de ellas con ligeras variantes. La primera nos la proporciona el más antiguo de los cronistas conocidos de la Orden, el P. Silvestre[95], cuyo manuscrito conocemos por Escartín. Éste, al tratar de dilucidar el lugar del martirio de los frailes venidos de Teruel, se apoya en la autoridad de los padres Silvestre y Sánchez[96] para afirmar que el convento de San Francisco de Valencia se fundó sobre la sangre derramada de los mártires:

> *"Advierten los Memoriales manuscritos de esta Provincia que, desde el año mil docientos treinta y uno, hasta el año de treinta y ocho, que passaron siete después de su muerte, que se fundó el convento, se sustentaron sus sangres tan recientes y frescas en aquel lugar, como el día que la sacaron los azotes y cuchillo de sus cuerpos"*[97].

---

93 LORTE Y ESCARTÍN, 1708: fol. 31 r.-vº nº 5 a partir de una información de SILVESTRE, Tomás: *Crónica de las cosas memorables y particulares acerca de los Religiosos menores* [...] de Valencia, Ms. desap. 1585.

94 SUCÍAS, 1907, I: 253.

95 SILVESTRE, Tomás: *Crónica de las cosas memorables y particulares acerca de los Religiosos menores* [...] *de Valencia*, lib. 1, cap. 7, Ms. desap. 1585. Transcrito en LORTE Y ESCARTÍN, 1708, fol. 40r.-vº nº 17-18.

96 SÁNCHEZ DEL CASTELLAR, Gerónimo: *Crónica de todas las cosas memorables que desde su principio ha tenido esta Provincia de Valencia, sacada de los Archivos de la Provincia*, Ms. desap. 1635.

97 LORTE Y ESCARTÍN, 1708: fol. 26vº nº 2-3; Véase también SALAS Y ALCALÁ, T. Agustín: *Memorias históricas del antiguo santuario del Santo Sepulcro de Valencia*, Valencia: Imprenta J. Estevan Dolz, 1746, IX, 77.

La épica franciscana adornó el relato con detalles morbosos acerca de la palma y la sangre de los mártires encontrada en ese lugar siete años después:

"Hallaron aún los nuevos fundadores fresca y reciente la sangre de los Santos Mártires en la tierra y en los árboles, y pudieron bien señalar el lugar. Y de una palma que estaba más ensangrentada, hicieron aquella cruz, y la pusieron en aquel lugar para memoria de tan grande maravilla"[98].

Más explícitos todavía son otros dos fragmentos de Escartín donde asegura que el lugar de martirio era recordado por una capillita, con su reja de hierro y una cruz de palma, situada *"junto a la puerta de la iglesia, que responde al claustro, dando [a] mano derecha"*[99]. La existencia de esa capilla es indudable si nos atenemos a la minuciosa descripción que hace Escartín en otra parte del manuscrito, esta vez hablando en primera persona acerca de lo que él mismo presenció en aquel altar:

*"[…] donde están sus armas oy en día, un Toro, y en contorno de él un escudo, donde están puestas, rodeadas de esta letra L que declaran **Toroel**, y está una imagen de pincel de Christo crucificado pintada en la misma pared, y a una parte la Virgen María, y a la otra S. Juan Evangelista, y más abajo S. Onobrio, y Santa María Egypciaca con un escudo, y en medio de él las letras que dicen **infra**, índice de que allí en el suelo los martirizaron"*[100].

Continúa Escartín con una prolija descripción de detalles acerca del monumento erigido a los mártires, para terminar su argumentación con un enfático *"y assi se tiene por cierto, fue en este lugar su martirio, y no en otro"*[101].

Igualmente, Hebrera supone el lugar de la ejecución en el jardín del palacio musulmán que existió donde más tarde se levantaría el claustro del convento de San Francisco. Así dice la *Chronica de la Provincia de Aragón:*

98 Ibídem, fol. 38 r. nº 2.
99 SILVESTRE, Tomás, Crónica, lib. I, cap. I, fol. 2; lib. 3 fol. 28, Ms. desap 1585. Transcrito en LORTE Y ESCARTÍN, 1708: fol. 45vº-46 r. nº 7.
100 LORTE Y ESCARTÍN, 1708: fol. 40r.-vº nº 17-18.
101 Ibídem.

"Echaron mano de los santos mártires y bajando al primer cuadro del jardín, los ataron con impiedad las manos, y al tronco de una crecida palma les cortaron a entrambos las cabezas [...]. Estaba aquella triunfante palma en el mismo lugar donde hoy está el primer claustro del Real Convento de San Francisco de Valencia, en la parte de la iglesia junto a la puerta que sale al claustro, no lejos de donde habían padecido martirio los dos religiosos"[102]

Coincidiendo con Hebrera, muchos cronistas e historiadores valencianos han vinculado épicamente la fundación del convento de San Francisco al lugar del glorioso martirio. Beuter[103], al que siguieron Escolano[104], Sales[105], Cruilles[106], Diago[107], Llombart[108] y otros autores, recogen este acontecimiento concediéndole credibilidad. Lo hacen incluso adornando en ocasiones el relato para dotar de un timbre de gloria la fundación del convento, cuyo lugar se sacraliza como un *temenos* regado con la sangre de los mártires. Así lo describe Cruilles copiando a Escolano:

"Hallábase a la sazón el moro Zeyt en su casa o palacio de placer a las afueras de la ciudad, situado en el lugar que ha sido el convento de

---

102 HEBRERA, 1703, II: lib. I: 164s.; cfr. ESCLAPÉS, 1738, cap. IV, 68.

103 BEUTER, 1546 [1604], lib. I: 204; lib. II, cap. XXII: 120.

104 ESCOLANO, 1610-1611, I: 4.96.

105 SALES, Agustín de, 1746. *Memorias Históricas del Antiguo Santuario del Santo Sepulcro de Valencia*, cap. 9, Valencia: Dolz.

106 CRUILLES, 1876: 261 se apoya en la Crónica del P. Silvestre de quien leyó que *"entre los moros y en Argel las ejecuciones se verifican en presencia del rey"*, lo que en su opinión hace verosímil que fuesen decapitados en el mismo patio de la casa o residencia de éste, ahora convento de San Francisco. El manuscrito de 1585 del P. Silvestre, titulado *Crónica de las cosas memorables y particulares acerca de los Religiosos menores* [...] *de Valencia* debió perderse durante la segunda mitad del siglo XVIII, de ahí que Cruilles manejara en realidad una fuente de segunda mano, probablemente la crónica de Sorribas de 1740. La obra de Silvestre era desconocida para Colomer, que escribía en 1803, aunque tenemos noticias de su contenido por algunas fuentes independientes: [Valencia, ARV, Clero, Lib. 1869: *Notas de las Centurias que contiene el Archivo de la Provincia...*, ob. cit., Ms. inéd., 1764: 63; *AIA* 28 (1927), 263-271 y 378-386; 31 (1929), 387-402].

107 DIAGO, 1613, II, lib. 7, cap. 29, f. 322.

108 LLOMBART, 1887: 598.

que nos ocupamos, afueras de la Boatella, mandólos traer a su presencia y presos en una oscura mazmorra quiso obligarlos a que renegasen de la fe, valiéndose para ello de las amenazas más terribles; pero la heroica constancia con que se negaron a tan abominable acción, hizo al incrédulo rey mandar que los degollasen; lo que tuvo efecto en uno de los patios del mismo palacio" [109].

Apoyados en la autoridad de Wadding[110], los cronistas franciscanos del siglo XIX pusieron mucho énfasis al vincular el *locus* conventual con el punto del martirio. Colomer[111] va más lejos y cree *"muy verosímil"* que los primeros frailes de la Provincia, fray Iluminado y Pietro del Sede, integrantes de la cruzada y, probablemente, compañeros de San Francisco como los mártires, se recluyeran desde 1238 *"en una pequeña estancia del palacio de Çeyt donde levantaron un altar"*. El relato se torna delirante cuando afirma que *"se tomaron las disposiciones necesarias para dar al magnífico Palacio aquella forma de Convento que les pareciese más propia según las circunstancias del tiempo"*. Esta conjetura carece de todo fundamento, puesto que en esa fecha los frailes carecían de medios económicos para transformar *súbitamente* una residencia islámica en un convento gótico, que es lo que Colomer viene a sugerir. Termina el cronista narrando que unos conquistadores aragoneses, devotos de los mártires, descubrieron restos de sangre en el tronco de una palmera del jardín de Çeyt, y que de esa madera hicieron una cruz que fue colocada en un altar ubicado *"en el lugar que en el día es la medianil de la Iglesia y del claustro"*[112].

A comienzos del siglo XX, una crítica más exigente echó abajo la leyenda de los mártires decapitados en el sitio del convento, pero en las últimas décadas ha sido restaurada, despojada de elementos espúreos, a la luz de las investigaciones del jesuita norteamericano Robert I. Burns y de la doctora canadiense Jill R. Webster. De hecho, hoy se da por segura la existencia de una *munya* o

---

109 CRUILLES, 1876: 260; cfr. ESCOLANO, 1610-1611, I: 496.
110 WADDING, *AM*, II, a.1231.
111 MARTÍNEZ COLOMER, 1803, I: 21-22; II: 5.
112 Ibídem, II: 5-6.

almunia perteneciente al sayyid Abu Çeyt en el apacible paraje de huerta que existía frente a la puerta de la Boatella, donde los italianos fueron sometidos a tormentos para hacerles renegar de su fe. Las *munyas*, o almunias, eran casas de recreo en el campo dotadas de jardines, arboledas, surtidores y estanques donde potentados musulmanes buscaban el descanso en contacto con la naturaleza que no podían encontrar en las mansiones intramuros[113]. A diferencia de los alcázares y palacios sólidamente construidos, de aspecto fortificado y dotados casi siempre con defensas de una o más torres, las *munyas* eran, por el contrario, construcciones ligeras rodeadas de frondosos jardines surcados de acequias a modo de vergel u oasis, de las que muy pocas han subsistido en la península ibérica. Es cierto que Çeyt también poseía otros lugares de recreo en los arrabales de *Balansiya*, como por ejemplo la *munya* del *Raal* en la margen izquierda del río, junto a los jardines del Real[114], relativamente distante del alcázar musulmán levantado sobre las ruinas del *Asclepeion* en el antiguo foro romano, hoy L'Almoina. Pero la *quinta* más citada por las fuentes es la que se ubicaba próxima al lienzo sur de la muralla en el arrabal de *Baytalá* o Boatella, donde poco después se fundó el convento de San Francisco.

La teoría crítica contra la versión tradicional hunde sus raíces en un texto de Eiximenis quien, en la *trentena raó* de su dedicatoria a los Jurados de Valencia en el *Regiment de la cosa pública*, afirma que los dos franciscanos venidos de Teruel fueron martirizados *"en la plaça de la Figuera"*[115], lugar donde se llevaban a cabo las ejecuciones públicas en la Edad Media. Esta plazuela, conocida en tiempos de la Reconquista como de Santa Tecla, se encontraba cerca de la mezquita mayor en la confluencia de la actual calle del Mar con la plaza de la Reina, justo donde hoy existe una conocida franquicia de cho-

---

113 Al respecto véase NAVARRO PALAZÓN, J./TRILLO SAN JOSÉ, C. (eds.), 2018: *Almunias. Las fincas de las élites en el Occidente islámico: poder, solaz y producción*. Granada, Universidad de Granada.

114 COSCOLLÁ, 2003: 100; MARTÍ, 1989: 90.

115 *"E apres dos frares sants qui pre[n]guere[n] martiri e mort en la plaça d·la figuera p[er] lo darer Rey qui fonch sarahí qui stech apellat zeyt·e buzeyt"* (Y despúes dos frailes santos que recibieron martirio y muerte en la plaza de la Figuera por el último rey que fue sarraceno que se llamaba Çeyt Abu-Çeyt) [EIXIMENIS, Francesc, 1499. *Regiment de la cosa pública*. Valencia: Christofol Cofman: 18, trentena raó].

ſpecialment lo benauyrat mon ſenyer ſent vincēt.⁊E apꝛes dos frares ſants quí pꝛēguerē martirí e moꝛt en la plaça ꝺla ſiguera ꝑ lo ꝺarer Rey quí fouch ſara bí quí ſtech apellat ʒeyt/e buʒeyt.lo qual ſarabí ꝺit

colates. Esta tradición, recogida en el siglo XV por San Antonino obispo[116], inspiró el Oficio de lectura del Breviario en la festividad de los mártires del 29 de agosto, el cual sitúa su degollación en 1231 *"en una plaza pública"*.

La versión de Eiximenis fue recogida mucho después por Chabás, quien trató de desmontar todas las leyendas sobre Çeyt en un célebre artículo publicado en *El Archivo*[117]. La línea crítica abierta por Chabás en la edición de 1895 del segundo volumen de las *Antigüedades* de Teixidor[118] recibió un impulso a partir de la publicación en 1915 de un ensayo ya clásico de Atanasio López[119], siendo después asumida sin reservas por Fullana[120], que la defendió con vehemencia. A ellos siguió Ivars[121] y más recientemente los padres Ángel[122], Corbín[123] y Agulló[124], quienes negaron todas las versiones acerca de la quinta de Çeyt y su relación con el martirio de los franciscanos. El propio Fullana aducía que si el documento del *Repartiment* no menciona el palacio de Çeyt es sencillamente porque no estaba en el área de la concesión *"ni en sus alrededores"*[125], aunque sobre esta apostilla caben no pocas reservas.

---

116 ANTONINO DE FLORENCIA, Crónicas, par. 3, tit. 24, cap.7, epigr. 14.

117 CHABÁS, 1890: 217; Id, 1929. *Episcopologio Valentino*, Valencia, I: 323s.

118 TEIXIDOR 1767, II, lib. IV, cap. II: 20, n.1.

119 LÓPEZ, 1915: 93.

120 FULLANA, 1922e: 7; 1926: 232. El lingüista cree *"igualmente gratuitas"* las teorías sobre el martirio en el palacio de Çeyt y la propia donación del edificio a los franciscanos.

121 IVARS, 1927: 267 n.3; 382.

122 ÁNGEL, 1943: 186-187.

123 CORBÍN, 1988: 27-35.

124 AGULLÓ, 1978: 1.

125 FULLANA, 1922c: 9.

En otro de sus artículos, Fullana defendió su postura apoyándose en la donación de tierras de Jaime I, la cual, efectivamente, no menciona la existencia de palacio alguno sobre el terreno cedido por el monarca:

> "*Del contexto de esta donación se deducen dos consecuencias igualmente ciertas. La primera, que el lugar señalado por el Rey D. Jaime no era, en manera alguna, del ex-rey de Valencia Ceit-Abu-Ceit, y segunda, que no hubo allí casa alguna, por cuanto el Rey D. Jaime se vio precisado a dar a nuestros religiosos unas casas dentro de la ciudad para que tuviesen donde refugiarse, durante la fábrica de su convento* […]"[126].

Omitía Fullana que las casas entregadas por el monarca a los frailes para alojarse durante la construcción de su primer convento eran las de Ravalcadi, a las que más adelante nos referiremos. Pero la inexistencia de un palacio musulmán en las tierras donde se erigió el convento no resta credibilidad a la opinión de quienes defienden que el lugar de la donación comprendía al menos una parte del jardín, sin duda alejada del palacio, de la quinta de Çeyt donde supuestamente los mártires serían decapitados, ya que su sangre no podía manchar las dependencias reales. Pero lo que estos autores vienen a decir, y así se sigue transmitiendo en el seno de la Provincia, es que los mártires sufrieron flagelación en un patio del palacio de Çeyt obligados por éste a hacer apostasía de su fe y, ante su negativa, fueron conducidos a la plaza de la *Figuera* donde era costumbre ahorcar a los reos, siendo decapitados en ese lugar en un acto *ejemplarizante* ante el pueblo.

Además de esgrimir el texto de Eiximenis, otro argumento en el que se basó Fullana para rechazar la teoría del derramamiento de sangre en la *munya* del sarraceno es una información contradictoria de Antonino de Florencia[127] según la cual el homicidio de los religiosos se habría producido en el palacio de recreo de Çeyt "*donde habían padecido muchos cristianos*", lo que reforzó la idea de que

---

126 FULLANA, 1922g: 5.

127 ANTONINO DE FLORENCIA, 1587: *Chronicorum*, tit. XXIV, cap. VII, epígr. 14, "De egregiis viris Ord. Min.": 748.

el concurrido lugar del martirio no podía ser otro que el patíbulo de la *figuereta*, puesto que era allí, y no en el palacio, donde los cristianos eran exterminados.

Un artículo publicado en 1876[128] en la *Revista de Archivos, Bibliotecas y Museos* intentó por vez primera arrojar luz sobre la cuestión argumentando que Eiximenis *"bien pudo explicarse mal"* y, por una figura *"muy natural en imaginaciones meridionales y levantinas"*, dijo: *"specialment lo benauyrat senyer sent Vicent. E apres dos frares sants qui pre[n]guere[n] martiri e mort en la plaça d·la figuera"*, omitiendo el complemento *"en la plaça de la Figuera, lo primer, é los frares al ort de Zeit"*[129]. El problema de esta forzada argumentación es que tampoco San Vicente fue martirizado en dicha plaza.

Lo cierto es que Fullana y los defensores del lugar del martirio en la *Figuera* no aportan más pruebas que la *trentena raó* de Eiximenis para rechazar la decapitación de los italianos en la *munya* de Çeyt. Un dato objetivo es que en la *plaça de la Figuera* siempre estuvo instalada la horca, lo que pudo llevar a Eiximenis a identificar este lugar de ejecuciones públicas con el sitio de la decapitación (que no ahorcamiento) de los religiosos.

Por otra parte, hay que recordar que la asignación de tierras del *Repartiment*[130] no hace referencia alguna a la existencia de un palacete islámico sobre el suelo asignado a los franciscanos, reforzando así la posición de los autores que rechazan la tradición del martirio en el Real [*Raal*] de Hazmet o quinta de Çeyt. Pero tal omisión no es incompatible con el hecho de que ese suelo perteneciera, en todo o en parte, al jardín de la almunia.

El fuerte arraigo de la tradición acerca de la decapitación en la parcela del sarraceno hizo que, andado el tiempo, la escena fuera representada en un zócalo de azulejos en un muro del primer claustro del convento, muy probablemente en la *capillita* que mencionaba el P. Silvestre en su *Crónica*[131], con un terceto que decía así:

---

128 J. M. L. de A., 1876: 380.

129 Ibídem. "[…] *en la plaza de la Figuera, el primero, y los frailes en el huerto de Çeyt*".

130 *Libre del Repartiment del Regne de Valencia*, ed. a cargo de Mª. D. Cabanes y R. Ferrer, 1979, I: 51

131 SILVESTRE, Tomás: *Crónica de las cosas memorables y particulares acerca de los Religiosos menores y Religiosas de Sta. Clara de Valencia*. lib. I, cap. I, fol. 2; lib. 3 fol. 28, Ms. desap. 1585. Transcrito por LORTE Y ESCARTÍN, 1708: fol. 45vº-46 r. nº 7.

En este mismo lugar,
no en Italia ni en Teruel,
recibieron el laurel[132]

La historia de los mártires de Teruel concluye en medio de interrogantes nunca aclarados como su supuesto entierro en la iglesia del Santo Sepulcro de Valencia donde habrían habitado mientras vivieron en la ciudad[133], o el traslado de sus restos a la iglesia turolense de San Bartolomé, donde residieron antes de partir hacia su trágico destino, previo pago de una fuerte suma a los musulmanes por el rescate de los cadáveres tal como sostiene Cruilles[134]. Otra versión habla de la recuperación de los cuerpos por orden del obispo de Teruel y su traslado a esa ciudad en extrañas circunstancias. Sucías se hace eco de esa noticia:

"Poco después de la conquista mandó extraer los cadáveres el Señor Obispo de Teruel [...] se los llevó a su Catedral. [...]. Los colocó en una preciosa hurna"[135]

De acuerdo con esta creencia, los cuerpos decapitados de los dos frailes italianos habrían sido permutados por unos musulmanes cautivos y trasladados personalmente por el rey Jaime a Teruel para depositarlos en la ermita de San Bartolomé, origen de su misión en tierras hispánicas, donde se les venera como copatronos de la ciudad. Desde entonces siempre ha existido en ese lugar una comunidad de frailes menores.

La supuesta donación de Çeyt

Çeyt huyó a Segorbe tras ser destronado por su rival Zayyan [Zaen], gobernador de Denia y nieto del rey Lobo, a comienzos de 1229. Pronto intentó ponerse en contacto con el papa Gregorio IX con vistas a la posibilidad de

132 MARTÍNEZ COLOMER, 1803, II: 6; CRUILLES, 1876: 261.
133 SALAS Y ALCALÁ, T. Agustín, 1746. *Memorias históricas del antiguo santuario del Santo Sepulcro de Valencia*, Valencia: Imprenta J. Estevan Dolz, IX: 74-82, en p. 77 y 82.
134 CRUILLES, 1876: 260; HEBRERA, 1703, lib. II, cap. VIII: 182.
135 SUCÍAS, 1907, I: 254.

convertirse al cristianismo, para lo cual solicitó la asistencia de un legado papal. Se sabe que el cardenal Jean d'Abbeille se desplazó en 1228 y mantuvo conversaciones con Çeyt a través de intermediarios y con él personalmente en Castilla[136]. Poco después el musulmán se bautizó con el nombre de Vicente Belvís[137], cumpliéndose así una supuesta profecía de los mártires italianos quienes, antes de ser decapitados, habrían vaticinado la conversión de su verdugo al cristianismo de acuerdo con una tradición oral a la que muchos estudiosos conceden credibilidad.

Lo cierto es que uno de los dos hijos de Çeyt, Çeyt Edriz, nacido de su mujer cristiana, adoptó el nombre de Fernando Pérez cuando se convirtió a la fe de Cristo, nombrando en 1262 al guardián de los frailes menores de Valencia como su albacea testamentario. Webster[138] menciona el testamento por el que Pérez deja 3.000 sueldos reales valencianos para construir un dormitorio en la casa franciscana, probablemente porque la humilde morada inicial se había quedado pequeña ante el auge de la comunidad.

Sabemos también que cuarenta años después del martirio de los misioneros, al menos un pariente próximo del ex-gobernador musulmán tomó el hábito franciscano, abonando las leyendas que se refieren a la conversión masiva de la familia de Çeyt[139]. Al parecer el suyo no fue un caso aislado: Webster[140] encontró documentación relativa a musulmanes notables de la ciudad de Valencia convertidos al cristianismo y descendientes suyos que ingresaron en la Orden franciscana, demostrando con ello que poseer orígenes islámicos no era óbice para tomar el hábito de los frailes menores.

Mientras el destronado gobernador almohade meditaba acerca de su conversión, Jaime I se planteaba si capitanear una cruzada hacia una *Balansiya*

---

136 López, 1915a: 94-95; Burns, 1989, II: 48.

137 Cruilles cree que el bautismo de Çeyt ocurrió "a mediados de enero de 1236" [Cruilles, 1876: 260].

138 Webster, 2000: 40. El testamento de Fernando Pérez fue publicado íntegramente por Chabás, 1891: 289-304 y reproducido por Ángel, 1943: 515.

139 Burns, Robert I.: Príncipe almohade y converso mudéjar: Nueva documentación, *Sharq al-Andalus: Estudios árabes* 4 (1987): 109-122; Webster, 2000: 40.

140 Webster; 1993: 108.

carcomida por la guerra interna, teniendo a Çeyt como aliado, o por el contrario asediar las islas Baleares[141]. Por más que el rey se decantara por reconquistar Mallorca a finales de 1228, la autorización papal para emprender la cruzada, que llegó dos meses más tarde, refleja el dilema del monarca entre Valencia o Baleares. Pero el tratado de alianza y vasallaje que el destronado Çeyt firmó en Calatayud con Jaime I en abril de 1229, ratificado por ambos un mes después en Teruel, por el que prometía repartirse con el monarca aragonés cualquier parte del territorio valenciano que sus ejércitos islámicos arrebatasen a Zayyan [Zaen], determinó la suerte final de *Balansiya*. Conquistada Mallorca, Jaime podía volver a pensar en su objetivo principal, la toma de Valencia, que preparó mediante una nueva ratificación del pacto de vasallaje con Çeyt firmada en Teruel en mayo de 1236[142]. Ese mismo año las Cortes de Monzón resuelven la conquista de Valencia[143], que se llevará a cabo finalmente en 1238. En Monzón se traza el plan de reunir un gran ejército capaz de tomar una ciudad de la importancia de Valencia, prometiendo ventajas a quienes acudieran a la llamada del monarca a la que no faltó la Orden de San Francisco.

Hay discordancia entre los autores acerca del mecanismo de concesión a los franciscanos del terreno donde a la postre levantarían su convento, pero en el fondo late una donación en doble secuencia: la primera afirma que Çeyt, convertido al cristianismo y arrepentido de su homicidio, prometió al rey conquistador el palacio donde los mártires entregaron su vida[144], aunque su materialización efectiva la hiciera Jaime I a través del acto documentado en el *Repartiment*. Si damos credibilidad al dato de Cruilles[145] que sitúa el bautismo del converso Çeyt en 1236, la donación del penúltimo gobernador almohade solo sería posible de modo verbal, pues por entonces ya había sido destronado por su rival Zayyan [Zaen] tras su captura de la ciudad en 1229[146].

---

141 Burns, 1989: 48.
142 Ibídem, 49-50.
143 Ferrer, 1999: 44-45.
144 Sucías, 1907, I: 257.
145 Cruilles, 1876: 260.
146 Burns, 1989: 48.

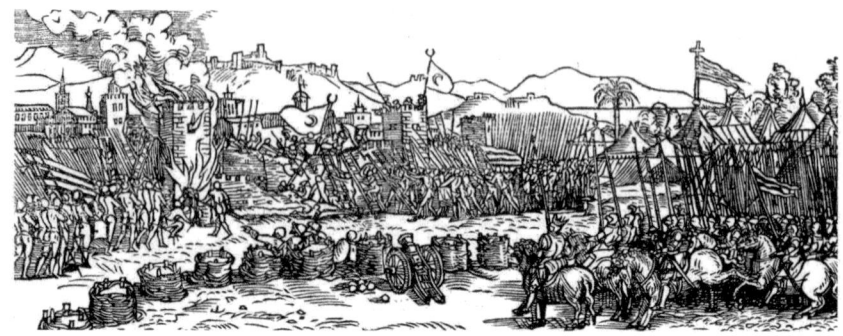

Anónimo. Ataque a la torre de la Boatella en el sitio de Valencia, 1538. P. A. Beuter, *Primera Parte de la Crónica General de toda España* (portada). Valencia, Biblioteca Municipal; Catalá, 1999: 27.

El cronista Magraner no entra a valorar si la donación a los franciscanos fue del *sayyid* o del monarca, pero da por descontada la existencia en ese lugar de un palacio Real propiedad de Çeyt que sirvió *"para la fundación"* del convento:

> *"El año 1238 en que fue conquistada por el rey D. Jaime, realizó donación por el mismo rey D. Jaime y Don Vicente Belvis (antes Zeyt Abu Zeyt) del Palacio Real para la fundación de este convento, que es el primero de esta Provincia. En los claustros de este convento, siendo aun palacio del Rey Moro Zeit Abu Zeit, fueron martirizados los santos fr. Giovanni da Perugia y fr. Pietro de Saxoferrato el día 29 de de agosto del año 1231 según Waddingo"*[147].

Hebrera[148] imaginó una situación en la que Çeyt, puesto de rodillas ante los franciscanos, suplicó aceptaran su casa en compensación por su grave delito. Zacarés[149], haciéndose eco de esta tradición, afirmó que Ceyt habría cedido a los franciscanos su palacio y jardines a espaldas del monarca jaimita y sin contar con él. Así pues, cierta historiografía contemporánea comenzaba a

---

147 MAGRANER: 1824: 2; WADDING, *AM*: III, 31; Cfr. *Comp Cron*, 1805-1826: 3.
148 HEBRERA, 1703, lib. II, cap. VII: 179.
149 ZACARÉS, *El Fénix*, 15 Febrero 1846: 232; 22 Febrero 1846: 241; 1 Marzo 1846: 254.

blanquear la imagen del sarraceno viéndole más como protector y benefactor de los religiosos que como su verdugo. Sabedor del poco cuidado tenido por los franciscanos con los restos de Çeyt, Zacarés llegó a criticar "*el desagradecido abandono de la comunidad para con su augusto favorecedor*", al que también elogia como "*piadoso príncipe*" y "*hombre esclarecido*"[150].

Cruilles, siguiendo a Zacarés, imagina una entrevista personal de Çeyt con los religiosos a quienes hace efectiva la donación, excluyendo cualquier intervención del monarca cristiano:

> "[Çeyt] *llamó a los religiosos franciscanos que seguían el ejército real, les pidió que en satisfacción de su ceguedad por el martirio dado a aquellos Santos, que fueron decapitados en su palacio, lo aceptasen para fundar un convento de su Orden*"[151].

De acuerdo con estos autores, el monarca cristiano no habría intervenido en la operación o, a lo sumo, habría actuado solo como mediador de la voluntad del sarraceno ante los frailes. Sea como fuere, lo relevante para nosotros es que existió una donación, si no del palacete sí al menos de una parte del jardín.

Hasta los estudios de Fullana, todos los escritores de la Orden han sostenido la versión de la fundación del convento en la *munya* de Çeyt en virtud de la autoridad de Wadding[152], quien tampoco pone en duda el hecho. Esto explica que, durante mucho tiempo, existiera la ya mencionada lápida conmemorativa de los mártires en una panda del primer claustro donde se creía que fueron atados a una palmera y después decapitados.

Reconquistada la ciudad por las tropas del rey Jaime en octubre de 1238, dos de los frailes que acompañaban al monarca, fray Pietro del Sede y el hermano Iluminado, reciben la consiguiente donación, siempre supuestamente, de la quinta de Çeyt o al menos de la porción asignada a la Orden por el monarca:

---

150 Ibídem, 1 Marzo 1846: 254.
151 Cruilles, 1876: 262.
152 Wadding, *AM*: III, 31.

"Conquistó después el rey Jaime el Reyno y Ciudad de Valencia, e hizo donación a los religiosos [...] que le acompañaban del sitio en que habían padecido el martirio, que era el jardín de Azoto rey moro de Valencia ya cristiano llamado Don Vicente Belviz"[153].

Hispanistas de nuestro tiempo como Burns[154] y Webster[155] reconocen alguna relación entre la casa franciscana de Valencia y la quinta de Çeyt. También otros cronistas e historiadores españoles siguen defendiendo esta hipótesis con pocas variaciones.

De acuerdo con Madoz, en 1239 Çeit suplicó al conquistador que donase el que había sido su palacio de recreo a los religiosos, dándose principio a un convento *"de una extensión asombrosa"*[156]. Esta indudable característica del convento, que no dejaba indiferente a nadie, no ha hecho sino abonar la falsa idea de una relación biunívoca entre la quinta de Çeyt, que sería de grandes dimensiones, y el inmenso solar del convento, que también lo era; basta observar el plano de Tosca. Sorprende que un autor del prestigio de Zacarés, como muchos otros estudiosos de todos los tiempos, creyera erróneamente que la concesión de un suelo de grandes dimensiones dio lugar a la construcción del inmenso convento que él llegó a conocer en el XIX:

"En enero de 1239, inmediatamente después de la reconquista, se dio principio a la obra, construyéndose desde luego la misma iglesia principal cuyo buque subsiste actualmente aunque con algunas pequeñas variaciones"[157].

---

153 MAGRANER, 1824: 2.
154 BURNS, 1982: 2, 449.
155 WEBSTER, 2000: 126. *"Els franciscans de València ja havien obtingut el palau musulmà a la carretera de Ruçafa on foren assassitats els primers màrtirs"*. La misma autora [1993: 125] recuerda una tradición según la cual Çeyt, antes de morir, pidió ser sepultado en una tumba de mármol *"en la casa franciscana"* de Valencia, un dato que, aunque indemostrable, Webster cree factible recordando en ese sentido los desmentidos de Chabás acerca de las leyendas sobre Çeyt.
156 MADOZ, 1849: 383.
157 ZACARÉS, *El Fénix*, 22 Febrero 1846: 241.

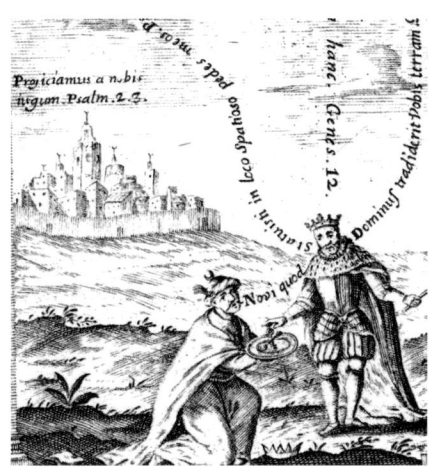

Thomas Planes *sculp.*: Rendición de Çeyt ante Jaime I con la ciudad de Valencia al fondo, 1738. Grabado calcográfico. Museo de la Ciudad; M. A. Catalá, 1999: 44.

Esta difundida creencia carece de todo fundamento y no guarda parecido alguno con la realidad histórica del edificio ni con su propia evolución arquitectónica. De entrada, el vasto terreno de los frailes no fue el resultado de una única concesión, sino de tres distintas y además muy diferidas en el tiempo; y por otra parte, la iglesia de gran *buque*, como dice Zacarés, era de construcción muy posterior a la humilde iglesia de la época de reconquista.

La leyenda de Çeyt y la supuesta entrega de su villa de recreo a los franciscanos todavía tenía que conocer un último episodio en 1268 con la muerte del converso y el posterior traslado de sus restos al convento de San Francisco de Valencia para su sepultura en algún lugar que ignoramos, pues por entonces aún no contaba con claustro. Quizá fueron trasladados posteriormente en fecha incierta, pero en cualquiera de los casos estaríamos ante un acto supremo de agradecimiento y perdón por parte de los religiosos. Teixidor asegura enfáticamente haber visto el sepulcro de Çeyt cuando visitó el convento poco antes de 1767, dando cuenta del lugar exacto donde se ubicaba:

"Hemos conocido todos su sepultura de mármol junto a la puerta que sale al claustro"[158].

La noticia del P. Teixidor tiene fundamento pues, en efecto, sabemos que en 1737 los restos del *moro* Çeyt fueron depositados provisionalmente en un arca de madera debajo del retablo de San José mientras se llevaban a cabo unas obras en el coro bajo de la iglesia. Aprovechando esta circunstancia, Teixidor pidió a los franciscanos que le dejaran ver los huesos:

"Vilos en dicha arca, en la cual encontré un pedazo de pergamino y en él, escrita con letra coral, la siguiente memoria: Hic jacent ossa DD. Vicentii Belvis olim rex acey bucey et filiorum eius, quae aliquando fuerunt in ingressu ad claustrum; et traslata fuerunt in hac arca"[159].

Para el Capítulo General a celebrar en el convento de Valencia el 21 de mayo de 1768, los restos de Çeyt fueron trasladados *"a la izquierda de la puerta que da tránsito de la iglesia al claustro"*; y para memoria se grabaron en un mármol blanco, elevado en la pared, los siguientes *"Dystichos que compuso el P. Lector Jubilado fr. Miguel Enrich"* que Torres y Belda[160] dijo haber copiado *"en la misma forma que allí están grabados con letras mayúsculas"*. Himno de misericordia por el alma de Çeyt que decía así:

HIC JACET AZETUS MAURUS
DULCISQUE PROPAGO;
QUI DOMINANS URBIS, PAR

---

158 Teixidor, 1767, II: 23.
159 Ibídem. "Aquí yacen los huesos de D. Vicente Belvis que fue una vez el rey Acey Bucey, y los de sus hijos, quienes alguna vez estuvieron en la entrada al claustro, y fueron trasladados a esta caja" (traducción del autor).
160 Torres, 1876: 186. De ahí deduce Torres *"ser hablilla popular"* que el cuerpo de Çeyt estuviera en San Jaime de Uclés como aseguraba Escolano [Torres, Ibídem; Escolano, 1610-1611, I: 496], desmintiendo así todas las leyendas acerca del sarraceno, pues "ni el Monasterio de San Francisco se levantó sobre el solar de la quinta ó palacio de Zeyt, ni éste se apellidó Belvis después de su conversión, ni fué enterrado en Uclés" [Torres, 1876: 187].

JUGULARE NUBET
FRANCISCI COMITUM, NUNC COELI
SEDE BEATUM
SACRO FONTE TAMEN DILUIT
OMNE NEFAS,
DUM PRO INCLEMENTI FUNDUNT
PIA VOTA, PRECESQUE,
URBS EXPUGNATUR, SACRA
FIT AULA DEI[161]

Todavía tenían que sufrir las reliquias de Çeyt un último traslado al monasterio clariano de la Puridad de Valencia tras la desamortización, donde supuestamente aún se conservan[162]. Al respecto de este azaroso periplo, Zacarés afirmaba no saber qué admirar más, si *"el poco aprecio por las respetables reliquias de aquel anciano que había reinado en estos sitios, o el desagradecido abandono de la comunidad para con su augusto favorecedor"*[163].

De la leyenda del gobernador Çeyt y la entrega de su propiedad en reparación por el doble homicidio podemos extraer una conclusión. Si nos atenemos a la documentación de archivo, y a falta de otros datos verificables, creemos que la decapitación de los primeros mártires tuvo lugar en el extenso jardín de la quinta que Çeyt poseía extramuros de la ciudad a escasa distancia del portal de la Boatella, no lejos del cementerio próximo al camino de San Vicente. En ese caso, la pequeña parcela asignada inicialmente en el Privilegio Real constituiría solo una parte del extenso jardín. De modo que el convento levantado allí en ningún caso podría reemplazar al edificio de Çeyt porque el terreno donado a los frailes no lo abarcaba, por ese motivo tampoco aprovecharía su cimentación o sus construcciones previas como algunos autores creyeron.

---

161 "Aquí yace el moro Azoto, delicia y gracia; quien gobernó la ciudad, unido ahora a Francisco el cielo contempla feliz, la fuente sagrada ha absuelto todo pecado, incluso ha provisto piadosos deseos y oraciones; la ciudad santa ha sido capturada, ha sido el tribunal de Dios" (traducción del autor).
162 AGULLÓ, 1978: 1-3. BURNS, 1989: 109-122. Webster no discute que los huesos son los del moro Çeyt [WEBSTER: 1993: 34, n.72].
163 ZACARÉS, *El Fénix*, 1 Marzo 1846: 254.

Ciertamente las leyendas no son en sí mismas historiografía, pero rechazar las muchas tradiciones orales por no ser suficientemente científicas sería negar la manera como acostumbra a escribirse la Historia. Y, al menos hasta los estudios de Fullana a comienzos del siglo XX, casi todos los autores coinciden en establecer alguna relación entre el convento y la almunia de Çeyt.

Esto implica suponer una triple confluencia de circunstancias en el mismo *locus*: la quinta de Çeyt, el lugar del martirio y el solar del futuro convento. Una feliz coincidencia que, por sugestiva, romántica y evocadora, cautivó a muchos escritores, que vieron en ese lugar una suerte de *temenos* cristiano. Pero, siendo abundantes los testimonios y coincidencias entre los autores, hay que admitir que la documentación relativa al convento franciscano de Valencia, tanto la procedente de cronistas de la Orden como de eruditos ajenos a ella, suele ser en muchos casos pseudohistórica y copiada de unos a otros, de ahí que no podamos concederle excesiva fiabilidad.

Con todo, creemos altamente improbable que el convento se levantara sobre los escombros del palacete de Çeyt, si bien es creíble que al menos una parte del jardín pudo quedar incorporada al terreno de los franciscanos en la primera concesión del rey cristiano. Nunca sabremos si lo fue como consecuencia de una promesa verbal de Çeyt, cuya generosidad, dicho sea de paso, le valió el derecho perpetuo de sepultura intramuros del convento.

CAPÍTULO II

LA PRIMITIVA SEDE FRANCISCANA

Sabemos que la llegada de los primeros predicadores franciscanos a Valencia debió producirse alrededor de 1228, una década antes de la conquista de Jaime I. Ante la imposibilidad de fundar un convento en una ciudad todavía islámica, cabe preguntarse cómo y dónde vivieron los frailes hasta la concesión del terreno. La modalidad habitual de asentamiento entre los franciscanos consistía en habitar humildes casas donadas o prestadas por bienhechores en tanto reunían los fondos necesarios para establecer un convento de nueva planta, pues hay que tener en cuenta que los frailes llegados a un lugar lo hacían sin patrimonio propio ni respaldo económico de la Orden, tal como ocurrió con los primeros frailes llegados a Valencia.

La casa del camino de *Ruçafa*

El hecho de que algunos religiosos habitaran en viviendas particulares durante los trabajos de construcción del cenobio es un fenómeno muy frecuente en el ámbito de la Corona de Aragón. Webster[164] encontró abundante documentación relativa a localidades catalanas donde se reconoce entre los franciscanos esa modalidad habitual de asentamiento: a la presencia inicial de los frailes en casas prestadas por bienhechores le sigue su establecimiento en morada propia y estable a finales de la segunda década del siglo XIII. Con un

---

164 WEBSTER, 1987: 203-208.

decalaje de diez años por lo tardío de la reconquista cristiana, esto es exactamente lo que ocurrió en Valencia.

Webster[165] sostiene que varios años antes de la entrada del rey jaimita ya existía una casa de *framenors* en el camino de Ruzafa. Esta se encontraría lejos de la muralla, a poca distancia del poblado de origen islámico, y pudo surgir a raíz de la conmoción que causó la decapitación de los mártires franciscanos. Probablemente se trataba de una o varias viviendas sencillas donde los religiosos se alojarían en semiclandestinidad cuando la ciudad continuaba bajo el poder musulmán y, una vez liberada, mientras se edificaba el convento. Incluso parece que esta morada ya existía en 1230 de acuerdo con un documento que cita a un tal fray Boronat, beguino y predicador en Mallorca antes de la reconquista de las islas, como uno de los primeros franciscanos que vivieron en "*la casa de Ruçafa*"[166].

Ello cobra sentido si tenemos en cuenta que lo tardío de la reconquista de la ciudad ahogó por completo cualquier iniciativa edificatoria de los frailes hasta 1238, viéndose obligados para el desarrollo de su tarea evangelizadora a ocupar durante casi una década, provisionalmente y de manera más o menos clandestina, una o más viviendas cedidas o donadas en tanto no se pudiera llevar a cabo la fundación del convento en 1239. La tarea misional era grande: Valencia, con su numerosa población musulmana, mucha de la cual permaneció en la ciudad después de la reconquista, constituía todo un desafío para la Orden de frailes menores.

Lo dilatado de la fecha en que los franciscanos de Valencia aún no se encuentran en condiciones de iniciar los trabajos de construcción de un convento contrasta con lo sucedido en Vic, donde los religiosos ya estaban instalados desde 1225 y presumiblemente construyendo un primer asentamiento, el único de la Corona de Aragón con Francisco en vida. Un documento citado por Sanahuja[167] menciona una manda de un tal Felipe de Mayoles y su esposa

---

165 WEBSTER, 2000: 41, n.58.
166 ALOMAR ESTEVE, Gabriel, 1978. *Cátaros y occitanos en el reino de Mallorca*. Palma de Mallorca: 62.
167 SANAHUJA, Pedro, 1959: *Historia de la Seráfica Provincia de Cataluña*. Barcelona, Ed. Seráfica: 48 n.31: "*facere ipsi pecia ecclesiam et domos et quidquid velint*".

Berenguera por la que el matrimonio dona unas tierras a los franciscanos con el fin de construir *"una iglesia y casa"* y cuanto necesiten, a condición de quedar sujetos a la jurisdicción del obispo de Vic. Posiblemente las obras dieron comienzo en 1226, aunque no finalizarían hasta unos años después.

El primer testamento a favor de los frailes de Valencia es el de una adinerada mujer, doña Toda Ladrón, que testó en 1238, año de la entrada en la ciudad de las tropas cristianas[168]. Este temprano documento abona la hipótesis de que, tras un período en el que los frailes se habrían alojado provisionalmente en viviendas prestadas, éstos habrían adquirido entre la población una popularidad que les permitirá financiar la construcción de un convento más amplio y estable. Doña Toda, cuyo marido era un súbdito leal del rey Jaime, habría conocido probablemente a fray Iluminado y a los otros frailes que vivían en el camino de Ruçafa. Burns[169] se refiere a ella como una viuda rica, hermana de uno de los hombres más poderosos de Aragón, que en su testamento dejó la suma de 100 sueldos *"para la casa de los frailes menores"* de Valencia y 11 sueldos más para manutención de los religiosos. Dado que en 1238 los frailes todavía no tenían edificio propio, suponemos que el legado se refiere necesariamente a la casa del camino de Ruzafa.

Jaime I, en su segundo testamento redactado en enero de 1241 [1242], solo tres años después de la asignación de tierras a los franciscanos, dejó 1000 maravedís a los frailes menores de Valencia[170]. Al mes siguiente María, esposa de Macià Portaioyes, lega 5 sueldos para el sustento de los franciscanos[171], sugiriendo que por entonces éstos ya habitaban en Valencia de manera estable, aunque ello no significa necesariamente que ya hubieran construido un convento. Por consiguiente coincidimos con Webster[172] que la presencia de *menorets* en una o más casas del camino de Ruçafa se puede datar con segu-

168 Ángel, 1954: 186; Amorós, 1956: 56. Para el texto del testamento de Doña Toda véase: *Rev Est Franc* I: 478-479; Huici/Cabanes, 1976-1982: 37-39, nº 272.

169 Burns, 1982: 2, 450.

170 Ambrosio de Saldes, 1907: 90-92, 219-222, 279-280. Huici/Cabanes, 1976-1982: 118-119. Webster, 2000: 84, 97; 1993: 78.

171 Madrid, AHN, Clero, carp. 3271, perg. 13, 3 de febrero de 1241 [1242]; cfr. Webster, 2000: 41, n.63.

172 Webster, 2000: 41. García Ros: 1996, II: 91-92.

ridad a partir de 1230, y que hasta enero de 1239, cuando el rey les donó el terreno en el *Repartiment*, los frailes no estarán en condiciones siquiera de plantearse comenzar las obras de un verdadero convento.

La primera concesión de Jaime I

La secuencia fundacional adquiere a partir de 1238 mayor solidez científica al estar apoyada en el *Libre del Repartiment*[173] y en otros documentos del rey Jaime I. Como el propio monarca cuenta en su *Crónica*, el reparto de Valencia sucedió inmediatamente después de la conquista de la ciudad, seguida del reparto inmediato de los predios:

> *"E quan aço haguem feyt, entram nos en la vila, e quan vench al tercer dia començam de partir les cases ab l'arquebisbe de Narbona, els bisbes, els nobles qui estat havien ab Nos, e ab los cavallers aquels qui heretats eren en aquel terme. E partim a les comunes de les ciutats a cada una segons la companya, ni los homens que y havia d'armes"*[174].

Los orígenes jurídicos remotos de esta división pueden encontrarse en las Cortes celebradas en Monzón el año 1236 una vez iniciada la reconquista del reino con la toma de Borriana. En octubre de ese mismo año Jaime I formalizaba su acuerdo de repartir las tierras:

> *"prometemos también a todos los obispos, clérigos y soldados que conmigo hicieren la guerra, parte de la tierra* [...] *"*[175]

---

173 *Libre del Repartiment del Regne de Valencia*, ed. a cargo de Mª. D. Cabanes y R. Ferrer, 1979, I: 51. El *Libre del Repartiment* consta de tres volúmenes donde los notarios de la Real Cancillería guardaban copia sucinta de las donaciones que Jaime I iba haciendo, muchas veces para *"cuando se conquistase"*, a los participantes del ejército real. Se conserva en Barcelona. ACA, reg. 5, 6 y 7.

174 *Crónica de Jaime I* o *Libre dels Feyts*, epígr. 284. Cfr. Barcelona, ACA, Repartiment, f. 55. El documento fue transcrito en Valencia, ARV: "Donación de tierras del rey Jaime I a los frailes de las órdenes mendicantes de Valencia, dada en dicha ciudad", 1265-1608, Manaments y Empares, a. 1608, Lib. 9, mano 108, f. 1r-1vº.

175 Cabanes, 1977: 7.

En efecto, antes incluso de la conquista, el monarca comenzó a realizar donaciones de suelo e inmuebles entre los que le acompañaban, aunque en la mayoría de los casos la entrega se obtendría con la rendición de Balansiya. El registro notarial donde se consignan las donaciones reales o las de sus representantes es el que se denomina *Libre del Repartiment*. Como afirma Cabanes[176], la causa última de ese reparto está en el tratado que el monarca aragonés estableció con Çeyt. Esta investigadora medievalista, experta conocedora del proceso de reparto de la ciudad de Valencia, subrayó el carácter fragmentario y minifundista de la partición de la tierra en contraposición al latifundismo aragonés. Así, cada lote a percibir por los nuevos pobladores consistió en una casa, un huerto y unas pocas cahizadas de tierra[177], normalmente entre 6 y 9 hectáreas, medidas en el nuevo sistema métrico foral de *jovades* y *cafissades*, que fue la recompensa usual para la gente de las capas populares[178]. Por ese motivo no debe extrañar que la tierra asignada a los franciscanos pronto se demostrara insuficiente como tendremos ocasión de comprobar.

El reparto de la ciudad de Valencia tuvo lugar ininterrumpidamente a lo largo de los años 1237 a 1244[179]. Dentro de ese período se pueden distinguir diferentes subetapas, apareciendo el año 1237 como preparatorio, mientras que los años 1238 y 1239 marcan el punto álgido de dicha evolución, precisamente cuando los franciscanos reciben el privilegio de donación del *Repartiment*.

Cuando una tierra se arrebata al enemigo, el objetivo primordial que sigue al asentamiento de población es el de asegurar su defensa mediante la colocación de puestos estratégicos que defiendan la frontera y eviten el retroceso del terreno conquistado. Sin embargo, en el caso de Valencia los objetivos de defensa fueron secundarios y en el reparto primó sobre todo el móvil económico[180]. También era necesario dotar al territorio de una nueva imagen representativa del cambio social y cultural, de ahí que la colonización, la cons-

---

176 Id.
177 Ibídem, 8.
178 Furió, 1999, I: 175.
179 Cabanes, 1977: 9.
180 Ibídem, 11.

trucción de iglesias y, en paralelo, la demolición de mezquitas, vendrían a materializar el nuevo orden político.

El reparto dividió la ciudad en dos partes desiguales separadas por un eje imaginario que la atravesara desde la puerta de Bab al-Warrak o *puerta de la hoja* en el extremo norte de la calle del Salvador, Almudín por San Esteban hasta Avellanas, calle del Mar y por la plaza de Santa Tecla a la calle San Vicente, y de ésta a Bab Baytala o puerta de la Boatella. Al este quedaría la agrupación de concejos catalanes y a occidente la de los aragoneses[181]. Todavía podrían señalarse los barrios de extramuros, pero sus límites son imprecisos: uno de esos arrabales era el de la Boatella, entregado a distintos grupos entre los que se cita a los de Cervera y Huesca, si bien la realidad humana resultó muy distinta pues, de hecho, pobladores de los más variados orígenes geográficos vivieron vecinalmente al poseer casas en los barrios que no les correspondía.

Obispos, nobles, caballeros, eclesiásticos, comunes y hombres de armas, todos habían ayudado al asedio y conquista de las tierras valencianas. En el grupo de los eclesiásticos se englobaban diversos estamentos: junto a la alta jerarquía representada por los obispos de Narbona, Barcelona, Huesca, Tarragona o Vic, entre otros episcopados, hacen acto de presencia también los potentes monasterios de Roncesvalles (Navarra), Piedra y Montearagón (Aragón), Santes Creus (Cataluña) y otros, obteniendo todos ellos algunas casas en el casco urbano. Las órdenes de frailes menores y Predicadores también fueron beneficiarias del reparto por su contribución a la cruzada como acompañantes del monarca, pero en ambos casos los solares les fueron concedidos fuera de la muralla, lo que deja entrever cierto trato discriminatorio por parte del monarca en comparación con las órdenes de caballería del Temple y de San Juan de Jerusalén, mucho más beneficiadas.

La concesión de tierras de Jaime I a favor de los franciscanos está perfectamente documentada en el *Repartiment*[182] y confirmada poco después en un

---

181 Ibídem, 13.
182 *Libre del Repartiment del Regne de Valencia*, ed. a cargo de Mª. D. Cabanes y R. Ferrer, 1979, I: 51.
    La promesa de donación se anota el 3 de mayo de 1238, cinco meses antes de la toma de la ciudad.

Privilegio Real de 11 de enero de 1239 que detalla las condiciones, el cual se ha considerado verdadero *documento fundacional*. De acuerdo con este manuscrito, reconquistada la ciudad de Valencia en octubre de 1238 el rey Jaime I concedió a los frailes menores un terreno de ochenta y cinco por cincuenta y cinco brazas (algo menos de 500 x 300 pies, es decir, unos 142 x 92 m.) en el camino de Ruzafa junto al portal de la Boatella, con el fin de edificar un convento:

> [...] *"damus et concedemus perpetuo libere atque franche vobis Fratibus Ordinis Minorum in Valentia commorantibus et universis aliis permansuris Octuagenta quinque brachiatas terre in longitudine contiguas vie publice que vadit ad Roçafam ex una perte et totidem ex altera in Quinquaginta quinque in latitudine ex omni parte in loco illo qui est ante portam Boatella prope Cimiterium quem locum habeatis ad opus edificande domus vestre" teneatis [...]. Damus inquam [v]obis parten ómnium illarum aquarum sive cequarum de quibus consueverant irrigari. Vel competentius de cetero potuerit irrigari locus supra memoratus [...]"*[183]. [Subrayado del autor]

Ad opus edificande domus vestre [para que edifiquéis vuestra casa] son las palabras del rey. El texto hace constar que para remedio de su alma y la de sus padres, da y concede perpetua, libre y francamente a los religiosos de San Francisco que ya moraban en Valencia, ochenta y cinco brazas de tierra de longitud contiguas a la via pública que va desde la ciudad al lugar de Ruzafa,

---

183 Barcelona, ACA, Repartiment, f. 55; Transcrito auténticamente, aunque con alguna errata, en Valencia, ARV: Justicia Civil. Manaments i Empares, 1608, Lib. 9, mano 108, f. 1: "Donación de 85 brazas de tierra de longitud, junto al camino de Ruzafa, hecha por el rey Jaime I a favor de los frailes franciscanos de la ciudad de Valencia, para edificar su casa", describiendo los límites de dicha donación. Dada en dicha ciudad en 1265 [rectif. 1239]. Fue mandada registrar en 1608 esta escritura por el fraile Jaume Gonçales, ecónomo del convento de San Francisco de Valencia". Huici/Cabanes, 1976-1982, II, 54, doc. nº 289: 11 enero 1239; El P. Teixidor publicó una copia que se conservaba en el convento [Teixidor, 1767, II: 21]; Véase también Magraner, 1824, 11 y Apend. doc. A; Chabás, 1890: 216. Ángel, 1943: 513. Wadding, *AM*, a.1239, XVI, t. III: 27 confundió el día poniendo III Nonas Januarii en lugar de III Idus Januarii.

y cincuenta y cinco brazas de latitud, en el lugar que había frente a la puerta de la Boatella, cerca del cementerio. El documento está dado en Valencia en el *tertio idus Januarii era millesima ducentesima et vicesima septima*[184], el tres de enero del calendario juliano, equivalente al 11 de enero de 1239 del gregoriano como muy bien aclara Colomer en una exhaustiva nota[185].

Como se puede observar, el texto no aclara suficientemente las características de la concesión Real más allá de las dimensiones del suelo, y tampoco afirma ni desmiente su posible confluencia con la parcela de la quinta de Çeyt. Entre quienes esgrimen el Privilegio Real para negar la existencia de una *munya* islámica en ese lugar ya hemos citado al filólogo franciscano Fullana, cuya posición defendió tenazmente, seguido *ad literam* por Corbín y más recientemente por Agulló. En síntesis, lo que afirman estos autores es que no existe relación alguna entre el palacio de Çeyt, el lugar del martirio y el solar del convento por la sencilla razón de que se trataría de lugares distintos. El suelo donde se levantó el convento no tendría que ver, según ellos, con el jardín de la almunia de Çeyt, sino que se trataría de unas cahizadas de tierra *de realengo*[186], fuera de las murallas, de 85 por 55 brazas, donde nunca existió palacio musulmán alguno y donde no pudo tener lugar el martirio de los frailes italianos porque éste ocurrió, a su entender, en el escenario de las ejecuciones públicas de la *Figuera*, aproximadamente en el encuentro de la calle del Mar con la plaza de la Reina.

Teixidor y otros autores transcribieron literalmente este documento[187]; Moorman deja claro que "*the friars were given a site here by the king in 1238 or 1239*"[188], ambigüedad cronológica que tiene explicación si se considera el problema de las kalendas. Sin embargo, Wadding[189] se equivocó al creer que la fecha del 11 de enero de 1239 correspondía a la toma de posesión del

---

184 Literal del copista de 1608 [rectificado a grafito: septuagesima en lugar de vicesima por la Dirección del ARV].

185 Martínez Colomer, 1803, I: 32, n.1.

186 De realenco [sic] según Fullana, 1922g: 5.

187 Teixidor, 1767, II: 21; Cruilles, 1876: 263. *Arch Franc Hist* 6: 145.

188 Moorman, 1983: 474.

189 Wadding, *AM*, I, III, 31.

convento por los religiosos, cuando en realidad el Privilegio solo se refiere a la asignación de tierras. Esta confusión, unida al hecho de que los cronistas franciscanos hayan acudido con frecuencia a la autoridad de los *Anales* de Wadding, explica que Ambrosio de Saldes[190], Magraner[191] y otros historiadores creyeran erróneamente que en enero de 1239 los frailes de Valencia *tomaron posesión de su recién construido* convento en el camino de Ruzafa:

> "[…] *tres meses después de la conquista tomaron los religiosos posesión del convento de san Francisco y que oy gozan, según lo dice Wadingo en el tomo primero*"[192].

El Privilegio del rey jaimita concede además a los religiosos el derecho a tomar agua sin la obligación de satisfacer ningún dinero por la limpieza, reparación y conservación de las acequias, autorizándoles a disfrutar de su uso gratuita y perpetuamente:

> "*Damus inquam bobis partem onmium illarum aquarum sive cequiarum de quibus consueverant irrigari vel competentius de cetero potuerit irrigari locus supra memoratus in quibus cequiis mundandis sive faciendis non temeamini aliquid solvere sed* <u>*usum ómnium illarum aquarum*</u> *libere et absque contradictione aliqua* <u>*gratis perpetuo*</u> *habeatis*"[193]. [Subrayado del autor]

Lo que parece claro es que, antes incluso de la propia rendición de Valencia, los frailes ya habrían planificado con el monarca la ubicación de su

---

190 Ambrosio de Saldés, 1907: 416.
191 Magraner, 1824: 2-3.
192 Ibídem.
193 Barcelona, ACA, Repartiment, f. 55. Teixidor, 1767, II: 21 publicó una copia de este documento, que se conservaba en el convento. Esta donación coincide con la reflejada en el asiento nº 993 del Libre del Repartiment de Valencia. Algunos autores asignaron esta donación a un tal Miguel Mores, sin embargo este error procedente de una errata de la edición de Bofarull del Repartiment, ya fue aclarado por Chabas en una nota de las *Antigüedades* de Teixidor [II: 21 n.1] y por Huici, A., 1916. *Colección Diplomática de Jaime I*, Valencia, vol. I, a.1217-1253: 292.

convento como así deja entrever el propio *Repartiment*. Ello refuerza la posibilidad de un acuerdo pactado entre Çeyt y los franciscanos, siempre con el rey jaimita como mediador, y a su vez consolida la hipótesis de la asignación de tierras en el lugar del martirio. Pero no solo los franciscanos, también otras órdenes religiosas se vieron beneficiadas por el reparto real:

> "*A la orden de Santo Domingo* [unas tierras] *en Levante, a la de San Francisco en Mediodía y al Carmen en Septentrión*"[194].

Con esto quedaría descartada cualquier supuesta donación del sarraceno arrepentido sin conocimiento previo del rey cristiano. No obstante, disentimos de Cabanes, quien rechaza que la tierra donada a los franciscanos abrazara el palacio o jardines de Çeyt argumentando que "*ni el documento fundacional, ni la donación que Jaime I le hizo a fray Iluminado en el el Repartimiento, sugieren estos hechos*"[195]. Ciertamente, de la lectura del llamado *documento fundacional* no se deduce la existencia de una *munya* dentro de las cahizadas de tierra donadas por el monarca a los franciscanos, pero por los datos que manejamos no se puede descartar en absoluto que el terreno concedido contuviera una parte de la parcela.

El problema de las brazas

Todos los autores que, de un modo u otro, se han asomado a los orígenes del convento de San Francisco de Valencia coinciden en destacar que la estrechez del primitivo solar hizo que pronto se les quedara pequeño, lo que parece contradictorio con la generosa entrega inicial de 85 x 55 brazas de tierra *a uno y otro lado* del camino de Ruzafa del documento fundacional. La unidad de medida habitual en el Bajo medievo para el dimensionado del terreno era la braza florentina, que equivalía a 0,58 metros, es decir el brazo de un adulto

---

194 *Libre del Repartiment de Valencia*, ed. a cargo de A. Ferrando Francés, asiento 993.; JORDÁN, P.: *Historia de la Provincia de Aragón de la Sagrada Orden de los Ermitaños de nuestro gran padre San Agustín*, Valencia, 1712: 76; CABANES, 1974, I: 102.
195 CABANES, 1974, I: 102.

medio[196]. Si tomamos este patrón como unidad de medición aproximada, la cesión del monarca a los frailes sería la de un solar de unos 50 m. de largo y 32 m. de profundo a cada lado del *camí*[197]. Parece claro que semejante superficie difícilmente podía haberse quedado pequeña pocos años después, hasta el punto de "*no poder siquiera enterrar a los muertos*"[198], a menos que los frailes hubieran levantado más y más construcciones, cosa que con toda seguridad no ocurrió.

¿A qué se debe, pues, tal contradicción? Creemos que el problema estriba, por un lado, en el desconocimiento que ha envuelto siempre a la génesis y desarrollo del edificio, y por otro, en una lectura errónea del plano de Tosca. Comencemos por el principio:

El hecho de que las 85 x 55 brazas de terreno les fueran concedidas "a uno y otro lado del camino" induce a pensar que el edificio solo ocuparía una de esas subparcelas. Aún en ese caso la subparcela resultante de 1.600 m^2 seguiría siendo suficiente para albergar una comunidad de entre 10 y 20 frailes, tamaño que podríamos considerar normal en los tiempos *heroicos* del franciscanismo. De modo que si pronto se quedó pequeña no sería por falta de suelo, pues disponían de otra igual al otro lado del camino. También podría deberse a un crecimiento exponencial de la población conventual entre la primera y segunda generación franciscana, sin embargo, siendo ello posible, no nos parece una razón suficiente a juzgar por las considerables dimensiones de la doble parcela.

Cabanes[199] indagó sobre un error de los repartidores que aparece mencionado en la *Crónica*[200], según el cual las donaciones comprometidas por el monarca excedían el número de *jovades* disponibles. Para subsanar este problema, el rey ordenó que la jovada no tuviera más que seis cahizadas en lugar de las doce iniciales, de ahí que todos los beneficiarios de suelo vieron

196 La braza empleada era lógicamente la de *terraferma*. Admitimos que la unidad métrica del *Repartiment* era similar a la braza florentina.
197 Coscollá, 2003: 99 y otros autores calcularon dos solares de 142 x 92 m., a cada lado del camino, que sumados vendrían a equivaler a casi tres campos de fútbol, superficie que parece ciertamente exagerada.
198 Fullana, 1922a: 7; 1922b: 7.
199 Cabanes, 1977: 9.
200 *Crónica de Jaime I* o *Libre dels Feyts*, epígr. 288.

sensiblemente reducida su asignación. Así pues, los religiosos de San Francisco percibieron en realidad la mitad del terreno indicado en la concesión. Su parcela, reducida notablemente a causa del error, ya no sería de unas dimensiones tan generosas para una fundación de las características del *duecento* como habitualmente se ha creído.

La paradoja de cómo un terreno aparentemente amplio pudo quedarse tan angosto a los pocos años ha sido ventilada demasiado rápidamente por los autores que se han ocupado del edificio. Para ellos, las 85x55 brazas de la primera concesión –no olvidemos, duplicadas al otro lado del camino– coinciden con la enorme superficie ocupada por el convento que vemos en el plano de Tosca, la mayor de toda la ciudad dieciochesca si exceptuamos la casa de Armas o *Ciudadela*. Sin embargo, esta explicación carece de fundamento porque ignora por completo el proceso evolutivo del edificio. La realidad histórica demuestra que el terreno inicial era ciertamente pequeño, en parte por el error de las jobadas, y tuvo que ser ampliado posteriormente mediante dos nuevas concesiones, como comprobaremos más adelante.

El resultado es que la donación de Jaime I no fue tan magnánima como habitualmente se cree, sino que de entrada quedó cercenada en un 50%. Esta consideración aporta la clave de la comprensión del problema: en efecto, el terreno concedido inicialmente por Jaime I pronto se demostrará insuficiente porque en realidad *era* insuficiente.

La reducción de la cahizada y el uso de la braza florentina como unidad de medida del *Repartiment* es una posibilidad que se ve apoyada por lo ocurrido con las órdenes de dominicos y mercedarios quienes, al igual que los franciscanos, también tuvieron que solicitar al rey, tarde o temprano, más terreno para completar la fábrica de sus respectivos conventos.

Las casas de Ravalcadi

Anteriormente hacíamos alusión al primer testamento conocido a favor de los franciscanos de Valencia, el de Toda Ladrón, fechado en 1238. Esta noble acaudalada, vinculada por amistad o simpatía a fray Iluminado y a los otros frailes que vivían en el camino de Ruçafa, dejó 100 sueldos *"para fundar la casa de los frailes menores de Valencia*"[201], lo que sugiere que en 1238 los religiosos tenían expectativas de construir un convento, si bien en ese momento todavía ocupaban provisionalmente la (o las) casa(s) del camino de Ruçafa. Por entonces los franciscanos se encontraban todavía a la espera de recibir del rey Jaime el terreno concedido el 3 de mayo de 1238 en el *Repartiment*, concesión que, como hemos comprobado, no se hizo efectiva hasta el 11 de enero de 1239.

Volviendo al documento fundacional, la asignación de tierras se hace "*ad opus edificande domus vestre*"[202] [para que edifiquéis vuestra casa], sugiriendo con ello que las tareas constructivas se iniciaron poco después de la recepción del suelo en enero de 1239 gracias a aportaciones privadas. Esta hipótesis está en la línea de la modalidad de asentamiento franciscano en los dominios de la Corona de Aragón, y refuerza la posibilidad de que, tras ocho o nueve años de instalación precaria en el *locus* del camino de Ruzafa, los frailes de Valencia empezaban a reunir los recursos económicos, o al menos el compromiso expreso de algunos bienhechores acaudalados, para la erección de un convento más estable.

Se sabe por el *Repartiment*[203] que, además del citado terreno, Jaime I concedió a los religiosos de San Francisco unas casas intramuros dispuestas en forma de L, en el lugar de Ravacaldi, muy cerca de la plaza de la *Figuera*[204], coincidencia que indujo a los autores a no pocos errores. En efecto, Fullana se apoyó en este fragmento del Privilegio Real para defender tenazmente su postura, confundiendo más adelante a otros investigadores:

"[…] *y que dichas casas debían hallarse muy cerca de Santa Tecla o de la Plaza de la Figuera; puesto que esa era la situación de Ravalcadi; y por consiguiente, estas mismas casas, cedidas por D. Jaime a nuestros religio-*

---

201 Ambrosio de Saldes, 1907: 416. Huici/Cabanes, 1976-1982: 37-39, nº 272. Burns, 1982: 2, 450.

202 *Libre del Repartiment de Valencia*, ed. a cargo de A. Ferrando Francés, asiento 1993.

203 Ibídem, asiento 246: "*Frater Illuminatus et fratres minores: Realem de Aemet Abnalbara ad Portam de Boatella et domos in civitate* […] *que sunt in Ravacalcadi. V. nonas madii*". [Barcelona, ACA, Repartiment, fol. 15].

204 También conocida como *La Figuereta*, algunos cronistas también se refieren a ella por su nombre oficial de plaza Santa Tecla.

sos, debían estar próximas al lugar donde padecieron martirio los santos Fr. Juan de Perusa y Fr. Pedro de Saxoferrato: y de ahí la equivocación de muchos en creer que el convento fue edificado donde estos santos habían sido martirizados"[205].

No parece descabellado pensar que, consumada esta donación, los frailes se mudaran desde la casa del camino de Ruçafa a las de Ravalcadi, cercanas a la catedral, desde donde poder llevar a cabo una labor apostólica más eficaz y, quizá también, obtener mayores ingresos para la nueva fábrica. Esta posibilidad no se puede descartar en absoluto habida cuenta que los religiosos ya llevaban casi diez años extramuros cerca del poblado Ruçafa. Derrocado el poder musulmán y tranferido a manos cristianas, los franciscanos habrían decidido mudarse al lugar de Ravalcadi donado por el monarca. Por otra parte, es indudable que un traslado de esta naturaleza, ventajoso en muchos aspectos, dificultaba en cierto modo las tareas de supervisión de las obras del nuevo convento en el camino de Ruzafa, pero esta desventaja se veía compensada con creces por un mayor contacto con la población y mejores expectativas de ingreso económico.

Entre los franciscanos de los primeros tiempos fue habitual la tendencia al desplazamiento desde un lugar en los arrabales hacia una mejor posición intramuros, un fenómeno fácilmente constatable en los reinos de Aragón y Castilla hasta 1270 cuando, desde entonces, la elección de un lugar será casi siempre la definitiva[206]. Sin embargo el caso de Valencia es excepcional ya que, inmediatamente después de la conquista, en 1239, el monarca concedió a perpetuidad las tierras frente a la Boatella, que jamás abandonarían.

La costumbre de los franciscanos de ocupar casas donadas por bienhechores, incluso construir edificios con sus limosnas, para abandonarlos al poco tiempo, fue un fenómeno demasiado frecuente que el propio Francisco criticó con dureza. Dos manuscritos del siglo XIII, la *Leyenda de Perusa* y el *Speculum Perfectionis*, atribuyen al santo estas palabras:

---

205 Fullana, 1922g: 5.
206 García Ros, 1996, I: 107-111.

"Con demasiada frecuencia los hermanos hacen construir grandes edificios, con quebranto de nuestra santa pobreza [...]. Luego, con el fin de hallar un lugar mejor y más santo, abandonan esos lugares y edificios. Entonces, los bienhechores que les habían dado las limosnas [...] se escandalizan y se turban gravemente"[207].

Lo insólito del convento franciscano de Valencia es que la mudanza de los frailes hacia las casas de Ravalcadi no conlleva el abandono del primitivo *locus* como sucedió en muchas otras localidades, por ejemplo Palma de Mallorca, donde la concesión Real de un solar intramuros trajo consigo el abandono de la casa primitiva. De hecho, el caso de Valencia es notable y excepcional en la medida que tanto la primera fundación como el convento definitivo fueron levantados sobre mismo suelo y los frailes permanecieran allí durante seis siglos hasta la exclaustración.

Respecto de esta circunstancia, única en la Corona de Aragón si exceptuamos el caso de Barcelona, solo podemos encontrar una doble explicación: por un lado lo venerable del sitio martirial, que habría persuadido a los frailes de conservar el santo lugar; y por otro, la incorporación del convento a la ciudad cristiana con la construcción de la muralla del rey Pedro a partir de 1356 por la amenaza del ejército castellano de Pedro I el Cruel, que hizo innecesario el traslado del convento al interior al ser la propia ciudad la que lo incorporó del arrabal a intramuros. Estas circunstancias motivarían que ninguna generación franciscana se planteara reconsiderar la ubicación inicial del edificio. Menos aún los frailes de la primera generación, quienes difícilmente habrían solicitado al monarca una permuta de las tierras del camino de Ruzafa –donadas a perpetuidad– por otras situadas en el interior de una ciudad cuyo trazado era todavía islámico y, por tanto, demasiado colmado como para ubicar a las nuevas órdenes regulares en otro lugar que no fuera el perímetro exterior de la muralla almohade. La densidad urbana de *Balansiya* en tiempos de la reconquista aconsejaba la donación de terrenos casi siempre fuera de los límites

---

207 *Ley Per* 58f.; *Spec Perf* 10. En: *San Francisco de Asís. Escritos, Biografías, Documentos de la época*, ed. a cargo de J. A. Guerra, 5ª ed., Madrid: BAC, 1993.

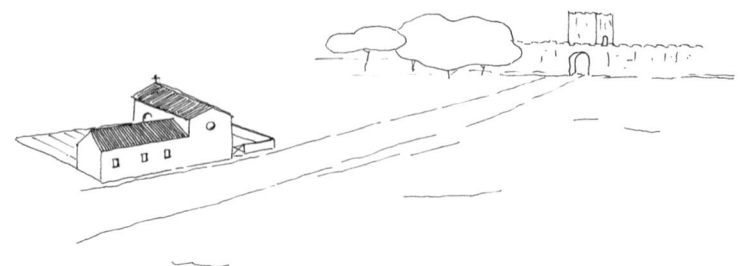

Valencia, San Francisco. Secuencia evolutiva: Fase 1 (1239). V. García Ros.

de la cerca islámica, viniendo a conformar un anillo conventual que hizo de Valencia un paradigma de ciudad conventual[208].

Segunda concesión Real: el cementerio

Sobre la configuración arquitectónica del primitivo convento franciscano de Valencia nada se sabe aparte de su pobreza y modestia iniciales. La noticia más amplia es la que proporciona Fullana, quien lo describe como un edificio "*tan sumamente reducido, que Fray Iluminado y sus compañeros se vieron obligados a recurrir al mismo rey don Jaime pidiendo les cediera un poco más de terreno*", pues al parecer "*no tenían espacio siquiera para enterrar a los religiosos*"[209]. El edificio, continúa Fullana, "*solo tuvo planta baja*", y en aquel "*pequeño recinto*" hubo necesidad de destinar "*una parte, que debió ser muy reducida, para oratorio de los religiosos*"[210]. Corbín[211], siguiendo a Fullana, se refiere al primer cenobio como "*pobre y modesto*" sin entrar en más detalles.

De acuerdo con la praxis habitual de la Orden franciscana en los reinos de Aragón, es probable que el edificio inicial consistiera en una pequeña y sencilla iglesia de planta rectangular a modo de *chiesa fienile*, formando un ámbito único de planta rectangular con muros de poco espesor, testero pla-

208 NOGUERA, 1981; GUIDONI, 1977. MUÑOZ, 2000: 176.
209 FULLANA, 1922a: 7; 1922b: 7.
210 FULLANA, 1922b: 7.
211 CORBÍN, 1988: 31.

no y techumbre de madera a doble vertiente. Más improbablemente, podría tratarse de una iglesia de arcos de diafragma de intradós ojival y trasdós a doble pendiente según el modelo mal llamado *de reconquista*, como la que los franciscanos hicieron, por ejemplo, en la primitiva iglesia de San Nicolás de Barcelona, en Sant Francesc de Xàtiva o en su homónima de Morella. Anexo a la iglesia, los frailes debieron construir un pequeño convento sobre el que conjeturamos que se trataría no de un claustro sino simplemente de una casa como la que el *Comune* de Asís concedió a los hermanos de San Francisco[212]. Otra posibilidad es que los frailes levantaran una o dos pandas claustrales o más improbablemente un claustro de una sola planta formando una verdadera clausura, aunque la escasez inicial de recursos niega este supuesto. En cualquier caso, este extremo es del todo indemostrable.

Un dato de archivo del que disponemos para apoyar nuestra hipótesis es el de la segunda donación de Jaime I, derivada de la petición que fray Iluminado hace al rey para que les concediera terreno contiguo donde emplazar un cementerio y destinar parte del suelo a jardín o plaza. Esta dotación se hizo efectiva en 1260, confirmada por el monarca el 21 de diciembre de ese año, *"a condición de no destinar nunca el terreno cedido de nuevo para edificar casas"*, sino para los usos expresados en la solicitud de fray Iluminado":

> *Noverunt universi quod nos Jacobus, Dei gratia, Rex, etc. Donamus, concedimus et confirmamus Domui seu conventui Fratrum Minorum Valentie in perpetuum ad opus platee seu cimenterii totam illam plateam seu antedictis…Predictam concessionem et confirmationem facimus tali modo quod in dicto patio seu platea domus de cetero nunquam fiant"*[213].

Que la prohibición Real subrayada con el enfático *nunquam fiant* [nunca ocurra, nunca suceda] fue obedecida escrupulosamente por los franciscanos

---

212 *Ley Per* 56, ll; *2Cel* 27, 57; *Spec Perf* 2, 7.
213 HUICI/CABANES, 1976-1982: III, 145; AMBROSIO DE SALDES, 1907: 416; ÁNGEL, 1943: 513-514; LÓPEZ, 1915a: 331; TEIXIDOR, 1767, II: 22. MARTÍNEZ COLOMER, 1803, II: 7. El Privilegio fue confirmado después por Pedro IV [Barcelona, ACA, Reg. 839, fol. 242vº-243r. 18 Septiembre 1336].

de todos los tiempos lo demuestra el hecho de que esa cesión corresponde al lugar donde se ubicará para siempre el ameno jardín-cementerio conventual que vemos en el plano de Tosca[214]. Esta nueva donación de tierras es la que denominamos *segunda concesión*, porque sucede a la que veintiún años antes había realizado el mismo monarca al otorgarles las ochenta y cinco por cincuenta y cinco brazas a uno y otro lado del camino de Ruçafa. Pero ahora la nueva prebenda ya no se otorga sino bajo la condición expresa de *no edificar*.

En otras palabras, si el rey prohíbe nuevas construcciones se puede inferir que el edificio en 1260 resultaba suficiente a las necesidades de la comunidad, pero ello no implica necesariamente que hubiera adquirido ya una fisonomía propiamente *conventual*. Es decir, el convento no poseería un claustro, sino que podría tratarse de una iglesia uninave con una casa anexa de una o dos plantas a la manera de las sedes franciscanas de la primera generación italiana. Y si el documento no estima la necesidad de más obras es porque el cenobio ya contaba con todas las dependencias necesarias para una comunidad de dimensiones razonables. De hecho, hay que recordar que la petición de fray Iluminado se hace para ubicar un cementerio –ya que la primera generación de frailes iba muriendo– y en ningún caso para ampliar el edificio con nuevas construcciones que, por otra parte, le son prohibidas.

Como la solicitud de fray Iluminado lo es en el sentido de solicitar al rey más terreno donde ubicar un cementerio, parece claro que la parcela inicial ya estaba ocupada por la primitiva iglesia, la *domus* conventual anexa y un pequeño huerto para el sustento de los frailes. Lo extraño es por qué no se emplazó el cementerio al otro lado del camino en las tierras no utilizadas, como habría sido más lógico. Una posible explicación es que ese solar estuviera también destinado a huerto, lo cual sería incompatible con su uso como cementerio. Pero lo más probable es que nunca hubiera llegado a pasar a propiedad de los franciscanos por la ya conocida reducción de la jobada a la mitad. Suponer que media parcela no les fue entregada es la úinica manera de entender la contradicción entre la generosa dádiva de 85x55 brazas *a uno y*

---

214 Esta es la opinión de Aldana, 1999, 1: 185-187 que compartimos plenamente.

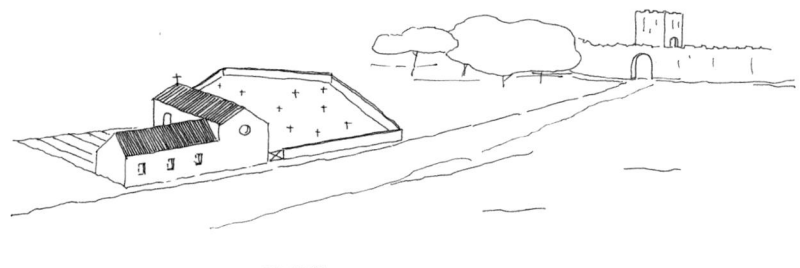

Valencia, San Francisco. Secuencia evolutiva: Fase 2 (1260). V. García Ros.

otro lado del camino, expresadas en el Repartiment, y la urgente necesidad de suelo tan solo veinte años después.

Todo lo anterior nos lleva a pensar que en 1260, al momento de la promulgación de las Constituciones de Narbona, el edificio ya presentaba una distribución típicamente franciscana *a la italiana* consistente en una iglesia de planta rectangular sin capillas, una casa de una o dos plantas dispuesta transversalmente al eje de la iglesia y huerto de cultivo más al sur. A este conjunto originario, para el que inicialmente no se había previsto un lugar de sepultura, se le añadió en 1260 el cementerio al norte como resultado de la segunda concesión, quedando al final una distribución óptima a efectos litúrgicos y funcionales. Asumido que la edificación se ubicaba en el lado oeste del camino de Ruzafa, el eje ritual estaría orientado solo si el acceso a la iglesia era lateral, como creemos.

Es improbable que el ingreso a la iglesia se produjera desde los pies accediendo a ella desde el camino de Ruçafa. Lo normal sería que el acceso se realizara lateralmente como es habitual en las primitivas iglesias valencianas del siglo XIII, por lo que el templo contaría con una puerta en el lado norte. La ubicación del pequeño cementerio a ese lado determinó para siempre que el ingreso lateral lo fuera a través de una plazuela plantada de cipreses, como así seguirá ocurriendo durante siglos. Ello, sin perjuicio de otro ingreso a los pies, que quizá debió existir a partir de una fecha indeterminada.

Si el templo inicial respondía a un modelo italianizante de tipo *chiesa-fienile*, como suponemos, formalmente debió consistir en un contenedor rectangular de muros de tapia o de mampostería rematado mediante cubierta de cuchillos vistos de madera a dos aguas de acuerdo con una larga tradición constructiva; por tanto, acaso dispondría de unos pequeños resaltos de muro a modo de contrafuertes donde descansar las armaduras de madera. La nave carecería de artesonado y seguramente también de ábside semicircular, sustituido por un testero plano. La iluminación se conseguiría posiblemente a través de pequeños óculos abiertos en los lados largos de la caja mural, y quizá otro a los pies sobre una puerta simplemente rectangular, con o sin recercado, recortada en el muro. La extrema sencillez del templo y sobre todo su reducida capacidad explicarían la nueva ampliación llevada a cabo a partir de 1290 cuando la popularidad de los religiosos ya era imparable.

CAPÍTULO III

CONTEXTO SOCIAL DEL CONVENTO

La creciente popularidad de los franciscanos y de las órdenes mendicantes en todos los estratos sociales es un fenómeno característico de la Baja Edad Media hispánica. Su llegada al escenario espiritual de Occidente fue ciertamente providencial, al coincidir con el ascenso de una clase comerciante activa y con la necesidad de revitalizar la acción pastoral de una Iglesia necesitada de importante renovación interna. En cierto modo la tarea de los franciscanos se podría comparar con la de los valdeses, albigenses y otros grupos heterodoxos del siglo XII que preconizaban una vuelta a la literalidad del evangelio. Sus sermones atraían a las multitudes, lo que unido al apoyo moral y económico de los poderosos, protectores también de la causa mendicante, provocaba numerosas tensiones con el clero parroquial a cuenta de derechos de sepultura y legados testamentarios[215]. Un documento de 1269 emitido en Roma recoge la solicitud de tres canónigos de la Seo de Valencia de ser sepultados en el cementerio de los franciscanos y no en la catedral[216]. El expediente deja entrever un comportamiento abusivo hacia los franciscanos por parte del clero diocesano, que motivó una amonestación a la jerarquía local y la obligación de no persistir en su actitud hostil hacia los frailes menores. *Roma locuta causa*

---

215 Un sínodo diocesano de Valencia censuró al clero local que recibiera con honor a los regulares. [BURNS, 1982, 2: 447; CÁRCEL, 1987, I: 99].
216 Valencia, AC, perg. 5998, 20 de octubre 1269. WEBSTER, 2000: 128.

finita. Los litigios con el clero parroquial no se limitaron a dominicos y franciscanos, también se hicieron extensivos a las nuevas órdenes[217].

¿Predilección de Jaime I por los franciscanos?

El devenir del convento de San Francisco de Valencia se enmarca en la modalidad habitual de asentamiento y estabilización de los menores en los reinos de Aragón, ayudados del favor popular y protección Real. El joven monarca Jaime I debió comprender que para unificar sus dominios necesitaba conseguir el apoyo de la Iglesia en sus campañas militares contra los musulmanes, presentando tales batallas como parte de una cruzada en nombre de la cristiandad. De ese modo podía beneficiarse de la necesidad que tenían las órdenes mendicantes recién fundadas de adquirir una base firme sobre la que operar. La documentación existente muestra que el rey se valió al máximo de los frailes, y que muchas de las concesiones a favor de ellos se otorgaron a perpetuidad y fueron renovadas por cada heredero de la Corona, revelando con ello que también los sucesores en el trono supieron apreciar el valor de la aportación mendicante a la cruzada.

La *Crónica* de Jaime I hace frecuentes alusiones a la participación de los mendicantes en los asuntos reales. Una de ellas es la de un franciscano de Navarra quien puesto en pie en las Cortes celebradas en Zaragoza, afirmó haber tenido una visión según la cual Dios llamaba a Jaime I para exterminar a los musulmanes y restaurar el cristianismo en España[218]. Verídico o no, parece indudable que el cronista recogió esta historia con el fin de justificar las campañas del Conquistador y mostrar que su cruzada era en nombre de Dios y de la cristiandad. Por otra parte, la *Crónica de San Juan de la Peña,* muy popular unos ochenta años después de su muerte, presenta al *rey don Jayme el Venturoso* poco menos que poniendo *propia manu* las primeras piedras de los nuevos conventos levantados en su reino[219]. Aunque obviamente no se deba tomar al pie de la

---

217 WEBSTER, 2000: 144.
218 *Crónica de Jaime I* o *Libre dels Feyts,* cap. 389; WEBSTER, 1993: 80.
219 *Crónica de San Juan de la Peña* (versión aragonesa), ed. a cargo de C. Orcastegui Gros. Zaragoza, Diputación Provincial, Institución Fernando el Católico, 1986: cap. 35, 86-95.

letra, el detalle refleja una profunda simpatía del rey por las órdenes mendicantes, secundada también por muchos monarcas de Aragón, lo que provocaba el recelo del clero secular. De hecho, los frailes se vieron envueltos en litigios con los diocesanos, a propósito de asuntos jurisdiccionales en la mayoría de los casos, que requirieron de la mediación Real en numerosas ocasiones[220].

Algunos autores han subrayado la especial predilección del monarca por los franciscanos. Tal es el caso de Fullana[221], quien atribuye a *D. Jaime I* una sincera devoción personal por el santo de Asís y por la Orden de frailes menores. Probablemente esta afirmación está hecha más desde la admiración del filólogo por el monarca que desde el respeto a la fidelidad histórica, pues de la lectura de la documentación no se deduce trato de favor alguno hacia los franciscanos. De hecho, al menos hasta 1250, el rey confió mayormente en frailes de la Orden de Predicadores como consejeros reales, si bien es verdad que a partir de esa fecha fue dando cada vez más protagonismo a los franciscanos[222]. Más aún, si analizamos el reparto de tierras al conjunto de órdenes religiosas, se deduce lo contrario de una predilección por *els menorets*. Una lectura atenta del *Repartiment* revela que las órdenes más beneficiadas fueron las Militares –calatravos, templarios y hospitalarios– quienes obtuvieron las ventajosas concesiones que aún hoy podemos reconocer en los predios de las iglesias del Temple y de San Juan del Hospital de Valencia. De ellas, la más beneficiada fue la de los Caballeros Templarios, que recibió hasta cincuenta casas en el barrio de los leridanos, solo comparable al beneficio obtenido por el obispo de Barcelona con treinta y una también en ese mismo lugar[223]. En conjunto, las Órdenes Militares recibieron un total de noventa y cuatro casas intramuros[224] por solo un pequeño solar fuera de la muralla a los franciscanos y otro similar a los *frailes negros*.

No obstante, sabemos que el rey Jaime se había apoyado en los mendicantes cuando todavía estaba estacionado en el puesto avanzado de El Puig antes del asedio de la ciudad en octubre de 1238, y que en su ejército había al menos

220 Burns, 1989, II: 447.
221 Fullana, 1922c: 9.
222 Webster, 2000: 97.
223 Cabanes, 1977: 15.
224 Ibídem, 21.

dos franciscanos, fray Pietro del Sede y el hermano Iluminado, cuyos nombres aparecen con cierta frecuencia en los registros de Cancillería[225]. No está clara cuál era su función, pero posiblemente actuarían en calidad de consejeros espirituales del ejército del rey Jaime[226]. Ambos asistieron a las Cortes generales convocadas en Monzón en octubre de 1236 para estudiar entre otros asuntos el asedio y conquista de la ciudad de Valencia. Hebrera[227] sostiene que estos religiosos fueron compañeros de San Francisco, si bien no aporta pruebas suficientes. Probablemente uno de ellos podría ser *fra Iluminato*, aquel a quien el Santo, estando moribundo, le descubrió las llagas y le reveló algunos secretos[228]. También podría tratarse del hermano Iluminado que acompañó a Francisco en su viaje a Siria durante la V cruzada (1217-1221) cuando se presentó ante el sultán Melek el Kamel para anunciarle el evangelio[229]. Si nos atenemos a Hebrera, el rey Jaime debió tener en alta estima a fray Pietro y fray Iluminato al concederles poderes para firmar privilegios como consejeros reales[230], pero esta supuesta simpatía por los menores no debe considerarse exclusiva de Jaime I como creyó Fullana, ya que los documentos de archivo muestran la presencia de franciscanos desempeñando funciones similares al lado de distintos monarcas de Aragón y ejerciendo muchas veces de embajadores[231] y confesores[232] suyos.

Con todo, es muy probable, como sostiene Burns[233], que Jaime I conociera el episodio del martirio de los dos franciscanos italianos, Giovanni da

225 Webster, 2000: 40. Fullana, 1922b: 7.
226 Webster, 1993: 80.
227 Hebrera, 1703, II: lib. I, cap. III, 8.
228 *1Cel 3*, 95-96. En: *San Francisco de Asís. Escritos, Biografías, Documentos de la época*, ed. a cargo de J. A. Guerra, 5ª ed., Madrid: BAC, 1993.
229 *LM 9*; *1Cel 20*; *Flor 24*. En: *San Francisco de Asís. Escritos, Biografías, Documentos de la época*, ed. a cargo de J. A. Guerra, 5ª ed., Madrid: BAC, 1993.
230 Hebrera, 1703, II, lib. I, cap. III, 8.
231 *AIA* 19 (1923): 288.
232 *EF* 11 (1914): 132-136. López publicó el listado completo de confesores de la familia Real de Aragón en *AIA* 16 (1929): 145-240; 289-337. Martín I hizo estable ese oficio a favor de los franciscanos en virtud de un privilegio dado en Zaragoza el 1 de Agosto de 1398 y publicado por Fullana, Luis: Rescriptio de Martín el Humano ordenando perpetuamente que los confesores de la Casa Real de Aragón sean franciscanos, *AIA* 16 (1921): 250-255.
233 Burns, 1989, II: 48.

Perugia y Pietro de Sassoferrato, y por ello deseara recompensar a la Orden precisamente con aquella tierra que fue escenario del cruento suceso, lo que a su vez explicaría la ubicación poco ventajosa del *locus* recibido por los frailes menores en comparación con otras dádivas reales mucho más generosas.

El favor Real y ciudadano

Solo la complicidad entre la Corona y los mendicantes puede explicar su vertiginoso éxito en tierras valencianas, mostrando así una relación directa entre soporte económico y auge constructivo. Este fenómeno se advierte con claridad en las continuas concesiones de reyes y nobles a beneficio de los mendicantes en los reinos de Aragón, y de manera especial en la protección Real de que gozó el convento de San Francisco de Valencia desde su fundación en 1239 hasta, al menos, el reinado de Martín I[234]. Sin olvidar la ferviente devoción por la Orden que sentían Alfonso IV y su primera esposa, Teresa de Entenza, quienes, igual que sus hijos e hijas, fueron amortajados con el hábito franciscano y enterrados en iglesias minoríticas, como Doña Teresa, que eligió sepultura en San Francisco de Zaragoza[235]. Otra noble de su linaje, Saurina de Entenza, estando gravemente enferma ordenó la entrega perpetua de 1.000 sueldos anuales al convento de San Francisco de Valencia[236].

Es un hecho sobradamente documentado que la respuesta entusiasta de los súbditos de la Casa de Aragón a la oportuna llegada de los mendicantes se tradujo en generosas donaciones que hicieron posible la construcción de espléndidos conventos góticos en un período de tiempo relativamente corto. No podemos entrar a juzgar la motivación que llevó a numerosos particulares

---

234 WEBSTER: 1993: 85. Los documentos de archivo muestran que las concesiones reales a los mendicantes consistían en la entrega de agua, grano, sal y otros productos. Consta una donación Real de este tipo en 1336 a favor del convento de San Francisco de Valencia [Barcelona. ACA. RC 859, ff. 242v-243]. Sobre la influencia de los franciscanos en la sociedad bajomedieval: WEBSTER, Jill R., *La importancia sociopolítica de los frailes menores en la Corona de Aragón hasta el Compromiso de Caspe*. En: *Actas del VI Congreso Internacional de Hispanistas*, Toronto, 1980: 786-789.

235 HEBRERA, 1703, II, lib. I, cap. 44: 159-162; WADDING, *AM*, t. VII, nº 11, a.1336: 185-186.

236 *AIA* 25 (1926): 251; 253: "*domus fratrum Minorum Valencie presentis et qui pro tempore fuerit*". Su hijo, Roger de Lauria y Entenza, fue enterrado en la iglesia del convento de San Francisco de Valencia [*AIA* 22 (1924): 419].

y familias acaudaladas a efectuar tales donaciones a favor de los frailes, pero probablemente éstas se hacían en expiación de pecados personales o simplemente por identificación con el carisma de la Orden. De lo que no cabe duda es que esta forma de piedad popular reportó pingües beneficios a los mendicantes, obteniendo así los recursos necesarios para el sustento de la comunidad y la conservación y engrandecimiento de los edificios.

De hecho, el convento de Valencia, y con él muchas casas franciscanas de la Corona de Aragón, debieron mucho a las significativas donaciones de ciudadanos que, juntamente con las concesiones reales de tierras, dinero y alimentos, permitieron a los menores obtener unas bases sólidas sobre las que construir una creciente comunidad. En efecto, la escasa documentación existente muestra un destacable apoyo económico de ciudadanos adinerados a los frailes menores durante los cien años previos a la Peste Negra de 1348. Las circunstancias económicas y políticas de la ciudad de Valencia han de verse también como parte de este desarrollo, pues éste se encuentra directamente relacionado con el papel que los religiosos jugaron en la incipiente urbanización de los nuevos reinos de Aragón.

Documentos conservados en el Archivo de la Corona de Aragón muestran que las casas franciscanas aragonesas y valencianas confiaban primordialmente su sustento al apoyo económico de nobles acaudalados, mientras que la documentación relativa a Cataluña ofrece una estratificación más amplia que alcanza también a prósperos comerciantes de clase media. En todo caso indican la creciente popularidad que adquirieron los franciscanos entre 1240 y 1350. Webster[237] constató que el progreso franciscano va en paralelo al de los monarcas, quienes propiciaron la base económica de su éxito. Ciertamente la intervención de la realeza en los asuntos franciscanos llegó a ser importante, y éstos, por su parte, prestaron muchos y variados servicios a la Corona.

Dicho esto, también es verdad que en algunos casos las concesiones se demoraban durante años y a veces nunca llegaban a percibirse, como podría ser el caso de las tierras asignadas en el *Repartiment* a nuestros frailes al otro lado

---

237 WEBSTER, 1993: 78.

del camino de Ruçafa. Pero la popularidad de los *franciscos* en los reinos de Aragón dependió en gran medida de la suerte de la Casa Real, traduciéndose de dos modos distintos: por un lado, en un considerable crecimiento de la población conventual, ya que muchas familias acomodadas deseaban introducir un hijo segundón (nunca el *hereu*) en el seno de la Orden por el prestigio social que acarreaba; y por otro, en la proliferación de sepulturas dentro del convento por el deseo expreso de algunos devotos de reposar allí eternamente[238].

El documento más antiguo que nos informa acerca de la intención de un ciudadano de ser enterrado en el convento franciscano de Valencia es de 1255, cuando un noble caballero, Ochoa Alemany, solicitó sepultura en el cementerio de los menores entregando a fray Ramón Cortell 300 *sous* (sueldos Reales valencianos) para la obra del convento y la compra de una biblia[239]. Tres años después, Bernat de Belltall legó a la comunidad 10 sueldos[240], una cantidad lo bastante pequeña para pensar que no se trataría de la adquisición de una sepultura sino probablemente de una donación a fondo perdido para el sustento de los religiosos. Como indica Burns[241], es raro encontrar un testamento posterior a 1240 que no deje dinero a los franciscanos, y ciertamente los ejemplos que cita el jesuita norteamericano como puntales de la prosperidad mendicante se refieren más a una clase privilegiada que a los gremios de comerciantes como habitualmente se cree[242].

Ese buen entendimiento de los frailes con los poderosos no era incompatible con la atención a los más necesitados, pues también la comunidad

---

238 Los cronistas de la Orden contabilizaron "*más de cuarenta*" enterramientos en el convento de San Francisco de Valencia hasta tiempos de la francesada [MAGRANER, 1824: 14; MARTÍNEZ COLOMER, 1803, II: 13]. Sin embargo, un memorial de 1771 recoge 91 nombres de titulares de capillas o sepulturas solo hasta ese año. Cfr. Anexo C: "Memoria del tiempo en que se hizo el pavimento de la Yglesia; y del de su lucimiento; y de los Establecimientos, o Dueños de las Sepulturas y Patronos d'Altares" [LLABRÉS, 1926: 825-837].

239 Madrid: AHN, Clero, Valencia, carp. 2373, perg. 12, 6 febrero 1254 [1255]: El documento le menciona como "Ochova Alamay", derivación del nombre vasco Ochoa. Ivars publicó íntegramente el testamento [IVARS, 1916a: 284-288] que rescató de entre los papeles pertenecientes al Monasterio de la Puridad. Al respecto véase WEBSTER, 2000: 127.

240 Barcelona, ACA, ORM, Gran Priorato, armº. 28, perg. 340, 1 junio 1258; WEBSTER, 2000: 127.

241 BURNS, 1982, II: 451.

242 Ibídem. Véase también WEBSTER, 1993: 295.

franciscana de Valencia tenía a su cargo pobres y enfermos como lo demuestra el censal que pagó Margarita Ferrera el 21 de junio de 1448 *"per los malalts de la enfermería"*[243]. El propio procurador de los franciscanos declaró en relación *"a diverses pobres que hi van a menjar"*[244] [al convento], todo lo cual permite afirmar que el edificio tardomedieval contaba con enfermería y hospedería.

Aunque sean pocos los testimonios llegados a nuestros días, todos los autores coinciden en señalar que la presencia de los hermanos de San Francisco fue altamente beneficiosa para la Iglesia y la sociedad valenciana, pues su ejemplo y sencillez de vida sirvió para contrarrestar los frecuentes escándalos protagonizados por clérigos y laicos, en ocasiones ambiciosos, acomodados y violentos, contra quienes insistentemente se dirigen las normas disciplinares de los sínodos diocesanos[245].

Disputas de los frailes con los judíos

La documentación de archivo prueba la existencia en la vida de la Iglesia bajomedieval de fricciones frecuentes entre el clero secular y los mendicantes, cuando no rencillas internas por causas diversas, y también disputas de los frailes con los judíos. El primer registro documental relativo al convento de San Francisco de Valencia es una carta firmada en Zaragoza en 1381 por el rey Pedro IV en la que advierte *"a los frailes menores de Valencia para que cesen en la escandalosa y mutua persecución originada de sus ideas urbanistas y clementinas"*[246]. De la lectura del texto se desprende que el Cisma de Occidente estaba provocando luchas fraticidas dentro de la propia comunidad franciscana, de modo que unos religiosos se posicionaban con el papa Urbano y otros con el papa Clemente. Pese a que el título de la carta alude expresamente a la comunidad de San Francisco de Valencia, el monarca hizo extensiva su amonestación a todas las órdenes mendicantes de la ciudad:

---

243 Valencia: ARV, RC 489, f. 302-305: "Relación de bienes y rentas que el convento de Frailes Menores de Valencia posee".
244 Cabanes, 1974, I: 103; II: 239-240.
245 Cárcel, 1987, I: 99.
246 Barcelona, ACA, Reg. 1269, 8 Abril 1381, fol. 15vº. La carta íntegra fue publicada por Ivars en *AIA* 29 (1928), Apend. doc. XXI: 168.

"Entes havem que en los monestirs dels Frares Menors e dels Preycadors, e daltres mendicants de la ciutat de Valencia, se ha moguda gran discordia, es perseguexen axi com enemichs, per tal com los uns tenen publicament la part de papa Urba, los altres de papa Climent"[247].

En su carta, el rey no oculta su *"ira e indignación"* ante unas disputas que daban *"muy mal ejemplo"* y eran motivo de escándalo ante el pueblo:

"E com aço sia cosa de fort mal eximpli, e que nos no deiam soferir; manam vos sots pena de la nostra ira e indignacio, que tots aquells frares qui destempradament tendran la part de papa Urba, trametats a papa Climent; e aquells qui tendran la part de papa Climent, trametats a papa Urba per los primers vexells qui iran en aquelles partides"[248].

Además de las discordias inherentes a las propias órdenes, tampoco debemos pasar por alto las disputas de los mendicantes con los judíos. Está fuera de toda duda que durante la Baja Edad Media existió en la Corona de Aragón intolerancia antisemita exacerbada por la penuria económica y otras calamidades. Sabemos que la relación entre los religiosos de San Francisco y la comunidad judía no siempre fue cordial, en gran medida por el afán de los menores de convertir a los judíos al cristianismo a toda costa.

Los primeros problemas registrados entre ambas religiones tuvieron lugar en el contexto de la Disputa de Barcelona de 1263, que fue la responsable de atizar el rencor antisemita. Se sabe que en 1279 el rey Jaime I tuvo que intervenir en más de una ocasión ante la predicación de los franciscanos y los

---

247 Ibídem. "Tenemos entendido que en los monasterios de los frailes Menores y de los Predicadores, y de otros mendicantes de la ciudad de Valencia, se ha movido gran discordia, se persiguen como si fueran enemigos, solo porque los unos toman partido públicamente por el papa Urbano, los otros por el papa Clemente" (traducción del autor).

248 Ibídem. "Y como eso es algo de muy mal ejemplo y nosotros no debemos sufrir, os mandamos bajo pena de nuestra ira e indignación, que todos aquellos frailes que irreverentemente se pongan de parte del papa Urbano sean enviados al papa Clemente; y aquellos que se pongan de parte del papa Clemente sean enviados al papa Urbano por los primeros barcos que salgan en aquellas partidas" (traducción del autor).

dominicos en las sinagogas, instando a los mendicantes a deponer su actitud y ordenando la protección de los judíos[249]. La animadversión hacia éstos se tornó cada vez más explícita en las últimas décadas del siglo XIII y durante todo el siglo XIV, en parte por la actuación franciscana y dominica que continuaba exhortando a la conversión de aquéllos a través de sermones que alimentaban sentimientos antijudíos entre la población[250]. Algunos predicadores fomentaban la creencia de que los judíos eran los causantes de catástrofes como desastres climatológicos, hambrunas o epidemias. Dada la ignorancia acerca de las verdaderas causas de tales desgracias, la creencia popular necesitaba encontrar culpables, y los que mejor podían asumir ese papel eran los *pérfidos judíos* quienes, con su rechazo a Cristo, traían indirectamente el castigo sobre toda la cristiandad. De hecho, se sabe que hacia 1400 hubo masacres de judíos en Valencia, Barcelona, Mallorca y otras áreas peninsulares tras las sucesivas oleadas de epidemias desatadas a raíz de la Peste Negra[251].

Advertencias de San Buenaventura

La vida de la comunidad franciscana de Valencia transcurría durante el siglo XIII a caballo entre la creciente popularidad social y las esporádicas fricciones con el clero parroquial y la comunidad hebrea. Sin embargo, el crecimiento en el número de vocaciones no se ve acompañado de un engrandecimiento del primitivo edificio más allá de los habituales trabajos de mantenimiento y reparación. Aunque los datos de archivo son escasos y dispersos, parece que las limosnas y legados testamentarios, aunque frecuentes, solo daban para el sustento de la comunidad, lo que bloqueaba cualquier iniciativa de renovación arquitectónica. A decir verdad, hacia 1260 el convento estaba necesitado de una reconstrucción integral debido a lo sencillo y elemental de una estructura que no iba más allá de una *chiesa-fienile* y casa anexa, careciendo por entonces de aquellas piezas relacionadas con la caridad y la asistencia social como enfermería y hospedería.

---

249 Cartas de Jaime I en 1279 contra los ataques hechos a los Judíos con ocasión de los sermones de los FF. Menores y Predicadores en las sinagogas, *Arch Franc Hist* 2, 698s.
250 WEBSTER, 2000: 133-139.
251 AZULAY, Marilda / ISRAEL, Estrella, 2009. *La Valencia judía: espacios, límites y vivencias hasta la expulsión.* Valencia, Consell Valencià de Cultura: 249-259.

Son diversas las razones que explican la prolongada dilación en la acometida de obras de ampliación por parte de la comunidad franciscana de Valencia, a diferencia de sus hermanos de Barcelona, Palma, Teruel y otras localidades de los reinos de Aragón que, por entonces, ya contaban con importantes complejos góticos de sólida fábrica de sillería tras haberse desplazado a una ubicación más ventajosa dentro de la muralla. En el retraso del inicio de las obras de la sede valenciana pudo influir una carta de San Buenaventura[252] escrita en 1257 y dirigida a toda la Orden. En ella denuncia los diez abusos más graves dentro del seráfico Instituto: el quinto de ellos se refiere a "*la construcción de edificios suntuosos*" y el noveno a "*los excesivos y costosos cambios de casas*"[253]. En el ánimo de Buenaventura debió pesar lo grandioso de algunos complejos arquitectónicos, sobre todo los de San Francisco y Santa Clara de Asís, con todo lo que ello acarreaba en cuanto a problemas de índole moral, social y económico[254].

En cambio, la comunidad franciscana de Valencia, receptora también de la misiva, no podía sentirse interpelada por la acusación del ministro general, ya que por entonces no poseía en absoluto un edificio suntuoso sino todo contrario. Además, los frailes seguían conservando el lugar de la primitiva fundación, de ahí que en ese sentido tampoco había lugar a escándalo. Lo insólito del caso valenciano es que su precaria condición seguirá invariable durante un siglo, lo que no deja de ser un hecho ciertamente anómalo en la evolución habitual de las casas franciscanas aragonesas e hispánicas, donde lo habitual era el exceso constructivo cuando no la mudanza y el consiguiente abandono de las sedes.

Con el fin de atajar tales abusos, el propio San Buenaventura convocó en 1260 un Capítulo General en Narbona donde se dictaron normas precisas acerca del engrandecimiento de los edificios, lo que da cuenta de la magni-

---

252 Buenaventura de Bagnoregio ha sido considerado por algunos autores, quizá exageradamente, como segundo fundador. Cfr. ROGGEN, H., 1967: Saint Bonaventure comme le second fondateur del l'Ordre des frères mineurs, *Franz Stud* 49: 249-271.
253 San Buenaventura: Carta a toda la Orden. En: *San Francisco de Asís. Escritos, Biografías, Documentos de la época*, ed. a cargo de J. A. Guerra, 5ª ed., Madrid: BAC, 1993.
254 GARCÍA ROS, 1999: 75-94.

tud de un problema que ya se había enquistado en todas las Provincias. La introducción de una legislación en materia constructiva no era un fenómeno nuevo: ya los dominicos, en el Capítulo General de París celebrado probablemente en 1228[255], aprobaron una normativa precisa relativa al dimensionado de los templos, recomendando la pobreza y mesura en su construcción. Allí se dictaron normas precisas en cuanto a limitación de alturas y anchuras de las *domos*, instando a que éstas fueran *mediocres, parvas, humiles et viles*[256]. La iglesia no podía superar los 30 pies de alto (11,40 m.), quedando prohibido abovedar la nave a excepción del presbiterio y la sacristía. El Capítulo General de 1240 introdujo restricciones relativas al exceso decorativo de los templos, a lo que se sumó la prohibición de 1245 de levantar monumentos funerarios y la apelación de 1252 a los visitadores provinciales para que hagan respetar la disciplina constructiva. En definitiva, las Constituciones dominicas, acaso inspiradas por el propio Domingo de Guzmán, recogían la vieja aspiración monástica de lograr una arquitectura simple y severa según el ideal cisterciense, desnuda de esa *superfluitates* tan duramente combatida desde el siglo XII por los bernardos.

Inspiradas en las normas dominicas de 1228, las Constituciones franciscanas de Narbona de 1260 supusieron una verdadera revolución en materia constructiva. Promulgadas en el momento justo, tenían el propósito de disciplinar con prohibiciones y limitaciones una actividad constructora espontánea, saliendo al paso de excesos que ya se cometían en la edificación o en la ampliación de iglesias y conventos, y de paso dar satisfacción a los sectores más conservadores, preocupados por el progresivo alejamiento de

255 Algunos autores retrasan la fecha a 1232 o incluso 1235 (Cfr. SUNDI, A., 1980: *The churches of the Dominican Order in Languedoc*, 1216 to ca.1550, Wisconsin-Madison: 47). En cualquier caso el capítulo dominico es anterior al de Narbona de 1260 donde los franciscanos aprobarán su propia normativa en materia constructiva.

256 La legislación dominica en materia de construccion comienza con las Constituciones de 1220 y se desarrolla durante más de dos décadas. Al respecto véase RICHARD, A.: Mediocres domos et humiles habeant fratres nostri: Dominican Legislation on Architecture and Architectural Decoration in the 13th Century, *Journal of the Society of Architectural Historians* (1987) 46 (4): 394-407; MEERSEMAN, G.; L'architecture dominicaine au XIIIe siècle, Legislation et practique, *Arch Frat Praed* 16 (1946), Roma: 145-147.

la genuina intención del fundador[257]. En uno de sus apartados, titulado *De observantia pauperatis rubrica tertia*, se introdujo una normativa que prescribía la pobreza en todas las manifestaciones de la vida de los frailes, también las que conciernen a los edificios:

> "*Así pues, para construir edificios, cambiarlos de lugar o ampliarlos* [...] *prohibimos contraer deudas o pedir préstamos, excepto cuando al ministro provincial le pareciera que ha de arreglarse por causa necesaria. Si verdaderamente el dinero fuera guardado o concedido sin deuda o préstamo, con licencia de ministerio provincial, cuando fuere necesario, constrúyanse edificios según sus disposiciones, sin exceder los límites de la pobreza*"[258].

El problema radica en establecer dónde se encuentra y sobre todo quién determina esos "límites de la pobreza". De la lectura del texto parece que esa frontera la constituye el entretenimiento decorativo y el exceso dimensional del edificio, sin que esto último quede del todo preciso:

> "*Pero como lo selecto y lo superfluo se oponen directamente a la pobreza, ordenamos que se evite tajantemente la delicadeza de los edificios en pinturas, cinceladuras, ventanas, columnas y otras cosas, o el exceso de longitud, anchura y altura según las condiciones del lugar. Pero aquellos que osaren transgredir esta constitución, deberán ser castigados severamente, y los principales expulsados irrevocablemente de sus lugares, a menos que fueran restituidos por el ministro general. Y para esta causa*

---

257 BONELLI, R., 1983: 15-16; MISTRETTA, 1983: 224; VILLETTI, 1982: 23.

258 Constitutiones generales editae in capitulis generalibus celebratis Narbone an 1260, Assisi, an 1279, atque Parisi an.1292, *Arch Franc Hist* 34 (1941): 45: "*Tamen pro aedificiis construendis vel pro locis mutandis vel ampliandis, aut etiam pro libris scribendis vel mendis debitum vel mutuum fieri firmiter prohibemus, nisi ubi Minister provincialis ex causa necesaria viderit dispensandum. Si vero sine debito vel mutuo pecunia servata fuerit vel oblata, de provincialis Ministri licenti (ubi nedesse fuerit) fiant aedificia iuxta dispositionen eius, limitres non excedentia pauperatis*". Cfr. EHRLE, F.: *Die ältesten Redactionen der Generalconstitutionen des Franziskannenordens*, *Archiv für Literatur und Kirchengeschichte des Mittelalters* 6 (1892): 87s.

serán mantenidos firmemente unos visitadores, por si los ministros fueran negligentes"[259].

Muy explícita es la prohibición de abovedar iglesias a excepción del presbiterio, así como el rechazo frontal a toda concesión estética o formal:

> *"De ningún modo las iglesias deben ser abovedadas, excepto el presbiterio. Por otra parte, el campanario de la iglesia en ningún sitio se construirá a modo de torre. Igualmente nunca se harán vidrieras historiadas o pintadas, exceptuando que en la vidriera principal, detrás del altar mayor, pueda haber imágenes del Crucifijo [...]"*[260].

Con todo, las Constituciones de Narbona, siendo estrictas, son más permisivas que las de Predicadores de 1228 por cuanto no contienen limitaciones precisas de dimensionado y, además, admiten excepciones a discreción del ministro Provincial. Indudablemente el texto narbonense se inscribe dentro de un contexto conciliador entre los miembros moderados y más rigurosos de la Orden, cuyas relaciones comenzaban ya a ser agrias.

Cabe preguntarse en qué medida las disposiciones de Narbona afectaron a nuestro convento. Probablemente su promulgación, unida a la penuria económica de la comunidad, disuadió a los frailes por mucho tiempo de lo

---

259 Constitutiones generales editae in capitulis generalibus celebratis Narbonae an 1260, Assisi, an 1279, atque Parisi an.1292, *Arch Franc Hist* 34 (1941): 45: *"Cum autem curiositas et superfluitas directe obvient paupertasi, ordinamus quod aedificiorum curiositas in picturis caecelaturis, fenestris, columnis et huismodi aut superfluitas in longitudine, latitudine, secundum loci conditione, arctius avitetur. Qui autem transgressores huius constitutionis fuerint, graviter puniantur et principales de locis irrevocabiliter expellantur, nisi per Ministrum generalem fuerint restituti. Et ad hoc firmiter teneantur Visitatores, si Ministri fuerint negligentes. Ecclesiae autem nullo modo fiant testudinatae, excepta maiore capella. Campanile ecclesiae ad modum turris de caetero nusquam fiat". Item fenestraea vitreae vel picturiae de cetero nusquam fiant, excepto quod in principali vitrae post maius altare chori, haberi possint imagines Crucifixi, B. Virginis, B. Johannis, B. Francisci et B. Antonii tantum. Et si de cetero factae fuerint, per Visitatores amoveantur".*

260 Narb. III, 17: *"Ecclesiae autem mullo modo fiant testitudinatae, excepta maiore capella, campanille ecclesiae ad modum turris de caetero fiat [...]".* Cfr. *Arch Franc Hist* (1941): 47-48; VILLETTI, 1982: 23; YARZA, J.: Arte Medieval II (Románico y Gótico), En: *Fuentes y documentos para la Historia del Arte*, epígrs. 77.1, 77.2 y 77.3: 236.

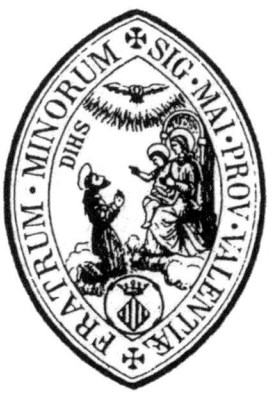

Sello del convento de San Francisco de Valencia. Valencia, Curia Provincial de los Franciscanos. Gentileza del P. Benjamín Agulló.

que parecía inexorable: el derribo del primitivo edificio y la construcción de otro más adecuado a las nuevas necesidades. En cierto modo, Narbona vino a posponer una refundación que comenzaba a ser inaplazable. Es evidente que los religiosos carecían en 1260 del dinero necesario para emprender obras de sustitución de una fábrica levantada apresuradamente y sin excesivas pretensiones, por lo tanto ya vetusta y del todo insuficiente tanto por el tamaño y prestigio de la comunidad como por la creciente afluencia de fieles. Pero el mecenas esperado no aparecía y las obras de ampliación se demoraban.

Esta anómala situación difiere por completo de lo sucedido en otras localidades valencianas. Por ejemplo, San Francisco de Morella ya lucía en la década de 1270 un esplendoroso claustro gótico gracias al mecenazgo de don Blasco de Alagón, quien había acompañado al rey Jaime en la reconquista. Quizá los frailes de Valencia percibían que los contínuos llamamientos a la pobreza, que durante el generalato de Buenaventura arreciaron en forma de cartas, bulas y *Statuta genaralia*, no les interpelaban. Y si no se sentían aludidos por tales invectivas era sencillamente porque pocos conventos de la Corona de Aragón podían presumir, como el de Valencia, de ofrecer una imagen acorde a la *santa pobreza* que tan enfáticamente defendió el seráfico fundador.

Tercera concesión Real: el lugar de *Alchannitia*

Puede sorprender que un convento de la importancia del que nos ocupa mantuviera, incluso hasta más allá de la Peste Negra, no solo su ubicación inicial sino también una imagen poco distinta de la original, constituyendo como ya hemos dicho un hecho ciertamente excepcional en el panorama de la arquitectura franciscana en los dominios de Aragón. En ese sentido ¿cabe contemplar la posibilidad de la construcción de una segunda iglesia en la última década del siglo XIII, intermedia entre la primitiva y la definitiva, o al menos una ampliación de la sencilla morada inicial?

Esta hipótesis podría deducirse de un documento de 1276 por el que Jaime I, en puertas ya de su muerte, realiza una tercera y última donación de tierras a favor de los franciscanos de Valencia, confirmada por su nieto Alfonso I mediante documento fechado en 1290. De acuerdo con esta concesión, la comunidad franciscana, representada por fray Enrique y fray Pedro de Belchite, se había dirigido al rey conquistador mediante una carta expresándole su deseo de ampliar nuevamente su terreno, petición a la que el monarca respondió con la cesión de un campo situado al sur de la propiedad franciscana llamado desde tiempos islámicos *Alchannitia* en el camino de Xàtiva. El privilegio del rey Alfonso, como el que dictó su abuelo Jaime I, se refiere a una concesión *perpetua*:

> "*Nos Alfonsus* [...] *Viso quodam Privilegio Illustrissimi Domini Regis Jacobi, clare memorie, avi nostri in quo dedit et concessit fratri Enrico et fratri Petro de Belchite in Perpetuum ad opus ecclesie et statici faciendi et ad opus orti toyum illum locum qui est in Algazira in loco qui dicitur Alchannitia supra viam qua itur ad Xativam... Laudamus per nos et nostros et concedimus et confirmamus vobis*"[261].

261 Barcelona, ACA, regº. 83, f. 82, 6 septiembre 1290. "Nosotros Alfonso [...] Visto cierto privilegio del ilustre señor Rey Jaime, en viva memoria, nuestro abuelo, que dio y concedió a fray Enrico y fray Pedro de Belchite a perpetuidad el lugar de la obra de la iglesia y huerto que hicieron sus antepasados en el lugar de Algazira llamado lugar de Alchannitia en el camino de Xàtiva. Te alabamos por nos y los nuestros y os lo concedemos y confirmamos" (traducción del autor). El documento fue reproducido con comentarios en *EF* 5 (1910): 6-8, 11, 15, 27-28.

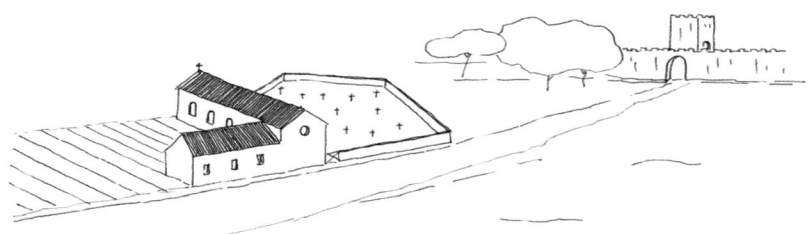

Valencia, San Francisco. Secuencia evolutiva: Fase 3 (1290). V. García Ros.

A partir de este documento, Fullana[262] entendió que el terreno de esta última concesión quedó dividido en dos partes: una, destinada "*a la edificación de la iglesia*", y otra a huerto conventual. Añade, sin aportar pruebas, que el rey concedió también cuanto necesitaran "*para levantar un nuevo piso sobre la planta baja que solo tenía la primitiva fábrica del convento*"[263].

La improbable hipótesis de Fullana viene a decir que desde 1290 existió una segunda iglesia cuya configuración desconocemos, y que después se levantó un segundo piso sobre una planta baja de un convento del que no aclara si ya conformaba un claustro, algo altamente improbable, o por el contrario seguía ofreciendo el aspecto primitivo de la *domus* de los tiempos heroicos del franciscanismo.

La tesis que defendemos es que los espaciosos terrenos de la tercera concesión real, la de 1276 confirmada en 1290 por Alfonso, no fueron aprovechados por los frailes para levantar un nuevo edificio por la sencilla razón que carecían de medios económicos suficientes, limitándose a realizar pequeñas obras de reparación en el edificio existente cuando era necesario. No se puede descartar que, en efecto, levantaran un segundo piso sobre la casa inicial por el crecimiento de la población conventual, pero este supuesto es indemostrable. Creemos que detrás de la donación de tan vasta extensión de terreno estaba

262 FULLANA, 1922a: 7.
263 Id.

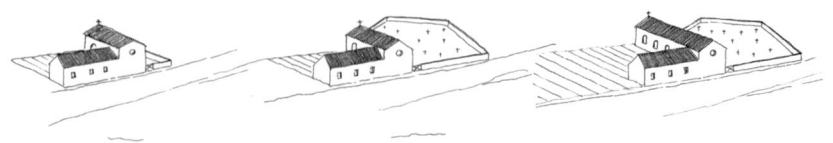

Valencia, San Francisco. Secuencia evolutiva (1239-1260-1290). V. García Ros.

la necesidad de la comunidad de cultivar unos huertos para el sustento de los frailes, cuyo número crecía constantemente, pues hay que recordar que la previsión de un terreno de cultivo no estaba contemplada en ninguna de las concesiones reales anteriores.

De nuevo, conseguir mayor extensión de suelo volvía a ser una necesidad acuciante para una comunidad en continuo crecimiento, lo que reafirma nuestra intuición de que la primera concesión Real resultó ser a todas luces insuficiente. La segunda no vino a resolver el problema, pues como ya sabemos se limitó al pequeño terreno destinado a camposanto con la prohibición expresa de construir o cultivar. Solo la tercera y última donación, la del lugar de Alchannitia, dará a la comunidad la extensión de tierras que siempre anheló, aunque por el momento no determine la erección de un vasto edificio. Esto último solo será posible con la entrada en escena de un acaudalado mecenas, pero este benefactor todavía se hará esperar unas décadas. Entretanto, las tierras de Alchannitia probablemente fueron destinadas a cultivo con el fin de garantizar el sustento de la comunidad, y así lo seguirá siendo desde 1290 hasta el promedio del siglo XIV cuando la historia de nuestro convento dará un giro inesperado.

ESPLENDOR · 1290-1806

CAPÍTULO IV

CONCENTRACIÓN Y AFLUENCIA DE RECURSOS

En la primera sección hemos analizado el devenir del convento de San Francisco de Valencia durante el siglo XIII tanto en lo relativo al mecanismo habitual de asentamiento propio de la Orden franciscana como a las especifidades propias de la sede valenciana. Naturalmente el desarrollo de la institución, el aumento de vocaciones, la acumulación de tierras, los legados testamentarios y la actividad de los frailes responden a las mismas pautas que otros conventos de la Corona de Aragón. Sin embargo, lo peculiar de nuestro edificio es que hacia 1300 seguía manteniendo una fábrica humilde, levantada sobre un vasto solar extramuros, que por otra parte no era posible reedificar por falta de recursos materiales y ello a pesar del progresivo incremento de la población monástica.

No será hasta bien entrado el siglo XIV, especialmente tras la Peste Negra iniciada en 1348, cuando el convento de Valencia despunte como una entidad a la altura de las grandes casas franciscanas de los reinos de Aragón (Barcelona, Palma, Perpignan, Teruel o Morella). En las páginas siguientes veremos florecer junto al convento una insigne institución de caridad, el Hospital de la Reina, administrado por los frailes durante cincuenta años, y cofradías como la de los Genoveses que también encontrarán su sitio al amparo de la casa franciscana. A finales del siglo XIV nuestro convento llegará a la cima de su prestigio al albergar un importante *Studium* de Teología, un hecho directamente vinculado a la presencia en él de fray Francesc Eiximenis.

Crecimiento de la comunidad y nuevas necesidades

El aumento poblacional de la comunidad religiosa y la creciente popularidad social de los franciscanos tuvo importantes consecuencias sobre el convento de Valencia. Su reducida iglesia-granero se quedaba excesivamente pequeña para atender las necesidades de un pueblo que acudía masivamente a escuchar la predicación. Es a partir de 1290 cuando empieza a ser acuciante la necesidad de un templo más amplio y espacioso, lo cual podría lograrse de dos modos opuestos: o bien mejorando el lugar de culto en la medida que la dimensión del solar ya lo permitía tras la tercera donación Real, o bien construyéndolo *ex novo* en otro lugar, a ser posible intramuros. La segunda opción fue, con mucho, la más recurrente en el ámbito hispánico, a diferencia de la primera, más minoritaria, que fue la que adoptaron los religiosos de Valencia.

La propia Orden alentaba la transferencia de las sedes al interior de las murallas. La bula *Nimis iniqua*, promulgada por el papa Gregorio IX en 1231, exhortaba a los frailes a una inserción activa en la ciudad con el fin de que las gentes pudieran *acceder audeant*, es decir, tuvieran fácil acceso a la escucha de la palabra[264]. Por otra parte, un texto coetáneo atribuido con reservas a San Buenaventura –las *Determinationes* sobre la regla franciscana– aclara las razones favorables al establecimiento intramuros[265]. En él afirma que la ciudad ofrece mayor hospitalidad y seguridad que el despoblado y, por otra parte, favorece la difusión del carisma franciscano. En línea con el pensamiento bonaventuriano más ortodoxo, defiende que las instituciones urbanas ofrecen mayor campo de acción apostólica que la vida en despoblado ya que facilitan el encuentro con las gentes. En definitiva, las *Determinationes* justifican el asentamiento urbano desde el momento que son precisamente los ciudadanos quienes solicitan la presencia de los frailes, por tanto no procede eludir ese encuentro.

---

264 *Bull Franc*, I: 74-77. Nimis iniqua (1231): "*Ad haec, ne frates ad honorabiles civitates, et villas, ubi religiose at modeste valeant commorari a populis devote vocati, acceder audeant*".

265 PELLEGRINI, L.: L'Ordine francescano e la società cittadina in epoca bonaventuriana. Un'analisi del Determinationes questionum super regulam fratrum minorum, *Laurentianum* 15 (1974): 154-200; HARKINS, Conrad: The authorship of a commentary on the Franciscan rule published among the works of St. Bonaventure, *Franc Stud* 29 (1969): 157-248.

Si, contrariamente a la praxis habitual, los frailes de Valencia conservaron el inmenso solar extramuros que poseían desde 1290, fue en primer lugar porque la saturación del tejido urbano intramuros dificultaba la transferencia. Además, no tenía sentido renunciar a la superficie nada despreciable de un solar sacralizado además por la sangre de los mártires italianos. Sin duda, en su decisión influyó la proximidad del convento a la puerta de la Boatella, apenas doscientos metros, que en la práctica permitía a los frailes participar de las ventajas del medio urbano tal como recomendaban las *Determinationes*, y evitar a su vez la incomodidad y pérdida de privacidad que habría supuesto un contacto excesivamente próximo al vecindario. A fin de cuentas, todas las órdenes mendicantes tenían su sede fuera de la muralla islámica, dibujando así un anillo perimetral de conventos, todavía reconocible hoy, en torno a la ciudad histórica. Santo Domingo al este, San Francisco al sur, San Agustín al oeste y el Carmen al norte, orientaron y canalizaron el ensanche de sus respectivos arrabales haciendo de la capital valenciana un modelo de *ciudad conventual*[266].

Sin embargo, la decisión de demoler la fábrica inicial para levantar una nueva sede más estable se retrasaba, y un acuerdo de tan gran calado solo se podía adoptar si afluían las donaciones que, por otra parte, estaban aseguradas gracias al favor real, nobiliario y popular. Era cuestión de tiempo que la comunidad de Valencia se encontrara por fin en condiciones de reconstruir su obsoleto edificio.

La hipótesis de un templo intermedio

Todos los cronistas de la Orden coinciden en señalar que, incluso bien entrado el siglo XIV, el convento de San Francisco de Valencia seguía ofreciendo el aspecto de un edificio estrecho y humilde –seguramente más de lo que San Buenaventura hubiera deseado para una Orden ya monaquizada– y lo siguió teniendo más allá de mediados de siglo cuando el convento devino grandioso hasta convertirse en el mayor de la ciudad y en uno de los más prestigiosos de la Corona de Aragón. Sin embargo, sorprende que, durante más de una

---

266 Noguera, 1981. Muñoz, 2000: 176.

centuria, exactamente desde 1239 hasta 1358, el progresivo enriquecimiento de la comunidad no conllevara la reconstrucción de un edificio que a todas luces era indigno de una fundación protegida por reyes, nobles y ciudadanos de toda condición, a diferencia de sus homónimos en las grandes ciudades de la Corona de Aragón que, por el contrario, lucían fábricas esplendorosamente góticas. Tal era el caso de San Francisco de Perpignan, Barcelona, Palma de Mallorca, Teruel, Morella, Santa Clara de Tortosa o Pedralves. En el polo opuesto, la humilde apariencia de nuestro convento constituía una excepción.

Se sabe que, en el ecuador del siglo XIV, coincidiendo con la Peste Negra, San Francisco de Valencia presentaba importantes patologías derivadas de su endeble construcción de mampostería y cal. No cabe duda que así sería, sobre todo si admitimos, como apunta Fullana[267], que hacia 1290 la *domus* conventual fue sobreelevada un piso, algo totalmente verosímil a tenor del enorme crecimiento de la comunidad. Es cierto que las crónicas franciscanas no registran incendio alguno entre 1240 y 1350, lo que resulta sorprendente si tenemos en cuenta que todas las cubiertas, tanto de la iglesia como de la casa conventual, eran de madera. Por supuesto, no se puede descartar algún incendio puntual, pero siempre sin llegar a producir la devastación total del edificio ya que un hecho así habría sido reportado por Moorman y otros cronistas.

Colomer[268] recoge la noticia que hacia 1358, pasado lo peor de la Peste Negra, la iglesia conventual amenazaba ruina *"según dixeron los Arquitectos que fueron llamados para examinarla"*. Una información parecida de Hebrera[269] afirma que *"unos Maestros de Arquitectura"* advirtieron a los frailes *"que reparassen muy aprisa la Iglesia, que por los cuatro ángulos se desplomaba"*. Este dato es sumamente revelador porque demuestra que, por entonces, el templo estaba maltrecho, lo cual abre la siguiente disyuntiva: o la hipótesis de Fullana que defiende la construcción de un segundo templo a partir de 1290 no tiene fundamento –como creemos– o, si existió segundo templo, repitió el error de la deleznable fábrica del primero, lo cual no parece razonable.

---

267 FULLANA, 1922a: 7.
268 MARTÍNEZ COLOMER, 1803: 66.
269 HEBRERA, 1703, II: lib. I: 48.

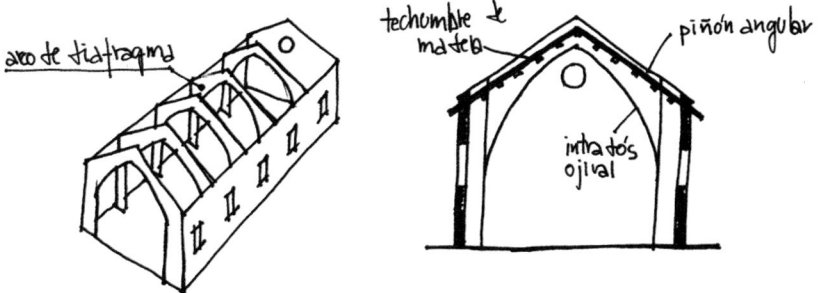

Iglesia de arcos diafragma (San Francisco de Barcelona, fundación primitiva). V. García Ros.

Procedamos por reducción *ad absurdum*. Admitiendo la hipótesis de la construcción de un segundo templo alrededor de 1290, con toda seguridad no habría repetido la sencilla tipología *fienile* del primero, sino que optaría por una solución menos provisional. Seguramente se habría inspirado en otra semejante a las de San Francisco de Morella o Xàtiva, ciudades que seguían en importancia a Valencia, o a la del primer convento franciscano de Barcelona: una nave rectangular de arcos paralelos de diafragma de intradós ojival y piñón angular, armadura de madera a dos vertientes y testero plano, repitiendo un modelo muy frecuente en la Corona de Aragón. Además de respetar escrupulosamente las disposiciones de Narbona, esta solución estaba considerada en tiempos de San Buenaventura óptima a efectos de manifestar el ideal de pobreza. Pero esta hipótesis tropieza con una doble dificultad: Moorman no da noticia de ello y, por otra parte, una fábrica de esa naturaleza difícilmente entra en ruina técnica sesenta años después de su construcción a menos que supongamos una total y absoluta impericia de los constructores. Los ejemplos de San Francisco de Morella y San Francesc de Xàtiva, así como numerosas iglesias parroquiales como Sant Feliu y Sant Pere de Xàtiva, y tantas ermitas góticas valencianas demuestran que la solución es técnicamente adecuada y perdurable en el tiempo.

Por consiguiente, disentimos de Fullana y creemos que nunca existió una segunda iglesia levantada desde 1290. Los frailes conservaron el primer templo *fienile*, aunque la apostilla *"ad opus ecclesiae et statici faciendi"*[270] de la concesión Real de Alchannitia probablemente haga referencia a un aumento de la profundidad del templo hacia el este con el fin de dar respuesta a la creciente popularidad social, además de un recrecido de la *domus* conventual con la construcción de una planta alta para alojar a un número de frailes que iba en aumento. En otras palabras, mediante soluciones provisionales los religiosos iban dando respuesta a los problemas a medida que éstos se presentaban. Una actitud vital, por cierto, muy acorde con el espíritu franciscano.

Esta anómala situación de disponer de suelo suficiente para levantar un edificio de las dimensiones que la hiperpoblación conventual exigía, y en cambio no poder hacerlo por carecer de los medios económicos necesarios, se prolongó hasta mediados del siglo XIV cuando hará aparición un personaje decisivo para la historia del convento de Valencia: un mecenas cuya generosidad permitirá a los religiosos realizar su sueño de poseer un edificio acorde al prestigio que iba adquiriendo la comunidad y en consonancia con la importancia de la ciudad, cuyo convento franciscano en la mitad del siglo XIV distaba mucho de estar al nivel de sus homónimos en las grandes urbes de la Corona de Aragón. Pero un hecho fatal frenó momentáneamente esas expectativas: la terrible epidemia de peste que sacudió Europa en 1348.

Consecuencias de la Peste Negra

La Peste Negra diezmó la población europea, llegando a estimarse que, en todo el continente, dos de cada tres miembros de la Orden franciscana fallecieron como consecuencia de la pandemia[271]. Esto supone un porcentaje superior al de la población en general, cuyo índice de mortalidad en los reinos de Aragón fue de alrededor del cincuenta por cien[272], circunstancia explicable por la exposición directa de los frailes con los enfermos. Después de los horrores de 1348 hubo nuevos brotes, éstos menos graves, hasta 1390,

---

270 Barcelona, ACA, regº. 83, f. 82, 6 septiembre 1290.
271 IRIARTE, 1979: 102.
272 LÓPEZ DE MENESES, Amada. Documentos acerca de la peste negra en los dominios de la Corona de Aragón, *EEMCA* 6 (1956): 291-447.

si bien se sabe que en 1375 la peste arreciaba con fuerza en Valencia[273]. Tales calamidades obligaron a las autoridades de la Orden a concentrar los escasos recursos humanos en un número reducido de casas, procediendo al traslado de los religiosos supervivientes a los conventos cabeza de custodia, que habían quedado casi vacíos.

A esa concentración de frailes en los principales cenobios hay que sumar el aumento imparable de población monástica por el incremento de vocaciones, como suele ocurrir en tiempos de zozobra cuando las calamidades del mundo dibujan un sombrío panorama de inseguridad vital. Ni que decir tiene que el reagrupamiento de frailes tuvo importantísimas consecuencias para los edificios. El proceso de ampliación y reforma de los mismos fue una constante durante la segunda mitad de siglo XIV que afectó básicamente a los conventos principales. La optimización de recursos humanos y materiales en un número más limitado de fundaciones trajo como consecuencia un notable enriquecimiento de las sedes de las principales ciudades, dando lugar así a las grandes fundaciones urbanas de la segunda mitad del siglo XIV.

Sin embargo, en los diez años posteriores al estallido de la pandemia no constan obras de reforma o ampliación del convento de San Francisco de Valencia. Ello, pese a que la merma de población conventual por causa de la epidemia se vio compensada con creces por el refuerzo de efectivos procedentes de conventos de poblaciones menores y, sobre todo, por el notable aumento de vocaciones. Mediado el siglo XIV la situación del convento de Valencia era ya insostenible: al impedimento económico de construir un nuevo convento sobre el vasto solar disponible se unía el aumento del censo de religiosos. A todas estas circunstancias hay que añadir la gestión del Hospital de la Reina, que los franciscanos ya venían ejerciendo desde antes de 1326, donde el crecimiento del número de enfermos como consecuencia de la Peste Negra no hizo sino agravar todavía más la precaria situación de la comunidad. Las dificultades se multiplicaban para los frailes, mientras su vetusto edificio estaba sumido en un proceso de deterioro imparable. Sin embargo, es ahora cuando

---

273 Corbín, 1988: 45.

surge providencialmente un noble caballero que va a imprimir un impulso decisivo a nuestro convento.

Berenguer de Codinats: el mecenas esperado

Las fuentes franciscanas recogen el prodigio ocurrido alrededor de 1358, en fecha incierta[274], a un noble de Valencia, Berenguer de Codinats, mayordomo del rey Pedro IV el Ceremonioso y *Mestre racional*[275]. De acuerdo con una consolidada tradición recogida por numerosos autores[276], el noble Codinats vivía en la primera casa de la calle de Zaragoza esquina con la plaza de Santa Catalina (algunos le ubican algo más adentro, a veinte pasos de la misma esquina) cuando un día se le presentó un intruso con aspecto de mendigo dentro de su propia sala. Habiéndole pedido limosna por dos veces, el pordiosero fue expulsado al zaguán con improperios diciéndole que se le daría limosna como a los demás pobres. Repitió el pedigüeño su entrada por tercera vez y, enojado el noble Codinats, arremetió contra él blandiendo un palo. El mendigo levantó los brazos y, resplandeciendo de luz, dejó ver cinco llagas en las manos, pies y costado. Al instante el caballero Berenguer reconoció en aquel pobre hombre a Francisco de Asís en persona y, postrándose ante sus pies, le suplicó perdón.

La tradición ha querido ver en ese prodigio la aparición misma de un transfigurado *poverello de Asís* en casa de Berenguer de Codinats rogándole edificara una nueva iglesia en el convento valenciano de su advocación. Si tomamos el relato al pie de la letra tal como lo inteprentan los cronistas, parece obvio que no hay que darle excesiva credibilidad. Pero expurgando el texto de elementos maravillosos, es posible que el noble Codinats recibiera la inspiración para *ver* en aquel mendigo la imagen misma de Francisco de Asís. A

---

274 Martínez Colomer, 1803: I: 64 refiere el suceso ocurrido a Codinats en 1379 y sitúa su muerte en 1385, "siete años después del milagro" [sic]. Wadding, *AM*, III: 28 adelanta el año del fallecimiento a 1375, lo cual parece más asumible. Al respecto, véase *AIA* 2 (1915): 491 n.4.

275 Ministro con funciones de Hacienda y Tesorería nombrado por la Casa de Aragón.

276 Cornejo, 1682-1686, Parte II: 415-416; Hebrera, 1703, I: 47-48; Teixidor, 1767, II: 23; Martínez Colomer, 1803, I: 65; *Comp Cron*, 1805-1826: 2; Magraner, 1824: 2; Cruilles, 1876: 263-264; Fullana, 1923a: 55.

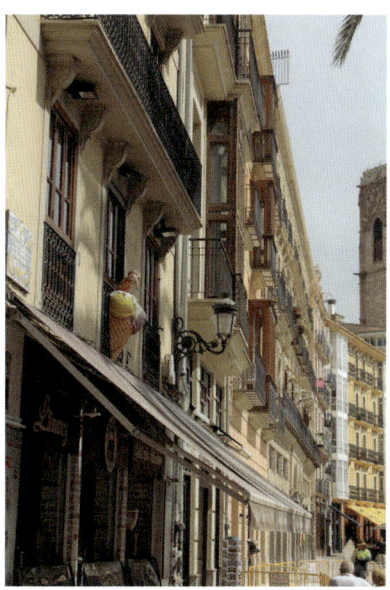

Tramo correspondiente a la antigua calle de Zaragoza donde existió la casa del noble Berenguer de Codinats. Foto del autor.

partir de ahí se comprende la voluntad del caballero de erigir a sus expensas un nuevo convento para los frailes menores de Valencia.

La tradición del milagroso suceso ha tenido cierta repercusión literaria y artística en el ámbito de la Provincia franciscana de Valencia. Wadding[277], a partir de la crónica desaparecida de Insa[278] que él conservaba, recogió unos versos laudatorios en latín que son copia de los que había en el pórtico del atrio ajardinado o cementerio conventual procedente de la segunda donación Real[279]. Escartín, recurriendo a las crónicas de los padres Silvestre[280] y

---

277 WADDING, *AM*, III: 28.

278 INSA CORIA, Juan: *Historia de la Provincia de Valencia de la Orden de San Francisco*, Ms. desap., 1607.

279 MAGRANER, 1824: 11; IVARS, 1927: 383.

280 SILVESTRE, Tomás: *Crónica de las cosas memorables y particulares acerca de los Religiosos menores* […] *de Valencia*, Ms. desap. 1585.

Sánchez[281], o quizá por su propia observación, transcribió los mismos versos latinos que recogió Cornejo[282] aunque este último equivocó el lugar. Los *dystichos* no solo elogiaban el mecenazgo de Codinats, sino que insistían en la arraigada tradición de la coincidencia del convento con el lugar del palacio almohade:

"Lo que una vez fue palacio de un príncipe moro
mientras esta ciudad estuvo bajo su dominio.
Ahora, feliz, permanece la casa sagrada regada por dos hermanos, manchada por la sangre derramada por Cristo.
Después, Francisco dijo desde lo alto: 'El templo se derrumba, Codinats se anticipa y exclama: '¡He aquí la casa!'
El temeroso caballero se levanta, con piedad restaura los templos a Francisco a sus expensas.
Ahora, sin embargo, el pórtico de esta casa se erige hacia el cielo, y la amplia mansión está construida gracias a la protección divina y el favor de este santo"[283].

La difundida tradición cuenta que, sobre una piedra sepulcral ubicada en medio del coro bajo al centro de la nave de la iglesia, se fijó una lámina de bronce grabada con la imagen de San Francisco tal como se apareció en casa de Codinats, junto a una inscripción[284]. Ésta se borró con el tiempo, pero para preservar su memoria, en 1579 Juan de Aguiló, biznieto de Codinats,

281 SÁNCHEZ DEL CASTELLAR, Gerónimo: *Crónica de todas las cosas memorables que desde su principio ha tenido esta Provincia de Valencia, sacada de los Archivos de la Provincia*, Ms. desap., 1635.

282 CORNEJO, 1682-1686, II: 415.

283 "Quae fueras olim maurorum Principis aula / Dum haec urbs, illius subditione fuit. / Iam remanes foelix Fratrum madefacta duorum / Pro Christo fusso sanguine sacra domus, / Postea Franciscus rueret ne culmine templum / Codinati (inquit) labitur, ecce domus, / Surrexit tremefactus eques, pia numine templa / Francisco reparat sumptibus ille suis / Nunc autem eoelo, diuusque fauentibus huius / Conditur excelsae porticus, ampla domus" (traducción del autor). CORNEJO, 1682-1686, II: 415 erró gravemente al creer que estos versos estaban en Teruel. El P. Ivars los publicó en *AIA* 28 (1927): 383.

284 CORNEJO, 1682-1686, II: 416: "*y oy sobre él está escrito en una lámina de bronce todo este suceso*".

retiró el bronce e hizo escribir sobre la lápida otro texto en latín que recordaba el prodigio vivido por su bisabuelo, quedando constancia de la veracidad del hecho tanto en las crónicas franciscanas como en otros relatos de autores ajenos a la Orden[285]:

> D.O.M. BAJO ESTA LOSA DESCANSA EL CABALLERO D. BERENGUER DE CODINATS, MAESTRE RACIONAL DE TARRAGONA [...] EL CUAL HALLÁNDOSE EN SUS CASAS EN LA CALLE QUE LLAMAN DE ZARAGOZA, APARECIÓSELE SAN FRANCISCO, VESTIDO DE PURÍSIMA LUZ, EXHALANDO SUAVE FRAGANCIA Y ADORNADO CON LAS SAGRADAS LLAGAS, RECOMENDÁNDOLE EFICAZMENTE QUE CUANTO ANTES REPARASE EL CONVENTO DE FRANCISCANOS QUE AMENAZABA RUINA: LO QUE CODINATS EJECUTÓ INMEDIATAMENTE APORTANDO AL EFECTO UNA GRUESA SUMA. EN CUYO OBSEQUIO SU BIZNIETO Y UNIVERSAL HEREDERO, D. JUAN AGUILÓ DE CODINATS, BAYLE GENERAL, RESTAURÓ ESTE SEPULCRO CASI DERRUIDO POR LA ACCION DEL TIEMPO.

La referencia explícita a la reparación del convento franciscano *"que amenazaba ruina"* remite inevitablemente al prodigio que vivió el mismo *poverello* de Asís en la pequeña iglesia de San Damiano cuando escuchó las palabras que le dirigió el crucifijo bizantino colocado sobre el altar: *"Francisco, ve y repara mi Iglesia que amenaza ruina"*. Pero sobre todo viene a confirmar el

---

285 MARTÍNEZ COLOMER, 1803, I: 67; CRUILLES, 1876: 264; FULLANA, 1923a: 55; *Comp Cron*, 1805-1826: 13-14 transcribió la inscripción original en latín: *"D.O.M. Sub hoc marmore jacet Berengarius Codinat equestrius ordinis Tarraconensis Regis profectus rationibus, Dominus pagorum Albalat, Benimamet et Mislata; cui in suis aedibus agenti via, quae vulgo appellatur de Zaragoza, DIvus apparuit Franciscus splendida luce fulgens, suovique odore fragans, plagisque ad instar Christi insignitus, efficaciter movens ut Franciscorum conventum ruina minantem brevi reficeret: quod stotium liberoliter maxima pecunia fecit. Cui Dominus Joannes Aquilonius, Regis procurator sive Bajulus generalis eyus prossepos, legitumusque hares sepulcrum istud vetustae demolitum denno instauravit"*. Un memorial de 1771 sacado a la luz en 1926 asegura que la lápida de mármol tenía 6 dedos de espesor, y que bajo de ella había un foso no abovedado de 13 palmos donde existían unos "pocos huessos q. dizen ser de Berengario Codinat, q. es a quien N. P. S. Francisco le mandó hazer la Yglesia" [LLABRÉS, 1926: 829].

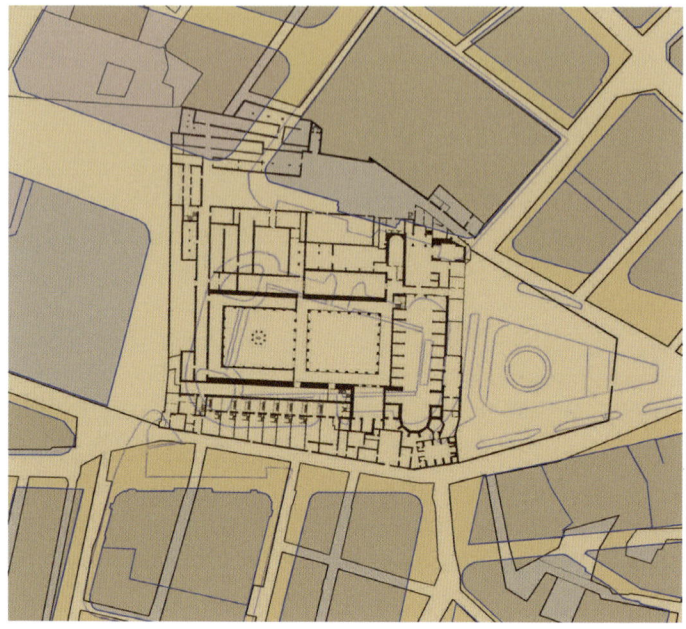

Inserción urbana de la fundación de Berenguer de Codinats (ampliada con adiciones posteriores) en la trama histórica (color marrón) y el parcelario actual (línea azul) a partir de los planos de Tosca (1704) y Ulloa/ Navarro (1847), según V. García Ros. Infografía: V. García Ros / J. M. Gómez Lozano.

estado de ruina en que se encontraba el convento valenciano antes del milagroso acontecimiento ocurrido al noble Codinats.

Verídico o no, lo cierto es que el episodio del mendigo marca un simbólico antes y después en la historia de nuestro edificio, que a partir de ahora verá convertir su sencilla y envejecida fábrica *sin estilo* en una esplendorosa construcción de sillería gótica.

CAPÍTULO V

PRESTIGIO Y ESPLENDOR DE LA NUEVA FUNDACIÓN

Conviene retomar de nuevo las palabras de Colomer reproducidas en el capítulo anterior: en 1358 –probable año de la visión de Codinats– la iglesia conventual amenazaba ruina *"según dixeron los Arquitectos que fueron llamados para examinarla"*[286]. De su afirmación se puede colegir que la situación de ruina inminente solo afectaba por el momento a la iglesia. Nada se dice de la casa anexa, cuya vida superaba igualmente el siglo, aunque no sería extraño que se encontrara igualmente en una pobre condición.

Cabe preguntarse cuánto tiempo transcurrió entre la milagrosa visión de Codinats, ocurrida con toda seguridad entre 1350 y 1360, y el inicio de los trabajos de construcción del edificio definitivo. A juzgar por la inscripción que el biznieto de Codinats hizo colocar en la losa del sepulcro de su antepasado, donde afirma que su bisabuelo fue urgido a reparar *"cuanto antes"* el convento de franciscanos que amenazaba ruina*, "lo que Codinats ejecutó inmediatamente"*[287], es probable que la dotación económica se hiciera efectiva incluso con el mecenas en vida[288], y que en 1358 ó 1359 dieran comienzo unas obras que ya no podían esperar más. La realidad de los hechos demos-

---

286 MARTÍNEZ COLOMER, 1803: I: 66.

287 CRUILLES, 1876: 254.

288 IVARS, siguiendo a Colomer, situó el fallecimiento de Codinats en 1385 [*AIA* 2 (1915): 491; MARTÍNEZ COLOMER, 1803, I: 64]. Wadding cree que murió diez años antes [WADDING, *AM*, III: 28]. En cualquier caso el noble caballero llegó a conocer las graves patologías de la obra que sufragó.

trará que la ambiciosa –por sus dimensiones– fábrica de ladrillo de los dos claustros sufragados por Codinats resultó de pésima calidad, de ahí que en 1376 ya presentaran serias patologías[289].

La refundación del convento

Los cronistas franciscanos y otros autores ajenos a la Orden no precisan si el engrandecimiento de la primitiva iglesia por la generosidad de Codinats fue consecuencia de una ampliación del primer templo, hipótesis que descartamos por completo, o por el contrario consistió en una construcción de nueva planta previa demolición de la primera, como así apuntan todos los datos. Lo más probable, dada la extrema pobreza y fragilidad del primitivo edificio, es que éste fuera demolido, dando por supuesto que el derribo no debió suponer excesivo coste ni escrúpulo moral alguno para los frailes.

Teniendo en cuenta que la nueva iglesia, que será la definitiva, se levantó enteramente abovedada, la convicción de una fundación *ex novo* tiene fundamento si consideramos que una iglesia *fienile* de sala rectangular con testero plano y techumbre de madera a dos vertientes, como era la primitiva de San Francisco, no puede convertirse fácilmente en otra de nave única con capillas laterales entre contrafuertes y sistema abovedado de crucería *barlonga*. Por consiguiente, descartamos cualquier teoría que haga derivar la segunda iglesia de una ampliación de la primera y asumimos que la *duecentista* fue completamente arrasada.

Más plausible hubiera sido el desmontado de la techumbre de madera de una iglesia de arcos de diafragma para sustituirla por otra solución abovedada, resultando así una iglesia de nave única con capillas laterales entre contrafuertes, como ocurrió en San Nicolás de Valencia. Anteriormente hemos tratado de demostrar lo improbable de la existencia de una segunda iglesia de ese tipo, intermedia entre la inicial y la definitiva, y los datos de archivo vuelven a confirmar lo mismo. De ahí que solo sea posible pensar que la primitiva iglesia-granero fuera sustituida por otra abovedada de sillería que es la que subsistió hasta la desaparición del convento en 1891.

---

289 *Arch Franc Hist* 14: 560. MOORMAN, 1983: 474 confirma la situación de abandono del edificio al asegurar que en 1376 *"it was in poor condition"*.

La praxis de derribar por completo una iglesia con techumbre de madera a doble vertiente para sustituirla por otra de bóvedas nervadas y de mayor solidez es bastante habitual dentro del proceso evolutivo del asentamiento mendicante en los reinos de Aragón. Tal es el caso, por ejemplo, de San Francisco de Barcelona y Santo Domingo de Gerona cuyos templos son pioneros en la construcción de cubiertas abovedadas. En ambos casos el resultado final es idéntico al de San Francisco de Valencia: una sola nave dividida por tramos rectangulares abovedados, capillas laterales entre contrafuertes y cabecera poligonal.

La fórmula hizo fortuna por su solidez, mejor comportamiento al fuego, funcionalidad –son, como definió E. Mâle, *églises de la parole*– y perfecta adaptación al espíritu mendicante, de ahí que fuera adoptada en muchas sedes franciscanas de la Corona de Aragón (San Francisco de Palma, Montblanc, Vilafranca del Penedés, Santa Clara de Tortosa, etc...) a diferencia de otras que conservaron la techumbre a dos vertientes (San Francisco de Morella y Xátiva). Construcciones dominicas y carmelitas a lo largo de los siglos XIV y XV también presentan naves abovedadas.

Así pues, los modelos llamados *de reconquista* quedaron superados por las formas más sólidas y eficientes de la nueva arquitectura difundida por las Órdenes. Tan solo se mantuvieron en centros rurales, aunque sus esquemas siguieron aplicándose en construcciones de carácter más utilitario como dormitorios conventuales, refectorios y espacios de carácter civil, de los que hoy subsisten escasos restos en Valencia[290].

Los planos de Ulloa/Navarro[291] y Valdés[292] permiten afirmar con toda seguridad que la iglesia promovida por Codinats constaba de una sola nave de 11 metros de luz con capillas laterales entre contrafuertes, y todos sus tramos, incluidas las capillas, presentaban bóvedas de crucería simple con generosas

---

290 ZARAGOZÁ, A., 1996. Naves de arcos diafragma y techumbre de madera en la arquitectura civil valenciana. *Actas del Primer Congreso Nacional de Historia de la Construcción*, Madrid, 19-21 septiembre 1996, eds. A. de las Casas, S. Huerta, E. Rabasa, Madrid: Instituto Juan de Herrera: 551-555; ID., 2000. *Arquitectura gótica valenciana*, Valencia, Generalitat: 21-42.

291 Madrid, ACGE, PL, sign. V-4/18.

292 Valencia, AIMC, sign. YP-7/234. Madrid, ACGE, PL, sign. V-4/19; V-4/20; V-4/21; V-4/22.

claves. Los arcos fajones de la nave no se prolongaban hasta el suelo mediante baquetones, sino que se detenían en ménsulas colocadas en los contrafuertes aproximadamente a la altura de las claves de las capillas, por tanto la cabeza de los machones era plana en el interior. El ingreso al templo se efectuaba desde los pies a través de la portería, desde el norte por una puerta abierta al jardín del cementerio conventual, y desde el sur por el claustro. De acuerdo con la praxis habitual en las iglesias valencianas de la misma época, San Francisco de Valencia contaba con una cabecera poligonal de cinco lados similar a la de San Agustín, un esbelto campanario unido a aquélla y notable profundidad de nave, circunstancia que siempre llamó la atención de cronistas y viajeros.

Los autores que de un modo u otro han tratado este convento no supieron dar explicación al hecho de que un terreno tan reducido, donde "*ni siquiera era posible enterrar a los muertos*"[293], que fue levemente recrecido en 1260 con la adición del cementerio gracias a la segunda concesión del rey jaimita, pudo convertirse en el edificio cuya superficie en planta llegó a ser la mayor de toda la ciudad a excepción de la casa de Armas o *Ciudadela*, tal como podemos apreciar en el plano de Tosca. El único argumento que tradicionalmente se ha esgrimido es que el edificio adquirió esas dimensiones simplemente porque la concesión del *Repartiment* ya las tenía, lo que llevó a algunos a sobrevalorar la dimensión del solar inicial. Pero tal afirmación se compadece mal con la estrechez en la que aún vivían los frailes hacia 1290. Por lo tanto, no es aceptable la teoría de quienes, como Fullana[294], afirman ingenuamente que la inmensa superficie del solar de San Francisco se debió a la magnanimidad de Jaime I, queriendo ver en las *85x55 brazas a cada lado del camino* del *Repartiment* una espléndida donación, cuando en realidad fue de solo la mitad y por tanto claramente insuficiente como ha quedado demostrado.

Como el terreno resultante de las dos primeras concesiones de Jaime I, las de 1239 y 1260, no cubría las necesidades de los frailes, la clave se encuentra en la tercera donación concedida a perpetuidad por el rey en 1276, pocos meses antes de su muerte, en el lugar llamado de Alchannitia, confirmada

---

293 FULLANA, 1922a: 7; 1922b: 7.
294 FULLANA, 1922d: 8.

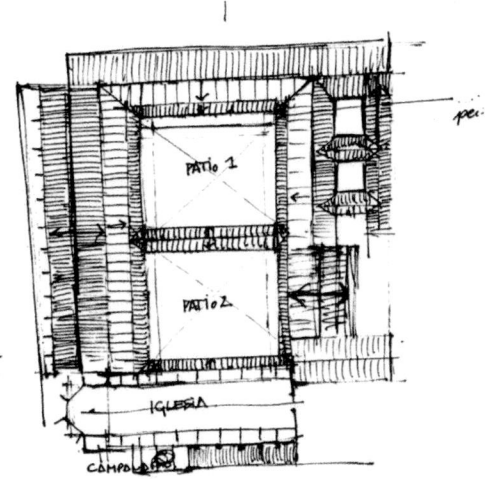

Valencia, San Francisco. Esquema de la fundación de Codinats (según V. García Ros). Dibujo: Javier Ramos Morales.

en 1290 por su nieto Alfonso[295]. El enorme potencial de este suelo no había sido suficientemente explotado por los franciscanos desde entonces más allá de su probable uso como huerto de cultivo, pero un siglo después ponía a disposición de los frailes el espacio necesario para edificar. En otras palabras, si Berenguer de Codinats pudo en 1359 construir un convento de dimensiones formidables fue gracias al suelo obtenido en 1290 y no al asignado en el *Repartiment.*

De ese modo, los religiosos colmataron el terreno en la dirección este-oeste con la construcción de una iglesia de extraordinaria profundidad y dos claustros hacia el sur que resultaron de unas dimensiones asombrosas, mayores que su rival de Santo Domingo. Incluso pudieron conservar parte del huerto que venían utilizando para su sustento, pues el campo de Alchanittia era, recordemos, de magnitud considerable. Por consiguiente, es en la última concesión de Jaime I, la más generosa de las tres, y no en la primera como los

---

295 Barcelona, ACA, regº. 83, f. 82, 6 septiembre 1290.

autores han creído, donde se encuentra la explicación de la extraordinaria superficie que el convento adquirió a partir de 1359 gracias al noble Codinats. De no ser así, no se entendería cómo los franciscanos pudieron apropiarse de semejante extensión de terreno en fecha tan avanzada, cuando el suburbio de la Boatella ya estaba colmatado por innumerables agrupamientos de casas. Esta reflexión, deducida a partir del razonamiento lógico, ya estaba anunciada en un artículo aparecido en 1876 donde el autor se hacía la misma pregunta:

> *"Si no, ¿cómo explicar que en el corto espacio de 50 ó 60 brazas, pudiera circunscribirse un área de 200 ó 300, que debió llenar San Francisco y sus accesorios, por los espaciosos restos que aún vemos?"*[296].

Así pues, la parcela del magno edificio y huertos que mucho después dibujaría Tosca tiene su origen último en 1290 cuando la trama suburbial de la Boatella estaba semidespoblada. De ahí que debamos considerar la concesión de Alchannitia como providencial para los frailes pues, de no existir, difícilmente se hubiera podido encontrar en 1359 un solar de tan vastas dimensiones que los franciscanos conservarán celosamente durante cinco siglos.

El montante económico de la donación de Codinats fue suficiente para levantar una sólida iglesia de sillería que llegó sin mayores dificultades hasta el siglo XIX, cuando la especulación urbana y el asedio liberal acabaron definitivamente con ella. Pero la ambiciosa empresa de construir dos inmensos claustros no dio sino para levantarlos de una pobre fábrica de ladrillo y mortero de cal que tardaría menos de veinte años en presentar graves patologías. En efecto, un interesante documento de 1376[297] muestra que fray Nicolau Espital, religioso de San Francisco y maestro en Teología, comparece ante el Consell municipal en nombre de la comunidad franciscana para declarar

---

296 J. M. L. de A., 1876: 380. A pesar de su dependencia de las Memorias Históricas de Agustín de Sales, el autor plantea en este artículo algunas reflexiones nunca antes planteadas por otros autores.
297 Valencia: AHM, MC, 18 julio 1376, nº 16, f. 61; reproducido en *Arch Franc Hist* 14: 560; *AIA* 2 (1915): 491-492; 10: 431. ÁNGEL, 1943: 516. FULLANA, 1923d: 175. TEIXIDOR, 1767, II: 24. El documento está transcrito íntegramente en el Anexo B.

que "*els claustres estaven en perill de caure*" por debilitamiento de los "*pilares o columnas*" del primer claustro, y que el segundo presentaba asentamientos "*per vellea e podrida*" de las cabezas de las vigas, de modo que ambos se encontraban en peligro de desplome.

Así pues, dos décadas después de concluidos los claustros, éstos ya amenazaban ruina. Y de aquella *gruesa suma* –como se leía en la lápida de Codinats– nada quedaba en 1376 a juzgar por la petición de auxilio de fray Nicolau a los Jurados, viniendo a confirmar la hipótesis de la donación "*inmediata*" del noble caballero tras el milagroso episodio del mendigo, tal como se leía en la losa sepulcral. Al respecto, Espital argumentaba en su escrito que la pobreza de la comunidad no permitía hacer frente a los gastos de las obras, sugiriendo con ello que los recursos de la donación del magnate Codinats se habían agotado con la construcción del nuevo edificio, de ahí que hubiera de solicitar una subvención al Consell de la ciudad. Petición a la que los Jurados respondieron positivamente asegurando que:

"*el monestir i la seua bellea són a honor i servici de la Ciutat, i lo contrari és deshonor i dany de la cosa pública*"[298].

En su escrito, el Consell municipal reconoce que la obra era necesaria, y que arreglar los desperfectos sería más económico que dejarlo caer y perder más por rehacerlo de nuevo; admite también que el convento pasaba gran estrechez "*majorment per ocasió de la fam pasada*". En efecto, sabemos que el último tercio de siglo XIV fue tiempo de calamidad por los efectos de la Peste Negra y las sucesivas pandemias ocurridas hasta 1390, particularmente la de 1375 que en Valencia fue especialmente devastadora. De ahí la apostilla del *hambre pasada* que refiere el documento. Por todas estas razones, el Consell concedió una partida de 3.000 sueldos procedentes del erario para la reparación de los claustros. Con este subsidio y otras limosnas entregadas por la casa de Cardona, marqueses de Guadalest, pudieron restaurarse y, "*aunque con*

---

298 *Arch Franc Hist* 14: 560.

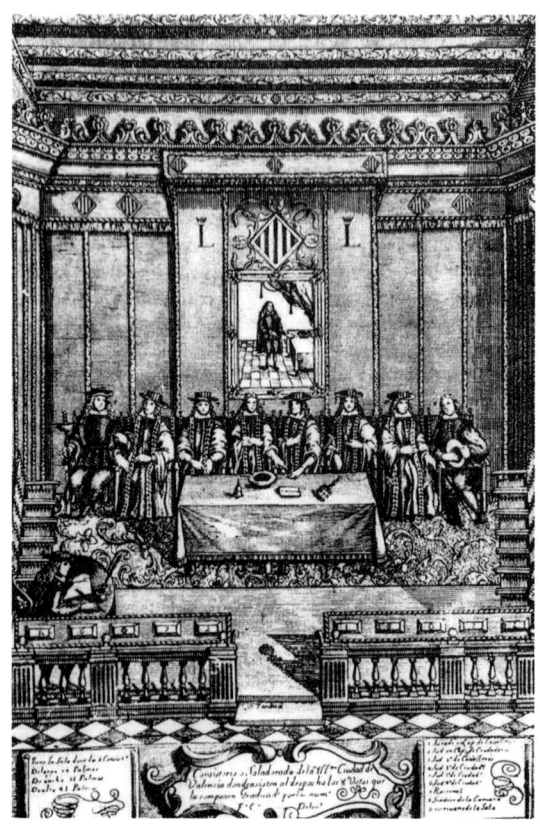

Los Jurados de Valencia reunidos en la *Sala Daurada* de la antigua Casa de la Ciudad. Lámina grabada en 1672. V. Vidal Corella, 1992: 20.

relativa solidez, se conjuró por entonces el conflicto amenazador de su completa ruina"[299]. A estas aportaciones extraordinarias habría que sumar los legados privados de familias nobles de la ciudad, quienes continuaban testando a favor de los franciscanos[300].

299 FULLANA, 1923d: 175.
300 Valencia, AC, perg. 7688: "Consignación de ciertos censos hechos por los albaceas de Sibila Darqués a los frailes de San Francisco", 10 de mayo, 1392.

No podemos pasar por alto el hecho de que el Consell municipal presentara como argumento a favor de la subvención la *"belleza"* del edificio. En efecto, poco antes de la llegada de Eiximenis a la ciudad en 1383, la iglesia de San Francisco ofrecía la imagen de una elegante iglesia gótica de cuidada labra. Su considerable altura, de más de 24 metros hasta la cumbrera, emergía por encima de las tapias del convento, destacando sobre el caserío circundante, y su trabajada sillería contribuía al ornato público. No así los claustros, probablemente de sencilla arquería[301] de ladrillo revocado de cal, que eran de peor factura, aunque al menos quedaban fuera de la vista del viandante. A decir verdad, la dotación económica de los Jurados estaba destinada a unos claustros cuyas obras de mejora poco o nada podían contribuir al *"honor y servicio de la Ciudad"* ya que quedaban ocultos a ésta.

La cuestión de fondo es que la carta municipal reconoce implícitamente la necesidad de acometer una obra de reparación de unos *"desperfectos"* que hubieran conllevado el hundimiento de los claustros, sugiriendo así la existencia de serias patologías en las pandas por humedades y pudrición de las vigas de madera. No olvidemos que el convento se fundó sobre una antigua marisma, de ahí que no se pueda descartar un posible cedimiento de la cimentación por el peso de las dos plantas que pudo producir asentamientos diferenciales y grietas en la fábrica de ladrillo. A ello se añadiría la excesiva rapidez de ejecución, que habría provocado un incorrecto fraguado y endurecimiento del mortero de cal.

Una relectura de la solicitud de Espital sugiere que la ambiciosa y veloz ejecución de la obra de Codinats resolvió para siempre el problema de la falta de capacidad del convento, pero lo hizo a costa de levantar una fábrica tan inmensa como de escasa calidad técnica, cuyos gastos de conservación, por otra parte, no eran soportables para la comunidad. La temeridad de edificar simultáneamente dos claustros de 29 x 24 metros cada uno mediante fábrica de ladrillo solo es comparable a lo ocurrido en San Francisco de Barcelona, si

---

301 El trazado de las arquerías claustrales de la fábrica de Codinats es una de las mayores incógnitas del convento. Tan solo podemos conjeturar si los arcos acaso serían ojivales o, más probablemente, de medio punto como creemos.

bien en este caso sus tres claustros no se construyeron al mismo tiempo sino en campañas sucesivas entre los siglos XIII a XVIII[302]. Lo ocurrido en Valencia es ciertamente insólito y solo se explica por el incremento espectacular de la población conventual derivado de la concentración de efectivos en los conventos cabeza de custodia tras la Peste Negra, y probablemente también por el aumento de vocaciones en una época de inseguridad vital.

Estos factores permiten comprender mejor porqué la donación de Codinats se destinó a la construcción de dos claustros de humilde fábrica en lugar de solo uno de mejor labra, como parecería más razonable. Probablemente el destino final del edificio hubiera sido muy distinto si en su lugar se hubiera optado por levantar un claustro único de sillería como los que ya existían en San Francisco de Morella, Xàtiva, Barcelona[303], Palma de Mallorca, Teruel, Santa Clara de Tortosa, Pedralbes, etc. Para ser justos, quizá no haya que atribuir a Codinats la desdichada decisión del doble claustro si suponemos que el caballero tan solo se limitó a aportar los fondos para sufragar una obra decidida y administrada por los propios religiosos, en cuyo caso sería a éstos a quienes habría que achacar tan desafortunada decisión.

Por último, es pertinente recordar que las graves patologías constructivas referidas en el documento municipal de 1376 afectaban en todo caso a los claustros y no a la iglesia debido al mejor comportamiento de su fábrica de sillería frente a la de ladrillo. Por tanto, los problemas de cedimiento se explicarían no solo por el carácter pantanoso del subsuelo sino, probablemente también, por la pobre calidad de los materiales. Los asientos son normales en los años inmediatamente posteriores a la terminación de cualquier obra de construcción, pero si son significativos pueden causar no pocos problemas en las fábricas abovedadas, máxime si éstas se forman a base de tabicas de ladrillo bajo forjados horizontales de rollizo como debieron ser las pandas con bóveda aristada de los claustros de San Francisco. Todos estos factores motivarían su paupérrimo estado menos de veinte años después de su construcción.

---

302 GINÉ, 1988.

303 En efecto, el segundo claustro de San Francisco de Barcelona no se levantó hasta finales del siglo XVI. El tercero, aún más tardío, data ya 1752 [GARCÍA ROS, 1996, II: 19-20; GINÉ, 1988: 221-243].

El vecino Hospital de la Reina

El prestigio adquirido por el convento de San Francisco de Valencia en el siglo XIV no es ajeno a la cesión a su comunidad del Hospital de la Reina que existió en la calle de la Sangre hasta la posterior fundación en él de la iglesia y archicofradía de la Sangre de Cristo[304]. De hecho, su proximidad al edificio de los menores hizo que el hospital llegara a considerarse casi *"una prolongación de aquél"*[305]. Su nombre inicial fue el de *Hospital de Santa Llúcia*, si bien era conocido como *de la Reina* por haber sido fundado por doña Constanza, viuda de Pedro III de Aragón e hija de Manfredo, rey de Nápoles y Sicilia[306]. La condición impuesta por la soberana para la erección de este hospital y otro similar en Barcelona fue su situación próxima a las respectivas casas franciscanas, cuyos guardianes se encargarían de su gestión[307].

La documentación existente hace muy difícil precisar el modo como se llevó a cabo la última voluntad de la soberana, pero se sabe que en su testamento dejó 18.000 sueldos para la fundación del hospital de Valencia y unos 1.200 más para la provisión de camas, muebles y otras necesidades. Sorprende la considerable cantidad legada si tenemos en cuenta que para el de Barcelona dejó poco más de 1.410 sueldos y 343 más para el mobiliario[308].

La compra del solar para la construcción del hospital al lado de nuestro convento no se realizó hasta 1310, llegándose a reunir en ese momento 20.000 sueldos, dos mil por encima del legado de la reina[309]. Tres años después, el montante asignado inicialmente al hospital de Barcelona fue transferido al de Valencia al haber desistido la reina de construir un hospital en aquella ciudad visto lo insuficiente del legado. Quizá la soberana consideró que Barcelona ya contaba con suficientes equipamientos de ese

---

304 ESCLAPÉS, 1738: 111, epígr. IV, nº 143. La fundación en 1535 de la iglesia y archicofradía de la Santísima Sangre de Cristo dará nombre a la actual calle de la Sangre.

305 LLOMBART, 1887: 461.

306 Valencia: AHM, MC, 30 abril 1372, A-16, f. 78v menciona el edificio como *"l'espital apellat de la Regina"*. Sobre ésta y otras instituciones medievales, GALLENT MARCO, M., Instituciones hospitalarias y poderes públicos en Valencia, *Saitabi* 34 (1984): 75-88.

307 WEBSTER, 2000: 99-100; 1991: 375-390.

308 Ibídem.

309 Id.

tipo, pero lo cierto es que su decisión redundó en beneficio de la fundación valenciana.

Se sabe que el hospital de la Reina pasaba por apuros en 1326 derivados al parecer de una deficiente administración de los franciscanos, si nos atenemos a los requerimientos del rey instando a los frailes a justificar censos y rentas, lo que obligó a nombrar un coadministrador Real[310]. El aumento exponencial del número de enfermos tras las sucesivas epidemias de Peste Negra entre 1348 y 1376 hizo que, después del fuerte brote epidémico ocurrido en Valencia en 1375, los frailes no tuvieran dinero siquiera para pagar las mortajas de los muertos, lo que motivó la petición de Espital solicitando ayuda a los Jurados[311] con el resultado ya conocido.

Tres años después los frailes renunciaban a la gestión del Hospital de la Reina. Webster[312] se preguntó por el motivo de tal renuncia, planteando si el convento de San Francisco atravesaba un mal momento económico, como así era, o si la causa habría que buscarla tambien en su mala administración. Creemos que la tarea asistencial del Hospital tras la Peste Negra adquirió unas dimensiones que los religiosos no estaban en condiciones de asumir. Ya hemos visto que la pobreza de la comunidad era extrema en 1358 antes de la irrupción de Codinats, y que la construcción del nuevo convento absorbía grandes sumas de dinero. Sabemos que sus claustros presentaban importantes patologías solo veinte años después de su terminación y la comunidad atravesaba momentos muy difíciles en 1376 que le llevaron a implorar auxilio a los Jurados. Es en este cúmulo de circunstancias donde debemos buscar la explicación de su desistimiento. En 1379 el hospital pasaba definitivamente a la gestión pública con algunos litigios sobre la propiedad no resueltos hasta 1383. Ese mismo año Eiximenis entraba a ocupar su celda en el convento, por tanto fue ajeno a la polémica en torno al Hospital de la Reina, pero su llegada marcó una etapa de esplendor tras casi siglo y medio de penalidades.

---

310 Id.
311 Véase Anexo B.
312 WEBSTER, 2000: 101.

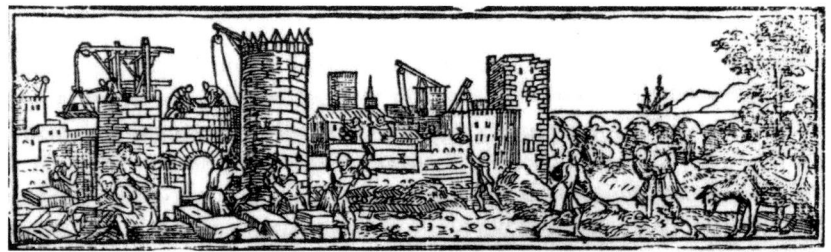

Anónimo. Construcción de la muralla cristiana de Valencia, 1538. Xilografía. Biblioteca Municipal. Frontispicio del libro de P. A. Beuter: *Primera Parte de la Crónica General de toda España*. M. A. Catalá, 1999: 26.

El convento intramuros y la muralla del rey Pedro

La segunda mitad del siglo XIV es crucial en el devenir de nuestro convento tanto en lo que concierne a su arquitectura como a su entorno urbano, pues a la construcción del nuevo edificio se vino a añadir otro hecho determinante para su historia. A fin de defender la ciudad frente a las guerras con Castilla, el rey Pedro IV el Ceremonioso acometió a partir de 1356 una profunda operación de transformación urbana al levantar la nueva muralla que abrazaba todos los arrabales crecidos extramuros desde tiempos del *Repartiment*. El área a perimetrar estaba constituida por un dédalo urbano de manzanas de casas de una o dos plantas que se extendía hacia la huerta, en abanico, desde el portal de Quart hasta la Xerea. El resultado fue la inclusión en el nuevo recinto urbano de los tres suburbios de Roteros, Boatella y Xerea y, como puntualiza Rodrigo Pertegás[313], también de los huertos, corrales, patios y terrenos asociados a ellos.

Esta medida trascendental para Valencia lo fue también para nuestro edificio, puesto que la amplia extensión de manzanas de casas que se extendía más allá de la puerta de la Boatella, incluido el cenobio franciscano y sus huertos, quedaba a partir de ahora dentro de la muralla gótica, concretamente entre las nuevas puertas de Ruzafa y de San Vicente, abarcando el área conocida actualmente como *Pla de Sant Francesc*.

---

313 RODRIGO, 1924: 86-88.

La ciudad lucía nuevamente cristiana, de modo que la muralla musulmana y sus puertas estaban llamados a una pronta desaparición. Un documento de 1383, coetáneo al ingreso de Eiximenis en nuestro convento, muestra un acuerdo de los Jurados de la ciudad por el que se aprueba la demolición de la puerta de la Boatella y el tramo de valladar sarraceno inmediato a ella a fin de abrir las calles que conducirán al portal de Ruzafa, al sur del convento de San Francisco, y al portal de San Vicente a través de la prolongada calle homónima:

> "[…] *un dret carrer responent en la hun cap al carrer maior de Sent Marti y en l'altre cap a la plaça de Caixers e al carrer maior de Sent Vicent*"[314]

El tramo comprendido entre la desaparecida puerta de la Boatella y la tapia del convento bajaba en suave pendiente, la misma que existe hoy entre la calle de San Fernando y la Plaza del Ayuntamiento, de ahí que empezara a ser conocido popularmente como *Devallà de Sent Francés*. Un bando de 1531 daba carta de oficialidad a esta denominación al referirse como *Devallada de Sent Francesc* a la zona comprendida entre la plaza de *Caxeros* o *Caxers* (situada a la altura del actual pasaje Ripalda) y el convento de frailes menores[315]. Tosca rotuló ese sector con el mismo nombre, y así continuó denominándose, aunque castellanizado como *Baxada o Bajada de San Francisco*, hasta bien entrado el siglo XX con el convento ya desaparecido.

Eiximenis y el *Studium* de Valencia

La incorporación del edificio franciscano al interior de la muralla por iniciativa del rey Pedro, así como la superación de las pandemias derivadas de la Peste Negra, marcaron un renacer en su historia y el advenimiento de una etapa de esplendor para la comunidad de San Francisco. Prueba del prestigio adquirido por el convento a finales del siglo XIV es la fundación de un *Studium* o Escuela de Teología que consagró al convento de Valencia como uno

---

314 Valencia, AHM, MC, 13 julio 1383, A18, f. VII.
315 Rodrigo, 1924: 52.

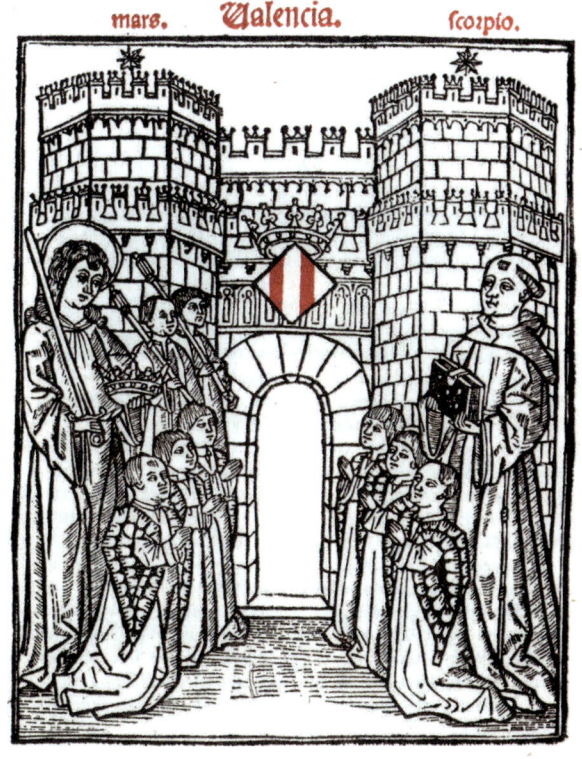

F. Eiximenis. Frontispicio del *Regiment de la cosa pública*, 1499. M. A. Catalá, 1999: 22.

de los más prestigiosos de la Corona de Aragón en clara rivalidad con el de Barcelona[316]. A ese logro no fue ajena la elegante fábrica gótica de la iglesia de Codinats, que ahora no desmerecía en nada la de los conventos de Barcelona,

---

316 Parece razonable pensar que la casa principal de cada custodia tenía un Studium, mientras que los conventos más pequeños solo ofertarían estudios teológicos básicos. Webster, 1993: 267 menciona un documento por el que Jaume de Riusec, vecino de Valencia, legó en su testamento un número indeterminado de libros a los franciscanos, entre los que se contaba una copia de la Biblia y un ejemplar de las Sentencias de Pedro Lombardo [Barcelona, ACA, RC 101, f. 273, 15 Febrero 1320]. Martínez Colomer, 1803: 318 asegura que en 1591 el convento de Valencia poseía una biblioteca de más de quinientos volúmenes.

Palma, Teruel o Morella por citar solo los más relevantes. La cuidada labra del templo y la extraordinaria capacidad de sus claustros aconsejó la creación allí de un Estudio donde impartir lecciones de Filosofía y Teología.

El proyecto no era nuevo. Ya a finales del siglo XIII hubo un intento de fundar un *Studium* de carácter internacional en la sede valenciana, pero el plan fue abortado al imponerse su ubicación en Lérida[317]. Seguramente en aquella decisión debió influir lo obsoleto y poco capaz del convento valenciano en 1290, a diferencia de su homónimo leridano que por entonces gozaba de gran prestigio en la ciudad[318]. En efecto, se sabe que hacia 1300 funcionaba en el convento de San Francisco de Lérida un importante Estudio de Teología llamado a convertirse en el siglo XV en uno de los centros más avanzados de Europa junto con los de Toulouse y Motpellier.

Por la ciudad de Valencia pasó un insigne franciscano, Francesc Eiximenis, quien había acudido desde Gerona en 1383 para intervenir como árbitro de un testamento, terminando por establecerse en el convento de San Francisco donde llegó a desempeñar funciones de consejero Real y municipal[319]. Desde allí contribuyó a calmar las violentas algaradas populares que perturbaban la paz de la ciudad en momentos de convulsión[320]. No es cierta la creencia

---

317 WEBSTER, 1993: 262.

318 GARCIA ROS, 1996, II: 40-41.

319 Francesc Eiximenis nació probablemente en Gerona y tomó el hábito de San Francisco en esa ciudad, siendo enviado a Valencia en 1383. Ivars sacó a la luz documentos inéditos procedentes del AHM de Valencia que prueban su relación con la ciudad [IVARS, Andrés: El escritor Fr. Francisco Eximenez en Valencia 1383-1406, *AIA* 14 (1921): 76-104; 24 (1925): 325-382]. En otro artículo [*AIA* 15 (1921): 289-331] Ivars recopiló cartas y actas del Consejo Municipal a favor de Eiximenis, a quien dotó de numerosos subsidios y limosnas [*AIA* 15 (1921): 289-309] dirigidos "*al honrat religios e mestre Francesc Eiximenis*" [Valencia, AHM, MC, 1399: 259] y le encomendó importantes misiones. El rey de Aragón Martín I se valió de sus consejos y el de otros teólogos durante las negociaciones de 1390 tendentes a poner fin al Cisma de Occidente. Murió en 1409 en el convento de San Francisco de Valencia. Ivars publicó su testamento en *AIA* 15 (1921): 103-113.

320 WEBSTER, 2000: 137. Su faceta conciliadora es paralela a la de Matteo d'Agrigento, predicador en Cataluña y Valencia, quien obtuvo en Vic la paz entre familias en discordia. Cfr. AMORE, Agostino: La predicazione del B. Matteo d'Agrigento a Barcellona e Valenza, *Arch Franc Hist* 49 (1956): 255-335; Id.: Nuovi documenti sull'attività del B. Matteo d'Agrigento nella Spagna ed in Sicilia, *Arch Franc Hist* 52 (1959): 12-42; RUBIÓ I BALAGUER, Jordi: El beat fra Mateu d'Agrigento a Catalunya i a València: Notes sobre la vida religiosa en una Cort del Renaixement. En: *La cultura catalana del Renaixement a la Decadència*, Barcelona, 1964: 27-47.

que afirma que en su celda escribió el *Regiment de la cosa pública*, puesto que esta obra la tenía terminada antes de su llegada a Valencia[321]. Por tanto, el hecho de que las Cortes del Reino celebraran por entonces sus reuniones en el convento de los franciscanos[322] no guarda relación directa con la redacción del texto y solo es una feliz coincidencia que, en cualquier caso, da cuenta del prestigio y *estatus* social que la sede había alcanzado en el ocaso del siglo XIV. No hace falta recordar que solo unos años antes, en 1376, los frailes no tenían siquiera para pagar las mortajas de lo muertos y apelaban a la caridad de los Jurados.

Eiximenis vivió en el convento ininterrumpidamente hasta su fallecimiento en 1409, y su paso por los claustros fue decisivo para la consolidación de la sede valentina como *Studium* internacional. Así, en 1414 los Jurados de Valencia solicitaban al papado la erección de una cátedra de árabe en el convento de San Francisco. Había en la ciudad un maestro, Martín de Vilaroya, *«fecundus scientia et sermone»* y estudioso de la lengua árabe, que se pensó podría dirigirla si se creaban escuelas de árabe donde *«difundir la fe verdadera y confundir a la secta musulmana»*[323] tan numerosa en la ciudad y el reino. La respuesta del pontífice a esta petición y a otra similar hecha por el rey Alfonso V fue la publicación de la *Bula de l'aràbic*, según la cual se permitía erigir escuelas donde la lengua árabe debía leerse públicamente *«por católicos bajo nuestra autoridad* [papal]»[324]. Los fines de la cátedra trascendían la mera difusión de la doctrina, pues se pretendía además que los cristianos y los miembros de la *«secta reprobable e insana del pérfido Mahoma»* pudieran relacionarse mejor *«en las tareas agrarias, la cultura, las artes y otros negocios lícitos»*[325]. La cátedra se instaló en san Francisco de Valencia, donde se sabe

---

321 Así lo demuestra una carta del rey Pedro IV fechada el 17 de Mayo de 1381, dirigida al guardían de Barcelona, mandándole no dejar partir a Fr. Francisco Eiximenis hasta que haya terminado su obra [ACA, Reg. 1272, fol. 55, transcrita por Ivars en *AIA* 14 (1921): 103.

322 Corbín, 1988: 31.

323 Sanchis Sivera, José: La Enseñanza en Valencia en la época foral [I-III], *Boletín de la Real Academia de la Historia* 108 (1936): 147-179, n° 45.

324 Ibídem, n° 46.

325 Id.

que ya existía una en 1424[326], mucho antes de la fundación del *Estudi General* de la Universidad[327].

Para hacernos una idea de la magnitud del edificio en aquel momento de esplendor cultural y arquitectónico, veamos la siguiente tabla obtenida a partir de los planos de Valdés de 1879 cuyo dimensionado coincide en lo esencial con el edificio trecentista que conoció Eiximenis:

Iglesia	
Altura hasta arranque de bóvedas	17,65 m.
Altura hasta las claves	22,30 m.
Espesor de bóvedas nave	0,24 m.
Espesor bóvedas capillas laterales	0,24 m.
Claustros	
Altura media pandas claustrales	6,41 m.
Jardín	
Altura media tapias jardín	4,45 m.
Espesor tapias jardín	1 m

Fuente: Valencia: AIMC. "Plaza de Valencia -1879- Proyecto de demolición de los cuarteles de Infantería y Caballería de San Francisco formado por el Coronel del Cuerpo de Ingenieros don Gustavo Valdés. En Albacete, a 1º de Octubre de 1879", sign. Y-16/234.

Prestigio conventual frente a pobreza franciscana

Estaba en la lógica que el engrandecimiento de las sedes franciscanas y la construcción de magníficos complejos góticos causara incomodidad entre los sectores más reaccionarios de la Orden que se pretendían fieles al primitivo ideal de pobreza franciscana. Esta nueva situación provocó entre los mendicantes la revitalización de las pequeñas sedes rurales y eremíticas donde

---

326 Id.

327 Ambas instituciones llegaron a contar con notables teólogos franciscanos de la escuela escotista en el postridentino. Se sabe que en 1568 comenzó a leerse en San Francisco de Valencia la doctrina de Fr. Juan Duns Scoto, el Doctor Sutil. Su doctrina se difundió por el Estudi General de la Universidad de Valencia [*AIA* 16 (1929): 193] y fue defendida en actos públicos con gran aceptación [MARTÍNEZ COLOMER, 1803, I: 226]

fueron fraguando las diferentes tendencias reformadoras que auspiciaban el retorno a los orígenes, un fenómeno que se verifica con claridad desde principios del siglo XV. En el fondo se trataba de una reacción contra el proceso acomodaticio de la Orden verificado en el siglo XIV, que encontró eco entre los frailes más conservadores, celosos de los ideales de la época heroica del franciscanismo. Hacia 1400 comenzaron a hacer aparición en Italia, España, Francia y Portugal diferentes grupos que aspiraban a la *observancia literal* de la regla[328]. He aquí la raíz de un conflicto, prolongado durante un siglo, entre *observancia y conventualidad*. Los primeros, partidarios de la vuelta a los orígenes y únicos intérpretes de la auténtica observación de la regla –la *regularis observantiae*– tildaban a los demás, llamados *conventuales* o *claustrales,* de *relajados*. A esa reacción contribuyeron notablemente los continuos privilegios y favores papales a la Orden[329].

La pobreza estrecha en edificios, vestidos y dinero estaba siempre en el centro del programa de vida observante. Era común la tendencia a vivir en lugares retirados, a veces agrestes, formando pequeños grupos que buscaban descubrir la intimidad y contemplación con más libertad. Su reacción frente a los conventuales no iba dirigida solamente contra los abusos en materia de pobreza, sino también contra una religiosidad excesivamente monaquizada y ritualista[330]. Los cronistas no ocultan su crítica contra la relajación de costumbres de los claustrales, en cuyos conventos "*comenzó a introducirse y echar raíces* […] *el abuso y la corrupción*"[331]. Los observantes proponían restablecer el equilibrio entre retiro y actividad externa, entre eremitismo y

---

328 MISTRETTA, 1983: 225; 228. El sentimiento de añoranza por la vida eremítica siempre estuvo presente en el seno de la Orden franciscana. Basta remontarse a los tiempos de san Buenaventura cuyo generalato moderador no logró contener el descontento de algunos seguidores de la más rígida observancia como Pietro di Giovanni Olivi, Ubertino da Casale o Angelo Clareno. Los lugares que conservaban los recuerdos más significativos del santo y de su familia primitiva –nunca abandonados del todo– fueron preferidos y conservados intactos.

329 IRIARTE, 1979: 105.

330 WADDING, *AM*, IX: 475-476; ESTEBAN DE SADABA, José: Tendencias eremíticas entre los franciscanos españoles hasta finales del siglo XVI. En: AA.VV.: *España Eremítica*, VI Semana de Estudios Monásticos, Pamplona 1970: 571-586.

331 HEBRERA, lib. 1, cap. XVI: 41.

acción apostólica, entre gusto por la sencillez iletrada y rechazo de los potentes *Studia* en que se habían convertido los grandes conventos urbanos[332].

En 1428 hubo un intento de pasar el convento de San Francisco de Valencia a la observancia, pero los frailes de la rama claustral opusieron firme resistencia[333], lo que motivó la intervención Real[334]. Se sabe que en 1448 el edificio seguía habitado por una floreciente comunidad de conventuales compuesta por 70 personas *"entre frares e servicials"*[335]. Este momento coincide con una época de prestigio social y prosperidad económica que, recordemos, se había iniciado en 1383 tras las sucesivas crisis pandémicas derivadas de la Peste Negra, no obstante alguna crisis puntual como la ocurrida en 1428, en plena acometida observante, cuando unas obras de construcción en el convento tuvieron que interrumpirse *"por falta de medios"*[336] mientras el Consell Municipal deliberaba si donar a los frailes 50 libras de paño de escarlata[337].

En realidad fueron múltiples los factores que contribuyeron al bienestar de la comunidad, debiendo destacar la incorporación del convento al recinto urbano amurallado y las sucesivas bulas concedidas por los Papas a los religiosos. Una de 1430 autorizaba a los franciscanos a retener y administrar toda clase de bienes muebles e inmuebles y a percibir sus rentas. Otra de 1446 promulgada por Pablo III les eximía de pagar contribución alguna por los frutos de su cosecha[338]. El papa franciscano Sixto IV concedía privilegios a la Orden en 1471 para disponer libremente de los legados testamentarios

---

332 IRIARTE, 1979: 112-113.

333 MOORMAN, 1983, 476: *"The friars put up considerable opposition to the proposal to found an obs house in 1428"*; Cfr. *AIA* 3 (1916): 290; 26 (1925): 347; 31 (1929): 150; 214.

334 Barcelona, ACA, Repartiment, 2790, f. 7vº. Valencia, 15 Mayo 1428: "El Rey al Capítulo Provincial de Aragón para poner término a las luchas y discordias entre Conventuales y Observantes en Valencia"; Barcelona, ACA, Repartiment, 3112, f. 34vº. Valencia, 12 Junio 1428: "La Reina al Ministro Provincial de Aragón. Le ruega provea que los Observantes de Murviedro y Valencia [sic] no sean molestados por los conventuales y que estos vivan según su regla y sus lugares". Sin embargo no consta que en 1428 los observantes lograran arrebatar a los conventuales la casa de Valencia pese a los reiterados intentos.

335 CABANES, 1974: 103.

336 Barcelona, ACA, Repartiment, 3170, fol. 150vº. Valencia, 16 Julio, 1428.

337 Barcelona, ACA, Repartiment. Valencia, 23 Junio 1428.

338 Bula de Pablo III, 19 Agosto 1446; cfr. SUCÍAS, 1907: I: 259.

a su favor[339], contradiciendo de algún modo la voluntad del fundador de no aceptar dinero sancionada en las dos Reglas[340]. Sin embargo, la Orden eludía el precepto mediante el nombramiento de nuncios y albaceas testamentarios, lo cual era causa de no poco escándalo entre los hermanos. El fondo de las discrepancias era cómo compaginar la pobreza absoluta con la posesión, ya imprescindible, de bienes muebles e inmuebles; en otras palabras, cómo mantener la prohibición tajante de tener casas y dinero siendo así que la Orden ya no podía vivir sin ellos.

La primera respuesta de autoridad a esta espinosa cuestión había sido formulada por Gregorio IX en 1230 por medio de la bula *Quo elongati*[341], primera declaración pontificia de la Regla, que colocó a los frailes menores en una perspectiva histórica encaminada al progresivo alejamiento del primitivo ideal del fundador. En ella el papa establecía que el Testamento de San Francisco, redactado solo cuatro años antes, carecía de fuerza obligante por más que su observancia fuera *"altamente recomendable"*[342]. Los frailes podían disponer del simple *uso,* pero no de la propiedad, ni en particular ni en común, de los bienes, y para su administración los hermanos podían valerse de *nuncios y amigos espirituales*[343]. Éstos eran representantes de los bienhechores, podían administrar los bienes de los religiosos y tener en custodia las limosnas en metálico que a ellos no les estaba permitido tocar en virtud de la Regla. Comenzaba a perfilarse así la distinción entre pobreza *de hecho* y pobreza *jurídica*.

Quitada de en medio la autoridad del Testamento[344] ya no había trabas para la obtención de privilegios pontificios. Pero la bula dejaba vacío de

---

339 Bula de Sixto IV, 1 mayo 1471; Sucías, 1907, I: 259.

340 *Reg nbul* 2, 5-7; *Reg. bul.* 4, 1-3.

341 28 septiembre 1230; Grundmann, H.: Die Bulle Quo elongati Paspt Gregors IX, *Arch Franc Hist* 54 (1961): 3-32.

342 Iriarte, 1979: 72.

343 *Ibídem.*

344 *Testam* 24: *"Guárdense los hermanos de recibir en modo alguno iglesias, moradas pobrecillas, ni nada de lo que se construye para ellos, si no son como conviene a la santa pobreza que prometimos en la Regla, hospedándose siempre allí como forasteros y peregrinos"* (Cfr. *Gen* 23,4; *Sal* 38,13; *1Pe* 2,11). San Francisco de Asís. Escritos, Biografías, Documentos de la época, ed. a cargo de J. A. Guerra, 5ª ed., Madrid: BAC, 1993: 123.

contenido el ideal de pobreza gracias a un ardid jurídico: los *nuntii*, como representantes de los bienhechores, depositarían en manos de los *amigos espirituales* las limosnas en dinero para las necesidades inmediatas de los frailes[345]. Sería un trabajo de investigación aparte detenerse en las vicisitudes históricas de la interpretación del capítulo cuarto de la Regla centradas en el sentido jurídico de la letra y no en el espíritu de la prohibición, como si toda su fuerza estribara en *no recibir materialmente* dinero y, por tanto, la solución fuera encontrar el modo de tenerlo y disponer de él sin *recibirlo*.

La reacción de los observantes ante estos ardides jurídicos, que no hacían sino justificar la acomodación de los frailes en conventos opulentos como el de Valencia, no se hizo esperar. A finales del siglo XIV se establecieron las primeras comunidades de frailes observantes de la Provincia en Chelva (1388), Manzanera (1389) y Santo Espíritu del Monte en Gilet (1403)[346]. A ellas siguieron muchas pequeñas localidades levantinas, pero los intentos de pasar el convento de Valencia a la observancia resultaron estériles. La comunidad franciscana había conocido tardíamente la comodidad y ventajas de disfrutar del nuevo edificio de cuidada sillería gótica en un medio plenamente urbano, después de más de siglo y medio de precariedad extramuros.

Al tiempo que Clemente VII autorizaba estas fundaciones, la relajación de costumbres de los *claustrales* de San Francisco de Valencia llegó a ser tal que en 1399 organizaron una fiesta en el convento tras celebrar una *missa novella*. Allí acudieron religiosos venidos de otros conventos de la Corona de Aragón, de Xàtiva, Cervera, Tarragona… y tampoco faltaron mujeres.

---

345 A partir de ciertas anécdotas compiladas por el biógrafo oficial Tomás de Celano [*2 Cel.* 65; 68; 77; 184; 185; 196] se podría atribuir a Francisco una actitud fanática hacia la moneda como algo diabólico cuyo contacto mancha. Ello no es sino el eco de una posición ascética proyectada tardíamente sobre el fundador. Francisco en ningún momento habla de la prohibición de *usar*, menos aún de *tocar*, el dinero: en las dos Reglas se repite la misma expresión: "*Los hermanos no reciban dinero*" [*Reg nbul* 2, 5-7; *Reg. bul.* 4, 1-3].

346 Sobre los orígenes de la observancia en la Provincia véase: MANCINELLI, Chiara: La Observancia franciscana en la provincia de Aragón (1380ca-1517): aproximación a su estudio, *AIA* 77 (2017) nº 284: 53-67; CODINACHS, Jaime: Orígens del moviment observant a la província franciscana d'Aragó (1388-1430). En: *Dissertatio ad Licentiam*, Roma 1970; Las reformas en los siglos XIV y XV: Introducción a los orígenes de la Observancia en España, *AIA* 17, nº monográfico 65-68 (1957).

Terminada la misa, algunos de los invitados salieron a cenar con ellas fuera del convento, concluyendo la velada al anochecer con un baile en el claustro. Los Jurados de la ciudad de Valencia se escandalizaron del hecho y enviaron una carta a los franciscanos de Cervera, quienes al parecer fueron señalados como protagonistas del suceso con el consentimiento de algunos frailes locales. Así relataron los Jurados el exceso de los hermanos en aquella fiesta de los placeres:

> *"Celebrada la missa, les dones del convit anaren a festivar aquell e dinar-se en altra part fora lo monestir, a quant venc en ora de vespres ab gran colp de ministrers e dels dits sonadors, vengren al dit monestir per causa de moure dances e pendre altres palers ab alguns frares del dit Monestir que en açó assentien"*[347].

El baile se celebró en el primer claustro y, a juzgar por la carta, transcurrió en medio de gritos y mucho ruido:

> *"E dins aquel, ab gran rumor e crits, e mostran gran dissolució de lurs actes, se n'entraren dins la claustra primera del dit monestir e per aquella començaren tots ensemps, hòmens e dones, a dançar".*

Nótese que, en 1399, cuando ocurrió el escándalo, Eiximenis moraba en el convento, aunque hay que dar por descontado que el ilustre religioso, que por entonces rozaba los setenta años, debió retirarse a su celda al término de la misa permaneciendo ajeno a los acontecimientos ocurridos después, si bien este extremo es del todo indemostrable.

---

347 Valencia, AHM, Lletres missives, sign. g³-6, fol. 203v-205vº. La carta íntegra fue publicada por RUBIO VELA, Agustín, 1985. *Epistolari de la València medieval* I, 2003 (2ª ed.), Valencia / Barcelona: Institut Interuniversitari de Filologia Valenciana / Publicacions de l'Abadia de Montserrat: 306-308, nº 148 y transcrita por SANCHIS FRANCÉS, Raül: *La dansa metafórica en la festa valenciana*, Tesi doctoral, Universitat Rovira i Virgili, Departament de Filologia Catalana, Tarragona 2019: vol II (Annexos documentals): 43-44. Agradezco al arqueólogo e historiador Vicent A. Moreno la gentileza de haberme proporcionado esta información.

La relajación del primitivo ideal de austeridad y pobreza fue la tónica de nuestro convento durante todo el siglo XV, y la proliferación de capillas y sepulturas pertenecientes a notables familias de la ciudad continuó incesante durante todo el cuatrocientos coincidiendo con el Siglo de Oro valenciano[348]. Conocemos el testamento de Francisca, mujer de Francisco de Vilarasa, que en 1371 dejó 50 sueldos *operi ecclesie Fratrum minorum Valencie*, pidiendo que su cuerpo sea amortajado con el hábito franciscano y sepultado en la iglesia de los menores de Valencia[349]. En la capilla de Santa Paula, delante del coro, pedía ser enterrada en 1388 doña Ramoneta, viuda del caballero Ruy Martínez de Sent Adriá[350]. Por entonces, probablemente en 1391, falleció el infante fr. Pedro de Aragón (OFM), siendo sepultado en el convento de San Francisco de Valencia donde había vivido desde su toma del hábito franciscano, no sin algún que otro periplo con sus restos[351]. En 1395 Catalina Ximenes, mujer del mercader Francesc Çaronira, era enterrada en el primer claustro entre la puerta de salida al mismo y la portada del refectorio[352]. En este primer claustro tenían también su sepultura los Marrades junto a la puerta del Capítulo, donde en 1406 pedía ser enterrada Ana, viuda del caballero Pere Marrades[353]. Dentro de la iglesia se encontraba la capilla fundada por el noble Bernat Bonastre, señor de la Vall d'Alaguar. En ella pedía ser enterrado su hijo Lucas según testamento de 1414[354] y la hija de éste, Isabel, que lo hizo ya viuda en 1440[355]. Otra importante familia, los

---

348 El tema ha sido estudiado por GARCÍA MARSILLA, Juan V., 1995. Capilla, sepulcro y luminaria. Arte funerario y sociedad urbana en la Valencia Medieval, *Ars Longa* 6: 69-80.

349 PALANCA, 1914-1917: 7, 432-441. El testamento es del 25 de Junio de 1368 y el codicilio de 17 de Mayo de 1371. Su contenido fue publicado íntegramente en *AIA* 7 (1917): 436-441.

350 Valencia. ARV, Protocolos, sig. 2644, not. Jaume Ferrer. Testamento de 28 Diciembre 1388.

351 Sobre fr. Pedro de Aragón, su profesión religiosa el 12 de Noviembre de 1358, la fecha incierta de su muerte entre 1385 y 1391, su sepultura en Pisa y el traslado de sus restos a San Francisco de Valencia y de sus libros a Barcelona, véase IVARS, 1916b: 138-145; *AIA* 5 (1916): 143-145; 19 (1923): 287; 23 (1925): 30 así como los estudios de Ambrosio de Saldés en *EF* 4 (1910): 163; 12 (1914): 129-141 y 484-488; 13 (1914): 204-218; 15 (1915): 58-65.

352 Valencia. ARV, Protocolos, sig. 2644, not. Jaume Ferrer. Testamento de 1 Junio 1395.

353 Valencia, APP, Protocolo 22162, not. Montalbá. Testamento de 28 Enero 1406.

354 Valencia, APP, Protocolo 28499, not. Biguerany, Testamento de 4 Junio 1414.

355 Valencia, APP, Protocolo 20708, not. Ambrosi Alegret, Testamento de 17 Diciembre 1440.

Moncada, había edificado en la propia iglesia una capilla bajo advocación de Santa María; en 1418 Manuel de Moncada pedía ser enterrado en ella, mandando que no se colgasen en ella su escudo ni su pendón "*como se suele hacer*"[356]. Al año siguiente, con motivo de tener que embarcar para Sicilia, Joan Martínez d'Eslava, *vicealmirall dels mars del regne de Valencia* y señor del lugar de Cárcer, dejaba mandado en su testamento que le enterrasen en la capilla de Santa Catalina que los de su linaje tenían en el convento de San Francisco[357]. Allí sería sepultado también su hijo Joan, *señor de Cárcer y de las dos Benexides*[358].

En el convento tenía también su capilla la noble doña Leonor de Prades, señora de la villa de Callosa e hija de Joan, conde de Prades, quien en 1460 encarga a *Jacobus Baco alias Jacomarch, pictor,* la pintura de un gran retablo para su capilla ubicada dentro de la iglesia en el lado de la epístola[359]. Leonor d'Olms, casada con el doncel Guillem Ramón de Esplugues, también pedía en su testamento de 1478 recibir descanso eterno en la capilla de los Bonastres donde también estaban enterrados sus padres[360]. En el interior de la iglesia también tenían su capilla los Codinats, descendientes del linaje de don Berenguer, mecenas y refundador del convento. En ella eligió Eleonor sepultura en 1478 junto a su progenitor Manuel de Codinats[361].

Los Loriç, familia oriunda de Xàtiva en cuyo convento de frailes menores tenían su sepultura, estaban emparentados con los Jafer, otra de las familias que tenían su capilla en San Francisco de Valencia. Su hija Isabel, casada con Joanot de Loriç, señor de la Torre y Miralbó, solicitó ser sepultada en la capilla *dels Loriços*, que estaba en el primer claustro junto a la capilla de los Vilaragut. Esta última se ubicaba en la cabecera de la iglesia, cerca de las gra-

356 Valencia, APP, Protocolo 1370, not. Cervera, Testamento de 25 Julio 1418.
357 Valencia, APP, Protocolo 26177, not. Manrromá, Testamento de 15 Julio 1419.
358 Valencia, APP, Protocolo 20442, not. Bertomeu Carries, Testamento de 15 enero 1487.
359 CORBALÁN DE CELIS, 2006: 299. El retablo habría de tener 19 palmos de ancho por 13 de alto y contar nueve historias en sendas cajas, sin contar las que pintaría en el banco y en el guardapolvos.
360 Valencia, APP, Protocolo 22551, not. Pintor, Testamento de 6 de Abril 1478.
361 Valencia, APP, Protocolo 11246, not. Albert, Testamento de 17 de Julio 1478.

das del altar mayor, donde también pidió ser sepultado Manuel de Vilaragut, señor de la baronía de Baniarjar[362].

Fundaciones y recintos privados en las capillas laterales del templo, en el subsuelo de la nave, en las pandas claustrales o en la sala capitular, algunos ciertamente suntuosos como la capilla de los Montagut[363], convirtieron al convento franciscano de Valencia en uno de los lugares predilectos de la nobleza para su descanso eterno. La inversión económica en esas capillas era cuantiosa y normalmente dilatada en el tiempo, porque cada miembro del linaje, a través de su testamento, contribuía a renovar y enriquecer el panteón familiar, cuyo aspecto era un claro indicativo del estatus social del apellido. En contrapartida los frailes se aseguraban rentas vitalicias, legados testamentarios, misas y estipendios, una praxis del todo ajena a la voluntad del santo de Asís, quien jamás habría aprobado semejante conducta. Menos aún si los hermanos se hacían valer de síndicos y procuradores interpuestos como así ocurrió a menudo en nuestro convento[364]. Todo ello no hacía sino larvar la reacción airada de los sectores más fieles al primitivo ideal franciscano.

La capilla Montagut del maestro Baldomar

El ejemplo más evidente del proceso de relajación experimentado por los frailes menores de Valencia es la capilla funeraria que una acaudalada señora, doña Aldonza de Vilanova, alias de Montagut, residente cerca del portal de Ruzafa, ordenó reedificar en el convento de San Francisco según su testamento de 1466. Los Montagut ya poseían una capilla construida en 1383 a expensas de un antepasado de Aldonza, el noble caballero don Vidal de Vi-

---

362 Valencia, ADP, Fondos de la duquesa de Almodovar, e.5.1. Protocolo 58. Testamento de 24 de Septiembre 1539.

363 CORBALÁN DE CELIS, 2006: 289-305.

364 El 21 de Noviembre de 1388 Luis de Fenollosa, notario del Cardenal Administrador de la Iglesia, nombra dos procuradores para pedir y cobrar limosnas *“dado que* [los religiosos] *no podían tener en común ni en particular cosa propia”* [Valencia, ARV, Clero, Lib. 1869: *Notas de las Centurias que contiene el Archivo de la Provincia…*, ob cit., Ms. inéd., 1764: 6]. "Sindicado del convento de San Francisco de Valencia a favor de Miquel Joan de Medina, para actuar de procurador de dicho convento para cobrar limosnas, testamentos y otros. Dado en Valencia en dicho convento" [Valencia, ARV, Manaments y Empares, 1613, Lib 4].

lanova, quien dejó en herencia la considerable suma de 20.000 sueldos a los frailes de San Francisco[365], para ser enterrada donde ya descansaban los padres de la noble señora[366]. No obstante, el recinto era pequeño y por entonces se encontraba en precario estado de conservación, cumpliendo funciones de sala capitular. Tenía planta cuadrada y estaba situada a la derecha de la sacristía, con acceso a través de ésta por el primer claustro. Se sabe que en ella había intervenido, entrado el siglo XV, el afamado arquitecto valenciano Francesc Martí[nez], más conocido por *Biulaygua*, remodelando la tumba que la noble Castellana, hermana de Aldonza, había previsto para su sepultura[367].

Aldonza de Montagut murió soltera y sin descendencia, dejando 550 florines para la ampliación y ornato de esta capilla y disponiendo que "*la capella del Capitol del dit Monastir fos obrada be e honradament y fos fet un bel retaule e altres ornaments necessaris per a la dita capella, altar e retaule*"[368].

Dos años después del fallecimiento de Aldonza, sus albaceas decidieron cumplir su mandato encargando la ampliación de dicha capilla a los mejores artífices de la ciudad en aquel momento: Francesc Baldomar como *pedrapiquer*, Joan Rexach para la realización del retablo y Joan Ponç para la rejería. Estos maestros ya habían colaborado conjuntamente en la capilla de San Pe-

---

365 MARTÍNEZ COLOMER, 1803, II: 12; MAGRANER, 1824: 14: "*Veinte mil sueldos para el entierro, aniversario, y otros sufragios de su alma, al arbitrio del docto y virtuoso Padre Maestro Fr. Francisco Ximénez, del orden del S. Francisco, y que lo sobrante se aplicara a la obra del Capítulo*". Cfr. FULLANA, 1923e: 195. El testamento se abrió ante notario el 20 de febrero de 1383 [*AIA* 2 (1915): 491]. La suma se entregaba para su entierro, aniversario y demás sufragios, y para que se le erigiese una capilla dentro de la iglesia, "*al arbitrio del P. Francisco Eiximenis y demás albaceas*" [Ibídem].

366 Sus nombres eran Galcerán de Vilanova alias de Montagut y Yolant de Sent Feliu. [CORBALÁN DE CELIS, 2006: 296]

367 CORBALÁN DE CELIS, 2006: 291. Los hermanos Montagut eran cuatro: Ramón, el primogénito, estaba enemistado con todos los demás por el reparto de la herencia de sus padres. Las dos hermanas, Aldonza y Castellana, y por último el menor de todos, Joan de Montagut, alias de Vilanova. Aldonza, que nunca perdonó a su hermano mayor, solicitó expresamente en su testamento que "*lo noble Ramón de Vilanova, alias de Montagut, germà meu, no haia res de mos bens*", declarando que ninguno de sus bienes podía pasar a su hermano mayor y por tanto la nueva capilla funeraria de los Montagut sería exclusiva de los tres hermanos menores.

368 "*La capilla del Capítulo de dicho monasterio fuera obrada bien y honradamente y fuera realizado un bello retablo y otros ornamentos necesarios para dicha capilla, altar y retablo*" [CORBALÁN DE CELIS, 2006: 291].

dro de la Catedral de Valencia, donde trabajaron, cada uno en su especialidad, en 1467. Baldomar tenía larga experiencia en importantes obras de la ciudad como el Palacio Real, el Portal de Quart, la *arcada nova* de la Seo o la Capilla Real de Santo Domingo, obra esta última que representa, junto con la Lonja construida mayormente por su discípulo Pere Compte, el mejor episodio de la arquitectura tardogótica valenciana. Las capitulaciones para la construcción de la capilla sepulcral de doña Aldonza se firmaron por sus albaceas y Francesc Baldomar el 14 de enero de 1469[369].

De acuerdo con dicho contrato, la nueva capilla debía levantarse sobre muros de sillería de 54 cm. (casi dos pies) de espesor, sobre los que apoyaban unos nervios diagonales de piedra que constituían el armazón de las bóvedas. A pesar de que las capitulaciones prevén que la capilla tendría tan solo veintisiete palmos *de entrada* (5,40 m. de ancho) y treinta de alto (6 m.), el plano de Ulloa/Navarro[370] muestra unas dimensiones en planta mayores y más coherentes (41 pies de anchura por 45 de profundidad, o sea 11,42 x 12,54 m.), por tanto más acorde con la necesidad de reunir un importante número de frailes en una capilla que, como la precedente, desempeñaría funciones de sala capitular. El contrato prevé cubrirla mediante doble bóveda de nervios de sillería bien labrada sobre los que apear un doble tablero de ladrillo que actuaría de encofrado perdido de las plementerías. Además, Baldomar realizó un *vars* (sepultura) en el subsuelo de la capilla que selló mediante *pedra bella*, el cual abarcaba todo el recinto.

El espacio resultó de planta aproximadamente cuadrada, por lo que obviamente no seguía el esquema del doble cuadrado empleado por Baldomar en 1437 en la Capilla Real de Santo Domingo, como erróneamente creyó Chiva[371], aunque sí constaría de dos bóvedas de crucería con claves, una de *cayre* y otra de *tisora*, según las capitulaciones:

---

369 Corbalán de Celis, 2006: 292. El documento contractual fue transcrito por Chiva Maroto, Germán, 2014. *Francesc Baldomar, Maestro de obra de la Seo. Geometría e inspiración bíblica*, Tesis doctoral (inéd.), Valencia: Universidad Politécnica, Apénd. docum. B, docs 16-17: 456-458.

370 Madrid, ACGE, PL, sign. V-4/18.

371 Chiva Maroto, Germán, 2014. *Francesc Baldomar, Maestro de obra de la Seo. Geometría e inspiración bíblica*, Tesis doctoral (inéd.), Valencia: Universidad Politécnica: 109.

"[…] e deu esser e sera construhida de pedra ab dues cruerades o crueres e de o ab dues Claus la una de les quals será tota cayre e l'altra tisora ab los senyals o armes de la dita na Aldonça de Montagut, e deu eser e o será cuberta de volta dobla de rajola ab sos revoltons de rajola e paymentada de damunt de rajola e perfilada […]"[372]

La *clau de cayre* puede hacer referencia a una clave labrada con el losange cuatribarrado, emblema de la ciudad o, más probablemente, la misma forma romboidal con heráldica nobiliaria en lugar de los palos de Aragón[373]. Tampoco podemos pasar por alto la curiosa alusión a la *clau de tisora*. Según Zaragozá y Gómez Ferrer[374], este tipo de claves haría referencia a las de disco o de bayoneta, una solución atribuida a Baldomar que posteriormente generalizará su discípulo Pere Compte. El sistema permite disponer una mínima clave estructural para levantar la bóveda y encajar posteriormente en ella otra clave de disco labrada en madera y ajustada con mecanismo de bayoneta[375]. Es precisamente en la capilla Montagut de San Francisco donde encontramos documentada por primera vez la original solución *de clau de tisora*.

En coherencia con la elección de la misma terna de maestros de la capilla de San Pedro de la Seo de Valencia, la realización del enrejado de la capilla de doña Aldonza recayó en Joan Ponç, alias Aloy, destacado miembro de una

---

372 *"Y debe ser y será construida de piedra con dos crucerías o cruceros y de o con dos claves una de las cuales será toda de bisel y la otra de tijera con los emblemas o armas de dicha doña Aldonza de Montagut, y debe ser o será cubierta de bóveda doble de ladrillo con sus revoltones de ladrillo y pavimentada por encima de ladrillo y perfilada"* [Valencia: APP, not.: Juan Beneyto, sign. 26956, 14 de enero de 1469].

373 Los escudos romboidales son muy frecuentes en el siglo XV y se empleaban por hombres y mujeres indistintamente. Recibían el nombre de cayró, versión valenciana del francés *carreau*. Los textos catalanes hablan de *carreu*, pero el término que aparece habitualmente en la documentación valenciana es el de *cayró*. En la heráldica posterior el motivo se feminiza, pasando a ser escudo más bien propio de doncellas.

374 ZARAGOZÁ, A./ GÓMEZ-FERRER, M., 2007: *Pere Compte Arquitecto*, Valencia: Generalitat Valenciana: 39.

375 ZARAGOZÁ CATALÁN, Arturo / IBORRA BERNAD, Federico, 2005. Otros góticos: bóvedas de crucería con nervios de ladrillo aplantillado y de yeso, nervios curvos, claves de bayoneta, plementerías tabicadas, cubiertas planas y cubiertas inclinadas. En: F. Taberner Pastor, 2006: *Historia de la ciudad IV*, Valencia: Colegio Territorial de Arquitectos de Valencia: 70-88.

importante familia de *mestres de rexats de capelles,* quien al parecer había realizado algunas rejas de cierre en la catedral de Segorbe[376] así como en numerosas capillas valencianas del siglo XV y parte del XVI. La reja que diseñó para los albaceas de doña Aldonza inspiró seguramente otras que realizará después en el mismo convento, concretamente las situadas a ambos lados de la Capilla de Nuestra Señora de las Nieves para los notarios y hermanos Jaume y Pere Gisquerol en 1492, y la de doña María de Centelles, esposa de Pere Ramón de Moncada, encargada dos años después[377].

Estas capillas dan cuenta del prestigio adquirido por el convento de San Francisco en la segunda mitad del siglo XV, cuando la ciudad de Valencia vivía un momento de esplendor en el apogeo de su prosperidad económica, en un tiempo que se ha dado en llamar *Siglo de Oro valenciano.* De hecho, el cuatrocientos fue el período de mayor proliferación de capillas y sepulturas no solo en el convento de San Francisco sino también en el de Predicadores[378]. Desaparecido el primero, el de Santo Domingo muestra a la perfección aquel esplendor tardomedieval que todavía podemos reconocer en la bellísima arquería de la crujía de levante y en las capillas de su claustro gótico, riqueza y prosperidad de la que también participó el convento franciscano.

¿Una portada gótica salvada de la destrucción?

Anexa a la capilla *dels Montagut,* el arquitecto Baldomar dispuso una sacristía de *morter prim Blanch* a la que se accedía mediante un *portalet de pedra pica-*

---

376 RODRIGUEZ CULEBRAS, Ramón, 1966. "Artes industriales y Santuarios", en AA.VV.: *Historia del Arte Valenciano. La Edad Media: el gótico*: 348-351; SANCHIS SIVERA, J., 1922. Contribución al estudio de la Ferretería Valenciana en los siglos XIV y XV, *Archivo de Arte Valenciano* 8: 72-103.

377 CORBALÁN DE CELIS, 2006: 294. Los Moncada tenían su recinto privado junto a la capilla mayor de Nuestra Señora de las Nieves bajo advocación de la Inmaculada. Los Gisquerol poseerían la capilla del otro costado, dedicada al Crucifijo, según la hipótesis del mismo autor [2006: 294 n.16].

378 En ese sentido no podemos aceptar una información de Sucías relativa a un supuesto documento municipal fechado el 8 de mayo de 1470 –que por otra parte no hemos conseguido localizar– según el cual los Jurados de la ciudad conceden una limosna de 100 libras para atender los gastos del Capítulo General *"en vista que los frayles de San Francisco eran tan pobrecitos que no tenían de donde sacar dinero"* [SUCÍAS, 1907, I: 259]. Difícilmente *els framenors* de Valencia estarían necesitados de una limosna municipal para organizar un Capítulo General en 1470 cuando, además, no consta celebración de Capítulo General alguno en el convento por aquellos años.

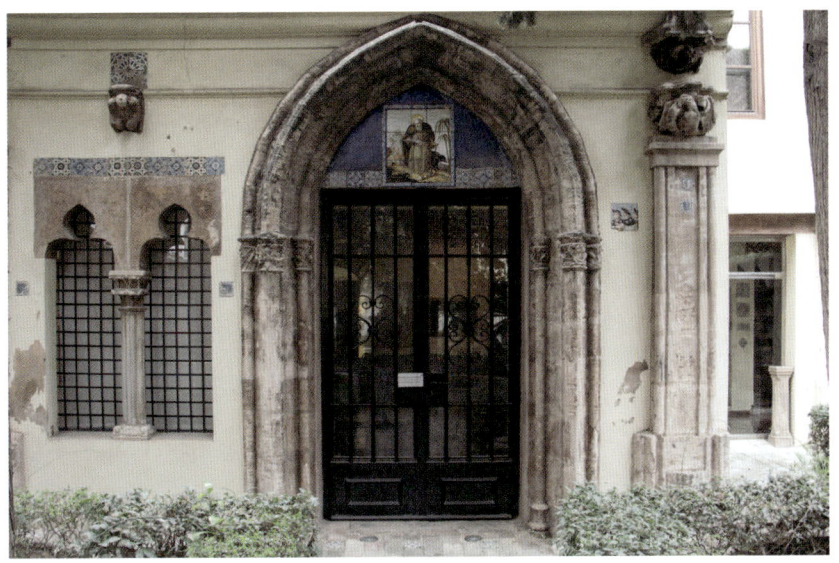

Puerta de ingreso al taller del artista. Valencia, Casa-Museo Benlliure. Foto del autor.

da. Sería tentador preguntarse si este *portalet* o portadita de cantería no sería otro que el existente en el jardín de la Casa-Museo Benlliure en la puerta de ingreso al taller del pintor, el cual tiene 146 cm. de ámbito de paso y 253 cm. de ancho máximo. José Benlliure, cuya devoción por la Orden franciscana está sobradamente probada[379], quizá pudo obtener esta y otras piezas de cantería en alguna de sus visitas a las ruinas de San Francisco entre 1889 y 1891 durante los trabajos de demolición. A la vista del plano de Ulloa/Navarro es imposible identificar qué puerta de esa misma dimensión, perteneciente a la fábrica gótica, podría coincidir con la que instalaron los Benlliure en su jardín. A lo sumo podemos descartar que se tratara de la portada de ingreso a la sala del Capítulo o Capilla Montagut (unos 8-9 pies de paso, es decir,

---

379 BONET SOLVES, Victoria E. (1998). *José Benlliure Gil (1855-1937), El oficio de pintor*. Valencia: Ayuntamiento: 130-132. Véase también AA.VV., 2000: *San Francisco de Asís en la obra de José Benlliure*, Valencia: Universidad Politécnica.

223-251 cm. libres), superior por tanto a los 146 cm. de la portada de los Benlliure. Tampoco se trataría de la de los pies del templo, que también tenía jambas fasciculadas como sabemos por los planos de Ulloa/Navarro[380] y Valdés[381], ya que sus dimensiones de 7 pies de paso (195 cm.) y 12 pies incluyendo decoración de jambas (334 cm.), exceden con creces las de la portada conservada. Igualmente descartamos que fueran las de norte y sur del refectorio, pues ni en planta ni en dimensión coinciden con la de Benlliure. De ser cierta su procedencia del convento de San Francisco, se trataría en todo caso de alguna puerta interior o más probablemente una portada exterior carente esa monumentalidad que le otorga hoy su disposición a eje del jardín de la casa solariega.

---

380 Madrid, ACGE, PL, sign. V-4/18.
381 Valencia, AIMC, sign. YP-7/234. Madrid, ACGE, PL, sign. V-4/19; V-4/20; V-4/21; V-4/22.

CAPÍTULO VI

OBSERVANTES CONTRA CONVENTUALES

La opulencia del convento de San Francisco de Valencia a comienzos del siglo XV bajo la batuta de los conventuales era un fenómeno tan ajeno a los tiempos heroicos en que los frailes habitaban la casa del camino de Ruzafa, que los sectores más conservadores de la Orden levantaron su voz crítica contra la relajación de la pobreza en cuanto al modo de vivir, la forma de vestir y el lugar donde habitar. A pesar de los reiterados intentos de expulsar a los frailes claustrales del convento de Valencia, éstos resistieron tenazmente los embates de sus hermanos observantes en connivencia con reyes y papas[382]. Hechos como el ocurrido en 1515 cuando los frailes de Valencia vendieron diversas pertenencias del convento para asegurarse unos ingresos, aprovechando los amplios poderes de que gozaba el convento en orden a la posesión y libre manejo de los bienes, causaban incomodidad entre los hermanos[383]. Una bula de 1545 de Paulo III dirigida al Obispo de Segorbe a instancias del emperador Carlos V ordenaba *"reformar el convento de claustrales de Valencia, les saque de él, y ponga religiosos de la Observancia para que sirvan en dicha casa viviendo con religiosidad y dando a los Moradores de esta*

---

382 Martínez Colomer, 1803, I: 92s; 111s.; II, 95s; 121s.; 128s.
383 Palanca, Gabriel (OFM): Carta de venta perteneciente al convento de San Francisco de Valencia, *AIA* 3 (1916): 289-296.

Ciudad exemplo de su honestidad y santidad"[384]. Coincide esta época con la revuelta de las Germanías (1519-23) que, al parecer, no debió causar daños de importancia al convento ya que ninguna de las fuentes franciscanas reporta incidente alguno.

Por entonces se había impuesto en España la regular observancia gracias a la acción del cardenal Jiménez de Cisneros, que propició el paso momentáneo del convento de Valencia a manos de los observantes en 1500[385]. Pero fue solo durante un breve paréntesis, pues nueve años después el edificio pasaba nuevamente a manos de los claustrales. Éstos lo conservaron bajo su propiedad tras la promulgación de la bula *Ite vos* (1517) por la que el Papa León X separó oficialmente las dos ramas franciscanas tras un largo período de disputas[386]. Cada una seguiría su camino, pero el convento de San Francisco de Valencia continuaría en manos de los claustrales hasta 1567 cuando Felipe II terminó por erradicar la conventualidad en España[387].

Ocurre en la historiografía de la Orden franciscana la tendencia a identificar *conventualidad* con alejamiento del primitivo ideal del fundador, opulencia de los edificios urbanos, fomento de los *Studia Theologicae*, proliferación de personal de servicio, entendimiento con poderosas familias y preocupación por la apariencia externa. Todo ello contrasta con los clichés aplicados a la rama de los observantes, a quienes se les identifica con fidelidad al pensamiento de Francisco, despreocupación por el ornato de las construcciones,

---

384 Valencia, ARV, Clero, Lib. 1869: *Notas de las Centurias que contiene el Archivo de la Provincia…*, ob cit., Ms. inéd., 1764: 19-19vº. Bula de 3 de Marzo de 1545.

385 Martínez Colomer, 1803, I: 154.

386 Las frecuentes disputas entre observantes y conventuales requirieron en ocasiones la intervención papal. Una bula de Calixto III de 26 de abril de 1456 trataba de "componer las discordias" entre los hermanos franciscanos [Valencia, ARV, Clero, Lib. 1869: *Notas de las Centurias que contiene el Archivo de la Provincia…*, ob cit., Ms. inéd., 1764: 9v]. Otra de Paulo II dada en Roma el 28 de Febrero de 1467 prohibía a los observantes *"entrometerse en los conventos de claustrales y en los de sus religiosas"* [Ibídem, 10]. Similares bulas emitidas por Sixto IV el 12 de Febrero de 1481, Alejandro VI el 5 de Mayo de 1504 y Julio II el 5 de Julio de ese mismo año confirmaban las concordias hechas entre observantes y conventuales [Ibídem, 12; 15].

387 Véase AA.VV.: La bula Ite vos (1517) y el franciscanismo hispánico, *AIA* 79, nº monográfico 288-289 (2019): Reformas y rupturas.

labor apostólica volcada en la asistencia social, afición a los eremitorios en despoblado, vestimenta raída y opción por la descalcez[388]. Estas imágenes simplificadoras, sin ser del todo exactas, tampoco son ajenas a la realidad de los hechos. De hecho, en el propio devenir del convento de San Francisco de Valencia se puede reconocer unas etapas de mayor prosperidad, coincidentes con la presencia de los conventuales, y otras de mayor decaimiento durante el auge de la observancia.

El exceso acomodaticio de los claustrales no encajaba fácilmente en un contexto de sobriedad contrarreformista. El rey Felipe II, contrario a la relajación de la austeridad monástica, encontró un aliado en el papa Pío V quien, suscribiendo uno por uno los criterios del monarca, dictó el Breve *Maxime Cuperemus* donde criticaba con dureza la supuesta vida disoluta de los franciscanos conventuales:

> "*Nos ha sido comunicado que los frailes Conventuales de San Francisco que residen en las diversas regiones y provincias de España, olvidando su profesión y su eterna salvación abusando además de sus privilegios, concedidos por la benevolencia de la Sede Apostólica, llevan una vida tan disconforme y alejada de la fundación de su Orden y de su Seráfico Padre, que por sus depravados ejemplos escandalizan en demasía al sencillo pueblo cristiano*"[389].

Esta fue la explicación oficial que justificó la persecución de la conventualidad española: su *modus vivendi* escandalizaba al pueblo cristiano. Sin embargo, el motivo de fondo no era otro que el deseo de Felipe II de controlar las órdenes religiosas menos dependientes de la Corona. Sea como fuere, el Breve

---

388 WEBSTER, Jill R., 2007: 221-225. La *Chronica Seraphica* de Cornejo adelanta las disputas internas a la segunda mitad del siglo XIII cuando, en tiempos de fr. Pietro Giovanni Olivi, "*la parte de la Comunidad hizo un "gravísimo manifiesto" dando a entender que los espirituales eran "díscolos, inobedientes, sediciosos, impostores e infamadores de su sagrado instituto*" [CORNEJO, 1682-1686, Parte III, cap. 59: 292].
389 GURRADO SMALDONE, J. M., 1980. *Apuntes para la historia de los franciscanos menores conventuales*, Madrid: 146.

pontificio fue inapelable: el 2 de diciembre de 1566 quedaban extinguidos los conventuales en España y sus edificios pasaban a partir de entonces a manos de la observancia[390].

Polémicas en torno a un zócalo de azulejos

Con la supresión de los claustrales y su salida forzosa del convento de San Francisco de Valencia en 1567, los observantes se harían cargo de él y también de los de Morella, Almenara, Bonrepós y Paiporta arrebatados a los conventuales[391]. El 13 de julio de ese año tomaban posesión de nuestro convento catorce religiosos de la observancia procedentes de Santa María de Jesús acompañados del gobernador y los Jurados de la ciudad[392]. Colomer y Magraner, cronistas proclives a la rama observante, explican el bochornoso estado de lujo y opulencia que los recién llegados encontraron en los claustros de San Francisco, particularmente en los refinados alicatados que tapizaban sus muros, y que fueron arrancados con furia por los observantes en virtud de la obediencia a *Madonna Povertà*. La *batalla de los alicatados* del convento de Valencia no había hecho sino comenzar.

La polémica sobre el respeto al primitivo ideal franciscano de pobreza motivará un nuevo decaimiento de la sede franciscana, de manera que, en 1598, poco más de treinta años después de la entrega del convento a la observancia, los Jurados de la ciudad tuvieron que conceder una limosna a los frailes del convento de San Francisco *"para componer una pared que se les había hundido, pues eran tan pobrecitos que no podían componerla por falta de fondos"*[393]. Posiblemente debía tratarse del muro de separación del claustro y el refectorio que pasado el tiempo continuaba presentando patologías, teniendo que ser reforzado definitivamente por el prestigioso arquitecto Juan Bautista Pérez

---

390 Fernández-Gallardo, 2000: 217-241. De Castro y Castro, Manuel: Supresión de franciscanos conventuales en la España de Felipe II, *AIA* 42 (1982): 231-240.

391 Ibídem. En efecto, a principios de 1567 la Provincia de Aragón de frailes conventuales tenía cinco conventos en Valencia: Valencia, Morella, Almenara, Bonrepós, Payporta.

392 Cruilles se confundió al llevar el acontecimiento de la comitiva procedente de Jesús a la primera toma de posesión del convento por los observantes en 1503 [Cruilles, 1876: 268].

393 Sucías, 1907, I: 259.

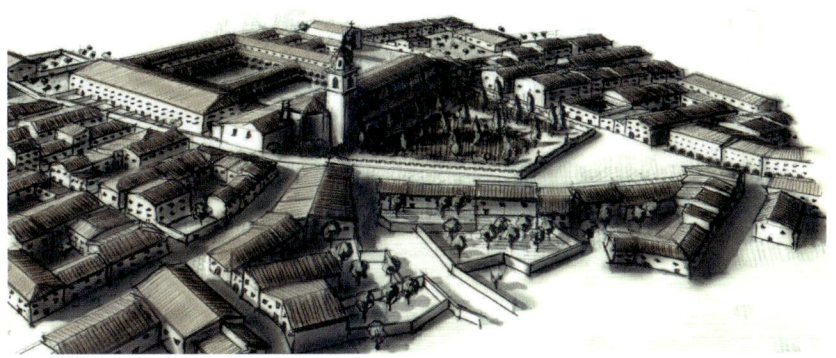

El convento de San Francisco y su entorno urbano en época renacentista (según V. García Ros). Dibujo: Alexandru Nicolescu / Carles Sendra Alemany / Daniel Picazo Alija.

Castiel un siglo después, en 1695. El notable espesor del muro resultante de esta actuación se reconoce perfectamente en los planos de Ulloa/Navarro[394] y Valdés[395].

Durante la época postridentina y hasta bien entrado el siglo XVII la vida de la comunidad transcurrió sin grandes sobresaltos. Al menos de esa época no tenemos noticia de incendios, demoliciones, estragos u otra suerte de calamidades más allá de una nueva pandemia que asoló Valencia entre 1647 y 1652. Sala[396] estimó sus efectos en 16.000 muertos solo en la ciudad intramuros. Colomer[397] también reporta este suceso como una *"peste fatal ocurrida en 1647"* que causó la muerte de treinta y tres frailes de la Provincia, muchos de ellos moradores del convento de San Francisco de Valencia.

A pesar de episodios más o menos esporádicos como éste, los días en el convento de San Francisco transcurren apaciblemente en medio de espectá-

---

394 Madrid, ACGE, PL, sign. V-4/18.
395 Valencia, AIMC, sign. YP-7/234. Madrid, ACGE, PL, sign. V-4/19; V-4/20; V-4/21; V-4/22.
396 Sala, 1999: 17.
397 Martínez Colomer, 1803: 387.

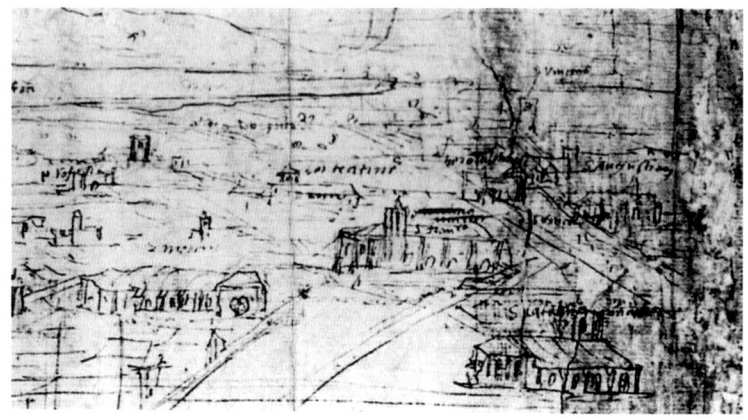

A. van den Wijngaerde: Apunte del centro-sur de la ciudad. Cuarto borrador de la Vista de Valencia que incluye las iglesias de San Francisco, San Martín y Santa Catalina. Rosselló *et alt.*, 1990: 119 / Victoria & Albert Museum, 8.455, 5 vº.

culos festivos de fuegos artificiales y acaso también teatrales[398], tan frecuentes durante la floreciente etapa de la *Ecclesia Triumphans*, entre los pontificados de Sixto V (1585-90) y el de Alejandro VII (1655-67). Pero más allá de las buenas relaciones de los franciscanos españoles con el papado, su fidelidad a la monarquía reportará a nuestro convento un nuevo esplendor –el del tiempo contrarreformista y barroco– más vigoroso incluso que el del mecenazgo tardogótico. En Valencia este período de prosperidad viene a coincidir con el gobierno del arzobispo Juan de Ribera (1569-1611), el Patriarca cuya reforma resultó altamente beneficiosa para las órdenes religiosas.

Primeros dibujos del convento: la vista de Wyjngaerde

El primer dibujo conocido de la ciudad de Valencia y también del convento de San Francisco se halla en un conjunto de vistas del dibujante flamenco

---

398 Así parece sugerirlo una bula de 1668 de Inocencio XI ordenando que "*los religiosos y religiosas de estos Reynos no hagan representaciones de Comedias y otros festejos, así espirituales como profanos*". [Valencia, ARV, Clero, Lib. 1869: *Notas de las Centurias que contiene el Archivo de la Provincia...*, ob cit., Ms. inéd., 1764: 37-37vº; véase también *Bull Franc.* I]

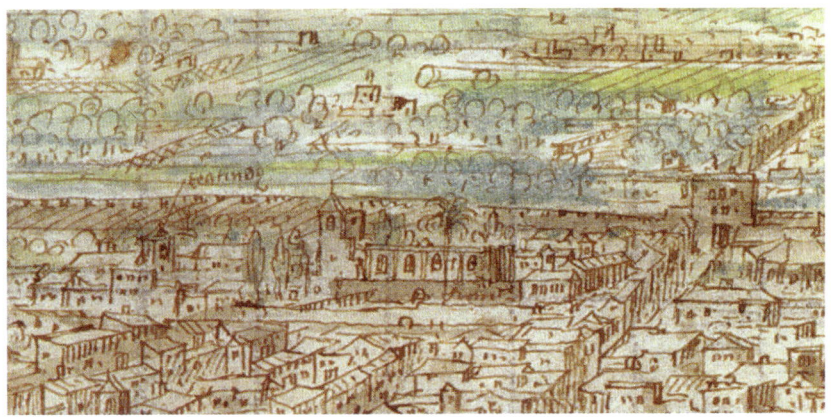

A. van den Wijngaerde: Vista de Valencia, detalle del sector sur con el convento de San Francisco. Rosselló *et alt.*, 1990: 141 / Ost. Nat. Bibl., Cod. Min. 41, f. 1.

Anton van den Wijngaerde publicadas en 1563 y conservadas en la *Osterreichische Nationalbibliothek* de Viena[399]. Wijngaerde fue pintor de cámara de Felipe II y recibió el encargo de realizar un inventario gráfico de diversas ciudades españolas. El resultado fue una magnífica colección de vistas urbanas realizadas bajo una óptica ciertamente subjetiva, pero de un valor incalculable para documentar gráficamente la España de época tridentina.

En un boceto preparatorio de su *Vista de Valencia* aparece grafiado el rótulo S. fran[co] sobre una iglesia alargada, dotada con contrafuertes y ventanales, de la que emerge un campanario de base cuadrangular rematado en forma de tejado junto a la cabecera poligonal. En la versión definitiva de la *Vista* se aprecia, junto a los teatinos, cerca de la muralla y no lejos de la Puerta de San Vicente, el vasto conjunto de San Francisco con prolongada iglesia y elevado campanario al este, toda ella articulada por contrafuertes entre los que se disponen ventanales rasgados bajo una cubierta de suave pendiente. Por encima de la tapia del jardín despunta una cimbreante palmera que acaso remite simbólicamente al martirio de los italianos.

<hr />

399 Rosselló, 1990. Algunas fuentes coetáneas traducen su nombre como Antonio de las Viñas, muerto en 1571.

A los pies del templo se distingue una capilla con espadaña que corresponde sin duda a la capilla de los Genoveses, una fundación de raíz franciscana
que siempre fue independiente de la comunidad de San Francisco[400]. De hecho, el histórico callejón que discurría junto a la tapia oeste del convento
era conocido popularmente como *carrer dels genovesos*[401] porque embocaba
directamente a la puerta del recinto. La cofradía creada por estos extranjeros
tenía concedida una capilla situada en el interior de la propiedad franciscana,
junto al mismo convento, cuya primitiva advocación fue "de los Discipli-
nantes". Posiblemente se trataba de una ermita de retiro construida antes
de 1487, fecha en que fue cedida a los genoveses de la ciudad[402], de ahí que
aparezca en el dibujo de Wyjngaerde. Allí los cofrades gozaban del permiso de
enterramiento y colocación de armas en la propia sepultura. Se sabe también
de la existencia de algún litigio entre la cofradía y la comunidad franciscana a
propósito de la prohibición expresa de decir misa en la capilla, mandato que
no siempre fue obedecido a juzgar por la documentación de archivo[403]. Al
parecer, las relaciones entre los frailes y la cofradía nunca fueron fluidas si nos
atenemos a las afirmaciones de los cronistas[404].

Más allá de esta capilla, Wijngaerde dibuja la prolongada tapia del convento que lo cerraba por su lado oeste, cerca del lugar donde en 1758 se levantará
la Casa de la Enseñanza. Obviamente el dibujo todavía no muestra cúpula
alguna que destaque por encima de sus cubiertas, ya que estas no fueron

---

400 CRUILLES, 1876: 268. Esta institución existió hasta 1804 [MAGRANER, 1824: 57v] cuando la capilla
   empezó a estar ocupada en exclusiva por religiosos pertenecientes a la Comisaría de los Santos Lugares de Jerusalén que, aunque de un mismo instituto franciscano, formaron cuerpo separado de la
   comunidad. De ahí que a partir de entonces la Capilla de los Genoveses pasara a denominarse *Casa
   Santa*. Su función perduró hasta 1836 cuando el convento se convirtió en cuartel de Caballería.
401 CORBÍN, 1988: 80. Hoy la capilla se ubicaría debajo del actual balcón municipal.
402 MAGRANER, 1824: 55vº.
403 Valencia: ARV, Manaments y Empares, a. 1617, Lib 6, nº 416: "Sumaria información de testigos
   suministrada ante el notario apostólico, mosén Rafel Costell, por el promotor fiscal de la cámara
   apostólica, para probar la desobediencia a ciertos mandatos del tribunal relativo a la capilla de
   la cofradía de los Genoveses del convento de San Francisco de Valencia sobre la prohibición de
   decir misa, dada en dicha ciudad".
404 MAGRANER, 1824: 57vº celebra que por fin en 1804 *"el P. Joaquín Company supo y pudo quitar
   para siempre ese padrastro"*, en referencia a la cofradía.

levantadas hasta época barroca. Se reconoce con nitidez la torre-campanario de base prismática acabada en un cuerpo único de campanas con cubierta a cuatro vertientes y rematada en cruz, una silueta que permanecerá sin cambios hasta 1606.

El edificio en el plano de Mancelli

Más información, y acaso más fiable sobre el convento, es la que nos ofrece el plano de Antonio Mancelli, *Nobilis ac Regia Civiltas Valentie in Hispania* (1608), que constituye el primer plano cartográfico de la ciudad de Valencia. Se trata de un ejemplar formado por la unión de dos hojas correspondientes a dos planchas grabadas en papel blanco pegados sobre cartulina. Como la vista previa de Wijngaerde, el plano de Mancelli pertenece a un tipo de figuración urbana pseudotridimensional tomada desde un punto de vista oblícuo en lugar de cenital, óptimo para mostrar las características del conjunto urbano, su recinto amurallado y los centros más destacados del poder político y religioso[405].

Indicado con el número 31 se reconoce con detalle un edificio de grandes dimensiones donde ya están construidos todos sus elementos fundamentales a excepción de las capillas barrocas, aún por levantar. Frente a la desembocadura de la bajada de San Francisco, ante una plazuela triangular, se alza la tapia del jardín conventual con dos puertas, la correspondiente a la placita de San Francisco algo más monumentalizada que la del lado oriental, y otra a oeste que no se aprecia bien por estar muy escorzada. El tapiado *parvis* aparece aqui desnudo de vegetación –no porque no existiera, sino porque Mancelli la suprime– albergando solamente una cruz o *peiró* aislado dentro de lo que era en realidad un frondoso jardín[406].

---

405 BENITO DOMÉNECH, F. Un plano axonométrico diseñado por Manceli en 1608, *Ars Longa* 3 (1992): 29-38.

406 No obstante, Almela da la noticia, sin citar procedencia, que en 1616 los frailes cavaban el recinto "*para volver a plantar huerto*", lo que le llevó a pensar que "*estuvo algún tiempo sin ser jardín*" [AL-MELA, 1945: 44]. No creemos que esta hipótesis indemostrada pudiera relacionarse con el árido jardín de Mancelli dibujado en todo caso ocho años atrás.

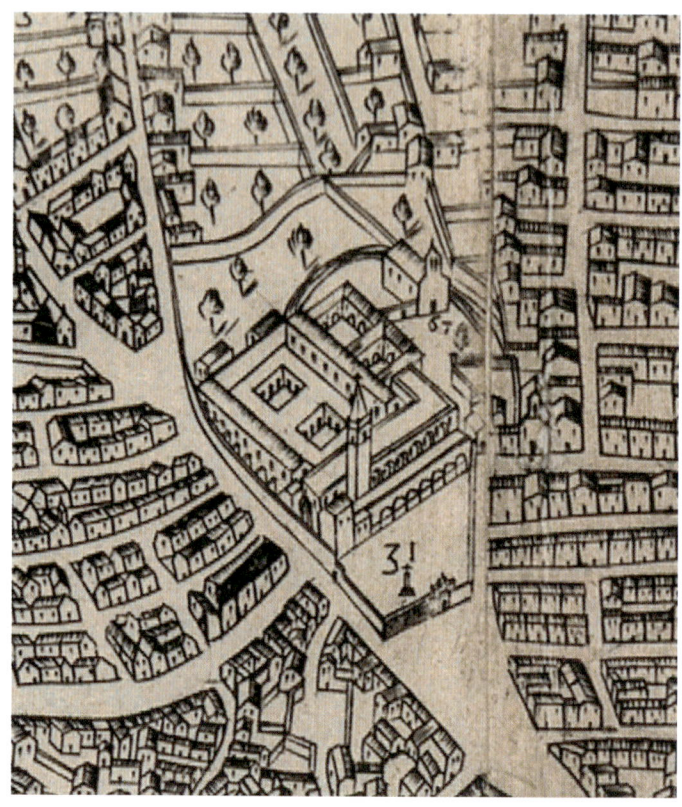

Detalle del plano de Mancelli correspondiente al convento de San Francisco. Archivo Histórico Municipal; A. Llopis, L. Perdigón, F. Taberner, 2010.

Esta cruz sustituía a una antigua capilla dedicada a Nuestra Señora del Loreto que existió en ese lugar desde la Baja Edad Media, a la que ahora los seglares tenían gran devoción. Seguramente se trataba de un eremitorio para el retiro en soledad de los frailes y su desaparición está relacionada con un desgraciado suceso. Cuentan las crónicas franciscanas[407] que un pobre hombre tuvo la osadía de penetrar en la pequeña ermita con el fin de robar las alhajas

407 Martínez Colomer, 1803, II: 13.

depositadas en su interior. Detenido poco después, fue juzgado y condenado a pena de muerte *"conforme a la legislación de aquellos tiempos y a la enormidad del delito"*[408], con la particularidad de ser ahorcado en el mismo lugar donde cometió el robo, como así ocurrió finalmente en cumplimiento de la sentencia. El episodio concluye de manera extraña con la demolición y traslado de la capilla a otro punto del jardín y la erección en ese lugar de *"una cruz muy vistosa"* –un *peiró*– en reparación del sacrilegio.

Abierto al jardín se reconoce en el plano de Mancelli una logia de siete (en realidad eran ocho) arcos de medio punto aparentemente ciegos desde la línea de impostas hacia arriba, y en el extremo izquierdo de este pórtico una esbeltísima torre-campanario de un solo cuerpo de campanas, con el remate esta vez muy picudo, terminado en cruz como ya veíamos en el plano de Wyingaerde. Dos construcciones, una más alta y otra más baja, aparecen a la izquierda del pórtico a los pies del campanario, correspondiendo a la capilla de Nª Sª de los Ángeles, llamada también de la Porciúncula, de la que más adelante comprobaremos su filiación gótica. Al otro lado de la cabecera, Mancelli encajó forzadamente una construcción emergente también por encima de las tapias que corresponde a la capilla Montagut, utilizada desde antes de la intervención de Baldomar como sala capitular. Una gran nave-dormitorio discurre a lo largo de la tapia junto al antiguo camino de Ruzafa, en cuya planta baja se ven unas tapias paralelas quizá de separación de pequeños huertos, en dirección perpendicular al vallado de la propiedad. Esta tapia va reduciendo su distancia a la edificación conventual, a diferencia del plano de Tosca, dibujado un siglo después, donde esa separación se abre a medida que avanza por la calle *Pont dels Anets* o *dels martyrs*[409] que, por cierto, Mancelli no rotula.

El templo que dibuja Mancelli presenta muchas similitudes con el boceto y la versión definitiva de Wijngaerde, ofreciendo una vista del mismo lado aunque desde un punto de vista más elevado. A la prolongada nave eclesial de

---

408 Fullana, 1924a: 4.

409 La denominación *dels martyrs* procede del plano de Tosca y hace referencia a Giovanni da Perugia y Pietro da Sassoferrato, los dos mártires franciscanos decapitados según la tradición en el lugar de la almunia de Çeyt.

acusados contrafuertes se une un cuerpo que va a buscar dos pequeños patios a cielo abierto que, como tendremos ocasión de comprobar, corresponden a la zona de las cocinas. Finalmente los dos grandes claustros, en el plano de Mancelli algo menguados, se conectan mediante una panda permeable que los divide, emergiendo a la derecha por encima de ellos una gran nave que corresponde al refectorio y celdas superiores. Estos claustros presentan dos niveles superpuestos de arquerías de medio punto, si bien no hay que tomar al pie de la letra este dato pues se trataría probablemente de un mero convencionalismo gráfico que Mancelli utiliza para indicar la presencia de un claustro.

Un interesante dato sobre el que Mancelli despeja cualquier duda es la presencia de la capilla de los Genoveses, indicada como independiente del convento con el número 67. Esta capilla se encuentra al fondo de un reducido *parvis* dentro de la propiedad franciscana. Mancelli dibuja una reducida construcción con puerta y espadaña a los pies, si bien sabemos que se trataba de una capilla "*sumamente dilatada*"[410] sobre todo en altura. Esta capilla coincide en lo esencial con la que Wijngaerde dibujó en su vista definitiva.

Nuevas series de alicatados

A pesar del auge y prosperidad que alcanzaron los institutos religiosos hacia 1600 bajo la protección del patriarca Ribera, el convento de San Francisco de Valencia debió atravesar una nueva época de decaimiento durante las primeras décadas del siglo XVII. Se sabe que los zócalos de azulejería de los claustros, que sustituían a los arrancados por los observantes en 1567 tras la supresión de la conventualidad en España, fueron eliminados en 1627 "*con gran lástima*". De ello da cuenta el dietario de Mossen Porcar en un asiento fechado el 2 de octubre:

> "*y aquest dia accabaren en lo claustre de Sant Frances de arrancar les ragoletes de Manises que y hauia* [ab] *gran llastima*"[411].

410 ORTÍ Y MAYOR, Joseph Vicente: *Fiestas centenarias con que la insigne, noble, leal y coronada ciudad de Valencia celebró el día 9 de Octubre de 1738 la quinta centuria de su Christiana Conquista*, ed. facsímil a cargo de Manuel Bas Carbonell, Valencia, Ayuntamiento, 2008: 135.
411 *Dietari de Mossen Porcar*, III [entrada 3122], 2 octubre 1627.

Dado que por esas fechas no constan en la Orden ni en la propia comunidad disputas internas acerca de la pobreza, como sí las hubo en el pasado cuando los zócalos góticos de alicatado fueron víctimas de la ira observante, suponemos que la eliminación de los segundos paneles de azulejos –éstos de Manises– se debió a una patología debida al envejecimiento o a una pobre calidad del material dispuesto por los observantes, lo que explicaría su retirada solo sesenta años después. Quizá lo cenagoso del terreno habría causado humedades ascendentes que debieron provocar continuos desprendimientos de azulejos, persuadiendo a los frailes de arrancarlos por completo.

No pasó mucho tiempo hasta que la segunda serie de zócalos fue reemplazada en el siglo XVII por la tercera y definitiva que respondía a una estética barroca típicamente valenciana. En efecto, disponemos de abundantes datos acerca de esta última serie de zócalos gracias a la recopilación que realizó Pedro Sucías en 1906 solo quince años después de la desaparición del convento, tras una indagación que le llevó mucho esfuerzo según reconoce él mismo[412], y a una información independiente de Zacarés publicada en *El Fénix*[413]. Ordenado sacerdote aunque dotado de cierta vocación por la arquitectura, Sucías compiló su trabajo en una magna obra titulada *Los conventos del Reino de Valencia*, obra en tres volúmenes donde ofrece abundantes datos de cada edificio y de la Orden correspondiente. Ahora bien, es necesario relativizar el valor de las informaciones de Sucías, pues sus detalladas descripciones, procedentes muchas veces de fuentes no contrastadas, están plagadas de errores, inconvenientes que unidos a su escasa destreza en el dibujo le convierten en una fuente poco fiable.

Sin embargo, su minuciosa descripción de los zócalos del claustro de San Francisco (versión barroca sustitutoria de los segundos, más humildes, arrancados en 1627) permite en esta ocasión dar por aceptable la información de Sucías ya que coincide en lo esencial con la fuente propia de Zacarés. De acuerdo con la versión de aquél, el panel de alicatado tenía una altura

412 SUCÍAS, 1907, I: 269.
413 Zacarés, *El Fénix*, 22 Febrero 1946: 241-242.

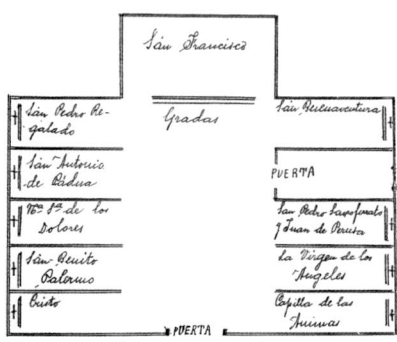

P. Sucías. Plano de la iglesia de San Francisco de Valencia en su obra *Los conventos del Reino de Valencia*, 1907. Valencia, Hemeroteca Municipal, Fondo Sucías. T. I, parte 2, nº 32: 159.

de 8 palmos[414] que coinciden con los 1,60 m. de la *Memoria* de Valdés[415], conteniendo una serie de cuarenta y nueve escenas de la vida de San Francisco enmarcadas con motivos abstracto-geométricos y vegetales estilizados. Cada escena correspondía a un intercolumnio del claustro proyectado sobre el muro, a excepción lógicamente de la pantalla permeable que separaba los dos claustros. Así describe el P. Sucías el alicatado barroco:

> *"El claustro era muy capaz y se hallaban todas sus paredes chapadas de preciosos mosaycos con grekas de colores que hacían sus juegos en rectas hojas y flores, y en el centro de estas grekas que tomaban la distancia de columna a columna en su pared se hallaba pintada la vida de San Francisco desde su nacimiento hasta que subió al cielo arrebatado en un carro de fuego[416].*

414 Ibídem, 268-269. ZACARÉS, *El Fénix*, 22 Febrero 1946: 241.
415 Valencia: AIMC. sign. Y-16/234.
416 SUCÍAS, 1907, I: 268.

172

Aunque Sucías no entra a valorar la calidad de estos zócalos, sabemos por Zacarés que no debían ser de esmerada factura:

"[…] *representaban la vida de San Francisco, reproducida en azulejos, de que se hallaba chapado todo el claustro hasta la altura de unos ocho palmos, con varias historias de un dibujo incorrecto pero de colores muy vivos y propios de esta clase de obras, producción esclusiva de nuestro suelo, amenizados con inscripciones, algunas estravagantes y otras muy curiosas*"[417].

En efecto, cada escena estaba acompañada por unos versos alusivos de los que Zacarés copió solo nueve estrofas "*para memoria y como una muestra del estilo de todas las demás*"[418]. Sucías, en cambio, transcribió la totalidad de los versos con algunos errores, no sin antes admitir la dificultad que tuvo para dar con ellos:

"*y bajo de dichos cuadros pintados en los azulejos se leían los versos que a continuación copiamos; los cuales sea dicho de paso nos costaron mucho de encontrar*"[419].

Si descontamos el pórtico divisorio de los dos claustros obtenemos un total de seis pandas hábiles para disponer alicatado. El número de 48 quintetos puede deberse a que las dos pandas este y oeste constaban de seis módulos, como sabemos fehacientemente por el plano de Ulloa/Navarro[420], por lo tanto seis escenas en cada una, mientras que las cuatro pandas a norte y sur poseían siete módulos[421]. Ello hace un total de cuarenta escenas. Los ocho paneles restantes se ubicarían en las cuatro esquinas de los claustros a razón de dos por ángulo, lo cual parece una hipótesis bastante razonable.

---

417 ZACARÉS, *El Fénix*, 22 Febrero 1846: 241; CRUILLES, 1876, 266.
418 ZACARÉS, Ibídem, 241-242 ubica los versos "en los intermedios de los lunetos".
419 SUCÍAS, 1907, I: 268
420 Madrid, ACGE, PL, sign. V-4/18.
421 Los datos se han obtenido de los planos de Ulloa/Navarro [Madrid, ACGE, PL, sign. V-4/18] y Valdés [Valencia, AIMC, sign. YP-7/234; Madrid, ACGE, sign. V-4/19; V-4/20; V-4/21; V-4/22].

Los cuarenta y ocho versos no componían una sola rima sino ocho diferentes. La mayoría, veintiocho de ellos, obecedía a un ritmo *a-b-a-b-a*; ocho lo hacían según *a-b-a-a-b*; cinco eran *a-b-a-c-a*. Uno es *a-b-b-a-b*. Uno, *a-a-b-a-b*. Uno, *a-b-c-a-c*. Uno, *a-b-c-b-a* y otro, *a-b-c-b-c*. Dos estrofas están incompletas porque Sucías no logró averiguarlas. Consecuente con la pobreza iconográfica de los azulejos, los recursos literarios del autor que los compuso eran, como se puede comprobar, ciertamente deficientes. Cruzando la información de dos fuentes independientes, Sucías por un lado y Zacarés por otro, hemos obtenido los siguientes versos:

1. *[Nacimiento de San Francisco]:*
El infierno se turbó
Al ver nacer en un establo
Y al instante acometió
Mas el furor del diablo
Un Miguel lo defendió.

2. *[Bautismo de San Francisco]:*
Logró el favor celestial
Y fue en San Francisco solo
El que el baño [b]autismal
A un vis del ceremonial
Un ángel respondió [Recordatorio: Rolo]

3. *[Vocación de San Francisco]:*
Para empresa tan gigante
Francisco fue el elegido
Pues la Iglesia triunfante
Con ánimo tan crecido
Permaneció constante.

4. *[El crucifijo que habló en San Damiano]*
Armeria tan fecunda
Alejó entre nocturna luz
Sin que así se confunda
Con tantas armas que abunda
Se armó solo con la cruz.

5. *[El padre iracundo y la madre protectora de Francisco]*
Del padre la potestad
Al santo mozo prendió
Por su liberalidad
Pero la madre alcanzó
Llorando la libertad.

6. *[Despojo de su ropa ante el obispo de Asís]*
Raro holocausto y muy diestro
Fue el de ser propio y [desvío]
Pues deja como a maestro
El dejar el padre mío
Por irse al Padre nuestro.

7. *[El sueño de Inocencio III]*
Entre razones advirtió
Que la Iglesia se caía
El Pontífice temió
Mas luego en Francisco vio
Que en sus hombros la tenía.

8. *[Aprobación papal de la Regla]*
Piadoso la confirmó
Con la divina influencia
Y Apostólica asistencia

Mas del suplicante vio
Inocencio la inocencia.

9. *[El carro de fuego]*
De llamas resplandores
Se deja ver en carroza
Por el aire que le alboroza
Y abriendo los interiores
De la caridad que rebosa.

10. *[Francisco de Asís y Domingo de Guzmán]*
Ofendido Dios quería
Con dos plagas acabar
Al mundo, pero María
Pudo su enojo templar
Con los dos que la ofrecía.

11. *[...]*
Por la mesa Episcopal
Con que fue convalecido
Manda le aten un dogal
Y que tiren del ramal
De modo [helado] adherido.

12. *[Conversión de una sarracena]*
Et in medio ignis non sum aestuatus
Ecl 51.
Impura solicitó
a Francisco y diligente
desde el fuego la llamó:

y al ver cama tan ardiente
la turca se convirtió.
(versión de Zacarés)

13. *[Francisco de Asís en la zarza]*
No bien la espina sentía
Cuando para medicina
En la zarza se arrojó
Y aunque le dio mala espina
La espina en rosa volvió.

14. *[Envío de los primeros frailes a la misión]*
A predicar los envía
Por todo el orbe misión
Y en tan dura ocupación
Los consuela, les amplía
Cristo con su bendición.

15. *[Tentaciones de San Francisco]*
Et super nivem dealbabor
Sal **50, 8.**
Intacta el Santo procura
su pureza conservar,
y en la nieve halló la cura,
pues con tanto refrescar
atajó la calentura.
(versión de Zacarés)

16. *[La indulgencia de la Porciúncula]*
Petite et accipietis
Mt **7.**
A vista de tanta gloria

con que sació su deseo
con una firme concordia
nos alcanzó el jubileo
para perpetua memoria.
(versión de Zacarés)

17. *[Multiplicación de panes]*
La admiración de Guzmán
Para mirar tantos alimentos
Aunque 5000 están
Sin tener Francisco un pan
Se ven sobrar tantos fragmentos.

18. *[Oración de San Francisco]*
Venite exultemus Domino
Sal 94, 1.
Francisco rezando estaba
y el pajarillo propicio
a sus versos alternaba;
y sin tener beneficio
al oficio se ensayaban[422].
(versión de Zacarés)

19. *[Predicación a los peces]*
Retórico inflamado
Predicó y con tanto celo
Que todo el gremio escamado
Siendo su lengua el anzuelo
Fue de Francisco pescado.

---

422 Según Sucías: "El oficio cantaba".

20 *[Predicación a las aves]*
Jussit particulatim aeivus
2 Mac 1.
No fue al aire su oración
pues sus palabras suaves
trajeron con devoción
por el aire muchas aves
para escuchar su sermón.
(versión de Zacarés)

21. *[…]*
Admiró aquel gran portento
A todos los del aprisco
Y causándoles gran contento
Que al precepto de Francisco
Se arrodillase el jumento.

22. *[Conversión del agua en vino]*
Fecit aquam vinum
Jn 4, 46.
Convertida el agua en vino
los oficiales pudieron
matar la sed, cuando vieron
que su bien del cielo vino
y sin temor l*e* bebieron.
(versión de Zacarés)

23. *[Predicación en Egipto]*
Immutatum est cor Pharaonis
Lc 44.
De Egipto al soldan predica
sus presentes despreciando,

que a los cristianos aplica:
y cuando está agonizando,
al bautismo se dedica.
(versión de Zacarés)

24. *[El lobo de Gubbio]*
De su satánica brabura
Una oveja convirtió
Mas lo que perdió su fuerza
Francisco le prometió
Ser buena su piel y cabeza.

25. *[Estigmatización de San Francisco]*
En pies, manos y costado
se e[xperi]mentaron la passión
Y al verle ta[n] bien armado
De su antigua pasión
Fue el demonio desterrado.

26. *[Francisco muestra las llagas]*
Celos fueron mas no vanos
Los del fámulo Cortés
Ni sus deseos profanos
Pues las llagas de los pies
Le mostró el Santo en las manos.

27. *[Afirmación de un pecador sobre Francisco]*
Qué es lo que sentís de vos
Soy el mayor pecador
Esto trataban los dos

Pues dijo el pecador
Francisco es gracia de Dios.

28. *[Entrada de San Francisco en la ciudad]*
Benedictus qui venit
Mt 21
Francisco en Asís entró,
a imitación de otra entrada;
y aquel himno le cantó
la plebe que alborozada[423]
a recibirle salió.
(versión de Zacarés)

29. *[…]*
Al amago de Francisco
Toda la infernal bravura
Desertó la fortaleza
— *(Sucías no averiguó este verso)*
— *(Sucías no averiguó este verso)*

30. *[…]*
El fuego en el banquete
Tuvo en su pecho aumento
Se extendió a todo el convento
— *(Sucías no averiguó este verso)*
— *(Sucías no averiguó este verso)*

31. *[Astucia de San Francisco]*
Al darle el palo al vendedor
Sin haber echado fruto

---

423 Según Sucías: "Toda la plebe enramada" (provista de ramas de olivo).

No fue milagro menor
Que aquel Francisco astuto
Solo [jugaba] a la flor.

32. *[Milagro de San Francisco]*
Siendo el santo convidado
Una manzana pidió
Pero con gran desenfado
Del arc[o] la sacó
El niño resucitado.

33. *[Un traidor entre los hermanos]*
Al imitar al piadoso anhela
La cena con Cristo [Recordatorio: visto]
Y tanto le desconsuela
Un Judas en la de Cristo
Como en la suya [capela].

34. *[Fray León contempla la gloria del Santo]*
Fray León el Santo mira
Sobre la tierra elevado
Y este suceso le admira
Pues deja de ser pesado
Cuando la gloria mira.

35. *[Curación por San Francisco]*
Estaba casi mortal
Y el seráfico enfermero
La alivió todo el mal
[Cual] al accidente fiero
Le aplicó tal cordial.

36. *[Profecía de San Francisco]*
Francisco muy cortesano
Pagando al mozo el servicio
Dijo: te aseguro hermano
Que por este beneficio
Vendrás a morir Cristiano.

37. *[Francisco confortado por música celestial]*
Cantate ei, et psalite ei
Cantó tan divinamente[424]
al compás de aquella lira,
que embelesado el paciente,
con la suavidad que admira,
se olvidó del accidente[425].
(versión de Zacarés)

38. *[Francisco alivia a un jorobado]*
De descargarlo en su carga
Francisco corrió piadoso
Porque carga tan amarga
Para el cargado jiboso
Era muy pesada carga.

39. *[Francisco acoge a un joven endemoniado]*
Arrastraba al principio
El mancebo un demoniado
Pero Francisco propicio
Después de haberle ilustrado
Le admitió para su servicio.

424 Según Sucías: "Cantó tan directamente".
425 Según Sucías: "Con la suavidad que miró Se olvida del presente".

40. *[Expiración de Francisco]*
En el punto que expiró
Trance que es al hombre acervo
Hasta aquel trono voló
Que perdió luzbel potestad
Cuando del cielo cayó.

41. *[Prueba de los estigmas de Francisco]*
Cuando el pa[j]e, asegurado
De sus dudas tan inciertas
Pues Francisco le ha [probado]
Que fueron llagas ciertas
Con sangre de su costado.

42. *[San Francisco libera a un hereje]*
Llama el Santo a su cárcel
Dura el hereje en sus penas
Y cuando su error abjura
Abierta ve la clausura
Y quebradas sus cadenas.

43. *[Las llagas ocultas de San Francisco]*
El guante desengañado
Al Canónigo dijo
Mas el fraile, más osado
Las llagas que le ocultó
Le dejaron bien llagado.

44. *[…]*
Del alboroto que temió
Por tanto escarmentado
Asegurado quedó

Cuando la Virgen Sagrada
A su hija llamó.

45. *[Advertencia de Francisco al pueblo]*
Logró [a]l ser resucitado
De Francisco [e]l beneficio
Y al pueblo todo pasmado
Predicó que en el Juicio
Se hila el hilo muy delgado.

46. *[…]*
Tuvo Nicolás metido
Más que de su muerte cierta
De dudar sin ser esquivo
Si entonces estaba muerto
Que él enviaba tan vivo.

47. *[…]*
El sacrílego sin decoro
Al conde dio este tratamiento
Pero fueron sin demora
Los paños al convento
Y los palos para el moro.

48. *[…]*
San Pablo le dio la espada
Mientras la cruz le guardó
Y de su diestra animada
La cabeza le [guardó].
A la primera cuchillada.

CAPÍTULO VII

NUEVO FLORECIMIENTO BARROCO

La Valencia del XVII está marcada por demostraciones festivas y solemnes en honor de la Inmaculada o de los santos en consonancia con la mentalidad postridentina, rendición de honores en recepciones reales y toda clase acontecimientos acompañados de gran aparato ornamental en forma de arquitecturas efímeras, altares provisionales, procesiones, desfiles de carrozas, despliegue de luminarias, fuegos de artificio y recursos de toda índole para los que no se reparaba en gastos. Esta tradición perduró durante mucho tiempo, pues todavía en 1722 el convento de San Francisco de Valencia estaba albergando *"una grande demostración de mucho fuego y una lucida procesión"*[426] para celebrar la declaración de la festividad de San Antonio de Padua por el papa Inocencio XIII a instancias del rey Felipe V.

La erección de estructuras arquitectónicas provisionales constituye una de las manifestaciones más frecuentes de la sensibilidad barroca. Este tipo de festejos tan frecuentes en el siglo XVII da idea del sentido ilusionista y retórico de la edad barroca. Los artistas desplegaban recursos escenográficos para poner de relieve programas ideológicos e iconográficos con los que exaltar las virtudes y hechos singulares del personaje al que estuviera dedicado el festejo o el monumento[427]. Para hacer más inteligible el mensaje, en ocasiones

---

426 BENAVENT, 2004: 88.
427 El tema lo desarrolla ampliamente MARAVALL, José Antonio, 1975. *La cultura del Barroco*, Barcelona.

se acompañaba de la publicación de un libreto, oración fúnebre o sermón panegírico, que dejaba constancia del acto. A partir de innumerables libros históricos llegados a nuestros días, conocemos de manera pormenorizada las obras levantadas en las exequias reales y las ceremonias fastuosas en honor de santos, santas, reyes o príncipes, que en todo caso se convertían en espectáculos donde se congregaban grandes multitudes[428]. Buen ejemplo de ello es un espectáculo acaecido en el convento de San Francisco de Valencia a mediados del siglo XVII, de cuya crónica escrita por Mateu extraeremos más conocimiento acerca de nuestro edificio.

Lorenzo Mateu y la imagen de la *Ecclesia Triumphans*

En la Biblioteca Valenciana se conserva una carta escrita por un magistrado, Lorenzo Matheu y Sanz, caballero de la Orden de Montesa, y miembro del Consejo de Su Majestad en la Real Audiencia de Valencia, dirigida a don Lorenzo Ramírez de Prado, caballero de la Orden de Santiago y miembro del Consejo de Su Majestad en la Audiencia Real de Castilla. La extensa carta manuscrita contiene una Relación de las festividades celebradas en Valencia con motivo del alumbramiento, el 1 de diciembre de 1657, del príncipe Felipe Próspero de Austria, hijo de Felipe IV y su esposa la reina Mariana. El documento, titulado *Relación de las festivas demostraciones* [...] *por el feliz alumbramiento de la reyna nuestra señora dándonos el príncipe deseado* fue publicado en Valencia en 1658, poco después del acontecimiento, en un opúsculo de cincuenta páginas. La organización de los festejos a celebrar en la ciudad del Turia fue encomendada al ilustre Luis Guillén de Moncada, Virrey y Capitán General del Reino de Valencia, quien eligió el convento de San Francisco como sede de los actos programados para el martes 11 de diciembre de 1657. La minuciosa descripción que el autor realiza del engalanado edificio es un valioso documento que da cuenta de sus características arquitectónicas y su estado en el ecuador del siglo XVII.

Comienza el doctor Mateu explicando que "*Avia Su Exª escogido para celebrar su fiesta el Real Convento de San Francisco, y el Martes 11. Innumerable*

---

428 SÁEZ VIDAL, Joaquín, 1985. *La ciudad de Alicante y las formas artísticas de la cultura barroca: 1691-1770*. Alicante: Instituto de Estudios Juan Gilabert / Diputación Provincial.

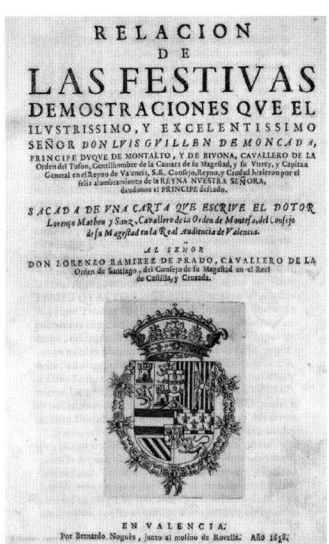

Portada de la *Relación de las Festivas Demostraciones* [...] de Lorenzo Mateu y Sanz. Valencia, Generalitat, Biblioteca Valenciana Digital.

gente de todos los estados que con ansia acudía a esta fiesta" se agolpaba delante de San Francisco que *"amaneció plantada en su plaza un soberbio castillo"* de madera[429], catafalco que Mateu comparó con *"una inexpugnable fortaleza de bien labrada cantería"*[430]. La comitiva entró a la ciudad por la puerta del Real y, pasando la plaza de Predicadores, siguió la calle del Mar hasta la plaza de Santa Catalina mártir. Caminando por delante de San Martín a lo largo de San Vicente llegó a la plazuela *de los Caxeros*, y de allí, por la bajada de San Francisco, a la plaza y convento de frailes menores donde aguardaba la multitud[431].

A continuación dedica Mateu unos párrafos a la historia y descripción del edificio. De entrada asume el relato de los mártires decapitados en el jardín de la *munya* de Zeyt sin entrar a discutir su veracidad –ya que esta tradición no

---

429 Mateu, 1658, epgr. 16. Por error tipográfico se lee 19.
430 Ibídem, 14.
431 Ibídem, 19.

fue puesta seriamente en duda hasta 1922 por Fullana– y sin ahorrar elogios hacia el monarca jaimita:

> *"Es este convento fundación del invicto Señor Rey Don Jaime el glorioso Conquistador: su planta en sitio famoso, pues aunque al tiempo de la conquista fue jardín de los Reyes moros, situado fuera de los muros; fecundo con la sangre de dos Martires de la misma Orden, se ha transformado en deleitoso vergel del Sumo Monarca, y oy se halla en medio, casi, de la florida Ciudad".*

Por entonces, el convento todavía conservaba el aspecto gótico de la refundación de Codinats, pues en ningún momento da noticia Mateu de construcciones modernas más allá del pórtico renacentista abierto al frondoso jardín:

> *"Es su fabrica grande, aunque antigua; sus edificios, famosos, capazes, y opulentos; y su Templo (con ser de sola una nave) de los mayores, y más perfectos, que en este lugar merecen el primero, por su antigüedad, y magnificencia".*

El acceso natural al convento era a través del jardín, lugar elegido para instalar el fuego de artificio no sin gran riesgo por lo frondoso del emplazamiento. Mateu lo describe como un patio amplio rodeado de muros y una variedad de árboles a la izquierda de la puerta principal que daba a la pequeña plazuela triangular de *Sant Francesch*:

> *"Haze frente a la plaza un dilatado patio, cercado de altos muros, cuyo ámbito incluye a la mano izquierda de la puerta principal, una huerta, adornada de cipreses, palmas, alamos, y naranjos. Sirvió este sitio de plaça de armas, para que sin riesgo del mucho concurso, gran número de morteretes, y petardos, hiziessen salva a la carroza de Su Excelencia así como llegó a pisar sus umbrales"*[432].

---

432 Ibídem, 20.

Acto seguido se refiere Mateu al pórtico renacentista del que nos ofrece información detallada, confirmando lo que ya sabíamos de él por el plano cartográfico de Mancelli y otras fuentes más tardías:

> *"Tiene el Templo un hermoso pórtico, que forman ocho arcos de piedra labrada, sobre nueve columnas de orden Dorico; tan dilatado, y espacioso, que casi iguala la longitud de la Iglesia"*[433].

Las columnas del pórtico se vistieron para la ocasión de tafetán encarnado *"desde el capitel hasta la basa"*[434]. Este dato confirma que se trataba de una arquería renacentista de medio punto sobre columnas toscanas como sabemos por otras fuentes. Por lo tanto, la logia estaba resuelta *a la brunelleschiana* y debió de ser construida con toda seguridad en el siglo XVI en fecha incierta, aunque por sus características podría datar de la segunda mitad del quinientos.

La comitiva accedió al interior del templo, del que Mateu dice que era *"de los de primer magnitud"*. Las paredes estaban cubiertas de riquísima tapicería *"desde el arrancamiento de las bóvedas hasta el suelo"*. Continúa explicando el modo como se engalanó la iglesia en toda su longitud *"desde la Capilla mayor, hasta el coro"*[435]. Esta afirmación confirma la existencia de coro alto a los pies de la iglesia, del que sabemos gracias a un documento sacado a la luz por Gómez-Ferrer[436] que fue ejecutado en 1538 por el prestigioso cantero Domingo de Urteaga. Dicho coro descansa sobre un gran arco escarzano similar a los de Sant Francesc de Xàtiva y su homónima de Morella, y además se situaba a la misma cota que el claustro superior según hemos podido confirmar por otra información de archivo publicada por Pingarrón[437].

---

433 Id.
434 Id.
435 Id.
436 GÓMEZ-FERRER, Mercedes: Monasterios y nuevas fundaciones conventuales en la Valencia del siglo XVI. En: AA.VV.: *Historia de la ciudad*, vol. 5: "Tradición y progreso", Valencia: ICARO-CTAV, 2008: 107; apéndice documental nº 6: 112-113: "Contrato con Domingo de Urteaga para la construcción de un arco en el coro de la iglesia del monasterio de San Francisco de Valencia", Valencia, APP, Gaspar Micó, 17424, 8 diciembre 1538.
437 PINGARRÓN, 1998: anexo XXIII: 666-673, capitulación XXVII: 671.

La presencia de Urteaga en las obras del convento de San Francisco es notable por cuanto este cantero de origen vasco era maestro de obras de la Ciudad junto con Joan Corbera[438]. Se le vincula con diversos trabajos en las iglesias parroquiales de Xàbia y Cocentaina, aunque es singularmente conocido por su intervención en la galería del *Consolat del Mar* de la Lonja de Valencia. También tuvo destacado protagonismo en la construcción de palacios y otras obras civiles de la ciudad como el baluarte del Grao[439].

A juzgar por la descripción que Mateu hace del retablo mayor, este debía tratarse de un imponente retablo tardorenacentista del último tercio del siglo XVI, ejecutado todo él en madera dorada y policromada:

> *"El Retablo de esta Iglesia (que ocupa quanto ay desde el suelo al techo) es celebre entre los modernos, por lo exquisito de su hechura, admirable de su traça, perfección de la talla, y acierto de lo dorado"*.

Constaba de *"dos cuerpos de columnas corintias"* sobre pedestales de mármol, que Mateu denomina con escasa precisión terminológica *"cimientos o zócalos"* de jaspe. En realidad, sabemos por Ponz[440] que el primer cuerpo era corintio y el segundo compuesto, pero este detalle debió pasarle desapercibido. El cuerpo superior tenía tres calles, pues Mateu habla de cuatro columnas *"que hacen lado al marco de un espacioso lienço, en que está pintada la Assunción de la Puríssima Reyna de los Angeles, con sus pilastras, remates y cartelas"*. El orden columnario concluía *"en corniza, friso, y arquitrabe"*, una *"proporcionada definición"* rematada por *"quatro piramides"* que prolongaban visualmente los ejes de las columnas, lo que confirmaría la filiación herreriana de este retablo y su cronología próxima a 1600. En lo alto de la calle central existía un medallón, probablemente circular, con *"las Armas de la Serafica Religion"*, es decir, el emblema de la Orden franciscana.

438 Valencia, AMV, MC, A-61, 11 mayo 1525, *"ab consentiment de Mestre Joan Corbera mestre pedrapiquer de la ciutat de Valencia, elegeixen en Mestre pedrapiquer de la dita ciutat a Mestre Domingo Artiaga* (evidentemente Urteaga) *pedrapiquer ensemps ab mestre Joan Corbera"*.

439 GÓMEZ-FERRER, Mercedes, 2002. *Vocabulario de arquitectura valenciana, siglos XV al XVII*, Valencia: Ayuntamiento: 285-287.

440 PONZ, 1772-1794: t. IV, carta V, epígr. 35.

El cuerpo inferior era más ancho, de seis columnas, donde las cuatro centrales se correspondían verticalmente con las del nivel superior. En el centro existió un lienzo de Orrente representando la historia de la Porciúncula, flanqueado a uno y otro lado por dos niveles de nichos con estatuas de tamaño casi natural que representaban santos de la Orden: *"ocupando la parte superior, San Antonio de Padua, y S. Bernardino de Sena; y la inferior, S. Buenaventura y S. Luis Obispo"*; y en los pedestales, delante de las columnas, *"diferentes Virgines y Martires"*. En los extremos, sobre el arquitrabe principal y correspondiendo en vertical con las columnas extremas, dos estatuas de perfecta escultura, una representando a San Jacobo de la Marca, otra a San Juan de Capistrano, ambos blandiendo estandartes de la Fe *"como Inquisidores contra la herética pravedad"*[441].

De acuerdo con la descripción del doctor Mateu, sabemos que el presbiterio estaba elevado sobre unas gradas de no excesiva altura que se cubrieron para la festividad con una tarima de madera de tres peldaños ocupando la totalidad del ábside, lo que recreció su altura al doble del peldañeado original[442]. Esta información confirma que el presbiterio estaba elevado sobre unas gradas, probablemente tres y de escasa altura, y estaba provisto de barandilla según leemos en un memorándum de 1771[443].

Es notable que Mateu no entre a describir la iglesia de San Francisco más allá de recrearse extensamente en el retablo clasicista de su capilla mayor. De la lectura de la carta se desprende que la fábrica gótica, aunque no la menosprecia, le parece *"antigua"*, de ahí que la pase por alto. En ocasiones un cronista o viajero, a la hora de describir un edificio, es elocuente tanto con sus palabras como con sus silencios, y en Mateu llama la atención la omisión de la fábrica del templo. Podemos colegir que el templo seguía conservando su primitiva apariencia gótica, de ahí que todos los arcos formeros ojivales de las capillas y los testeros planos de los contrafuertes fueran vestidos para la ocasión con tapicerías. De ser así, la única fábrica gótica claramente visible durante aquel festejo sería el abovedado simple y barlongo de la nave.

---

441 Mateu, 1658, epígr.21.
442 Ibídem, 22.
443 Llabrés, 1926: 829.

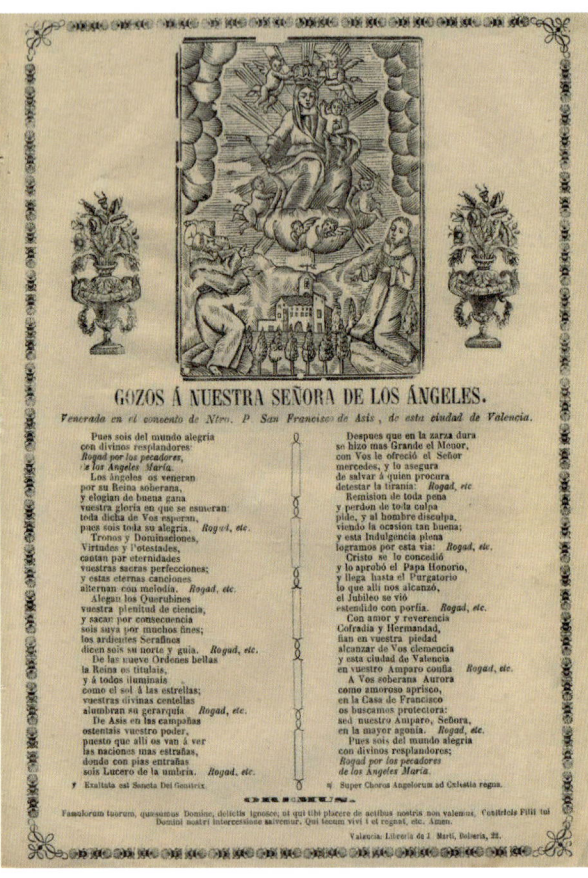

Gozos a Nª Sª de los Ángeles venerada en el convento de Ntro. P. San Francisco de Asís, de esta ciudad de Valencia.
Valencia: Librería de J. Martí. Valencia, Curia Provincial de los Franciscanos.

Como quiera que la comitiva no accedió a los humildes claustros de ladrillo embadurnado de cal, tanto éstos como la sala capitular de indeseable traza gótica –la capilla *dels Montagut*– quedaron ocultos a la vista de autoridades y demás público asistente. Así pues, la imagen sesgada que los frailes de San Francisco transmitieron ese día fue la de un edificio *al moderno uso* pues, en la medida de lo posible, solo se permitió la visión de un pórtico de arquerías de medio punto sobre columnas clásicas y un retablo herreriano de madera sobredorada con pirámides y estatuas de bulto redondo, quedando la fábrica gótica oculta a los ojos del público si exceptuamos las bóvedas nervadas que, no por casualidad, Mateu soslaya.

La solemne recepción celebrada en el convento de San Francisco, adornada de la habitual pompa barroca, concluyó con un *Te Deum laudamus* en agradecimiento por el nacimiento de Felipe Próspero "el Deseado". El oficio religioso estuvo acompañado de música coral y perfumes "*para que à un mismo tiempo todos los sentidos gozassen de igual recreo*". Todo fue ejecutado "*tan grave y majestuosamente que no ay quien se acuerde de celebridad semejante*"[444]. Impactado por el esplendor del acto y en señal de agradecimiento, el monarca concedió una serie de indultos que fueron celebrados por las calles con gran estruendo. A las puertas del convento una carroza recogió al rey para conducirle al Palacio Real donde le esperaba la representación de una comedia nocturna a la que asistió la flor y nata de la sociedad valenciana.

La descripción de Juan Bautista Valda

Otro autor que también conoció la Valencia barroca es el cronista e historiador Juan Bautista Valda. Al igual que Mateu, Valda proporciona información valiosa sobre el convento de San Francisco con ocasión de otro pomposo acontecimiento público: las fiestas solemnes que la ciudad de Valencia celebró en honor de la Inmaculada Concepción de María en 1663. Valda escribió sus *Solenes fiestas*[445] durante el pontificado de Alejandro VII –al que llama "Nuestro Septimo Alexandro"– en plena apoteosis barroca del catolicismo. Por entonces el papado estaba invirtiendo ingentes sumas de dinero en la urbanización de la Plaza de San Pedro del Vaticano y en la dignificación de Roma como *caput mundi* cristiano.

Aunque la doctrina de la Concepción Inmaculada de María no fue elevada oficialmente a dogma hasta el Concilio Vaticano I (1869-70), la Tradición

---

444 MATEU, 1658: 23.
445 VALDA, 1663: cap. XV, 294-300.

de la Iglesia había interiorizado esta afirmación de fe desde la temprana cristiandad. La espiritualidad barroca fue pródiga en celebraciones de la pureza de María, cuya devoción era más intensa si cabe en la Iglesia valentina[446]. La obra de Valda refleja el boato festivo de la Valencia barroca, pero sobre todo describe profusamente numerosas iglesias y conventos de la ciudad. Algunos, como San Francisco, están hoy desaparecidos, de ahí que su obra constituya un documento histórico de innegable valor.

En el capítulo XV, titulado "Acompaña la Sagrada Religión de San Francisco las fiestas de la Ciudad", el autor destaca la participación activa de las distintas comunidades franciscanas de Valencia en la solemne festividad en honor de Santa María. Su testimonio da cuenta no solo de los ornamentos con que los frailes vistieron provisionalmente el edificio, sino también de la propia arquitectura del convento, lo que permite hacernos una idea de su estado en 1663.

Comienza Valda describiendo el *"Real Convento de San Francisco"* como una *"fundación de la Conquista de Valencia, bien que entonces era de Claustrales trasladado a la Observancia"*, afirmando del edificio que:

> *"es de los mayores que ay en España, donde de ordinario pasan de ciento y veynte Religiosos; y aunque su fabrica es de tanta antiguedad, ay muchas cosas labradas en él al moderno uso"*[447].

De entrada, es menester subrayar que la imagen ambivalente del edificio –*antigua* y moderna o, con más rigor, gótica y renacentista– es unánime entre los autores, ya que el magno complejo conventual del siglo XIV difícilmente podía ser enmascarado por un reducido número de elementos ejecutados "al moderno uso" como lo eran el pórtico de ingreso y su coetáneo retablo del altar mayor.

---

446 Al respecto, véase Bueno Tárrega, Baltasar, 2006. *Historia de la Virgen de los Desamparados de Valencia*. Valencia: Ayuntamiento.

447 Valda, 1663: cap. XV, 295. Este cálculo coincide aproximadamente con un documento independiente del cronista Colomer donde se lee que en 1678 se presenta un cálculo en el definitorio resaltando que San Francisco de Valencia podía mantener de 100 a 104 religiosos, mientras que su homónimo de Morella solo de 20 a 28. [Martínez Colomer, 1803: 411].

Al igual que Mateu, Valda comienza su descripción por el jardín, paso obligado para acceder al edificio. De él destaca, como no podía ser de otro modo, lo frondoso y fresco del lugar, circunstancia que nunca dejó de llamar la atención de los visitantes. Sorprende la clarividencia de Valda al profetizar para ese jardín una *famosa Plaça* destinada a festejos locales, anticipando trescientos años antes la actual plaza del Ayuntamiento:

> "*Antecede a la entrada de este Santuario un patio tan grande, que le ha mirado la Ciudad muchas vezes con cariño, para hazer de el una famosa Plaça, para sus Fiestas, está cerrado de tapias y tiene tres puertas en triangulo divididas, y en distancia de ciento y cinquenta passos; dantro un ameno jardín, y una divertida alameda, le hacen muy opaco, y frondoso; a este natural aliño añadió el artificio de vestir las tapias de famosas tapicerías*"[448].

Antes de acceder al interior del convento se topó con el pórtico renacentista, del que ofrece una minuciosa descripción coincidente en todo con la de Mateu:

> "*[…] da passo a la entrada del Convento un pórtico de arcos, y columnas de piedra, labradas con orden dórico, vistieron las columnas, chapiteles, alquitraves, frisos, y cornisas de arrayan tan perfectamente compuesto todo, que mas parecía, averse criado y cultivado allí por mano de primoroso jardinero, que aliño sobrepuesto: hazía división a cada estancia un labrado. En los nichos, donde se apartan los arcos […]. El cielo del pórtico se cubrió todo de tafetanes de diferentes colores, para imitar más bien la primavera*"[449].

Tras ingresar al vestíbulo se encontró con tres puertas, una al frente y dos a los lados, que distribuían respectivamente a la portería anterior al claustro, a la iglesia la puerta del lado izquierdo y a la capilla de Nuestra Señora de las

---

448 Valda, 1663: cap. XV, 296.
449 Ibídem.

Nieves la de la derecha, tal como confirman los planos de Ulloa/Navarro[450] y Valdés[451]:

> *"Dan passo en este pórtico tres puertas que se adornaron de pulidas, y iguales fachadas, con toda la perfección del arte; por la una se entra a la Iglesia, por la de en medio a la portería, y por la otra a otro pedaço de Iglesia, que lo devio de ser en la primitiva fundación [...]"*[452].

Es evidente que Valda desconocía la historia del edificio, pues nada de lo que vio podía pertenecer a la *"primitiva fundación"* si con ello quiso referirse a la de tiempos del rey jaimita, arrasada en 1359 tras el milagro de Codinats. Ahora bien, el dato acerca *"del otro pedaço de Iglesia"* hace pensar que la capilla de la Inmaculada, levantada en tiempos del magnate don Berenguer, debía conservar su fábrica gótica, si bien ésta fue barroquizada unos años después de la visita de Valda, seguramente en el curso de la reforma de 1675.

El ilustre visitante accedió al interior de esta capilla, llamada también de la Purísima o de las Nieves, y puesto de espaldas al altar mayor miró en dirección hacia la iglesia mayor, quedando maravillado de la profunda perspectiva que divisó:

> [...] *"y es la Capilla principal de nuestra Señora de las Nieves, desde donde se descubre el Altar mayor de la Iglesia principal, por la comunicación, y correspondencia de puertas en el transito de la portería, y es la distancia tan grande de frente a frente, que son casi trescientos pasos"*[453].

Trescientos pasos equivalen a una longitud de más de 200 metros teniendo en cuenta la zancada de un hombre medio de la época (1,60-1,70 m. de estatura). Si comprobamos este dato sobre los planos de Ulloa/Navarro[454] y

---

450 Madrid, ACGE, PL, sign. V-4/18.
451 Valencia, AIMC, sign. YP-7/234. Madrid, ACGE, PL, sign. V-4/19; V-4/20; V-4/21; V-4/22.
452 VALDA, 1663: cap. XV, 296-297.
453 VALDA, 1663: cap. XV, 297.
454 Madrid, ACGE, PL, sign. V-4/18.

Valdés[455], la distancia desde la posición de Valda hasta el altar mayor del templo era de unos 60 metros, de ahí que la cifra calculada a ojo por el cronista sea ciertamente exagerada. Si confundió *pasos* por *pies,* la longitud en este caso sería de 90 metros, lo que se acercaría algo más a la realidad. En cualquier caso parece claro que su noción de la dimensión espacial no era excesivamente atinada.

Continúa Valda su descripción del convento pasando a la sala capitular, a la que accedió a través de la sacristía. Curiosamente describe la capilla cuatrocentista de los Montagut como de *moderna fábrica*, aunque ya sabemos que se trataba de un espacio rigurosamente gótico construido en el siglo XV por Baldomar. No obstante, en descargo de Valda hay que reconocer que la capilla, ejecutada mediante fábrica de sillería y de cuyos muros colgaban pinturas al lienzo de gran formato, no tenía otros elementos góticos que el rosetón y la bóveda de crucería simple que la techaba.

Nuestro autor proporciona un interesante dato acerca del doble claustro cuando se refiere a él como "*de antigua fábrica*". Esta ambigua expresión cabe interpretarla de tres modos diferentes: a) que estuviera envejecido, cosa bastante probable; b) que fuera de trazado ojival, lo cual ya hemos descartado, ó c) que estuviera articulado "*a la romana*", en cuyo caso hubiera sido más apropiado definirlo como "*fábrica a la antigua*", una sutileza poco esperable de un completo desconocedor de la Historia de la arquitectura como Valda. Por otra parte, su descripción de la panda permeable de ocho arcos que dividía los claustros y lo semejante de éstos coincide con la que ya conocemos por otras fuentes independientes:

> "*Si entramos en los Claustros, son (aunque de antigua fabrica) de ámbito grande, y en igual nivel fabricados, pues por las puertas se comunican, y parecieran uno, si el lienço de en medio no les dividiera, los ocho lienços* [se refiere Valda a los alzados interiores, cuatro por cada claustro] *estaban colgados de tapicerías finissimas* […] *En cada arco de los Claustros una bandera* […] "[456]

455 Valencia, AIMC, sign. YP-7/234. Madrid, ACGE, PL, sign. V-4/19; V-4/20; V-4/21; V-4/22.
456 VALDA, 1663, cap. XV: 298.

Valda no aporta mucha información acerca de la iglesia, ya que tan solo describe la amplitud y belleza del retablo mayor cuya raigambre herreriana conocemos por Mateu, aunque lo elogia como *"de lo mejor que hay en España"*:

> *"La Iglesia (aunque de una nave) es grande, y magestuoso templo, colgóse de terciopelos carmesíes, y brocados [...]. El Altar ha pocos años que se labró, y doró, y es sin duda de lo mejor que hay en España, con todo el rigor del arte. En el principal nicho de él está San Francisco"*[457].

Sabiendo que Valda visitó el convento en 1663, hay que relativizar la referencia a los "pocos años" de existencia del retablo, pues sabemos que éste se labró antes de 1600 acaso inspirado en el que Reixach realizó para la Capilla Real del convento de Predicadores, con el que guardaba notables semejanzas.

Campaña de renovación barroca

Tal como acabamos de conocer por las descripciones de Mateu y Valda, en vísperas de la renovación barroca llevada a cabo por los frailes en 1675 ya existían en el convento de San Francisco algunos elementos puntuales de estética moderna superpuestos al viejo edificio de Codinats. En primer lugar el pórtico renacentista, que al parecer no tenía función alguna, debió ser construido probablemente para dignificar el ingreso mediante el empleo de una solución columnaria de orden toscano *a la brunelleschiana*. Otra destacada adición moderna era el imponente retablo herreriano del altar mayor antepuesto a la fábrica mural gótica. Su nivel inferior se plegaría en ambos extremos para adaptarse al ábside pentagonal, ocultando parte del ventanal lancetado del eje ritual. A la nómina de elementos de Edad Moderna habría que añadir el pequeño altar renacentista dispuesto en una de las esquinas del claustro interior, que tiempo después hará las delicias de Ponz. Por lo demás, los claustros de ladrillo revocado de cal presentaban en planta baja arquerías a la romana, aca-

---

457 Ibídem, 299.

so rebajadas, y doble número de arcos en el nivel superior tal como muestran los planos de Valdés[458].

Sobre las obras de renovación emprendidas en 1675 debió pesar no tanto el decaimiento material de la sede franciscana como la necesidad de una actualización estética del convento en consonancia con los nuevos tiempos. Ello debió mover a la comunidad a emprender una labor de transformación puramente epidérmica que afectó al templo, los claustros y las grandes capillas conventuales de las Nieves y la Porziúncula.

La renovación de las austeras estructuras góticas con vistas a su adaptación a la nueva sensibilidad barroca es un fenómeno común a toda la arquitectura valenciana. Si numerosas fueron las iglesias de nueva planta levantadas en el siglo XVII en la ciudad de Valencia –entre las que destacar la Basílica de Nuestra Señora de los Desamparados (1652-1667) surgida en pleno fervor religioso tras la epidemia de peste de 1647– más abundantes fueron las estructuras medievales renovadas según el gusto barroco. De hecho, todas las iglesias góticas de la ciudad fueron barroquizadas a excepción de la Capilla Real de Santo Domingo, acaso por lo peculiar de su *pedra blava* y su asombrosa bóveda anervada. Templos como el de Predicadores o el de clarisas de la Trinidad también fueron barroquizados entre 1692 y 1695.

Normalmente, cuando se proponía la modernización de un templo gótico, lo normal era levantar una nueva bóveda de ladrillo dispuesto a tabica por debajo de la antigua, como ocurrió por ejemplo en la iglesia de los Santos Juanes, en la del Monasterior de la Trinidad o en San Antonio Abad de Valencia[459].

---

458 Valencia, AIMC, sign. YP-7/234. Madrid, ACGE, PL, sign. V-4/19; V-4/20; V-4/21; V-4/22.

459 La iglesia Santos Juanes de Valencia fue renovada entre 1693 y 1702, la del Monasterio de la Trinidad en 1695-1700 y la de San Antonio Abad de la calle Sagunto en 1756-1768 [FURIÓ, 1999, II: 326]. Jimenez y Pellicer enumeran otros procedimientos para transformar fábricas medievales en templos barrocos: la iglesia gótica del Convento del Carmen de Valencia, con primitiva estructura de arcos diafragma, techumbre leñosa y presbiterio abovedado de nervios radiales, fue ampliada y renovada al gusto clasicista entre 1628 y 1655. En otras ocasiones la renovación consistió en revocar por completo la antigua bóveda pétrea dando al templo una apariencia nueva en yeso, como ocurrió por ejemplo en la iglesia del Salvador de Requea entre 1710 y 1712. [JIMÉNEZ PUCHOL, Daniel / PELLICER I ROCHER, Vicent: Santa María de Jesús de Valencia. Aspectos arquitectónicos y pictóricos, *AIA* 59 (1999) nº 232: 49-78, en p. 55].

Más rara e infrecuente es la solución de San Nicolás, donde el abovedado tan solo disfraza las bóvedas góticas de la nave. La solución para la iglesia de San Francisco de Valencia, más sencilla y de menor coste, consistió en aplicar a la estructura medieval un revestimiento decorativo a base de adornos de yeso que no ocultaba la subestructura gótica. Por citar un ejemplo aún visible, esta solución coincide con la coetánea de Pérez Castiel para la renovación barroca de la iglesia de San Esteban de Valencia, llevada a cabo entre 1679 y 1682[460].

Hasta su remodelación en 1675, la iglesia del convento de San Francisco ofrecía una imagen de estricta severidad gótico-cisterciense. Su prolongada nave de gran altura estaba flanqueada por capillas laterales entre robustos con-trafuertes de sección rectangular sin baquetón, pues los arcos fajones divisorios de las bóvedas barlongas cuatripartitas arrancaban desde elevadas ménsulas. Avanzado el siglo XVII, tal estética era inaceptable a la sensibilidad barroca, de ahí que la comunidad franciscana decidiera actualizar la imagen interior del templo a imitación de muchas iglesias parroquiales y conventuales de la ciudad. Los únicos elementos modernos en ese momento en su interior eran el retablo herreriano y el coro alto, éste último seguramente también del postri-dentino. La renovación barroca, iniciada en 1675, consistió en rebajar las capi-llas con bóvedas tabicadas y dotar a los muros de una cornisa cargada de flores y modillones *de acuerdo al mal gusto que entonces dominaba*", como critica Magraner[461], disponiendo en las claves de los arcos unos florones de enorme magnitud *con peligro de desprenderse algunos de ellos y causar un estrago*"[462]. El falso cornisamiento debió situarse en los arranques de los arcos fajones de la nave, posiblemente porque su línea de impostas debía discurrir por encima de las claves de los formeros abiertos a las capillas. El resultado fue una extraña solución barroca superpuesta a una fábrica gótica trecentista mal disimulada.

Conocemos con cierta precisión la secuencia cronológica de las obras de renovación barroca llevada a cabo a partir de 1675. Un dietario de la época, que recoge la crónica de sucesos más destacables acaecidos en Valencia por entonces,

460 BOIRA, 2011: 186.
461 MAGRANER, 1824: 31; Cfr. MARTÍNEZ COLOMER, 1803, II: 41; ÁNGEL, 1943: 190.
462 MAGRANER, 1824: 31.

asegura que "*en el año 1681 se renovó la iglesia de San Francisco*"[463]. De la lectura del conjunto de noticias dispersas del dietario relativas al convento se puede colegir que el cronista se refiere a la campaña de renovación interior del templo iniciada en 1675, cuyas obras seguían en curso seis años después. Los trabajos prosiguieron por la capilla que enfrentaba la iglesia, la de la Purísima, que debió estar concluida en 1688[464]. Por lo dilatado del tiempo transcurrido se puede deducir que las obras incluyeron la cúpula acampanada que coronaba la capilla de Nuestra Señora de las Nieves o de la Purísima frente a los pies del templo.

Contratación de Juan Pérez Castiel

La última actuación barroca de esta campaña renovadora fue la de la capilla de Nuestra Señora de los Ángeles o de la Porciúncula, que al quedar finalizada en 1701[465] se aprecia completamente acabada en el plano de Tosca de 1704. La capilla había sido encargada en 1695 al arquitecto más prestigioso de la ciudad en aquel momento, Juan Pérez Castiel[466], por la cofradía de Santa Ma-

---

463 Benavent, 2004: 42.
464 Ibídem, 47. "*1688. A ocho de diciembre se hizo con grande lucimiento la procesión general a San Francisco por haberse acabado la capilla de la Purissima en 1688*".
465 Ibídem, 78: "1701. "*Dia 2 de agosto se acabó en el convento de san Francisco la capilla para la Virgen de los Ángeles*". En efecto, el último pago de 189 libras, 12 sueldos y 7 dineros declara recibirlos el arquitecto el 5 de agosto de 1703, fecha en la que informaba a la cofradía de estar satisfecho también por la construcción de la sacristía de dicha capilla. [Valencia. APP: protocolo nº 5186, not: Andrés Ballester].
466 Juan Bautista Pérez Castiel (Cascante, 1650-Valencia, 1707). De muy joven emigró a la ciudad de Valencia para entrar a trabajar en el taller de Pedro Artigas, con cuya hija se casó. Fue maestro mayor del capítulo de la Catedral entre 1672 y 1707. En 1667 realizó el claustro del monasterio de Santa María del Puig junto al genovés Francesco Verde. Su estilo fue el barroco ornamentado, con profusión de columnas salomónicas, como en el presbiterio de la Catedral de Valencia (1674-82), parcialmente desmontado en 2006 para mostrar las pinturas renacentistas. Trabajó en numerosas iglesias parroquiales como la de San Valero (1676) de Valencia y la de Santa Catalina de Alcira (1681) que inspiraron obras posteriores como San Esteban (1679-82), San Andrés (1684-86), la capilla de Santa Bárbara de San Juan del Hospital (1684-89) y San Nicolás (1690-93) de Valencia. También participó en las iglesias de Chelva (1676-1702), Torrente (1697) y Biar (1686-94). Reformó los campanarios de San Agustín y San Bartolomé de Valencia y el palacio del Duque de Toscana en Florencia. En 1683 hizo los planos del palacio de san Pío V, actualmente Museo de Bellas Artes de Valencia, aunque la ejecución estuvo a cargo de su hijo Baptista Pérez Castiel y Artigas y su sobrino José Mínguez. Perteneció a la TOR de San Francisco y su hijo primogénito, Juan, fue presbítero franciscano.

ría de los Ángeles, también llamada "Cofradía del Cordón del Seráfico Padre San Francisco" o de la Porciúncula, para albergar el supuesto cuerpo de Santa Bárbara donado por el Provincial de los franciscanos a dicha Congregación. Sobre su configuración arquitectónica poco se sabe más allá de la volumetría general de Tosca y el grabado decimonónico donde ya aparece parcialmente derruida. No obstante, el plano de Ulloa/Navarro[467] permite averiguar sus dimensiones en planta. Se trataba de un cuerpo prismático y macizo de 60 pies de longitud (16,72 m.) por 20 pies (5,57 m.) de ancho por 6 m. de profundo, al que se accedía a través de una de las capillas del evangelio. Sus 9,70 m. de altura sobrepasaban los 6,09 del pórtico contiguo tal como se aprecia en Tosca. Tanto las dimensiones en planta, deducidas de los planos militares, como su altura, concuerdan con las proporciones de Tosca. La construcción sería de origen gótico a juzgar por la fábrica de cantería, triple arquería ojival y tracería cuadrifoliada que todavía se distingue en el grabado decimonónico, aunque Castiel renovó su interior según el gusto barroco rematando el recinto mediante cúpula de perfil acampanado.

La contratación del reputado arquitecto Pérez Castiel no se limitó a la capilla de la Porciúncula. Consta que el artífice firmó con los franciscanos la ejecución de una obra, aparentemente de rango menor, que sin embargo se demostrará muy reveladora para nosotros. El documento, fechado en 1695[468], indica con todo detalle las capitulaciones para la reedificación del muro divisorio del refectorio y el primer claustro, llamado *claustro viejo*, en el tramo que iba desde la portería hasta la panda transversal de separación de los dos claustros:

> *"Y es el primer lienso del primer claustro entrando a mano drecha, desde la paret de la Iglesia hasta la paret que divide los dos claustros".*

---

467 Madrid, ACGE, PL, sign. V-4/18.
468 Valencia. APMDA: protocolo s/n, not. Jerónimo Molina. 1 Julio 1695. El contenido íntegro del contrato publicado por Fernando Pingarrón [PINGARRÓN, 1998: XXIII: 666-673] consta de 32 capitulaciones firmadas ante notario por Gaspar Vicente, síndico y procurador apostólico de los franciscanos, y el "*práctico*" Joannes Perez [Juan Perez]. Firman como fiadores Antonio Pons y Bartolomé Díaz, "*architectos, Valentiae vicinos*". Colomer también informa de su contratación en 1695, coincidiendo con otras fuentes [MARTÍNEZ COLOMER, 1803: 41].

De inmediato surge una pregunta: ¿cómo se explica que un arquitecto del prestigio de Pérez Castiel aceptara un encargo de albañilería tan simple como la reparación de un muro? Una lectura atenta del contrato de obras revela que el trabajo tuvo mayor alcance del que pudiera parecer a primera vista y, además, proporciona pistas sobre la morfología del claustro conventual.

La obra de reparación debía llevarse a cabo "*según la planta y perfil hecha al efecto*", si bien el dibujo no figura junto al contrato y damos por hecho que se perdió. En una de las capitulaciones se expresa que los "*capiteles, postas, alquitrabe y cornisa han de ser de ladrillo cortado*"[469], lo que lleva a pensar que la reparación llevada a cabo por Castiel fue mucho más allá del mero "*arreglo de un lienzo*", como declara el título el documento, e incluyó la reconstrucción de las arquerías del primer claustro, cuya fábrica de ladrillo está confirmada por el documento. A juzgar por otra de las capitulaciones contractuales[470] es muy probable que la necesidad de desmontar la cubierta del refectorio "*que hecha las aguas sobre el claustro viejo*" se debiera a la presencia de filtraciones de pluviales causantes de daños no solo en el muro de la panda claustral sino también en la propia arquería.

Revocar con cal las fábricas de ladrillo ha sido una praxis habitual en la historia de la arquitectura hasta época contemporánea, y la de los claustros de San Francisco de Valencia no era una excepción. El blanqueado de las fábricas afianzaba la imagen de pulcritud propia de la arquitectura franciscana de los siglos XV a XVIII, que tuvo en San Francisco de Chelva su modelo pionero en el reino de Valencia. Que los claustros de nuestro convento también estaban encalados lo confirma otra de las capitulaciones del contrato por la que el arquitecto se compromete a "*enxardar –presentar– todo el claustro de arriba de yeso maestreando aquél*"[471]. Evidentemente la suciedad de las cubiertas, arrastrada por el agua de lluvia, manchaba pronto los inmaculados paramentos, lo que obligaba a encalar las fábricas periódicamente.

469 PINGARRÓN, 1998: anexo XXIII: 666-673, capitulación V: 667.
470 Ibídem, XI: 668.
471 Ibídem, XV: 669.

Una reflexión sobre los claustros de San Francisco

Todos los autores que de una forma u otra se han aproximado al análisis del convento de San Francisco de Valencia evitaron sistemáticamente abordar la arquitectura de su doble claustro, limitándose tan solo a destacar sus enormes dimensiones en comparación con otros de la ciudad. Se da por descontado sin fundamento alguno que los claustros de San Francisco serían de una hermosa labra de sillería gótica en la línea de otros claustros mendicantes como Santo Domingo, el Carmen o La Trinidad. Efectivamente, la cronología constructiva de los claustros de San Francisco, iniciados hacia 1359, induce a pensar en una solución de arquerías de trazado ojival como algunos han supuesto[472]. Sin embargo, ya sabemos que la refundación del convento de *framenors* a raíz del milagroso suceso de Codinats consistió en una magnífica iglesia gótica de cantería y un doble claustro que, por su tamaño colosal y limitado presupuesto, resultó ser de fábrica de ladrillo y revoco de cal como confirman los documentos de archivo. Descartamos el uso del arco apuntado en la fundación de Codinats pues, aunque no presenta dificultades cuando se trata de claustros de un solo piso, crea problemas en aquellos de dos niveles como los de San Francisco, lo que se evita con un trazado de medio punto o rebajado de ramas muy abiertas.

Somos conscientes de nuestra audacia al afirmar que los claustros trecentistas de San Francisco nunca presentaron trazado ojival. Probablemente la escasez de fondos habría llevado a los constructores del siglo XIV a improvisar una solución *sin estilo* basada en el empleo de arcos semicirculares o rebajados apeados sobre pilares de sección cuadrangular, resolviendo el acabado mediante un mero revestimiento de cal que no disimularía por completo el despiece constructivo de ladrillo.

Esta socorrida solución presentó serias patologías menos de veinte años después de ejecutada. En efecto, sabemos que en 1376 los claustros estaban en peligro de hundimiento por asentamientos diferenciales y pudrición de viguetas como hemos comprobado en el capítulo V. Difícilmente unos claustros en tal estado podrían resistir en pie muchos años de no mediar

---

472 ÁNGEL, 1943, 188, entre otros autores.

continuos trabajos de reparación y mantenimiento. La solución definitiva a esta endeble edificación debió llegar en algún momento que los cronistas no precisan y que nosotros situamos en tiempos de Pérez Castiel cuando, por fin, la Orden decidió emprender importantes trabajos de consolidación y reforma.

A la vista de los planos de Ulloa/Navarro[473] y Valdés[474], concluimos que la sección en T de los pilares de ambos claustros es moderna en lugar de gótica, lo que refuerza nuestra teoría. Esto significa que, entre los siglos XVI y XVIII, los claustros experimentaron una transformación que pasó desapercibida a Moorman y otros autores. Sin embargo, Magraner aporta un dato interesante al respecto. Cuenta el cronista que *"el primero que puso mano en esta grande obra* [de los claustros] *fue el padre Vitoria, tan célebre por sus aventuras"*[475] cuando era Vicario Provincial en 1695. Tras dar cuenta de los trabajos que Pérez Castiel estaba ejecutando en el primer claustro desde ese año, Magraner menciona a un tal Domingo Labriesca, cantero, acreedor de 150 libras *"por los pedestales y demás obras de cantería que debían emplearse en la construcción de las dos partes que faltaban del primer claustro"*[476]. Probablemente la obra consistió en el refuerzo de los pilares primitivos mediante un cajeado de ladrillo sobre el que descansaban capiteles clásicos de tosca labra de cantería.

La obra de renovación de los claustros avanzó con notable dificultad por falta de fondos, llegándose incluso a temer por su paralización definitiva. Para ello se formó definitorio el 3 de febrero de 1711 donde se deliberó el modo de reunir dinero con el que continuar los trabajos, pues *"de no hacerlo así, se echaba a perder la obra, que de nuevo se había levantado, y amenazaba inminen-*

---

473 Madrid, ACGE, PL, sign. V-4/18.

474 Valencia, AIMC, sign. YP-7/234. Madrid, ACGE, PL, sign. V-4/19; V-4/20; V-4/21; V-4/22.

475 MAGRANER, 1824.: 31vº. Se refiere a los escándalos que el P. Jaime Vitoria protagonizó en sus andanzas con mujeres, hecho del que dan cumplida cuenta los cronistas de la Provincia [cfr. MARTÍNEZ COLOMER, 1803, II: 41; MAGRANER, 1824: 31vº]. Véase también: CALLADO ESTELA, Emilio. Desórdenes en la Provincia franciscana de Valencia a finales del siglo XVII, *Cuadernos de Historia Moderna* 39 (2014): 165-187.

476 Ibídem.

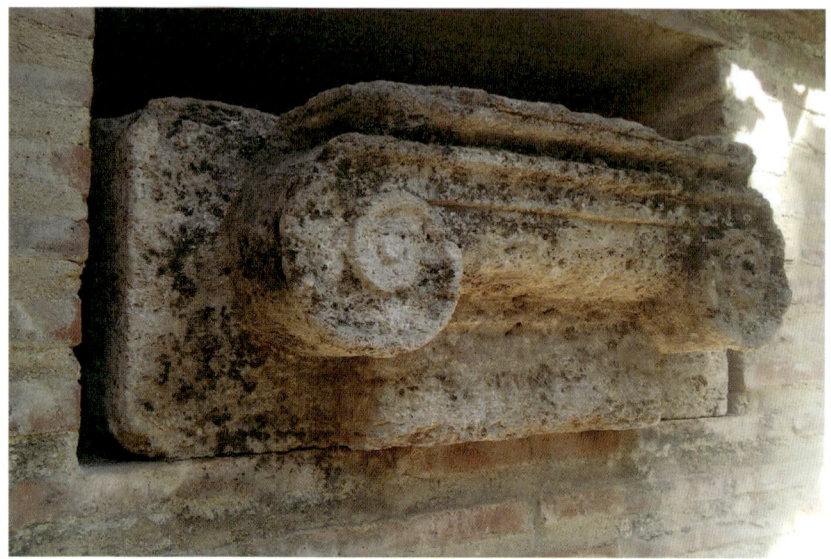

Capitel jónico procedente quizá de uno de los claustros del convento de San Francisco. Valencia, Casa-Museo Benlliure. Foto del autor.

te ruina la que había de antiguo"[477]. El acuerdo del definitorio estableció que cada convento de la Provincia debía contribuir económicamente en función de sus posibilidades, "*para que a ninguno le fuese gravoso*", hasta completar la suma necesaria de 400 libras[478]. Esta ayuda permitió proseguir las obras y dejarlas concluidas en 1715 tras una nueva aportación, pues "*no solo había necesidad de concluir los claustros*" sino también de "*reparar el tejado y bóvedas de la iglesia, y el pórtico* [renacentista] *que todo él estaba ruinoso*"[479].

Nuestra hipótesis acerca de la transformación de los claustros de San Francisco y su nueva apariencia clásica adquirida a partir de 1715, que incluyó capiteles y basas de piedra y pilastras de ladrillo, se ve reforzada por el hecho

---

477 Id.
478 Ibídem, 31v-32.
479 Ibídem, 32.

de que la sección de los pilares en los planos de Ulloa/Navarro[480] y Valdés[481] es compatible con un capitel jónico[482] expuesto en el jardín de la Casa-Museo Benlliure de Valencia. Se cree que ésta y otras piezas exhibidas en el jardín del museo fueron obtenidas por el pintor en alguna de sus visitas a las ruinas del convento de San Francisco antes de su demolición en 1891, y acaso también de San Agustín. Solo admitiendo la hipótesis de una reforma sustancial, que nosotros situamos casi con toda seguridad en 1715, encontramos una explicación a la presencia de pilares de sección moderna en unos claustros cuyo origen se remonta a una fecha plenamente gótica como 1359.

480 Madrid, ACGE, PL, sign. V-4/18.
481 Valencia, AIMC, sign. YP-7/234. Madrid, ACGE, PL, sign. V-4/19; V-4/20; V-4/21; V-4/22.
482 El capitel pétreo (53 cm de ancho por 38 cm de profundo y 23 cm de alto) descansaba sobre un pilar cuadrangular de ladrillo de tres pies (aprox. 80 m x 80 cm.) con pilastra emergente. La sección en T del capitel y su tamaño son compatibles con la sección de los soportes grafiados en los planos de Madrid, ACGE, PL, sign. V-4/19; V-4/20; V-4/21; V-4/22 y Valencia, AIMC, sign. YP-7/234, de ahí que no se pueda descartar su procedencia de uno de los claustros de San Francisco, concretamente del segundo o claustro nuevo, como se le conocía, ya que los del *claustre vell* serían de ladrillo aplantillado según el contrato firmado con Pérez Castiel [Valencia. APMDA: protocolo s/n, not. Jerónimo Molina. 1 Julio 1695, capitulación V; PINGARRÓN, 1998: XXIII: 667].

CAPÍTULO VIII

VISIONES ILUSTRADAS DEL EDIFICIO

El telón del XVIII se abre en Valencia con la Guerra de Sucesión (1705-1714) que al parecer no causó daños al convento. El gran organismo arquitectónico en que se había convertido la sede franciscana, sobre el que despuntaba su esbeltísimo campanario y dos –o tres, si admitimos la existencia de un cupulín presbiteral– achatadas cúpulas barrocas de cerámica vidriada azul y perfil acampanado (con la adición después de otra cúpula sobre la capilla de Aldonza Montagut) será la imagen exterior que perdurará durante los casi cien años siguientes. Por esa razón, las descripciones de quienes lo conocieron durante el siglo XVIII constituyen para nosotros testimonios de gran valor, ya que muestran el estado del edificio en su máximo desarrollo antes de las demoliciones decimonónicas.

La Valencia Ilustrada estaba habitada, como hoy, por gentes toda clase y condición. Pero a diferencia nuestra, la falta de higiene, una nutrición deficiente y unas vías de comunicación inadecuadas condenaban a una gran masa social a una vida miserable. En medio de calles oscuras y carentes de empedrado la mayoría de ellas[483] se levantaban palacios nobiliarios y multitud de iglesias

---

483 La noticia de la ausencia de empedrado en las calles de Valencia es unánime entre los viajeros que visitan la ciudad. Swinburne explica que a menudo los desbordamientos del río levantaban el pavimento *"y muchas veces lo cubre con tal cantidad de arena que en varios sitios se diría que las calles no están pavimentadas en Valencia"* [SWINBURNE, 1779. Carta XIII, 3 de diciembre 1775]. Los sedimentos de limos procedentes de las crecidas del río terminaban sepultando el empedrado de las pocas calles que lo tenían.

parroquiales y conventuales, ofreciendo un vivo contraste entre las insalubres viviendas de los pobres y el esplendor en que vivía una minoría. Este hecho, como tendremos ocasión de comprobar, no pasará desapercibido a los testigos locales y viajeros españoles, ingleses o franceses, que en el contexto cultural de la Ilustración se lanzaron a explorar tierras desconocidas o ignotas en unos viajes no exentos de riesgo. Comencemos nuestra travesía por la Valencia dieciochesca con el plano que sin duda aporta más información sobre nuestro convento.

El convento en el plano de Tosca

Una cartografía de incalculable valor para documentar la Valencia dieciochesca es el plano del sacerdote Tomás Vicente Tosca, quien se esforzó en la tarea de dibujar pacientemente una perspectiva completa de la ciudad. El plano manuscrito data de 1704 aunque posteriormente fue impreso por el grabador Fortea en 1738[484]. En él representó minuciosamente una perspectiva pseudotridimensional dibujada a plumilla, pincel, tinta china y lápiz de todo el conjunto urbano. Es probable que el oratoriano tuviera a mano el diseño de Mancelli dadas las coincidencias que se observan en cuanto al punto de vista axonométrico desde el norte de la ciudad, la clave numérica de los edificios singulares y otras semejanzas.

No sabemos si el *retor de les ralletes*, como se conocía popularmente a Tosca, pudo acceder al interior del convento de San Francisco. Probablemente no, a juzgar por su errónea representación del alzado de los claustros que, por otra parte, es idéntica a la que utiliza para otros conventos independientemente de su verdadero aspecto: una arquería de medio punto sobre soportes a la que no hay que conceder valor testimonial alguno al tratarse de un grafismo convencional que Tosca empleaba para indicar cualquier claustro del que no poseyera información. No obstante, su probable desconocimiento del interior de los claustros no le impidió incluir en uno de ellos un edículo central o templete[485] que albergaría un pozo, como ocurre habitualmente en la arquitectura franciscana.

---

484 Teixidor de Otto, 2006: 22.
485 Almela se refiere a él como *"un cenador octógono con un pozo"* [Almela, 1945: 44]. Cfr. Tormo, Elías: El padre Tosca y la Historia de la arquitectura en Valencia, *Almanaque Las Provincias* (1921): 201s.

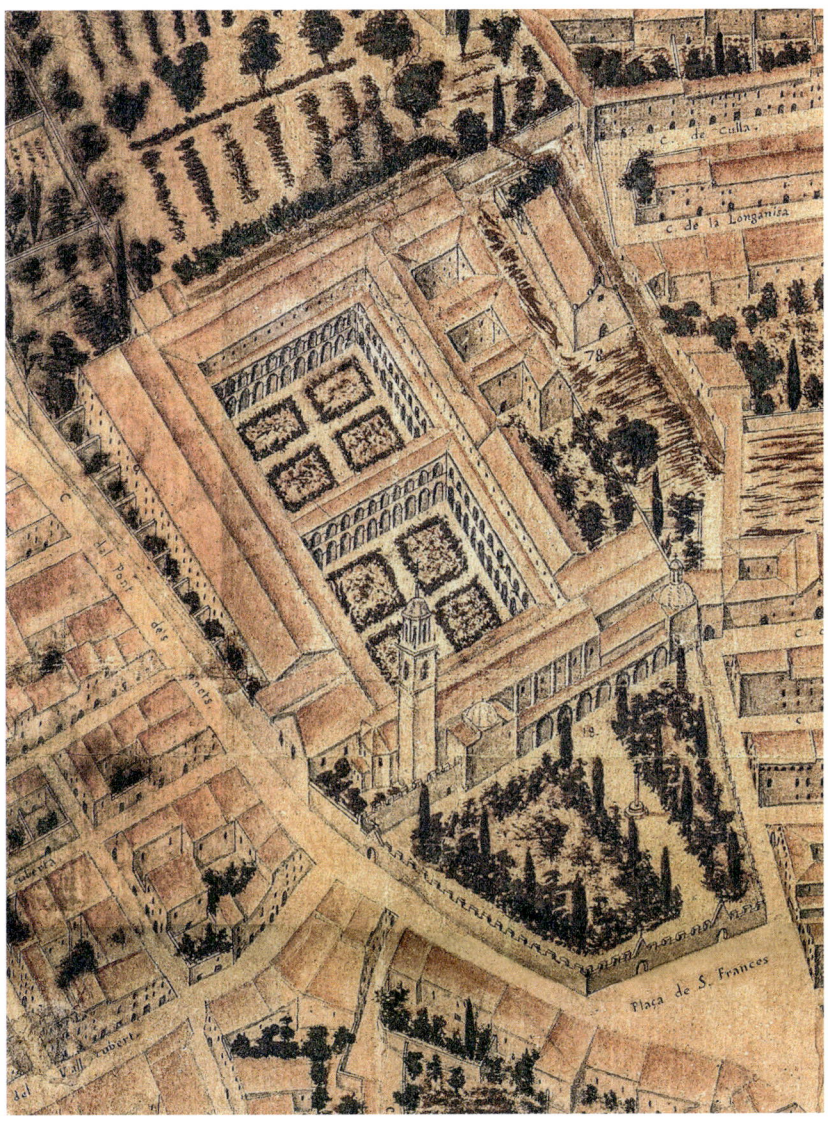

Plano del P. Tosca (1704) en la zona correspondiente al convento y plaza de San Francisco y su entorno. Valencia, Archivo Histórico Municipal / A. Llopis, L. Perdigón, F. Taberner, 2010.

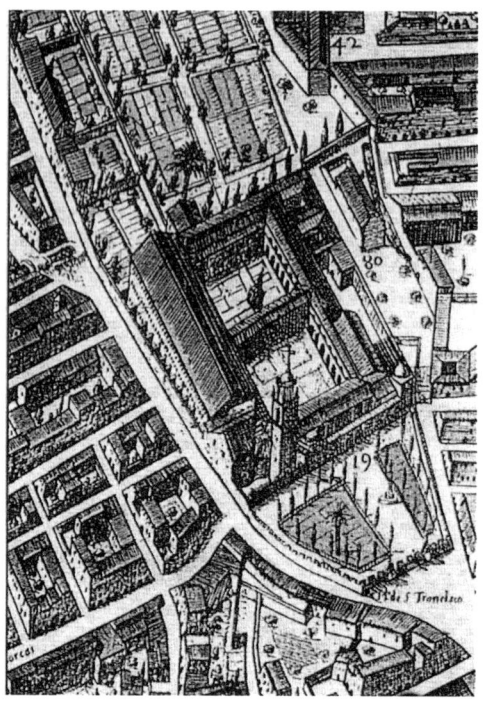

El convento de San Francisco (nº 19) en el Plano de Valencia grabado por Fortea (1738). Valencia, Archivo Histórico Municipal; S. Aldana, 1999, I: 165.

Sin embargo, el plano ofrece datos de gran valor sobre la volumetría exterior del edificio que permiten obtener una idea de su estado en 1704 a pesar de algún error de percepción. De entrada se reconoce un amplio y frondoso jardín con forma de cuadrilátero irregular, al que se accedía desde la pequeña plazuela de San Francisco ubicada ante la tapia recortada por dos sencillas puertas en lugar de una central como la que dibuja Mancelli. Dentro del recinto se muestran dos masas de vegetación, orilladas por cipreses, entre las que se alza una cruz de piedra o *peiró*. También se reconoce el pórtico renacentista con siete arquerías abiertas y otra tapiada en el extremo izquierdo junto a la Capilla de la Porciúncula.

214

Tosca resalta los contrafuertes de la prolongada iglesia entre los que grafía pequeños ventanucos en lugar de los ventanales lancetados que conocemos por Wyjngaerde y otras fuentes. En realidad se trataba de ventanales rasgados de alabastro parecidos a los que dibujó Mancelli, que habían sido repintados en 1606 con imágenes de santos de la Orden, reduciendo todavía más el paso de la luz[486]. La cabecera poligonal se distingue sin ningún género de dudas, así como la pequeña sacristía anexa, aprisionada entre el presbiterio y la espaciosa capilla Montagut o sala capitular, como ciertamente estaba.

El plano también proporciona abundante información acerca de las cúpulas del convento: en primer lugar, se advierte la inexistencia, por el momento, de la elevada cúpula sin linterna sobre esbelto tambor que llegó a rematar la capilla de doña Aldonza, cuya cubierta se resuelve mediante un sencillo tejado a dos vertientes. A partir de aquí podemos deducir que la cúpula todavía no existía en 1704 puesto que Tosca no podía obviar la existencia de una cúpula –la mayor de las tres– cuyo elevado tambor, considerable diámetro y marcada silueta acampanada no iban a pasarle desapercibidos. La única explicación a esta notable ausencia (tanto en el plano de Tosca como en el grabado de Fortea) es que fuera construida en 1738 como así parecen apuntar todos los datos. Lógicamente Tosca sí dibujó la cúpula de la capilla cruciforme de la Inmaculada –de la Purísima o de las Nieves– terminada en 1681, y también la de la Porciúncula o de Nuestra Señora de los Ángeles, de 1701. Además, grafió una minúscula cúpula sobre la sacristía que, al igual que las demás, ha sido reproducida a escala en la maqueta del MuVIM.

El oratoriano también aporta información detallada del campanario. Éste se situaba, como ya sabíamos, junto a la cabecera en el lado norte del templo, muy próxima, si no contigua, a la capilla de los Ángeles. El plano lo presenta de planta aproximadamente cuadrada y rematado mediante un cuerpo intermedio de campanas separado del inferior por una sencilla moldura. Este cuerpo concluye en forma aterrazada con un pequeño cuerpo de planta hexagonal encima, sin elemento de transición con el prisma inferior, terminando en un pequeño cupulín ligeramente acampanado. El chapitel gótico que di-

486 MAGRANER, 1824: 22.

bujó Mancelli ya no existe, pues éste había sido sustituido en 1606[487] por el cuerpo hexagonal de ladrillo. Por otra parte, llama poderosamente la atención lo elevado y esbelto de la torre-campanario, pues si hubiera que fiarse de la proporción de Tosca su altura equivaldría a tres veces la de la nave, algo del todo inverosímil ya que en el mejor de los casos solo la duplicaría. Sea como fuere, su extraordinaria esbeltez siempre sorprendió a cronistas y viajeros.

Como vemos, el campanario de Tosca no coincide en absoluto con el que dibujó Mancelli. Los dos cuerpos superpuestos, uno cuadrangular y otro hexagonal, del plano del oratoriano difieren por completo de la versión del italiano, donde el segundo cuerpo no existe a pesar de haber sido construido dos años atrás. ¿Se contradicen los autores? No necesariamente. Mancelli no incluyó en su plano el cuerpo hexagonal recién concluido posiblemente porque la toma previa de datos no recogió esta adición o por algún otro motivo. Por consiguiente, Tosca y después el grabador Fortea fueron fieles a la realidad del campanario que ellos conocieron, reflejando el verdadero aspecto que tuvo desde 1606 hasta al menos 1846.

En el lado este de los claustros, sobre la calle del Pont dels Anets o *dels martyrs*, Tosca dibujó un cuerpo sumamente alargado, conocido como la *obra nueva*, que albergaba las celdas de los frailes y otras dependencias. Este cuerpo no discurre paralelo a la tapia del convento, sino que se va separando ligeramente de la calle. También en el plano de Mancelli se reconoce esa falta de paralelismo, aunque en este caso la calle y el muro tienden a aproximarse al edificio en lugar de apartarse de él. Creemos más verosímil la versión de Tosca por cuanto la calle del *Pont dels Anets* coincidía con el antiguo camino de Ruçafa, del cual sabemos por la cartografía que viraba ligeramente hacia el este.

Volviendo sobre la imponente volumetría del cuerpo de celdas, Tosca grafía una planta baja y dos niveles superiores de ventanas. La planta inferior presenta unos muros separadores plantados de árboles a modo de jardincillos o huertos privados que también conocíamos por Mancelli. Debía tratarse de celdas destinadas a los superiores y es probable que una de ellas fuera ocupada por Eiximenis durante su estancia en el convento entre 1383 y 1409. Por últi-

---

487 Martínez Colomer, 1803: 28. Magraner, 1824: 21vº.

mo, cabe destacar de este cuerpo su cubierta a dos vertientes y la adición de un tejadillo adicional que remataría en una cuestionable solución de panda claustral, confirmando nuestra sospecha de que Tosca no accedió a los claustros.

Sin duda la información más confusa del plano es la que concierne precisamente a los claustros. Sabemos que el convento de San Francisco contaba con doble claustro desde tiempos del noble Codinats hacia 1358, y que estos estaban separados por una panda claustral permeable tal como revelan múltiples fuentes. Además, una interpretación *ad literam* del plano de Tosca pudiera hacer pensar que los claustros de San Francisco poseían dos niveles idénticos de arquerías de medio punto. Sin embargo, sabemos por los planos de Ulloa/Navarro[488] y Valdés[489] que el nivel superior duplicaba en número de arcos al de abajo. Esta articulación sería muy similar a la del claustro del monasterio jerónimo de la Murta, hoy en ruinas, y posiblemente debió inspirarse en en el recrecido llevado a cabo a finales del siglo XVII en el claustro gótico de Santo Domingo de Valencia[490], cuyo nivel superior clasicista también duplica el número de arcos inferior. Esta hipótesis, avalada por la planimetría militar, constituye otra aportación inédita al conocimiento de los claustros de San Francisco.

El punto de vista escorzado desde el que Tosca contempla el convento franciscano no permite ver dos de las cuatro pandas claustrales, pero sus cubiertas sugieren la existencia de arquerías en los cuatro lados como confirma el plano del ACGE[491] y los del AIMC[492], que incluyen pórticos en las siete pandas claustrales.

Los claustros de Tosca son prácticamente idénticos, coincidiendo con la información de los planos de Ulloa/Navarro[493] y Valdés[494], y presentan un doble nivel de arcos más un tercer piso retranqueado con ventanas a distancia más o menos constante. Más al sur se divisa el huerto, cuya considerable extensión debía alcanzar posiblemente hasta el lienzo de la muralla si nos atene-

488 Madrid, ACGE, PL, sign. V-4/18.
489 Valencia, AIMC, sign. YP-7/234. Madrid, ACGE, PL, sign. V-4/19; V-4/20; V-4/21; V-4/22.
490 ZARAGOZÁ CATALÁN, Arturo: Antiguo Convento de Santo Domingo, separata de AA.VV.: *Catálogo de Monumentos y Conjuntos de la Comunidad Valenciana*, Valencia, Generalitat, 1995: 12.
491 Madrid, ACGE, PL, sign. V-4/18.
492 Valencia, AIMC, sign. YP-7/234. Madrid, ACGE, PL, sign. V-4/19; V-4/20; V-4/21; V-4/22.
493 Madrid, ACGE, PL, sign. V-4/18.
494 Valencia, AIMC, sign. YP-7/234. Madrid, ACGE, PL, sign. V-4/19; V-4/20; V-4/21; V-4/22.

mos al plano de Ferrer de 1831. La zona de las cocinas ya estaba construida en tiempos del oratoriano y así llegó a época contemporánea, formando un verdadero dédalo laberíntico de pasillos alrededor de dos pequeños patios a cielo abierto que actuarían como pozos de luz y ventilación. El conjunto se cerraba al oeste por otra gran edificación entre el primer claustro y un agradable espacio exterior plantado de árboles. Separado del conjunto, aunque perteneciente también a la propiedad franciscana, se reconoce la capilla de la cofradía de los Genoveses, de notable profundidad y proporciones seguramente más verosímiles que las de Mancelli. Su fachada occidental presenta una sencilla silueta terminada de forma angular con breve espadaña en el centro.

Es preciso advertir que la fiabilidad del plano de Tosca es siempre relativa, puesto que la magna empresa de trazar axonométricamente todo el conjunto urbano explica que algunos detalles no sean del todo rigurosos. Con todo, y pese a ciertas contradicciones, nunca hasta entonces un documento gráfico había aportado tanta información de la ciudad en general y del convento de San Francisco en particular como el plano del oratoriano[495].

A partir de este valiosísimo documento gráfico se ha construido en nuestros días una espectacular maqueta de la ciudad a modo de extrusión tridimensional del célebre plano. Este modelo a escala se halla expuesto actualmente en el vestíbulo del Museo Valenciano de la Ilustración y de la Modernidad (MuVIM). En lo que concierne al convento de San Francisco la renderización es aceptable, aunque conviene hacer tres observaciones acerca de los claustros, el cupulín sobre el presbiterio y la torre-campanario.

En cuanto al doble claustro, en el plano de Tosca se distinguen dos niveles de arquerías de medio punto en las dos pandas visibles, pero esto, como hemos dicho, no sería más que un convencionalismo gráfico utilizado habitualmente por el presbítero. Posiblemente Tosca no conociera o no recordara el alzado interior de los claustros de San Francisco, o simplemente careciera

---

495 No nos ocupamos de una versión posterior del plano de Tosca elaborada por Cristóbal Jacinto Belda y publicada en 1738 en el *Resumen historial de la fundación de la ciudad de Valencia de los edetanos o del Cid*, de Pascual Esclapés. Aquí el convento de San Francisco aparece muy simplificado, obligado por la reducción de la escala, y con un trazado más burdo, de ahí que no aporte información de interés.

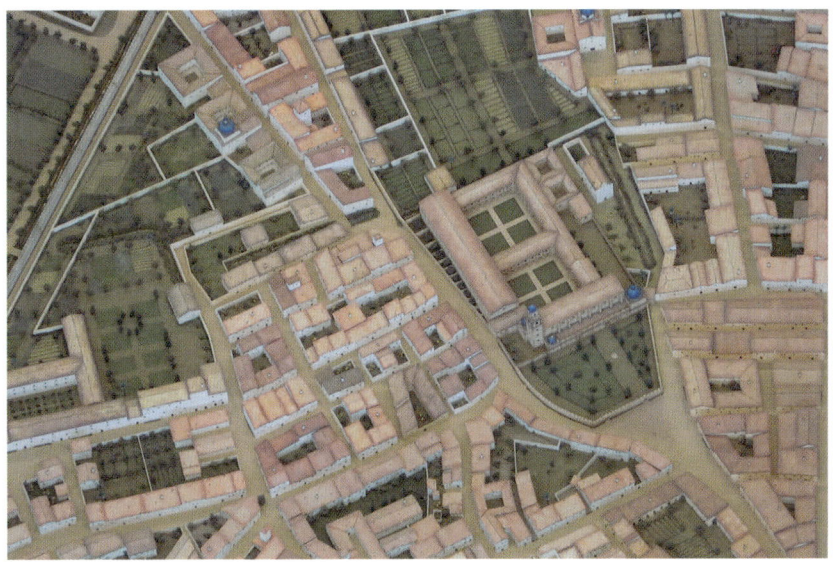

Convento de San Francisco y entorno urbano en tiempos del P. Tosca (ca.1700) según V. García Ros. Foto-composición: J. M. Gómez Lozano.

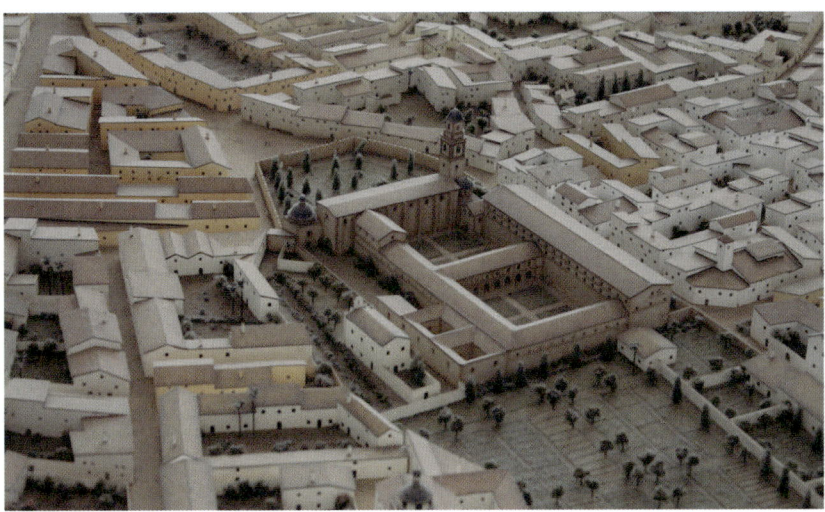

Sector de la maqueta del MuVIM con el convento de San Francisco y su entorno. Foto del autor.

de datos suficientes para dibujarlo con más precisión. En la maqueta, los dos niveles de arquerías se sustuituyen por uno solo sobre el que apea un piso superior perforado por ventanas cuadrangulares. En cambio, en las pandas no visibles de Tosca, los maquetistas dispusieron en el nivel inferior un elevado paño ciego (a falta de datos) y dos niveles superiores de ventanas sencillas. Ni esta particular interpretación ni la del plano de Tosca responden a la realidad del convento de San Francisco en 1704. De entrada, si la hipótesis de la maqueta fuera cierta, las grandes estancias en planta baja carecerían por completo de luz natural. Pero si prestamos atención al plano de Ulloa/Navarro[496], vemos que en todos los lados existen pandas claustrales.

Sin duda, el principal error de la maqueta, consecuencia involuntaria de una información equívoca de Tosca, es el hecho de ignorar que el piso superior de los claustros doblaba al inferior en número de arcos, algo que conocemos con certeza gracias al plano nº 3 de Valdés[497].

Otra observación a la maqueta del MuVIM es la presencia de una pequeña cúpula sobre el presbiterio. El mismo cupulín aparece en el plano de Tosca, sin embargo está desplazado más hacia la derecha, concretamente sobre la sacristía. Esta contradicción solo se puede resolver a favor de Tosca, de lo contrario habría que admitir la existencia de un cupulín sobre una prolongación telescópica del presbiterio, hipótesis que nos parece poco defendible.

Por último, la extraordinaria esbeltez del campanario es más acentuada en el plano que en la maqueta. Además, hay que advertir que el reproducido en esta última no es una renderización del que dibujó Tosca como cabría esperar, sino que existen notables diferencias ya que corresponde más bien a una situación decimonónica. Sin duda los maquetistas conocían la célebre estampa decimonónica del convento de San Francisco, de la que nos ocuparemos más adelante, así que recurrieron a ese dibujo para modelizarlo. Esta circunstancia hace que los autores de la maqueta incurrieran en un anacronismo, pues el campanario, o al menos su remate, no refleja el verdadero aspecto que tenía en la Valencia Ilustrada sino una situación más tardía.

---

496 Madrid, ACGE, PL, sign. V-4/18.
497 Valencia, AIMC, sign. YP-7/234. Madrid, ACGE, PL, sign. V-4/21 (planta principal).

Por lo demás, la maqueta del MuVIM parece fiel a la realidad del edificio en lo concerniente a la elevada iglesia de rotundos contrafuertes, los tejados suavemente inclinados, el frondoso jardín conventual con su cercado de tapias almenadas, el desmesurado cuerpo de celdas con cubierta de pendientes algo más pronunciadas que las del templo, la posición de la capilla Montagut ligeramente avanzada hacia el claustro y el extenso huerto conventual.

Finalmente dediquemos una nueva mirada a la Capilla de los Genoveses. Aquí, la maqueta obedece por completo al dibujo de Tosca que a su vez coincide en lo esencial con la versión de Mancelli. Sin embargo, ya sabemos que la capilla de Tosca es más elevada y profunda que la de Mancelli y así fue trasladada a la maqueta. Preferimos la propuesta de Tosca y por tanto damos por buena su traducción al modelo del MuVIM por cuanto se sabe que la capilla era, al decir de Ortí y Mayor, "*sumamente dilatada*"[498], apostilla que no parece compadecerse bien con las menguadas dimensiones del dibujo de Mancelli.

Campaña de renovación barroco-clasicista

Andrés Mayoral fue arzobispo de la diócesis de Valencia entre 1738 y 1769[499]. Bajo su gobierno, y con su apoyo económico, los franciscanos llevaron a cabo nuevas obras de remodelación en su convento que consistieron en la renovación clasicista del templo según el gusto estético de momento, proclive

---

498 Ortí, 1740: 135.
499 [Cárcel, I: 278-281; lám. 69]. Andrés Mayoral Alonso de Mella (1685-1769) fue nombrado arzobispo de Valencia el 27 de enero de 1738. Se distinguió por su actividad como gran prelado ilustrado y durante su gobierno desplegó una ingente labor pastoral a través de obras de mecenazgo y beneficencia en la fundando diversas instituciones y ayudando a las órdenes religiosas. Destino la casi totalidad de las rentas del arzobispado a sufragar obras pías como el pabellón de expósitos en el Hospital General, la Hermandad de los Padres Agonizantes, cuyo edificio costeó, cuya capilla se conserva en la iglesia de San Carlos Borromeo, reformas en la Casa de Misericordia, creación de la *Biblioteca pauperum et pro pauperibus* en el palacio episcopal, el Colegio Andresiano, confiado a los escolapios, cuya iglesia, en forma de rotonda, es una de las últimas obras maestras del clasicismo barroco español, la Casa de Enseñanza de Niñas y Colegio de "*donzelles de distinguit naiximent*", etc. [Vilaplana Zurita, David: Un edificio emblemático de la España de la Ilustración: La Real Casa de Enseñanza de Valencia y su capilla de Santa Rosa de Lima, *Goya* 249 (1995): 139-150, en pp. 141-142]. Falleció el 6 de octubre de 1769 a los 84 años y fue sepultado al pie de la antigua grada del presbiterio de la Catedral. Desde 1941 sus restos descansan en el panteón del Cabildo Catedralicio.

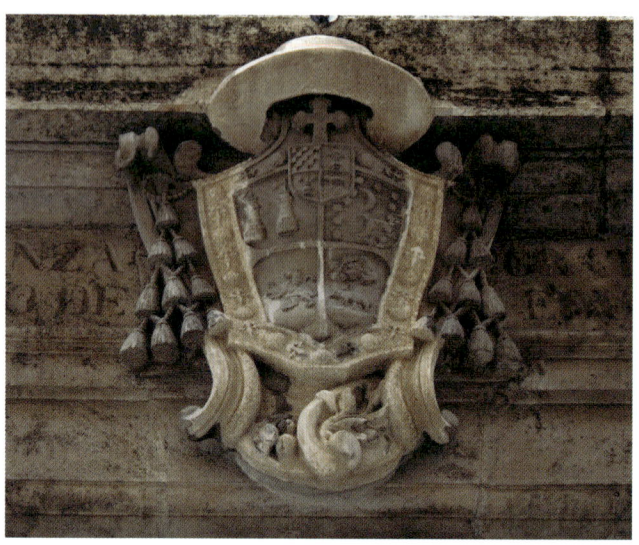

Emblema del Arzobispo Mayoral sobre la puerta principal de la Casa de Enseñanza. Valencia, calle de la Sangre. Foto del autor.

a lo que se ha dado en llamar *barroco desornamentado*. Esta campaña debió comenzar en 1738 o 1739 y consistió probablemente en el rebaje de los arcos ojivales por otros de medio punto y el encalado de la fábrica gótica de modo similar a la renovación barroca llevada a cabo poco después en el templo de Santa Catalina mártir, entre 1740 y 1785. Así pues, a la primera actuación barroca de 1675 le siguió una nueva fase de intervención clasicista que incluyó también la construcción de una esbelta cúpula sobre tambor sobre la capilla Montagut. Su cronología explica que no la viéramos grafiada en el plano de Tosca de 1704 y tampoco en el grabado de Fortea, ya que la obra dio inicio tras el nombramiento del arzobispo Mayoral precisamente en 1738.

Por consiguiente, una feliz coincidencia histórica hizo que el convento de San Francisco alcanzara su máximo desarrollo cumplidos exactamente los quinientos años de su fundación. Si el arzobispo acometió los trabajos de remodelación de nuestro edificio en 1738 o 1739 con ocasión de la efeméride,

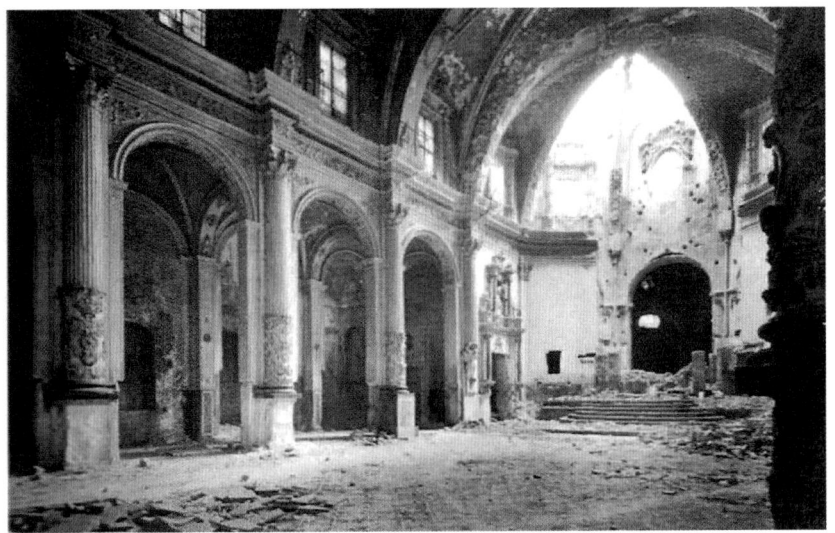

Valencia, Santa Catalina. Renovación barroca (1740-85) similar a la de San Francisco, en una imagen de la Guerra Civil.

es un dato que no podemos precisar. Lo cierto es que, bajo su gobierno, el convento de San Francisco experimentó una tarea de actualización tras medio milenio de existencia que le dotó de una imagen más acorde a la nueva estética Ilustrada.

Las tareas de renovación y adecuación del edificio no cesaron durante el mandato de Mayoral. En 1768, con ocasión del Capítulo General de la Orden a celebrar en el convento de Valencia en mayo de ese año, se acometieron obras de *"lucimiento"*[500] del templo que incluyeron la sustitución del pavimento. Se sabe que los trabajos de repavimentado ocuparon cinco semanas, entre el siete de enero y el trece febrero de ese año, y que poco

---

500 "Memoria del tiempo en que se hizo el pavimento de la Yglesia; y del de su lucimiento; y de los Establecimientos, o Dueños de las Sepulturas y Patronos d'Altares […]". El documento de 50 páginas fue encontrado casualmente en el Círculo Mallorquín de Palma y publicado por LLABRÉS, 1926: 825-837.

después, el 24 de marzo, se colocaron los andamios para *lucir* la iglesia, tarea que, a juzgar por los plazos, debió consistir en una simple mano de pintura sin ribeteado dorado, quedando terminado el trabajo el 21 de abril un mes antes de la celebración del Capítulo[501]. Llama la atención la secuencia de la tarea, del todo contraria a la buena praxis constructiva, ya que primero se renovó el pavimento para seguidamente apoyar sobre él todo el andamiaje destinado a la pintura mural, comprometiendo así la limpieza y pulcritud del recién estrenado suelo.

Dos testimonios de la Ilustración valenciana: Teixidor y Ponz

La Valencia ilustrada vivió un tímido esplendor cultural a partir del reinado de Carlos III con figuras como Gregorio Mayans, Francisco Perez Bayer, Juan Bautista Muñoz, Francisco Cerdá, y escritores de viajes como Antonio Ponz, José Cavanilles, Joaquín y Jaime Villanueva y Antonio Conca, quienes no solamente anotaron costumbres y anécdotas de la vida valenciana sino también detallados y rigurosos inventarios de los archivos, bibliotecas, museos, iglesias y palacios por donde pasaron, cuando no detalladas descripciones de la arquitectura, economía, botánica, riquezas y oficios.

Uno de aquellos eruditos fue el dominico José Teixidor, bibliotecario del Real convento de Predicadores de Valencia[502]. En 1767 escribió tres libros sobre las *Antigüedades de Valencia* donde dedica un capítulo al convento de San Francisco. Teixidor se remonta a los tiempos de la reconquista recordando que su fundación fue fruto de la concesión del rey Jaime I a los franciscanos. Seguidamente efectúa una amplia disertación acerca de la estrechez de la primera concesión del rey jaimita, el supuesto lugar del martirio en la quinta de Çeyt, que niega, y la polémica sobre la custodia de los huesos del gobernador almohade en el convento de San Francisco, que el dominico defiende con vehemencia, en contra del criterio de Escolano que los situaba en la iglesia de

---

501 LLABRÉS, 1926: 828.

502 Josef Teixidor Trilles [1694-1775] fue historiador de la Provincia de Aragón de frailes dominicos. Por indicación de los hermanos Mayans, el Ayuntamiento de Valencia premió sus merecimientos con el cargo de Cronista de la Ciudad, tarea que no llegó a desempeñar al sorprenderle la muerte. [https://dbe.rah.es/biografias/8552/jose-teixidor-trilles] (consultado 27/07/2021).

San Jaime de Uclés de Valencia[503]. Teixidor dedica unas líneas al origen del apellido Belvís, el que adoptó Çeyt tras su conversión, y por lo demás no hace referencia descriptiva alguna del convento franciscano, que visitó acompañado de los hermanos menores según él mismo asegura.

A los efectos de la memoria descriptiva del edificio interesa mucho más conocer el valiosísimo testimonio de otro ilustre valenciano oriundo de Castellón, don Antonio Ponç, quien habiendo alcanzado la fama después de publicar su *Viage de España*[504] castellanizó su apellido por el de Ponz, e incluso se hizo llamar *don Antonio de la Puente* acaso con intención de adquirir un timbre de refinamiento. Al igual que Teixidor, también Ponz tuvo ocasión de acceder a la iglesia y claustros de San Francisco, aunque en este caso su testimonio proporciona gran abundancia de datos[505].

Pese a sus prejuicios hacia la arquitectura gótica y el parecer tan negativo que le merecía la ornamentación barroca, el *Viage* posee para nosotros un valor indudable; sobre todo si tenemos en cuenta que Ponz visitó el convento en el momento de su apogeo tras la remodelación barroco-clasicista de 1738-68 y antes de la limpieza ornamental de 1814 que el riguroso ilustrado no llegó a conocer. De haberlo hecho, el edificio hubiera merecido sin duda un juicio más benevolente por su parte. Con todo, y a pesar de lo sesgado del parecer de Ponz sobre arquitectura, su descripción literaria de nuestro convento es la más completa y exhaustiva de todas las que se tiene noticia.

De la lectura del texto se advierte de inmediato que la visita al convento de San Francisco de Valencia debió causar en él una sensación agridulce a juzgar por la diferente valoración que le merecieron la iglesia y los claustros. Estaba

---

503 TEIXIDOR, 1767, II: 32; ESCOLANO, 1610-1611, I: 496. *AIA* 2 (1915) nº 10: 391. Zacarés creyó que buscar el sepulcro de este *"piadoso príncipe"* era tarea en vano. Admite que en la iglesia de San Jaime de Uclés [cfr. BOIX, 1849: 167; Valencia en la mano, 1825: 21; 58 nº 148] existía un sepulcro de piedra con un escudo de armas cuyos maltratados blasones apenas podían distinguirse. Lo sitúa "junto a la primera capilla de la mano derecha entrando por la iglesia", y asegura que dentro de él había algunos huesos, pero *"la pequeñez de aquel sarcófago manifestaba que no debía haber servido para un hombre tan esclarecido"*. [ZACARÉS, *El Fénix*, 1 Marzo 1946: 254].

504 PONZ, Antonio, 1772-1794. *Viage de España, ó Cartas, en que se da noticia de las cosas más apreciables, y dignas de saber que hay en ella*. Madrid: por D. Joachin Ibarra.

505 Ibídem, t. IV, carta V, epígrs. 25-35.

en la lógica que la imagen de un convento inicialmente gótico y después barroquizado no fuera del agrado de Ponz, quedando a salvo de su condena las puntuales actuaciones renacentistas que en cambio sí elogia, alguna capilla barroco-clasicista y ciertas pinturas de caballete que captaron su atención. El convento acumulaba obras de Juanes, Ribalta, Espinosa y otros célebres pintores valencianos, hoy casi todas perdidas, así como frescos, pinturas y decorados de Vergara y de fray Antonio de Villanueva, lego residente en San Francisco[506]. Tras destacar lo *"grande"* de un convento ocupado por *"muchos religiosos"*, Ponz se detuvo en el pórtico renacentista del frondoso jardín para contemplar los frescos de Villanueva[507].

---

506 Fray Antonio de Villanueva (en el siglo Antonio Villanueva Martínez. Lorca, 1714 – Valencia, 1785. Pintor, arquitecto y religioso franciscano (OFM). Nació en el seno de una conocida familia de escultores asentada desde el siglo XVII en Alicante y Orihuela. Su formación intelectual fue bastante sólida. Sus trabajos como pintor están doblemente filiados al barroco decorativo de tradición italiana y al naciente estilo rococó, de aparatosas composiciones, dibujo correcto y colores fríos, muy inspirado en las novedades venidas de la Francia borbónica que conoce gracias a las estampas. Su obra forma un conjunto coherente y homogéneo en el que se integra la totalidad de las artes (pintura, escultura y arquitectura) en un estilo muy personal e inconfundible. En 1759 ingresó como hermano de los menores observantes de San Francisco tomando el nombre de Fray Antonio de Villanueva con el que es más conocido [ORELLANA, 1967: 465]. A partir de entonces trabaja casi exclusivamente al servicio de la Orden en los diferentes conventos dependientes de la provincia franciscana de Valencia. Se ha afirmado que tomó el hábito en Orihuela, aunque posiblemente lo hiciera en el convento de San Francisco de Valencia a donde acudió atraído por el ambiente artístico de la capital. Asentado en Valencia, se dedicó a la decoración de las distintas dependencias del convento de San Francisco, muchas de cuyas obras han desaparecido o fueron trasladadas tras la desamortización al Museo de Bellas Artes de Valencia donde aún se conservan. Orellana afirma que pintó todos los lienzos del claustro entre 1767 y 1768, obra muy importante y ambiciosa (unos cincuenta lienzos) en la que se ayudó de su discípulo el hermano Joseph. Ceán cita varios lienzos en el mismo convento: Capítulo General que se celebró el 21 de mayo de 1768, San Juan de Perusia y San Pedro de Sasoferrato, el retablo de San Buenaventura, seis cuadros en el altar mayor, etc. [CEÁN BERMÚDEZ, J. A., 1800. *Diccionario histórico de los más ilustres profesores de las Bellas Artes en España*, t. V, Madrid, Impr. Vda. de Ibarra: 252-254]. También trabajó en la decoración de las iglesias y claustros franciscanos de Onteniente, Alcira y Requena, todos ellos desaparecidos. Desde 1780 residió continuamente en Valencia hasta su muerte, dedicándose a labores pedagógicas en la Academia de San Carlos y en su propia celda del convento, donde se sabe que recibía la visita de Orellana y de algunos de sus discípulos. Murió en el convento de San Francisco de Valencia el 27 de noviembre de 1785 según Herbert González Zymla. [https://dbe.rah.es/biografias/40191/antonio-villanueva-martinez] (consultado 27/07/2021).

507 Ibídem, epígr. 25.

Franqueada la puerta accedió por la derecha a la amplia capilla de la Inmaculada de la que omite su arquitectura –quizá porque su austero barroquismo no terminó de convencerle– y tan solo reparó en las obras *"de diversos pintores, que en esta Ciudad han florecido"*[508], destacando *"los quadros de las paredes de los lados en el altar de la Concepción"*, las pinturas de las pechinas de José Vergara y algunos frescos de Villanueva[509].

Acto seguido pasó al primer claustro del que dice ser *"grandísimo, y en quanto a sus últimos ornatos de arquitectura, mala cosa"*[510]. ¿A qué *"últimos ornatos de arquitectura"* se refiere Ponz? Siendo improbable que se tratara de yeserías barrocas, que al parecer nunca las hubo en los claustros, probablemente hablaba de aquellas pilastras cajeadas de ladrillo con toscos capiteles y basas de piedra dispuestos en 1715. En todo caso es obvio que debieron desagradarle los zócalos de cerámica barroca –que sustituían a los de Manises arrancados en 1627[511]– con escenas y versos envueltos de rocallas de acuerdo con una estética seicentista y popular opuesta a la sensibilidad de un ilustrado. Semejante vernacularismo no podía sintonizar con el refinado gusto de Ponz que, aunque castellonense, no disimula su atracción por Castilla. Observa también nuestro viajero que el claustro *"tiene pinturas en todos los lunetos"*, de donde deducimos que las pandas no presentaban techo plano sino bóvedas tabicadas –seguramente de arista– que ocultaban el forjado horizontal de rollizo. Esta solución económica está avalada por una larga tradición y sería similar a la del claustro de las Recordaciones de la Cartuja de Portaceli (Valencia).

Las pinturas del claustro a las que se refiere Ponz son las que fray Antonio Villanueva había pintado en fecha incierta antes de su muerte en 1785 con escenas de la vida de San Francisco. El mismo Villanueva realizó otra serie de frescos en el segundo claustro, el que Ponz llama *"claustro interior"*, en donde le llamó mucho la atención *"cierto altarito"* situado en un ángulo con seis historias del Nuevo Testamento sobre tabla que, al decir suyo, estaba *"poco consi-*

---

508 Ponz, 1772-1794: t. IV, carta V, epígr. 25.
509 Ibídem, epígr. 35.
510 Ibídem, epígr. 26.
511 *Dietari de Mossen Porcar*, III [entrada 3122], 2 octubre 1627.

derado». Afirma con seguridad ser *"de la edad de Carlos V»*[512]. Probablemente se trataría de una discreta hornacina renacentista, acaso con venera, enmarcada por tabernáculo. Al menos así parece desprenderse del elogio que Ponz le dedica al compararlo con las hornacinas barrocas que veía por doquier:

> *"¡Quanta más razón hay en su arquitectura, que en infinitos de los de ahora!"*[513]

El nicho debía contener una pintura de transición gótico-renacentista ya que Ponz vio sus figuras *«vestidas con paños de oro»*, pero con actitudes naturales, *"sin afectación, y verdaderas»*[514].

Su paseo por los claustros de San Francisco le llevó a la sala del Capítulo o capilla Montagut. De ella dice que *"junto a la sacristía hay una capilla muy grande de forma gótica"*. Obviamente la falsa cúpula que existía desde 1738 o 1739 sobre esta capilla no era visible desde el interior, de ahí que Ponz se refiera a la *"forma gótica"* que tenía la bóveda nervada de Baldomar y el rosetón del muro recayente a la calle Sagrario de San Francisco. Lo cierto es que de esta capilla medieval de sillería tan solo reparó en los doce lienzos de un apostolado que colgaba de los muros en todo el perímetro, quizás en número de cuatro grandes cuadros a derecha e izquierda y dos más al frente y a los pies.

El siguiente hito de su visita fue la sacristía, a la que accedió directamente desde la capilla Montagut ya que estaban comunicadas. Aquí reclamaron su atención los grandes cuadros de Vicente Victoria que, en número de catorce, representaban a tamaño natural diversos temas relativos a la Orden de San Francisco *"y a la fundación de esta Casa"*[515]. Seguramente una estancia tan reducida y abigarrada de lienzos de gran formato debía parecer más un museo que una sacristía conventual. De los catorce cuadros reparó Ponz en el que representaba a Çeyt, a quien se refiere como *"D. Vicente Velvís"*. El ilustrado

---

512 PONZ, 1772-1794: t. IV, carta V, epígr. 26.
513 Id.
514 Id.
515 Ibídem, epígr. 27. Todas las pinturas de la sacristía le parecieron *"apreciables"*.

asume la versión de la fundación en la supuesta donación del sarraceno al afirmar que se hizo *"cediendo este sitio, donde estaba su palacio, para los Frayles de San Francisco"*. Enfrente de este cuadro se detuvo a contemplar otro *"que expresa la restauración de la Iglesia"* con la aparición de San Francisco al noble Berenguer de Codinats. Como vemos, las tradiciones relativas a la fundación y reedificación del convento seguían muy vivas después de cinco siglos.

La visita de Ponz por el interior del convento concluye en la iglesia, a la que accedió desde la sacristía, describiéndola como *"una nave de arquitectura medio gótica"*[516]. Esta afirmación es muy oportuna por cuanto la iglesia franciscana presentaba por entonces una profunda y elevada nave gótica después barroquizada con desmedidos florones en las claves y generoso cornisamiento bajo la hojarasca, incapaz todo ello de ocultar la fábrica trecentista. De ningún modo podía agradar a Ponz semejante templo conociendo su desprecio por la arquitectura gótica y su repulsa del *churriguerismo*. Con la expresión *"arquitectura medio gótica"* se refería Ponz al ecléctico aspecto que debía ofrecer un templo de rigurosa factura gótica mal disimulada bajo escayolas barrocas por doquier, donde colisionaban, sin integración alguna, gustos y épocas artísticas tan dispares.

Continúa diciendo que *"de la cornisa abaxo se ha renovado de poco gusto"*[517]. Cabe preguntarse en qué consistía tal renovación obviamente barroca. Si nos atenemos a la casuística de la arquitectura religiosa de su tiempo, es muy probable que los arcos formeros ojivales de las capillas laterales hubieran sido rebajados con medios puntos de escayola sin llegar a ocultarlos, dando como resultado una extraña combinación de clásico sobre gótico similar al del crucero de la Catedral de Valencia. En cambio, los arcos fajones entre las bóvedas barlongas de la nave única seguirían siendo ojivales y quizás apearían sobre pilastras clásicas superpuestas a las cabezas de los estribos. Estas pilastras debían ser robustas, como también lo eran los propios contrafuertes, y presentaban "altarcitos" al decir de Ponz. Seguramente se trataría de pequeñas hornacinas barrocas practicadas en las pilastras de escayola. Por su condición

---

516 Ibídem, epígr. 35.
517 Id.

de pintor no pasó desapercibida a Ponz la gran cantidad de lienzos *"de afamados artistas"* dispuestos en las capillas laterales. Tras detenerse ante algunos de ellos vio a los pies del templo, en la primera capilla del evangelio, el *Santo Ángel Custodio de la Ciudad*, obra de Juan de Juanes, que se conserva en el Museo de la Catedral de Valencia (Anexo F).

Contariamente a su valoración negativa del templo, el retablo herreriano del altar mayor agradó sumamente a Ponz, que lo define como *"arquitectura de mejor tiempo"*[518], afirmación que confirma su filiación renacentista. Continúa explicando que *"el altar mayor está formado de cuatro columnas corintias en el primer cuerpo y de dos de orden compuesto en el segundo"*, coincidiendo en todo con la descripción de Mateu si exceptuamos la adscripción del orden superior que el doctor creyó corintio por error o desconocimiento.

También agradó a Ponz el tabernáculo, donde pudo contemplar el hermoso *Salvador Eucarístico* de Juan de Juanes conservado hoy en el Museo de Bellas Artes San Pío V de Valencia (Anexo F). De aquí pasó Ponz a la capilla de Nuestra Señora de los Ángeles o de la Porciúncula donde observó sus esculturas y pinturas, especialmente *"un quadrito de Espinosa"* que representaba *La traslación de la Santa Casa de Loreto protegida por la Virgen*, el cual le gustó *"muchísimo"*[519].

Terminada su visita y de nuevo en la calle, se detuvo ante el esbelto campanario del que dice, coincidiendo con Jouvin[520], que *"no es de mala arquitectura"*. De él nos dejó una breve pero sugerente pincelada:

"Sobre un cuerpo quadrado de cantería, con pilastras de orden dórico, se levanta otro de figura exágona, trabajado de ladrillo"[521].

La cita de Ponz confirma que el cuerpo barroco de planta hexagonal levantado en 1606[522], dibujado por Tosca y grabado por Fortea en 1738, conti-

---

518 Id.
519 Id.
520 SALA, 1999: 203.
521 PONZ, 1772-1794: t. IV, carta V, epígr. 35.
522 MAGRANER, 1824: 21vº; MARTÍNEZ COLOMER, 1803: 28.

nuaba en pie a finales del XVIII. La novedad reside aquí en la presencia de pilastras dóricas –muy probablemente fingidas y huérfanas de entablamento–, que obviamente eran inapreciables tanto en las vistas de Wyjngaerde como en las cartografías de Mancelli y Tosca. Por otra parte, la interesante referencia a la textura material –de cantería el cuerpo inferior, de ladrillo el superior– y su consiguiente bicromía, son datos que enriquecen nuestro conocimiento acerca de un campanario del que no existen fotografías, aunque sí una estampa decimonónica que tendremos ocasión de analizar más adelante.

Impresiones de viajeros extranjeros

Desde tiempos de Carlos V hasta las guerras napoleónicas, España tuvo mucho prestigio en Europa por su posición geoestratégica, su peso político en los descubrimientos, su papel en la contrarreforma y su condición de país aliado de la poderosa Francia, de ahí que fueran muchos los viajeros extranjeros que emprendieron una difícil aventura con el fin de conocer la península ibérica. Aunque no estaba en la ruta del *Grand Tour* –el Viaje a Roma que todo ilustrado debía realizar– no por ello era un país ajeno a la curiosidad de muchos. Durante el siglo XVIII británicos y franceses visitaron España con fines muy dispares, desde los militares y estratégicos hasta los comerciales, artísticos o puramente filantrópicos[523]. Algunos dejaron unas impresiones de su viaje que dibujan una España bastante fiel a la realidad histórica, aunque a veces sesgada por los prejuicios que traían sobre el país.

Los primeros relatos de visitantes foráneos por tierras valencianas son de finales del siglo XV y se deben a la pluma de Nicolás de Popielovo y Jerónimo Münzer. A nuestros efectos interesa conocer aquellos testimonios de forasteros que pasaron por la ciudad de Valencia, entre los que cabe destacar a Claude de Bronseval y a Enrique Cock, que nos visitaron en el siglo XVI; del XVII a Bartolomé Joly y Alexandre Jouvin; del XVIII a Richard Twiss, Henry Swinburne y Joseph Townsend, y del XIX Alexandre de Laborde y Richard Ford. Algunos de ellos dejaron constancia de su visita al convento de San Francisco, de ahí que sus relatos adquieran gran valor para nosotros.

---

523 Bas, 1996: 17.

El viajero que proporciona la noticia más temprana del convento de San Francisco es el francés Alexandre Jouvin, natural de Rochefort. En 1672 publica los ocho volúmenes de su obra *Le voyageur d'Europe* donde dedica el segundo tomo a España y Portugal. Entre los numerosos conventos de la ciudad de Valencia, Jouvin destaca solo tres: Santo Domingo, El Carmen y San Francisco; de este último advirtió *"una bella torre"* delante de *"una plaza mayor"*, refiriéndose impropiamente a la pequeña plazuela de San Francisco presidida por el campanario. Por lo demás, Jouvin no aporta más datos acerca de la esbelta torre de San Francisco, pero cuando la visitó hacia 1670 ya tenía el aspecto que poco después dibujaría Tosca.

Más abundantes son las noticias de viajeros del setecientos que describieron la Valencia Ilustrada. Uno de ellos fue Richard Twiss, gentilhombre británico y miembro de la Real Sociedad inglesa, que viajó a Portugal y España en 1772. El título de su obra es *Travels through Portugal and Spain in 1772 and 1773*, impresa en Londres dos años después. De la versión inglesa hubo traducciones al francés y al alemán, si bien su difusión fue muy limitada. Cuando Twiss la publica conoce únicamente los dos primeros volúmenes del *Viage* de Ponz, de ahí que su testimonio resulte útil a nuestro propósito ya que no se limita simplemente a transcribirle como hacen a veces otros viajeros.

Twiss se encuentra encantado con la ciudad de Valencia a la que define como *"una de las mayores de España"*. Sus comentarios sobre la urbe y sus alrededores son los de un visitante plenamente complacido[524], actitud que mereció los elogios de Ponz. Esta opinión contrasta con la de otros viajeros como Swinburne, mucho más críticos con la Valencia que conocieron. Es notable que una de las pocas arquitecturas de Valencia que interesaron a Twiss fuera el convento de San Francisco, cuyo templo compara en elegancia con el de Santa Catalina mártir:

> *"La iglesia de San Francisco es igualmente bella y graciosa, su interior es sencillo, en estuco blanco con ornamentos dorados, de muy buen gusto, y nada sobrecargado"*[525].

---

524 Ibídem, 46.
525 Ibídem, 108.

En efecto, cuando Twiss visitó el convento de San Francisco su iglesia había sido remozada por el arzobispo Mayoral en 1738 o 1739 en un gusto barroco clasicista o *desornamentado*, apareciendo toda ella blanqueada pero no ribeteada en pan de oro. A falta de esta decoración dieciochesca, su aspecto podría recordar la remodelación barroca de Santa Catalina mártir. De su descripción llama mucho la atención que Twiss elogie la elegancia de las torres de Santa Catalina y San Francisco y, al mismo tiempo, crea que en la catedral *"no hay nada importante"*[526]. De aquí surgen dos interrogantes: ¿por qué Twiss igualó en elegancia el campanario de San Francisco con la soberbia torre de Juan Bautista Viñes? Probablemente lo hiciera solo por sus infrecuentes proporciones, pues si algo tenían ellas en común era su llamativa esbeltez. Por otra parte, cabe preguntarse porqué la magnífica *torre* del Miguelete le pareció menos reseñable que el campanario de San Francisco. Aquí posiblemente estemos ante una cuestión de gusto personal, pero a ojos de un viajero ilustrado se comprende que la fábrica gótica del *Micalet* tuviera para él peor consideración que otra decorada *al moderno uso*.

Casi coetáneo a Twiss, otro inglés, Henry Swinburne, realiza el viaje a España. Su descripción del país se publicó con el título *Travels through Spain in the years 1775 and 1776*[527]. Swinburne tuvo noticia de la preparación del *Viage* de Ponz, pues asegura que D. Antonio *"está publicando una gira por España en la que se adentra en detalles muy prolijos"*[528]. Al llegar a Valencia el inglés se encuentra en una situación incómoda tras ser confundido con un catalán por el intendente de guardia. La misma noche de su llegada no se atreve a entrar en la ciudad por miedo a los oficiales de aduanas *"que por toda España en cada puerta no se entrometen con el equipaje pero te acosan para que les des algo para bebida o tabaco"*[529]. La ciudad no le gustó, tampoco la comida, ni las costumbres, sus calles *"torcidas y estrechas, sin pavimentar y llenas de polvo"*, las casas *"sucias y mal construidas"*, los hedores de cada esquina, la suciedad por

526 Id.
527 SWINBURNE, 1779. Editada en Londres por P. Elmsly en 2 vol.
528 Ibídem, 1779: carta XIII, 3 diciembre 1775.
529 Id.

todas partes, las iglesias "*de mal gusto*" y hasta una obra de teatro a la que fue, también le disgustó[530].

Continua Swinburne explicando que "*algunas iglesias tienen cúpulas, pero la mayor parte tienen torretas altas y delgadas, pintadas y adornadas con todo tipo de pilastras y recursos caprichosos; todo está dorado y embadurnado con gran profusión*"[531]. Como a Ponz, el *churriguerismo* causaba desazón en Swinburne y en tantos otros viajeros ilustrados y románticos que lo vieron como un gusto popular, falto de reglas y decadente[532]. En cambio, sí que le agradó el edificio de las Escuelas Pías y también la Basílica de los Desamparados. "*Dentro de la multitud de edificios sagrados*" reconoce algunos detalles de mérito, aunque no ceja en su crítica a la arquitectura barroca de la ciudad:

> "*El observador sensato se sentirá indignado por la cantidad de guirnaldas, pirámides, frontones rotos, y cornisas mostruosas, un gusto demasiado gótico e insignificante para algo que no sea la fachada de una cabina de charlatán o de un teatro de marionetas en una feria*"[533].

Swinburne advierte la existencia de "*algunas iglesias con cúpulas*", pero la mayor parte las vio con "*torretas altas y delgadas*", cualidades ambas que encajarían bien con el templo franciscano. A propósito de esta última observación del inglés, existe en la carta XIII una interesante referencia a órdenes de pilastras pintados en los campanarios que no puede pasarnos desapercibida:

> "[…] *torretas altas y delgadas, pintadas y adornadas con todo tipo de pilastras y recursos caprichosos*"[534].

---

530 Id.
531 Id.
532 Richard Ford, viajero romántico que visitó Valencia entre 1831 y 1845, también encontró "*los numerosos conventos*", y también la mayor parte de las iglesias, decorados "*de una manera muy chillona, porque en ningún sitio ha hecho el churriguerismo tanto daño como en Valencia*". Otra peculiaridad que llamó su atención "de esta ciudad insustancial" fue "una tendencia a los adornos en estuco" [FORD, 1982: 41].
533 SWINBURNE, 1779: carta XIII, 3 diciembre 1775.
534 Ibídem.

Recordemos que por esos años el perspicaz Ponz también vio un orden dórico fingido en el cuerpo central del campanario de San Francisco. Como las pilastras no pertenecían a la fábrica gótica, es obvio que fueron pintadas durante la Edad Moderna en una fecha imprecisa que posiblemente coincidiría con la construcción del cuerpo hexagonal en 1606. Se trataba de pares de pilastras dóricas fingidas dispuestas en los ángulos, carentes de entablamento, que Mancelli, Tosca o Fortea no grafiaron dada la escala de sus respectivos planos, de ahí que no hayamos podido datarlas con exactitud.

Swinburne pone el acento en la predilección hispánica por el pan de oro[535], una técnica costosísima que, en nuestra opinión, nunca se empleó en San Francisco de Valencia más allá del retablo del altar mayor y algún otro catafalco de madera.

Lo sustancial de la crónica del inglés es su visita al convento de San Francisco donde, como Ponz, tuvo el privilegio de atravesar la puerta reglar. Resulta llamativo que, tras descalificar la catedral tildándola de "*gran amontonamiento gótico*", los claustros de San Francisco se salvaron de su crítica severa y merecieron un juicio más benévolo, quizá porque no encontró en ellos rastro alguno de arquitectura ojival. Sea como fuere, Swinburne no hace mención alguna a su configuración arquitectónica más allá de notar la presencia de dos fuentes, una por cada claustro:

> "*El convento de los frailes franciscanos tiene algo de espléndido y agradable en su doble patio, que está dividido por una ligera ala sobre un pórtico abierto con fuentes manando en cada una de las partes*"[536].

La mención a la "*ligera ala*" que separa los claustros no hace sino confirmar que la panda que los cruzaba consistía en un pórtico de arquería permeable que permitía la visión simultánea de los dos claustros, lo que ya sabíamos

535 Id.: "*Todo está dorado y embadurnado con una gran profusión; los españoles conocen el oficio de dorador a la perfección, y la pureza de su oro junto con el clima seco conserva su trabajo durante años con su primitivo brillo*".
536 Ibídem.

por Tosca y también por los planos de Ulloa/Navarro[537] y Valdés[538]. Sin embargo, la noticia de las fuentes en el centro de cada patio no concuerda con el plano del oratoriano, donde no aparece ninguno, pero esta contradicción se debe probablemente a que fueran añadidos después de 1704 o simplemente al hecho de que Tosca no accedió a los claustros, como creemos.

En otro lugar de la misma Carta recoge Swinburne una noticia altamente reveladora que nos ha permitido datar la actuación barroco-clasicista efectuada en el convento por el arzobispo Mayoral:

"El último prelado construyó y dotó de un edificio magnífico a los franciscanos, campeones de la Inmaculada Concepción de la Virgen María"[539].

Swinburne se informó muy bien sobre el *"último prelado"* valenciano que *"construyó y dotó de un edificio magnífico a los franciscanos"*. En efecto, la visita del inglés a Valencia se produjo entre 1775 y 1776 cuando el arzobispo de la diócesis valentina en ese momento era Francisco Fabián y Fuero. Su predecesor, Tomás de Azpuru, fue pastor de la diócesis valentina solo durante dos años, entre 1770 y 1772. Azpuru, ya enfermo, había sido elegido arzobispo de Valencia en enero de 1770, aunque su verdadera ambición era alcanzar el cardenalato, que nunca logró. Disgustado por ello presentó su dimisión el nueve de enero de 1772, seis meses antes de su fallecimiento en Roma, sin haber tomado posesión de su sede arzobispal[540].

Evidentemente no fue Tomás de Azpuru quien, en tan breve lapso, desubicado de su diócesis, envuelto en otros menesteres y, además, enfermo, se ocupase de construir y dotar de un magnífico edificio a los franciscanos. Parece claro que Swinburne descontó a Azpuru de su cálculo y con el *último prelado* se refería evidentemente a su predecesor *de facto*, Andrés Mayoral, quien ejer-

---

537 Madrid, ACGE, PL, sign. V-4/18.

538 Valencia, AIMC, sign. YP-7/234. Madrid, ACGE, PL, sign. V-4/19; V-4/20; V-4/21; V-4/22.

539 SWINBURNE, 1779: carta XIII, 3 diciembre 1775. Magraner y otros cronistas de la Orden presumen ese título [MAGRANER, 1824: 15v-16].

540 OZANAM, Didier, 1998. *Les diplomates espagnols du XVIIIe siècle, Madrid-Bordeaux*, Casa de Velázquez-Maison des Pays ibériques.

ció brillantemente el gobierno de la diócesis entre 1738 y 1769, dotando a la ciudad de notables edificios como la Casa de la Enseñanza[541] para la educación de muchachas (1758-63), junto al convento de San Francisco, incluida hoy en las dependencias del Consistorio Municipal, así como el magnífico complejo de las Escuelas Pías de la Orden de San José de Calasanz en la calle Carniceros.

Arzobispos de la diócesis valentina durante el siglo XVIII

A. Folch	A. de Orbe y L.	**A. Mayoral**	T. de Azpuru	F. Fabián y Fuero
1700-1724	1725-1736	1738-1769	1770-1772 (Sin posesión)	1773-179

1738: Remodelación barroco-clasicista en San Francisco   **Visita de Swinburne**

El crítico Swinburne concluyó su visita a San Francisco extrapolando para toda la ciudad lo que acababa de comprobar en el convento de los menores:

"Curas, monjas y frailes de todo hábito y denominación se aglomeran en esta ciudad, donde algunos conventos tienen más de un centenar de monjes todos mantenidos suntuosamente"[542].

La apostilla final sobre los *"monjes, todos mantenidos suntuosamente"* es sintomática del secularismo Ilustrado que empezaba a arreciar en España a

---

541 El establecimiento de la Real Casa de Enseñanza es uno de los hitos fundamentales en la renovación cultural, religiosa y artística de la Valencia Ilustrada. Muy transformado en la actualidad, el edificio integró la archicofradía de la Santísima Sangre de Cristo, de cuya iglesia prevalece la entrada principal constituida por dos hojas de grandes puertas revestidas de latón burilado. Sobre la antigua Casa de la Enseñanza véase: VILAPLANA ZURITA, David: Un edificio emblemático de la España de la Ilustración: La Real Casa de Enseñanza de Valencia y su capilla de Santa Rosa de Lima, *Goya* 249 (1995): 139-150. GRAU MESTRE, Lucia, 1999. *Ayuntamiento de Valencia, Antigua Casa de la Enseñanza, Iglesia de la Sangre y Capilla de Santa Rosa de Lima*, Valencia: Ayuntamiento.
542 SWINBURNE, 1779. Carta XIII, 3 de diciembre 1775.

finales del siglo XVIII y que, al calor del liberalismo económico, terminaría viendo al *fraile* como *manos muertas*.

El más conocido de los viajeros de la Valencia del XVIII es Joseph Townsend[543]. Inglés de sólida formación científica, recorrió España entre 1786 y 1787 describiendo minuciosamente monumentos y obras de arte desde la perspectiva del viajero intelectual y culto. Townsend conoce la obra publicada por Antonio Ponz, de quien toma algunos datos, de ahí que no siempre sea fácil discernir si una información es propia o copiada de Ponz. Durante su estancia en Valencia visitó numerosas iglesias y conventos, aunque éstos últimos apenas llamaron su atención más allá de las "*buenas pinturas*" que encontró en ellos[544]. Ya sabemos que el de San Francisco poseía una magnífica colección pictórica muy atrayente para visitantes del cultivado gusto de Ponz o Townsend. Ahora bien, si el inglés visitó o no la colección de los franciscanos es un dato que nunca podremos conocer.

Terminaremos este apartado poniendo la mirada sobre el viajero romántico Alexandre de Laborde, quien visitó San Francisco de Valencia entrado ya el siglo XIX. Su viaje, publicado en 1826 con el título *Itinerario descriptivo de las Provincias de España*[545]*,* dedica una pequeña reseña a nuestro convento, del que asegura que fue "*edificado en el sitio del antiguo palacio de los reyes moros*". El edificio le pareció "*agradable, pero sus adornos de mal gusto*". Dado que las yeserías churriguerescas del templo habían sido suprimidas unos años antes de la visita de Laborde, quizá no le convenciera el zócalo de azulejería que dominaba el claustro bajo, cuyos dibujos sabemos que eran de tosca factura. Tras admirar algunos lienzos colgados de las paredes, subraya que "*el pórtico está adornado con pinturas de Villanueva, religioso de este convento*".

Lo desconcertante del testimonio de Laborde es su noticia sobre el claustro alto, del que dice que tenía "*pilastras de orden dórico*"[546]. Resulta extraña esta afirmación, ya que lo razonable sería que el nivel superior fuera jónico.

---

543 TOWNSEND, 1792. 2ª ed. publicada en Londres.
544 BAS, 1996: 232.
545 LABORDE, 1826. 2ª ed. publicada en Valencia.
546 Ibídem, 87.

Como no cabe pensar en un improbable desconocimiento de los órdenes clásicos en un hombre culto como Laborde por más que fuera un romántico, habrá que suponer que, o bien dijo "dórico" donde quiso decir "jónico", o bien dijo "superior" donde quería decir "inferior". Sea como fuere, se confirma la presencia de una pantalla de órdenes clásicos en los claustros resultado de la actuación de 1715. Como ya ha quedado dicho, el plano de Ulloa/Navarro[547] y los planos nº 1 y 3 de Valdés[548] muestran secciones de soporte modernas con pilastra de sección rectangular que con toda seguridad eran de ladrillo.

Entorno urbano del convento

Antes de concluir la segunda Sección analizaremos la inserción urbana de nuestro convento en su momento de mayor desarrollo. Si el plano del P. Tosca proporciona abundante información sobre el propio edificio, también lo hace respecto al dédalo de calles en torno a él. De hecho, esta cartografía, junto con la de Mancelli, son los documentos gráficos que mayor conocimiento aportan sobre la inserción urbana del convento de San Francisco.

En primer lugar contamos con abundantes datos sobre el jardín de los frailes, del que todas las crónicas literarias coinciden en destacar lo frondoso de su arbolado, el frescor del ambiente y su fama como uno de los rincones más agradables de la ciudad, solo comparable a los Jardines del Palacio Real. Estaba adornado de grandes cipreses, palmeras, pinos adultos, naranjos, limoneros y otros frutales dispuestos en calles delimitadas por setos de murta y otros arbustos, formando un conjunto *"sumamente delicioso"*[549]. Los cronistas no ahorran elogios al narrar sus bondades. Cruilles, tomando una información de Zacarés, lo describe así:

> *"La cerca estaba almenada, adorno bastante común de muchas tapias de algún tiempo: el interior plantado de jigantescos cipreses, robustos y*

547 Madrid, ACGE, PL, sign. V-4/18.
548 Valencia, AIMC, sign. YP-7/234. Madrid, ACGE, PL, sign. V-4/19; V-4/21.
549 ZACARÉS, *El Fénix*, 1 Marzo 1846: 254; ALMELA, 1945: 44; BALLESTER-OLMOS y ANGUÍS, José F., 1998. *El jardín valenciano. Origen y caracterización estilística*, Valencia, Universidad Politécnica, Servicio de Publicaciones: 149.

copados pinos, elevadas y bellísimas palmeras y multitud de naranjos y otros árboles frutales que formaban calles cerradas por setos de murta y otros arbustos que le hacían en estremo delicioso. En su centro había una casita que habitaba un ermitaño, cuya habilidad para confeccionar ciertas pastas era proverbial y las vendía en su misma vivienda"[550].

Este jardín estaba cercado por una elevada tapia almenada de mampostería cuyo aspecto sería similar a la que cerraba el cementerio de San Juan del Hospital, visible también en el plano de Tosca. Su altura media era de 4,45 m. y su espesor de 1 m.[551] El muro conventual tenía al menos tres puertas, si bien en el plano de Tosca aparecen cuatro al existir dos en la tapia norte ante la plaza de San Francisco, a diferencia de la puerta única que grafía Mancelli[552]. El vano que abría a la calle de las Barcas se reconoce claramente en el plano de Tosca. En el extremo opuesto se encontraba la puerta de salida a la calle de la Sangre, que quedaba a pocos pasos de la iglesia de la Santísima Sangre de Cristo.

Una falsa tradición oral surgida tras la aparición de unos huesos durante los trabajos de demolición del convento cuenta que en este jardín o en sus inmediaciones se solía enterrar a los ajusticiados en la horca[553]. Esta tradición

---

550 ZACARÉS, *El Fénix*, 1 Marzo 1846: 254 n.1; CRUILLES, 1876: 269-270; LLOMBART, 1887: 540; ALMELA, 1945: 44. El ermitaño que mencionan algunos cronistas decimonónicos era un tal fray Antonio, muy hábil no solo en repostería sino también en dar consejos espirituales, cuyos dulces compraban las piadosas señoras de la ciudad y pueblos cercanos. En 1806, tras la destrucción del jardín y su vallado, el ermitaño se mudó al huerto que la condesa Doña María Antonia de la Alegría Catalá de Valeriola, viuda de Casal, poseía a la entrada del poblado de Ruzafa [CRUILLES, 1876: 270]. Allí permaneció el ermitaño hasta 1811 en que con motivo de la invasión francesa se retiró al jardín de los señores de Frígola en su casa de la calle del Horno del Vidrio, actual de Aparisi y Guijarro, donde estuvo hasta su fallecimiento. Zacarés afirma que "*no hace muchos años vimos en él la chocita, con su hornito y demás necesario para la fabricación de pastas, en que se ocupó hasta sus últimos días aquel buen anciano*" [ZACARÉS, *El Fénix*, 1 Marzo 1846: 254 n.1].

551 Valencia: AIMC. "Plaza de Valencia, 1879. Proyecto de demolición de los cuarteles de Infantería y Caballería de San Francisco formado por el Coronel del Cuerpo de Ingenieros don Gustavo Valdés. En Albacete, a 1º de octubre de 1879", exp. Y-16/234.

552 Esta diferencia de criterio llevó a los cronistas e historiadores a referirse indistintamente a tres o cuatro puertas, a veces contradiciéndose el mismo autor [cfr. MAGRANER, 1824: 14vº (tres) y 134 (cuatro)].

553 Ibídem.

es repudiada con razón por Sucías diciendo que "*barbaridad más grande no puede pronunciar el labio humano*"[554], pues no debemos olvidar que el frondoso jardín desempeñó desde el siglo XIII funciones de cementerio conventual. Posiblemente la confusión provenga del episodio del infortunado hombre que fue ahorcado en el jardín de San Francisco después de ser sorprendido robando en la capilla del Loreto ubicada allí, lo que mezclado con la aparición de los huesos daría lugar a la leyenda del jardín como lugar de enterramiento de ajusticiados.

Orellana[555], citando una providencia de 12 de diciembre de 1658 del Tribunal del Almotacén encargado de controlar los pesos y medidas de los comerciantes, menciona una calle "*defront de la creueta de Sant Francés*". Boix[556] habla igualmente de la "*puerta de la Cruz de San Francisco*" justificando su nombre "*porque sobre su portal existe una pequeña cruz en un nicho*". Corbín[557], en cambio, cree que la puerta rematada en cruz no era la de la plaza sino la que enfrentaba a la calle de las Barcas. Lo cierto es que Mancelli la abre a la plaza mientras que Tosca dibuja dos iguales sobre la *Plaça de S. Francesch*, de ahí las frecuentes contradicciones entre los diferentes autores acerca de la *porta de la Creueta*.

Límite norte: San Martín y *devallada* [*o devallà*] *de Sant Francesc*
La demarcación de la parroquia de San Martín a la que pertenecía nuestro convento destacaba por su gran superficie y por albergar construcciones relevantes como el Hospital General y los conventos de San Francisco y San Agustín, entre otros. El tramo de calle comprendido entre la plaza de Santa Catalina y la iglesia de San Martín tenía por nombre oficial el de *carrer de Sant Marti*, aunque los valencianos denominaban *Sant Vicent màrtir* a toda la calzada desde San Martín hasta el monasterio de la Roqueta[558]. A decir verdad, la nomenclatura oficial tuvo poco arraigo en el pueblo debido a la escasa entidad del tramo viario, como así reconoce Orellana:

---

554 Sucías, 1907, I: 265.
555 Orellana, 1923-1924; I: 502.
556 Boix, 1862, I: 62.
557 Corbín, 1988: 42.
558 Furió, 1999, II: 337.

"Entrando en la calle de San Martín, que es principio de la de San Vi-cente, poco después de haber salido de la plaza de Santa Catalina y antes de llegar a la del campanario de San Martín [...]. La verdad, no ha sido la referida denominación muy universal"[559].

Orellana recuerda que el uso habitual del nombre *"de San Vicente"* obligaba a añadir la apostilla *"junto a San Martín"* cuando había que referirse al primer tramo de la prolongada calle. Corbín menciona un documento de 1879 que alude a este corto trayecto como *"calle estrechísima aquella de San Martín"*, tan angosta que *"la gente se subía a los escalones de la iglesia cuando pasaba el tranvía de caballos"*[560].

Al final del estrecho tramo de San Martín se encontraba la desaparecida plaza de Cajeros o *Caxers*. De ella solo queda hoy la memoria de su ubicación en el encuentro de San Vicente con la avenida de María Cristina. La denominación de la plaza la explica Orellana *"por estar situados en ella desde tiempos pasados varios carpinteros ocupados en la construcción de arcas"*[561].

Desde Cajeros comenzaba la bajada de San Francisco hacia el lado del Rialto concluyendo en la pequeña plaza homónima. En el plano de Tosca se reconoce con claridad una calle rotulada como *"Devallada de S. Francesch"* que, dejando la de Barcelonina a la izquierda, desembocaba en la Plaça de S. Francesch ante las almenadas tapias del convento. La forma triangular de esta plaza generaba otra bifurcación de calles: una a la derecha en dirección a la iglesia de la Sangre y otra a la izquierda hacia las Barcas. La segunda está rotulada en el plano de Tosca como *c. del Pont dels Anets o dels martyrs*, nomenclaturas éstas anteriores a la de *Sagrario de San Francisco* que es más reciente. En cualquier caso, esta calle coincidía con el antiguo camino de Ruzafa junto al cual los religiosos del *doscientos* recibieron de Jaime I las primeras cahizadas de tierra, de ahí que el convento siempre colindara con ese histórico camino.

---

559 ORELLANA, 1923-1924, II: 254-255.
560 CORBÍN, 1988: 23. No anota el documento de 1879 al que hace referencia.
561 ORELLANA, 1923-1924, I: 388.

Límite sur: el Muro de San Pablo

El tramo sur de la muralla cristiana levantada por el rey Pedro a partir de 1356 era conocido con el nombre de "Muro de San Pablo" desde que los jesuitas establecieron en 1552 el Colegio San Pablo junto al valladar[562]. Ese lienzo meridional de la ciudad comenzaba en la puerta de Ruzafa, cerraba por el sur el huerto de San Francisco "*y el grupo de viviendas que a su alrededor existían*"[563], y continuaba hasta la puerta de San Vicente atravesando los prados del llamado *Bobaler dels Agustins* junto al convento de ermitaños. Este tramo, que desde la fundación jesuita siempre se conoció como *Muro de San Pablo*, coincide exactamente con la actual calle Xàtiva.

Límite este: La calle del *Pont dels Anets* o *dels martyrs*

A lo largo de la tapia oriental del convento de San Francisco discurría la calle del *Pont dels Anets*. Esta prolongada vía ligeramente curvada se distingue perfectamente en el plano de Tosca donde aparece rotulada con ese nombre y también con el *dels martyrs*[564]. Al final de la tapia conventual, y tras cruzar la acequia de Robella, la calle se bifurcaba de nuevo hacia la izquierda en la de Ruzafa y en otra más estrecha llamada *carrer Nou de Peixcadors*. El puentecillo que cruzaba la acequia era el conocido como *Pont dels Anets*[565]; Orellana confirma esta información diciendo que "*hasta ahora este puente vulgo de Les Anades, que servía y sirve para dar paso y transitar a la gente para la calle de Ruzafa, tenía descubierta a los dos lados la acequia llamada de*

---

562 CORBÍN, 1988: 26. En 1552 los jesuitas adquirieron para la fundación del Seminario unas casas que las monjas Magdalenas tenían en las inmediaciones de la muralla cristiana.

563 CORBÍN, 1988: 25 se refiere a las manzanas de viviendas entre el Colegio de San Pablo y el convento de San Francisco. Cfr. NAVARRO CATALÁN, David M., 2002. *Arquitectura jesuita en el Reino de Valencia (1544-1767)*. Tesis Doctoral (inéd.), Valencia, Universidad Politécnica, II: 9.

564 Corbín confundió esta calle con otra perpendicular llamada *de les Escaletes* que discurría por la actual calle de Correos, diciendo que el nombre de *les Escaletes* precedió al *dels Màrtirs* en recuerdo de "*la improbable tradición*" de los franciscanos italianos decapitados [CORBÍN, 1988: 70]. En realidad se trataba de calles distintas y ortogonales como podemos apreciar en el plano de Tosca, donde la primera desemboca en línea recta ante el testero de la capilla Montagut mientras que la *dels martyrs* discurre tangente a ésta.

565 LOP, J., 1674. *De la Institució, Govern politich y Iuridic, Costums y observancies de la Fabrica de Murs e Valls*, cap. 37, nº 39: 354.

Rovella, pero en el mes de febrero del año 1780 no solo se ha tapado y cerrado la calle que existe a mano izquierda, inmediatamente que salimos a la calle de Ruzafa, sino que también se ha cubierto el puente, quitándose unos álamos que tenía en sus orillas"[566].

Corbín[567] apunta la posibilidad de que el nombre de la calle se debiera a las aves –los ánades– que nadarían en la acequia, situada a la entrada de un barrio cuyos habitantes eran generalmente pescadores del mar y de la Albufera, y donde tal vez en el *Pont dels Anets* los lugareños venderían éstas y otras aves. Quizá el nombre se deba simplemente a que allí acudían los ánades desde los marjales inmediatos del sur hasta la acequia de Robella. No olvidemos que, hasta la expansión de la ciudad cristiana extramuros de la Boatella, estos terrenos eran una marisma comunicada con la Albufera que constituía el hábitat natural de las aves acuáticas.

Sea cual fuere el origen de su nombre, la denominación *Pont dels Anets* corresponde al nombre vulgar con el que se conocía la calle con otra nomenclatura más consolidada en el callejero de la ciudad como es la del *Sagrario de San Francisco*, vulgo calle *de San Francés*[568]. Aunque este nombre no figura en el plano de Tosca, donde la misma aparece rotulada todavía como *Pont dels Anets o dels martyrs*, la del *Sagrario de San Francisco* es la nomenclatura que se impondrá sobre todas las denominaciones anteriores, permaneciendo sin variación alguna hasta la demolición del convento cuando la memoria de la célebre calle quede absorbida para siempre en el vacío urbano de la actual *Plaça de l'Ajuntament*.

Límite oeste: La calle del Hospital de la Reina o de la Sangre de Cristo
Situados de nuevo en la pequeña plaza de *Sant Francesc*, tomemos ahora la calle de la derecha para dirigirnos hacia la Sangre. Como muestra el plano de Tosca, esta discurre en paralelo a la tapia occidental del jardín conventual, estando bloqueada al fondo por una puerta que daba paso al área corres-

---

566 ORELLANA, 1923-1924, I: 91.
567 CORBÍN, 1988: 43.
568 LLOMBART, 1887: 461; BOIX, 1862, I: 325; CORBÍN, 1988: 43.

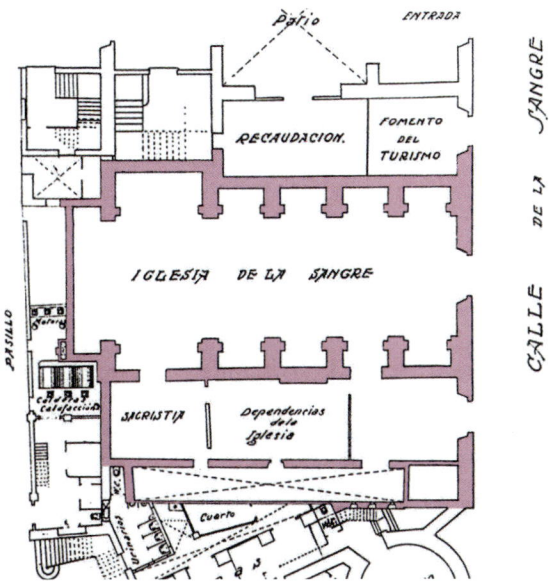

Planta de la antigua iglesia de la Santísima Sangre de Cristo con la capilla de la VOT de San Francisco a la izquierda del ingreso. Dibujo de F. Mora (1931). Archivo particular Iñigo Magro de Orbe. L. Grau Mestre, 1999: 40.

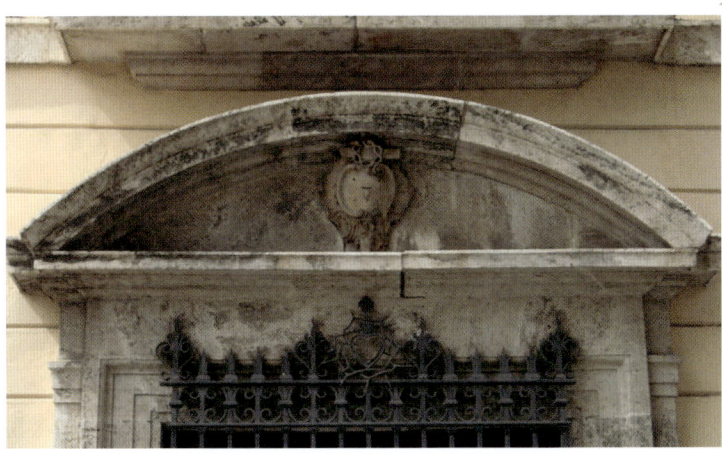

Emblema de la Orden Franciscana Seglar inscrito en el frontón curvo. Valencia, calle de la Sangre. Foto del autor.

pondiente a la Capilla de los Genoveses, propiedad de los franciscanos. El quiebro brusco obligaba al viandante a continuar en dirección a la calle de la Sangre, de ahí que esta esquina fuera conocida desde el siglo XVI como *cantó dels genovesos*.

El plano de Tosca no rotula ese vial, pero sí nos informa de los nombres de las estrechas calles que quedaban a su derecha: la calle Cotanda, que hacía esquina con la plaza de Sant Francesc; la de Lobo, *En Lop* o *En Llop* algo más al sur; la calle del *Ansisam* o de la Lechuga[569] y, finalmente, la del *Espital de la Reina* o de la *Sang*. No hace falta recordar que la calle *de la Sangre*, como aún se la conoce, debe su nombre a que allí existió la iglesia y archicofradía de la Santísima Sangre de Cristo, institución fundada en 1535[570], cuyos cofrades, careciendo de casa para celebrar sus juntas, habían comprado el edificio y huerto del antiguo Hospital de la Reina que, como sabemos, estuvo gestionado por los franciscanos hasta 1379.

La calle de las Barcas

El origen del nombre de esta calle está en el hecho de pertenecer al barrio de Pescadores donde abundaban los talleres de construcción y reparación de barcas —trasladadas desde allí al mar mediante carros o galeras—, fabricación y recosido de redes y venta de aperos para la pesca. El barrio se articulaba a lo largo de una larga y ancha arteria, la calle de las Barcas, que saliendo de Sagrario de San Francisco iba a desembocar a la *plaza de las Barcas,* conocida también como *plaza de la Morera* por el árbol que allí había.

Se sabe que la calle de las Barcas y, por extensión, el barrio de Pescadores, era un área ruidosa y conflictiva donde abundaban los talleres y también los

---

569 Lechuga, *encisam* en valenciano, que Tosca vulgariza como *ansisam*.

570 Desde el siglo XVI nacen en el antiguo Reino de Valencia las Cofradías de la Preciosísima Sangre de Nuestro Señor Jesucristo, siendo ésta probablemente la más antigua. Fue erigida y aprobados los estatutos de la Confraría nomenada de la Santíssima Sanch de Jesu Christ el 15 de marzo de 1535 [MOROS-CLARAMUNT, Baltasar: Las cofradías de la Sangre en el Reino de Valencia, *Excerpta e Dissertationibus in Sacra Theologia* 64 (2016): 231-291]. La denominación calle de la Sangre es posterior, aunque ya fue utilizada por Valda en 1663 [VALDA, 1663: cap. XV, 296]. CORBÍN, 1988: 45 cita sin pruebas una providencia del Tribunal del Almotacén de 14 de febrero de 1697 donde utiliza la misma nomenclatura.

lupanares, de ahí que el barrio fuera conocido por el *bordell* o burdel[571]. La presencia próxima de conciudadanos cuyas tareas y vicios impedían a los franciscanos disfrutar plenamente de su propiedad pone de relieve un aspecto de la vida urbana que ha merecido escasa atención por parte de los estudiosos de las órdenes mendicantes: la inserción urbana de los conventos y la dificultad de compatibilizar la necesidad de paz conventual y labor de apostolado con un medio urbano colmatado y siempre hostil, donde los oficios ruidosos, contaminantes o generadores de malos olores, cuando no la prostitución, perturbaban el sosiego de los religiosos.

El primer conflicto entre franciscanos y vecinos del que tenemos noticia en los reinos de Aragón se encuentra en una denuncia presentada en 1282 por fray Berenguer de Lledó, guardián de la casa de Vic, contra un ciudadano llamado Pere de Camdeuna que estaba construyendo un edificio al lado del huerto y claustro del convento franciscano. La denuncia de los frailes se presentaba "*por daños y perjuicios*"[572]. Webster[573] sacó a la luz otras noticias sobre querellas de los *menorets* de Barcelona y Gerona con el vecindario, resueltas mediante ordenanzas municipales que prohibían abrir ventanas junto a los conventos, construir casas en sus inmediaciones o colocar desagües, alcantarillas o escombreras allí donde los malos olores pudieran perturbar la vida diaria de los frailes. Incluso se dictaron normas municipales tendentes a evitar cualquier edificación que diera al huerto o al cementerio de los religiosos con el fin de salvaguardar su privacidad.

Ordenanzas de este tipo también fueron nccesarias en relación con San Francisco de Valencia a pesar de que el caserío circundante fuera de baja altu-

---

571 Los orígenes del barrio de pescadores se remontan a los tiempos de la Reconquista. El *Libre del Repartiment* menciona con frecuencia a los marineros (hòmens de barca) a quienes el monarca concedió el barrio que se extendía desde la puerta de la Xarea hasta la de la Judería. Allí constituyeron una verdadera *pobla* (barrio, distrito o cuartel). *La Pobla de les Parres*, como se llamó primero a la de los Pescadores, era una entre otras muchas, como lo era la morería y la judería. Algunas calles del barrio conservan todavía hoy sus orígenes marineros, como Bonaire, Barcas, La Nau o la del Mar, que desembocaba en la *Porta* del mismo nombre [RODRIGO, 1924; ALMELA, 1954: 5-6].

572 Vic: AE, Arxiu de la Cúria Fumada, Manuals notarials, nº 19 (1281-1282) f. 117r, 119vº y 122vº (19 junio, 17 junio y 2 julio 1282 respectivamente).

573 WEBSTER: 2000: 145.

ra, de una o a lo sumo dos plantas, y el cenobio estuviera circundado por una elevada tapia, ventajas que sin embargo no dejaban a los frailes totalmente a salvo de miradas indiscretas. Fullana[574] recoge las advertencias del rey Jaime II, nieto del Conquistador, a ciertos propietarios que intentaban levantar edificios al lado del convento *"de tal forma que se podría inspeccionar todo el convento, hasta las habitaciones de los religiosos"*. Conocedores los franciscanos del proyecto, acudieron al monarca para manifestarle los graves daños que derivarían de la construcción de casas al lado del huerto conventual. En vista de la situación, el monarca emitió una carta con fecha siete de febrero de 1304 dirigida al Justicia y al Bayle de la ciudad, ordenándoles que, sin más dilación, impidiesen a los particulares levantar los edificios previstos, recordando en su escrito la prohibición foral de abrir ventanas o miradores recayentes a propiedades de religiosos. La orden se ejecutó de inmediato, lo cual no evitó el crecimiento de un caserío de baja altura un tanto apartado del convento que, desde su origen, empezó a ser conocido como *barri de peixcaters*.

Algunos cronistas han reportado otros litigios entre los frailes de San Francisco y el vecindario próximo a cuenta de escándalos nocturnos en el conflictivo barrio de Pescadores, donde la afluencia de prostitutas y clientes ocasionaba no pocas molestias a la comunidad. Fullana[575] menciona una nueva intercesión de Jaime II a favor de los franciscanos por este motivo. Habiéndose reunido *"algunas mujeres degradadas"* en una casa cerca del convento, éstas causaban *"harta intranquilidad a los religiosos por tener tan detestable vecindad"*. Ante esta situación, los frailes reaccionaron *"hasta conseguir que desapareciera aquel centro de corrupción"* gracias a la intervención del monarca, quien en 1317 emitió una orden dirigida a los Jurados de la ciudad instándoles a clausurar inmediatamente aquella casa apelando al saneamiento moral de los alrededores del convento[576]. Avergonzados los Jurados por no haber dado antes ese paso por iniciativa propia, cumplieron sin dilación el mandato

---

574 Fullana, 1923c: 26-27.
575 Ibídem, 27.
576 Barcelona, ACA, 8 Marzo 1317. Reg. 182, f. 278.

Real y *"ahuyentaron lejos, muy lejos de la Casa de Dios, aquellos seres desgraciados entregados en manos de Satanás y cooperadores de su obra"*[577].

Las actividades ilícitas en las inmediaciones del convento no se limitaban a casas de prostitución femenina; también los homosexuales de la ciudad tenían su lugar de esparcimiento junto a la sede franciscana. Se sabe que en 1519, *"devés de la plaça de sent Francesch"*, existía una casa *"hon es reunien molts bujarrons* [que] *ofenien greument a Deu"*[578]. Los conflictos no se circunscribían al barrio de Pescadores: conocemos por otras fuentes que la calle *Pont dels Anets*, lindante con el ala del dormitorio conventual, era escenario de escándalos y peleas callejeras que en ocasiones obligaron a las autoridades municipales a adoptar medidas[579].

Del análisis de la inserción urbana del convento de San Francisco en el barrio de la Boatella se comprende que semejante ocupación de suelo en pleno corazón de un apretado entramado de calles llegara a resultar ciertamente invasiva con el paso del tiempo. Basta una mirada al plano de Tosca para comprobar la distorsión que causaba la sede franciscana en el tejido urbano. El jardín de los frailes bloqueaba por completo la arteria de comunicación este-oeste entre los importantes viales del eje Barcas-Sangre, obligando al viandante que quisiera dirigirse de una calle a otra a dar un considerable rodeo. Tal inconveniente causaba no pocas molestias a los vecinos y a la postre será el detonante del decaimiento del convento. De ese período y de los nefastos acontecimientos que llevarán a su derribo nos ocuparemos en la tercera y última Sección.

---

577 Fullana 1923c: 27.

578 Valencia, AC, *Llibre de Antiquitats*, Ms. Transcrición y estudio preliminar por José Sanchis Sivera, Valencia 1926: 21-22.

579 Millo, 1980: 165-166. Webster, 2000: 87; 145; 149. Webster critica la hipocresía de los franciscanos al no encontrar en los documentos de archivo evidencia alguna de asistencia a las prostitutas por parte de los frailes, contradiciendo así la actitud de Cristo hacia María Magdalena [Webster: 1993: 187]. Esa desatención hacia las meretrices contrastaba con la protección que los frailes prestaban a los convictos por diferentes delitos, ya que no es infrecuente encontrar noticias de archivo sobre criminales alojados en las casas franciscanas antes de ser llevados ante la Justicia; incluso a veces se les ayudaba a escapar del castigo por sus delitos [Webster: 1993: 187 n.135]. Así, una carta del ministro provincial de Valencia, fray Ramón de Bas, dirigida al rey Pedro III, intercedía por un tal Fernando Posanes condenado por homicidio. El rey, haciéndose eco de la solicitud, ordena el perdón del reo ateniéndose a que su arresto en el convento franciscano de Valencia donde había encontrado refugio infringía la ley eclesiástica [Barcelona. ACA, RC 874, ff. 15v-16, 5 Noviembre, 1342].

OCASO · 1806-1891

CAPÍTULO IX

HOSTIGAMIENTO POLÍTICO CONTRA LA COMUNIDAD

El siglo XIX se abre en España bajo la amenaza liberal que la Revolución Francesa había impregnado en todas las manifestaciones de la sociedad. La supersaturación monástica que registra el siglo XVIII llevaría en poco tiempo a un profundo descrédito de las órdenes religiosas entre amplios sectores sociales. También las nuevas teorías económicas surgidas tras la revolución francesa, que relacionaban crecimiento demográfico y productividad, hacían que los hombres de gobierno miraran cada vez más al fraile como *manos muertas*[580].

Así, la enorme popularidad que el franciscanismo se granjeó en siglos anteriores decreció rápidamente, no ante el pueblo sencillo, pero sí ante la nueva clase culta. El mismo viraje de la economía y de la vida social hacía que las vocaciones, no siempre auténticas, fuesen en aumento; el convento ofrecía un buen refugio frente a la inseguridad de una sociedad cambiante.

"Desamortización" era el vocablo al uso entre monarquías y repúblicas. En 1790 la Asamblea francesa decretó la supresión de todas las órdenes religiosas, y poco después tocó el turno, una tras otra, a las diversas naciones donde los ejércitos de Napoleón llevaron los principios de la Revolución. El ataque frontal llegaría a España en 1809 de la mano de José Bonaparte. No obstante,

---

580 IRIARTE, 1979: 411.

quedaba todavía la última gran prueba: el liberalismo, que llevaría a cabo el despojo total de las órdenes religiosas[581].

Primeros conatos de agresión

Si la presión de los liberales era cada vez más insoportable para el clero, otra amenaza añadida, ésta de carácter más doméstico, se cernía sobre la comunidad de San Francisco de Valencia a comienzos del XIX: la intención municipal de facilitar la conexión entre las calles de las Barcas y de la Sangre debido a la considerable caminata que el viandante tenía que realizar para pasar de una calle a otra por falta de comunicación directa entre ellas. En el fondo latía aquella pretensión de los Jurados de Valencia de ganar para la ciudad un espacio urbano que iba a duplicar con creces la superficie de la pequeña plaza de San Francisco. A decir verdad, el municipio no pretendía apropiarse del frondoso vergel de los frailes, lo que hubiera habría reportado un beneficio público y sería justificable hasta cierto punto, sino que la operación aspiraba a enajenar el suelo prescindiendo del arbolado, como la realidad de los hechos se encargará de demostrar. Una estrategia equivocada de las autoridades civiles que tendrá consecuencias nefastas para el devenir del *Pla de Sant Francesc*.

La intención municipal de expropiar el recinto ajardinado de los religiosos no era nueva: ya en el siglo XVII las autoridades locales protagonizaron un conato de apropiación del antiguo cementerio conventual. Recordemos la noticia de 1665 del cronista Valda que, vista con perspectiva histórica, se podría leer en clave profética:

> *"Antecede a la entrada de este Santuario un patio tan grande, que le ha mirado la Ciudad muchas vezes con cariño, para hazer de él una famosa Plaça, para sus Fiestas, está cerrado de tapias y tiene tres puertas en triangulo divididas, y en distancia de ciento y cinquenta passos; dantro un ameno jardín, y una divertida alameda, le hacen muy opaco, y frondoso"*[582].

---

581 *Ibídem*, 412-413.
582 VALDA, 1663: cap. XV, 296.

La observación de Valda sobre las *"muchas veces"* que los Jurados de la ciudad codiciaron el hermoso jardín sugiere que ya en anteriores ocasiones habrían tratado de persuadir a los franciscanos sobre la conveniencia de derribar el vallado. En efecto, los cronistas de la Orden refieren más de una intentona previa a la definitiva. La primera de ellas ocurrió hacia 1400 bajo el reinado de Martín I *el Humano*, quien tuvo que intervenir a favor de los religiosos ante las presiones que éstos sufrían para que cedieran su terreno a la ciudad[583]. También en 1518[584] los frailes habrían recurrido a la protección del emperador Carlos V para sacudirse el acoso de las autoridades locales. Éste confirmó la segunda donación del rey Jaime I, refrendada previamente por Pedro IV en 1336, e impuso una multa de mil florines de oro *"a quien tuviese la temeridad de oponerse"* a la disposición real[585]. Previsores los religiosos ante el asedio municipal, en 1531 obtuvieron un Breve del papa Clemente VII que prohibía cortar los árboles allí plantados *"bajo pena de excomunión mayor latae sententiae"*[586]. Amparados por estos privilegios, la comunidad siguió disfrutando de su jardín durante mucho tiempo hasta que una embestida de los Jurados de la ciudad a comienzos del siglo XIX terminará por expropiárselo para siempre.

Derribo fortuito del vallado y extraño relato de un balcón

La polémica sobre el derribo del muro conventual llevó a cronistas e historiadores a no pocos errores, incluso a creer que las tapias fueron sustituidas alguna vez por rejas, un supuesto carente de todo fundamento como comprobaremos a continuación. Los cronistas Colomer[587] y Magraner[588], además de

583 Fullana, 1924a: 4. A diferencia de sus propias fuentes franciscanas, Fullana atribuye la primera intervención Real a Martín I. Éste fue rey de Aragón entre 1396 y 1410, lo que adelantaría notablemente, más de cien años, la primera tentativa municipal de apropiarse del recinto.

584 Magraner, 1824: 15; Martínez Colomer, 1803, I: 14.

585 Magraner, Ibídem.

586 Valencia, ARV, Clero, Lib. 1869: *Notas de las Centurias que contiene el Archivo de la Provincia...*, ob. cit., Ms. inéd., 1764: 18vº. Magraner transcribió literalmente el contenido del Breve clementino emitido el 2 de Junio de 1531 [Magraner, 1824: 153vº-154].

587 Martínez Colomer, 1803, II: 37-40.

588 Magraner, 1824: 29-30vº.

numerosos historiadores ajenos a la Orden[589], dan noticia de unas copiosas lluvias caídas a finales de 1671 a consecuencia de las cuales "*se desplomó casi todo el muro que cerraba el patio*". Al año siguiente los frailes trataron de reedificarlo, pero en la tarde del dieciséis de septiembre de 1672, mientras estaban trabajando los albañiles, se presentó una orden de suspensión de obras emitida por el Consejo municipal. El motivo era aprovechar el suelo para abrir una plaza pública donde "*hacer los toros y cañas y otras fiestas de la ciudad*"[590]. Los escritores, copiándose unos de otros, aseguran que los prohombres o *notables* disponían de un Breve pontificio que les permitía "*allanar las tapias*" para convertir el lugar en plaza pública[591]. En su defensa, la comunidad franciscana apeló al derecho de propiedad basándose en la concesión de tierras "*a perpetuidad*" del rey Jaime I[592], refrendada por Pedro IV, Martín I y Carlos V, a lo que se sumaba el Breve clementino de 1531 que prohibía talar los árboles bajo pena de excomunión.

---

589 CRUILLES, 1876: 269; ORELLANA, 1923-1924, II: 66; BOIX, 1862, I: 324-325; LLOMBART, 1887: 540-541; CORBÍN, 1988: 36. SUCÍAS, 1907, I: 263 aclara que el documento de 19 de octubre de 1672 se encontraba en Valencia, ARV, bajo la signatura "Documentos del Convento de San Francisco existentes en el Archivo del Reino".

590 SUCÍAS, 1907, I: 263 citando unos "Documentos del Convento de San Francisco existentes en el Archivo del Reino, 19 de Octubre [Septiembre] de 1672". Sucías se refiere al recurso que el Síndico de la Provincia interpuso "*contra la Instancia que había puesto la Ciudad sobre pretender que se derribasen las pandas del Patio de este Convento y se reduxese aquel a plaza para hacerse en aquellas las fiestas Justas, Cañas y otras que se acostumbran a hacer en dicha ciudad*". [Valencia, ARV, Clero, Lib. 1869: *Notas de las Centurias que contiene el Archivo de la Provincia…*, ob cit., Ms. inéd., 1764: 36-36v°].

591 El supuesto Breve no era ni mucho menos una Bula pontificia como creyó Corbín [CORBÍN, 1988: 35]. En realidad se trataba de una especie de patente, firmada por el Comisario General de la Religión de San Francisco, que autorizaba a la Ciudad a proceder a la demolición de las tapias e instaba a los frailes a la enajenación del patio bajo ciertas condiciones. Los religiosos aducían que ningún Comisario General a título individual tenía potestad para ello puesto que el dominio sobre todos los bienes de la Orden pertenecía únicamente al Sumo Pontífice.

592 Barcelona, ACA, Repartiment, f. 55: "*damus et concedimus perpetuo libere atque franche bobis Fratibus Ordinis Minorum in Valentia commorantibus et universis aliis permansuris Octuagenta quinque brachiatas terre* […]" TEIXIDOR, 1767, II: 21 publicó una copia de este documento, que se conservaba en el convento de San Francisco de Valencia. Esta donación coincide con la reflejada en el asiento n° 993 del *Libre del Repartiment* de Valencia.

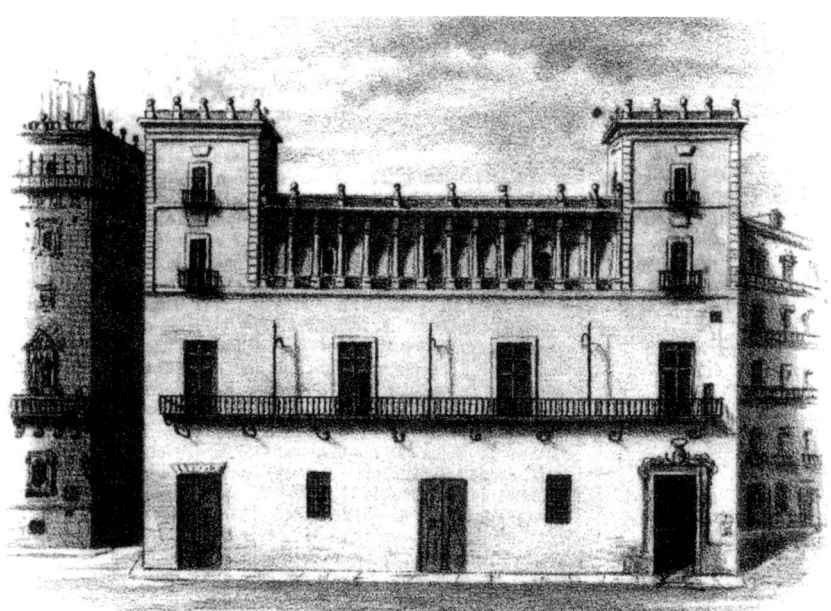

Valencia, antigua Casa de la Ciudad. Litografía. Valencia, AHM, Biblioteca Serrano Morales; Fabra, L.: Casas Consistoriales, *El Museo Literario* 17 (23 Abril 1865): 131-132; Gayano Lluch, 1948: 21; Catalá, 1999: 230.

El asunto se enreda cuando, según un documento citado por Orellana[593], los frailes ceden repentinamente en sus pretensiones hasta el punto de aceptar el despeje de la plaza bajo una sola condición: que la ciudad aporte el hierro necesario para enrejar las ventanas del convento al quedar éstas desprotegidas tras la desaparición del vallado. Orellana menciona un acuerdo inmediato de los Jurados para fundir el hierro necesario de "*un balcón de la antigua Casa de*

593 ORELLANA, 1923-1924: 66, doc. B-17: "*Deliveración de la Ciudad y Prohombres del Quintamiento hecha y celebrada en el día 19 de Septiembre de 1672. Proposició de les reixes de Sant Frances, y balco de la Casa de la Ciutat [...] con ocasio de haberse derrocat les parets del pati del Convent del Señor Seraphic Sant Francés: Perque se estaven cahent [...] que a costes de la dita ciutat se aguesen de fer unes reixes, que tancasen lo Portich que hia enfront de dit Convent [...] es levás lo dit Balcó posant balcons en dita frontera; ço es, hu á cascuna de les finestres de aquella, y lo demes ferro que sobraría del dit balcó, á poch mes se podrien fer les reixes del Portich de dit Convent*".

la Ciudad" y hacer con él "*barandillas en las ventanas*". Hay que matizar que a Iborra, experto conocedor de la desaparecida Casa Consistorial, no le consta acuerdo municipal alguno de esa naturaleza.

Ninguno de los autores que se hicieron eco de tan extraña noticia[594] precisa exactamente qué balcón de la Casa de la Ciudad –entendemos que el principal– habría proporcionado el hierro necesario ni qué ventanas del convento se pensaba enrejar. Probablemente se pretendería proteger con hierros los ventanucos de la capilla de la Porciúncula a la izquierda del pórtico, ya que ésta se iluminaba a través de unos óculos con tracería cuadrifoliada y alabastro muy vulnerables al asalto. Cruilles enmadeja más el relato al afirmar que los Jurados entendían que añadiendo "*un poco más de hierro*" al sobrante de las ventanas se podría fundir (nada menos) que el enrejado de todo el pórtico renacentista:

> [...] *y del sobrante, añadiendo el poco más que faltase, se hiciesen las rejas de dicho pórtico*[595].

Enrejar un pórtico de ocho vanos empleando el sobrante de unas ventanas, por más que se añadiera "*el poco más que faltase*", parece inverosímil cuando el pórtico a enrejar tenía una longitud de 40 metros y 6 de altura. Suponiendo que el hierro tuviera que salir del balcón principal de la Casa de la Ciudad, sabemos que en 1672 ésta tenía una longitud aproximadamente igual[596], lo que acaso pudo originar la leyenda. Pese a lo incongruente del relato, Cruilles sostiene que el proyecto fue aprobado el 30 de septiembre de 1672 con la condición de que "*todo el gasto no escediese de 200 libras*"[597], en un Consejo General al que por expreso deseo no habrían asistido los superiores de la Orden.

---

594 ORELLANA, 1923-1924, II: 66; BOIX, 1862, I: 324-325; LLOMBART, 1887: 540-541; CRUILLES, 1876: 269.
595 CRUILLES, 1876: 270.
596 IBORRA BERNAD, Federico, 2012. *La Casa de la Ciudad de Valencia y el Palacio de Mosén Sorell. De la memoria nostálgica a la reivindicación arquitectónica de dos episodios perdidos del Siglo de Oro valenciano*, Tesis Doctoral (inéd). Departamento de Composición Arquitectónica. Universidad Politécnica de Valencia.
597 CRUILLES, 1876: 270.

El extraño episodio del enrejado no tuvo efectos prácticos pues, al decir de Cruilles[598], "*el cercado subsistió o se rehicieron las tapias*" como así ocurrió. Además, el cronista admite que el pesado balcón de la Casa de la Ciudad "*parece ser el mismo que ha llegado hasta nosotros*"[599], desmintiendo así la difundida creencia. Con todo, lo sustancial del asunto es que las tapias de San Francisco nunca fueron reemplazadas por rejas y el balcón principal de la Casa de la Ciudad permaneció en su lugar hasta el derribo del edificio en 1860.

El litigio de la comunidad franciscana con la Ciudad concluyó el 15 de noviembre de 1672, tres meses después de su inicio, con una sentencia "*muy justa*"[600] que permitió a los religiosos de San Francisco reconstruir su vallado con la anacrónica silueta almenada que poco después dibujaría el P. Tosca en su plano de 1704. Los Jurados desistieron por el momento de su pretensión de apropiarse del jardín, pero el proyecto de destinar a plaza pública aquel recinto no quedó del todo abandonado.

Destrucción alevosa del jardín conventual

Transcurrido el tiempo sin más incidentes entre la comunidad y el municipio a cuenta del vallado, a comienzos del siglo XIX los Jurados de la ciudad volveron a insistir en la propiedad del recinto ajardinado, esta vez poniendo el acento en el penoso rodeo que los ciudadanos tenían que realizar para dirigirse desde la calle de las Barcas hasta la Sangre. El inmejorable punto de vista desde el que Tosca observa el edificio permite hacernos una idea del penoso recorrido de circunvalación que, partiendo desde Sagrario de San Francisco, antigua de *Pont dels Anets* o *dels martyrs*, bordeaba la tapia conventual recayente a la plaza de san Francisco y continuaba por la calle conducente al *cantó dels genovesos* hasta encontrar tres calles más abajo el quiebro hacia la Sangre. Es verdad que por entonces los frailes acostumbraban a abrir las puertas de los extremos del jardín durante el día, no solo

---

598 Ibídem.
599 Id.
600 Sucías, 1907, I: 263.

durante el oficio litúrgico como ocurría en el pasado, permitiendo con ello acortar el trayecto. Pero la molestia era particularmente grande al anochecer cuando las puertas se cerraban, impidiendo el paso al viandante y obligándole a efectuar un rodeo considerable.

A favor de la demolición de las tapias los Jurados esgrimían también los frecuentes desórdenes nocturnos que se producían en las calles adyacentes al valladar de San Francisco, molestia que se podría evitar, a su entender, sin más que echar abajo el muro[601].

Así las cosas, sobre las seis de la mañana del 6 de octubre de 1806[602] se presentó ante las tapias del convento una brigada municipal compuesta por ciento cincuenta hombres[603] capitaneados por el Intendente Cayetano de Urbina, quienes en pocas horas demolieron los muros, detrozaron la cruz de piedra en pedazos y talaron todos los árboles hasta convertir el frondoso jardín en una vasta explanada[604]. La salvaje incursión se produjo ante la mirada impotente del Provincial de los franciscanos, fray José Palop, y del guardián de la comunidad, fray Cristóbal Urbano, quienes nada pudieron hacer para impedir semejante atropello[605].

Las crónicas franciscanas no se cansan al denunciar la injusticia cometida contra la comunidad de San Francisco, culpando del alevoso ataque a la codicia de los Jurados de la ciudad y al pensamiento político dominante. Así se quejaba Magraner con amargura:

"La ciudad tendría una plaza espaciosa de que carece para funciones públicas: el convento no lo necesita; y el bien común debe de preferirse al

---

601 Corbín, 1993: 35.
602 Vicente Boix confundió a no pocos autores al creer que el hecho ocurrió en 1805 [Boix, 1862, I: 325; Corbín, 1988: 36]. Sin embargo, los cronistas de la Provincia franciscana coinciden en la fecha del 6 de octubre de 1806 [Magraner, 1824: 88; Martínez Colomer, 1803, II: 44].
603 Cruilles, 1876: 271. Ningún otro autor precisa el número de integrantes de la brigada.
604 Magraner, 1824: 88; Martínez Colomer, 1803, I: 44.
605 Ángel, 1988: 198. Corbín cree que cuando la brigada procedió a la demolición del vallado éste ya estaba medio derruido [Corbín, 1988: 36] aunque tal información no nos consta por ninguna otra fuente y tampoco nos parece asumible.

particular. He aquí las razones para obrar; sin detenerse contra todos los privilegios de los pobres de S. Fco., y privarles de la propiedad del patio a la fuerza y mano armada, que derrocó y derribó arrasándolo todo. Y a pocos días quedó la plaza cual se ve en el presente"[606].

El cronista señala como responsable del hecho al marqués de Jura-Real, Senador del Reino, como parte interesada en la demolición del tapiado ya que, para entrar a su palacio, el muro del convento dificultaba el giro a su carruaje de caballos y, por si fuera poco, los árboles del jardín, ahora talados, ocultaban su fachada:

"[…] estaba el convento en la tranquila posesión seis siglos, sin que nadie le molestase, hasta que le pareció al vecino Marqués que el coche no entraba en su casa con la rectitud que le impedía la esquina de la pared del cerco; y que los árboles que erguían cubrieran la fachada, que no hermoseaba despejadamente; que su palacio no debía de tener esta restricción, cuando el convento disfrutaba de tan dilatado ensanche. ¡Qué malo para los vecinos pobres, que el poderoso se queje altivamente que los otros le incomodan!"[607].

De nada servía ya la protesta de Magraner cuando clamaba en vano que los frailes habían llegado al lugar mucho antes que el marqués:

"entonces [en el siglo XIII] *no tenía caserío contiguo por estar solo el convento fuera de los muros antiguos de la ciudad y el Marqués de Jura Real quiso levantar el edificio de su casa cerca de la pared que circuía ya muchos siglos este sitio… No importa, la casa se fabricó donde convenía: la muralla del patio le impide el despejo de su entrada, y los árboles las vistas. Los frailes no pueden tener cosa propia".*

---

606 MAGRANER, 1824: 135.
607 Ibídem, 134vº.

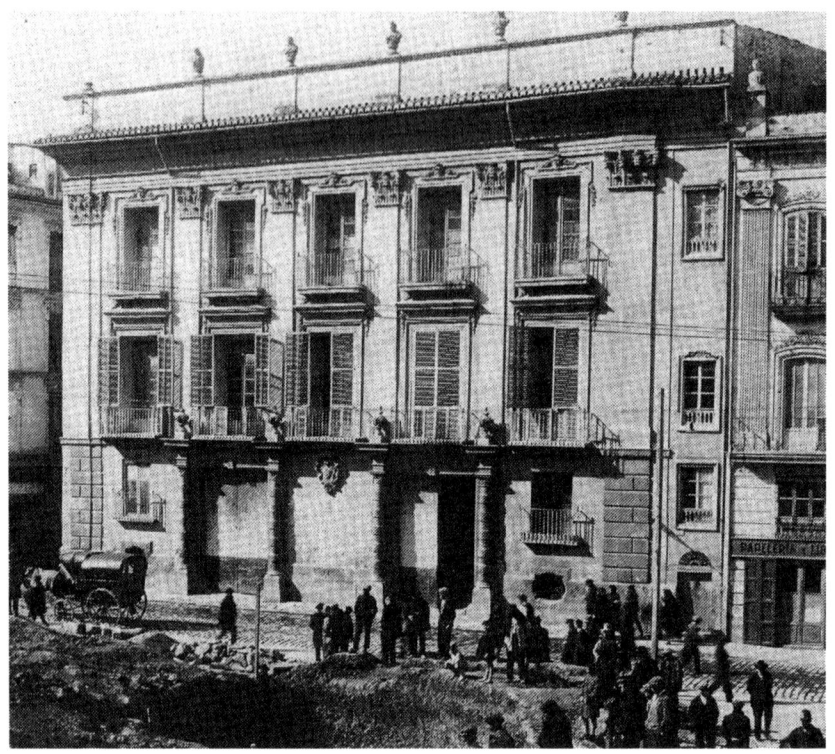

Valencia, Palacio de Jura-Real (desaparecido). J. L. Corbín, 1988: 92.

Desaparecido para siempre el histórico jardín, la comunicación directa de las calles Barcas-Sangre era por fin una realidad, y aquella despejada plaza donde los valencianos celebrarían sus festejos empezaba a vislumbrarse en el horizonte.

Dos frailes de San Francisco contra Napoleón

El derribo con nocturnidad y alevosía de los muros del jardín y la tala indiscriminada de sus árboles centenarios no fue óbice para que los frailes de San Francisco siguieran permaneciendo en el convento, aunque los años más difíciles estaban por llegar. En 1808 las tropas napoleónicas vinieron a perturbar la paz de la ciudad y el convento no se salvó de la ocupación militar. El levantamiento popular no se hizo esperar; de hecho, dos religiosos de San Francisco de Valencia aparecen junto al canónigo Baltasar Calvo y el *Palleter* al frente de la revuelta contra el invasor francés: fray Juan Martí, que pronto se eclipsa y desaparece, y fray Juan Rico, de carácter ardiente y fogoso, que desde el primer momento encauzó a la desbordada multitud *"con gran valor e intrepidez"*[608]. De él dice Conrado Ángel que *"llegó a ejercer cierta especie de Dictadura en el pueblo valenciano"* por su capacidad de liderazgo[609].

Terminada la guerra, algunos frailes observantes volvieron al convento encontrando en su interior un panorama desolador. Las crónicas narran el estado irreconocible de sus estancias y el destino final de los bienes muebles:

"La iglesia feamente chamuscada, sin órgano, sin imágenes y quemados casi todos los altares. La biblioteca sin libros, los claustros sin celdas, destruidos el noviciado y enfermería. Todo se había vendido por las calles a precio vil [...] la canalla se aprovechó de cuanto pudo pillar: muchas pinturas fueron raídas y borradas para servirse del lienzo, que destinaron para estropajos de cocina y otros usos más viles. La librería del rezo

---

608 [ÁNGEL, 1988: 198]. Juan Rico Vidal nació en Monóvar (Alicante) en 1773 y murió de apoplejía en 1847. Se le describe como hombre *"rudo, pero con un corazón de oro"*, que *"lejos de acobardarse a la vista del peligro, se enardece"* [CÁRCEL, 1987, II: 507]. Cuando en junio de 1808 el mariscal Moncey llegó a las puertas de Valencia al frente de 9.000 hombres, el P. Rico tomó a su cargo la defensa de una ciudad exhausta. Moncey fue rechazado y *"puesto en fuga vergonzosa"* tras causarle 2.000 bajas. Tras la vuelta de Fernando VII, el P. Rico volvió al convento de Valencia. En 1816 embarcó hacia Estados Unidos, volviendo a España en 1821, año en que fue nombrado por el Gobierno diputado de las Constituyentes de Cádiz. En 1823 emigró a Londres donde permaneció hasta 1834. Escribió unas *Memorias históricas* sobre la revolución de Valencia que comprenden desde el 23 de Mayo de 1808 hasta fines del mismo año (Cádiz, 1811). Un estudio muy completo sobre su figura es es el de SORIANO DE FERRER, E.: El franciscano P. Rico y el levantamiento de Valencia contra los franceses, *AIA* 13 (1953): 257-327. Véase también RICO GARCÍA, M./ MONTERO Y PÉREZ, A., 1888. *Ensayo biográfico de escritores de Alicante y su provincia*, Alicante, I: 259.

609 ÁNGEL, 1988: 198.

desapareció del coro, y sus hojas de pergamino hubiéronse de vender para tamboriles y panderos"[610].

A pesar de la desgracia, los religiosos consiguieron recuperar y reconstruir al menos una parte del convento, aunque nunca más lograrían devolverle su antiguo lustre:

> *"Pasarán siglos, y la iglesia del convento de San Francisco no tendrá aquella ilustración condecorosa y rico aseo, ni el coro aquella magestuosa sillería que llenaba tan numerosa y venerable comunidad [...]. Ahora unos bancos dan asiento a los Religiosos, y no se llenan por haberse disminuido su número hasta el de noventa, desde doscientos que eran en el año 1789"*[611].

Quizá la imagen más viva de la decadencia del convento a principios del siglo XIX sea la de su pórtico renacentista, ahora abierto a una despejada plaza donde las mujeres vendían toda clase de objetos, ropa usada y baratijas[612]. Un auténtico mercadillo de tenderetes cuya mercancía colgaba de las venerables columnas clásicas y cubría los muros del convento, obstaculizando la entrada y salida de los frailes a través del pórtico.

La nueva enfermería-noviciado de fray Vicente Cuenca

Debido a los estragos causados por la guerra, la comunidad de San Francisco perseveró en la caridad hasta el punto de plantearse la construcción de una nueva enfermería. La precariedad económica no permitía abordar semejante empresa, por lo que hubo que recurrir al arzobispo de Valencia, el franciscano Joaquín Company, que había sido fraile del convento y quien a la postre sufragó íntegramente las obras. Para el diseño del nuevo edificio, los superiores de la Orden pensaron en uno de sus hermanos en religión, el tracista fray

---

610 MAGRANER, 1824: 99v-100.
611 Ibídem, 106vº.
612 Ibídem, 133.

Vicente Cuenca[613], cuya fama venía avalada tanto por sus numerosas intervenciones en iglesias y conventos del área de Valencia y Alicante –principalmente como ayudante de su padre en la dirección de las obras de la Colegiata de Xàtiva– como por el hecho de haber obtenido el título de Arquitecto por la Academia de Bellas Artes de San Fernando, mérito que logró en 1801 tras no pocas dificultades y algunas cartas de recomendación[614].

El nuevo edificio destinado "*a enfermos achacosos y decrépitos*", que también incluía un noviciado, fue construido velozmente entre 1808 y 1809 sobre el escaso espacio disponible al fondo del patio entre la puerta de los Genoveses, llamada por entonces *de los Carros*, y las cocinas[615]. Constaba de tres plantas, la primera destinada a caballeriza, almacén de paja y garrofa y sitio de carros. El nivel intermedio era el de la enfermería, donde había dieciséis celdas, cocina, refectorio y oratorio. Igual número de celdas había en el tercer nivel, destinadas en este caso a los novicios y sus maestros, además de un oratorio donde se veneraba una pintura de la Inmaculada Concepción. La escalera de acceso a las plantas superiores era "*de grandiosa anchura*", y la altura del conjunto alcanzaba "*solo un palmo menos que la de los claustros del convento*"[616], lo que da cuenta de su notable envergadura.

---

613 Vicente Cuenca y Pardo [San Felipe (=Xàtiva) 1766 – Xàtiva 1845] ingresó como postulante en el convento de San Francisco de su ciudad natal en 1783, profesando como fraile lego dos años después. Su obediencia a la Orden comienza en 1785 con las obras de Santa María de Jesús (Valencia) donde interviene como cantero. A partir de ese año se incorpora a la Colegiata de Xàtiva para ayudar a su padre, director de obra, y realiza intervenciones puntuales en San Francisco de Xàtiva, la Virgen de Sales de Sueca, Nuestra Señora del Loreto de Jijona, el Hospicio de Utiel y otras obras menores. Tras su titulación por la Academia de San Fernando en 1801 se inicia su etapa de plenitud marcada por la construcción del campanario de la Colegiata de Xàtiva, la parroquial de Sant Roc de Oliva o el templo de Sant Joan Baptista en Muro de Alcoy. En 1835 cesa su actividad y funda en Xàtiva una escuela privada de arquitectura que gestionó durante diez años hasta su fallecimiento. [García Ros, 2018; Orellana, 1967; Pascual y Beltrán, V., 1931. Játiva biográfica. Valencia, Renovación Tipográfica].

614 García Ros, 2018: 50.

615 Magraner, 1824: 55-56.

616 La descripción formal del cuerpo de enfermería y noviciado ha sido obtenida de la fuente original [Magraner, 1824: 55-55vº] y de unas notas manuscritas que el erudito franciscano fray Andrés Ivars, siguiendo a Magraner, envió a Ventura Pascual y que éste transcribió literalmente en Pascual y Beltrán, V., 1931. Játiva biográfica. Valencia, Renovación Tipográfica.

De su adscripción estilística nada se sabe, pero si nos atenemos al pensamiento arquitectónico de fray Vicente Cuenca[617] y a la propia evolución de su obra construida, es casi seguro que el cuerpo de enfermería carecería del exceso ornamental y de los atentados contra la ortodoxia tan habituales en la obra del arquitecto antes de su paso por la Academia, exhibiendo por el contrario una imagen más clasicista y austera en línea con la sensibilidad ilustrada[618].

Depuración neoclásica del templo

Terminada la *francesada* y restablecida la paz, la comunidad acordó en 1814 acometer nuevas obras en el templo para adecuarlo al gusto neoclásico imperante. En esta decisión debió influir la intervención emprendida hacia 1785 en la iglesia franciscana de Santa María de Jesús de Valencia, y particularmente en la hermosa capilla sepulcral del beato Nicolás Factor que hace funciones de Capilla de la Comunión[619], una impecable actuación academicista que, sin duda, los frailes de San Francisco debieron conocer y admirar por su pulcritud. Pues bien, si para la renovación barroco-clasicista del convento en 1738 bajo el auspicio del arzobispo Mayoral se siguió las pautas de otras iglesias

---

617 García Ros, 1998: 52-107.

618 Coetánea a esta obra y de similar estilo era el retablo para la Capilla de la TOR, instalado en una capilla de planta cruciforme anexa a la Capilla de la Inmaculada, frente a la puerta de ingreso de los pies del templo. El retablo, diseño del arquitecto Vicente Marzo, fue presentado a la Academia de San Carlos y aprobado a comienzos de 1797 [Valencia, ASC, Libro de Juntas de la Comisión de Arquitectura, Acta de la reunión de 10 Enero 1797: "Aprobación de las trazas para el retablo de la Capilla de la Orden Tercera de San Francisco"].

619 Jiménez Puchol, Daniel / Pellicer i Rocher, Vicent: Santa María de Jesús de Valencia. Aspectos arquitectónicos y pictóricos, *AIA* 59 (1999) nº 232: 49-78 en p. 56. La hermosa capilla, construida en 1787, presenta planta de cruz griega y pilastras acanaladas de orden corintio cuyas basas, como todo el zócalo y pedestales, era de excelentes jaspes. El arco de entrada está tallado en los muros, repitiéndose entre capitel y capitel. La bóveda del presbiterio es de casetones cuadrados, y sobre el centro de la cruz se eleva una cúpula sobre pechinas en cuyo tambor abren ventanas. La cúpula está decorada con frescos y casetones octogonales; coronando la misma, una segunda linterna de pilastras jónicas hace de réplica de la principal. En esta capilla es evidente el empleo del tratado de Caramuel, *Arquitectura Civil Recta y Oblicua* (Vigevano 1678), un texto que tuvo gran predicamento en la arquitectura barroca y que a finales del siglo XVIII seguía vigente, aunque ya era puesto en cuestión desde las Academias.

barroquizadas de la ciudad como Santa Catalina mártir, en esta ocasión es muy probable que los franciscanos basaran su reforma neoclásica en la de sus hermanos del convento de Jesús, a juzgar por ciertas coincidencias.

Los planos de la reforma neoclásica de Santa María de Jesús habían sido encargados a un arquitecto de apellido Villanueva asistido en la dirección de obra por el joven fray Vicente Cuenca, quien por entonces se iniciaba como cantero[620]. Probablemente se trataría de fray Antonio Villanueva, franciscano, pintor y arquitecto, que trabajó en el pórtico y los claustros de San Francisco de Valencia ejecutando escenas de la vida del fundador antes de su fallecimiento en 1785. Parece razonable que Villanueva, una generación mayor que fray Vicente y franciscano como él, tuviera ese año al joven principiante como ayudante de cantería en Santa María de Jesús.

Orellana asegura que *"los planos de Villanueva"* fueron enmendados por *"otros Profesores"*[621] en velada alusión a la Academia de San Carlos, cuya rígida ortodoxia impuesta sobre todo a partir de 1780 por Antonio Gilabert y Vicente Gascó explicaría el severo clasicismo del templo de la calle Jesús. No solo Villanueva, también Cuenca y anteriormente otro célebre arquitecto de la Provincia de Valencia y hermano en religión, fray Francisco Cabezas, experimentaron amargos episodios con la Academia, aunque estos últimos lo fueron con la de San Fernando de Madrid donde imperaban las férreas directrices de Ventura Rodríguez[622].

Con la mirada puesta en el modelo del convento de Jesús, la iglesia de San Francisco fue despojada en 1814 de la *"inmensa talla y hojarasca barroca"*[623] procedente de la remodelación de 1675. También debieron retirarse los mal

---

620 GARCÍA ROS, 2018: 58-59. ORELLANA: 1967: 574 transcribe literalmente una carta personal de Cuenca donde explica su vinculación profesional a un arquitecto cuyo nombre no menciona: *"Ya profeso me ocupaba de la obediencia en varias obras en los Conventos, particularmente en la Iglesia de Jesús, bajo la dirección del Arquitecto de dicha obra"*. De acuerdo con Orellana, la atribución de los planos a un tal Villanueva permite pensar que se trataría de fray Antonio de Villanueva, pintor y arquitecto, que dejó una notable producción en los frescos del pórtico y claustros de San Francisco de Valencia, y cuyo ayudante en Santa María de Jesús sería el propio Cuenca.

621 ORELLANA, 1967: 465.

622 GARCÍA ROS, Vicente. Ventura Rodríguez versus fray Francisco Cabezas, *Saitabi* 45 (1995): 169-190.

623 MARTÍNEZ COLOMER, 1803, II, cap. IV.

llamados "altarcitos" u hornacinas de las pilastras entre las capillas laterales, dejándolas lisas. Sucías, que presume de manejar fuentes originales aunque rara vez las cite, afirma que el "*montón de hojarasca*" en que se había convertido la iglesia de San Francisco era un asunto tan preocupante para la comunidad que ésta, reunida el diecisiete de noviembre de 1814, acordó:

> "[…] *hacer un edificio serio y no una antesala o un teatro, determinando el destrozo de tantas flores y recortes de capricho*"[624].

Leída en clave decimonónica, la apelación a "*un edificio serio*" pasaba ineludiblemente por la elección de un severo clasicismo en contra del *teatro* en que se habían convertido muchas iglesias barrocas, cuyo espacio interior podría ser lo más parecido a un salón de ópera. Todavía hoy abundan en Valencia los templos góticos fuertemente barroquizados como San Nicolás, San Martín, San Esteban o la antigua de San Andrés, ahora San Juan de la Cruz, que vendrían a representar la antítesis de aquella *seriedad* reclamada por los defensores de la ortodoxia arquitectónica.

La tarea de normalización clasicista del templo de San Francisco no debió ser excesivamente compleja, ya que bastó con eliminar elementos estrictamente ornamentales –florones en las claves y hojarasca– procedentes de la primera actuación barroca (1675) conservando la construcción tabicada de la segunda (1738) que, recordemos, obedeció a las coordenadas del barroco desornamentado. Desposeída la iglesia de ornamentos considerados espurios y adaptada estéticamente al sentir del momento post-napoleónico, el templo de San Francisco relucía desde 1814 con un aspecto pseudoclásico y gótico a la vez, desde luego poco ortodoxo, pero al menos liberado del exceso churrigueresco que tanto disgustó al escrupuloso Ponz y a otros viajeros ilustrados.

---

624 Sucías, 1907, I: 265.

CAPÍTULO X

VISIONES DECIMONÓNICAS DEL CONVENTO

El primer atropello liberal contra las órdenes regulares en España salió de las Cortes de Cádiz de 1812. No obstante, el trienio liberal fue especialmente negativo para los religiosos de San Francisco de Valencia pues a comienzos de 1823, durante las turbulentas confrontaciones entre absolutistas y constitucionales, éstos últimos requisaron gran parte del convento con el fin de utilizarlo como cuartel de Caballería. En consecuencia, la comunidad tuvo que replegarse a las escasas dependencias que los militares dejaron libres[625]. Esta situación continuó a pesar de las reiteradas reclamaciones de los frailes, y solo en 1827, cuando los franciscanos acudieron a Fernando VII por mediación del Vicario General, consiguieron la retirada de las tropas del llamado "Cuartel del Rey" y la recuperación de la parte del convento que les había sido arrebatada[626]. Aunque no tuvo mayores consecuencias, el hecho era indicativo de la fuerte militarización que iba a caracterizar la vida de la España decimonónica.

Momentos más difíciles esperaban a nuestro edificio: el 5 de agosto de 1835 estalló en Valencia la revolución contra los frailes. Muchos religiosos de San Francisco abandonaron el convento temiendo que se repitieran las persecuciones antirreligiosas ocurridas unos días antes en Barcelona, Zaragoza,

---

625 MAGRANER, 1824: 133; 135vº.
626 Ibídem, 135v-136.

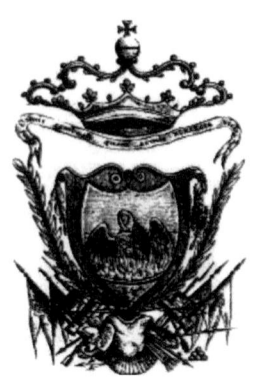

Emblema de los Lanceros de Numancia.

Reus y otras ciudades españolas, si bien un reducido número de miembros continuó en el edificio. Una semana después la comunidad franciscana era suprimida por orden del Capitán General, el conde de Almodóvar, a petición de la Junta Superior Revolucionaria[627]. Todos los bienes de la Orden fueron adjudicados al Estado por la Ley de Desamortización de Mendizábal (1836) a la que después siguió la de Madoz de 1855. Muchos frailes se adscribieron al clero diocesano o se enrolaron en las Misiones de Filipinas, Tierra Santa e Hispanoamérica. El convento de San Francisco permaneció cerrado solo unos meses[628] e inmediatamente fue entregado al ejército, que lo convirtió en Cuartel de Caballería de los Lanceros de Numancia[629]. Poco después se le unió un regimiento de Infantería[630], pasando desde entonces a ser conocido popularmente como *cuartel de San Francisco*.

---

627 Ángel, 1988: 197.

628 Sucías, 1907, I: 266 habla de solo dos meses.

629 El regimiento de Numancia es uno de los más antiguos de la caballería española. En la Guerra de la Independencia participó en la defensa de Valencia desde el arrabal de Ruzafa. Véase: Samaniego, J. Antonio, 1738. *Disertación de la antigüedad de los regimientos de infantería, caballería y dragones de España*, Ms, en el Palacio Real de Madrid y en la BN, reed.: Madrid, Ministerio de Defensa, 1992.

630 Cfr. Settier, 1866: 352, nº 225. Boix, 1849: 212.

Nunca más volverían los religiosos a ocupar su edificio. Al momento de la exclaustración el número total de frailes en el convento era de cientro treinta[631], una cifra superior a los 104 recomendados en el Capítulo General de Valencia (1768) para este convento[632], aunque más moderada si la comparamos con los "*más de doscientos*"[633] que llegó a tener en 1789 en su punto álgido. Sucías[634], que dijo haber tenido acceso al censo e inventario de bienes del convento levantado tras la exclaustración, anotó que la población conventual en ese momento era de ochenta y ocho sacerdotes, ocho coristas, treinta y dos legos, catorce donados y trece individuos en la comisión de tierra Santa[635]. Muchos de ellos fueron secularizados y otros forzados a buscar el exilio.

El convento en la cartografía urbana decimonónica

Del análisis de la cartografía decimonónica de la ciudad de Valencia podemos extraer algunos datos interesantes sobre nuestro edificio. Para ello resulta sumamente útil la cuidada selección de Llopis, Perdigón y Taberner[636] que abarca la serie planimétrica desde Mancelli hasta la posguerra española. Interesa detenernos aquí en tres planos urbanos del XIX que sin duda merecen nuestra atención, prescindiendo de otros porque, o bien no aportan información nueva, o son de fecha posterior a la desaparición del convento en 1891.

El primero de ellos es un plano anónimo, dibujado en 1880 y publicado cinco años después, que representa la forma urbana al momento del asedio del

---

631 CÁRCEL, 1987, I: 333.

632 MAGRANER, 1824: 49.

633 Ibídem, 50.

634 SUCÍAS, 1907, I: 274-275 transcribió un documento encontrado en el Archivo de la Diputación Provincial de Valencia que contenía un inventario de bienes muebles del convento de San Francisco y de la Casa Hospicio de Tierra Santa. La relación recoge también los libros de la bibilioteca y su temática: "*Nos encontramos en el día 12 de septiembre de 1835 época en que les mandó por el Gobierno de la Nación el que se inventariase todos los bienes muebles e inmuebles existentes en el convento que nos ocupa el cual copiamos a continuación y dice así. Firman el inventario las personas que lo autorizaron el día 12 de septiembre de 1835*".

635 ÁNGEL, 1988: 522: cita un documento titulado "Situación de los religiosos españoles después de 1835, carta de la Sagrada Congregación de obispos y religiosos al Rmo. P. José Vidal Galiana, Com Apco. [=comendador apostólico], 6-9-1839".

636 LLOPIS/PERDIGÓN/TABERNER: 2010.

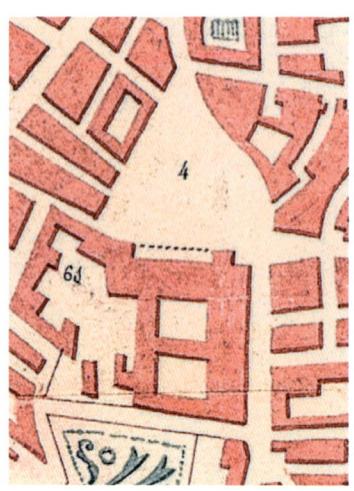

Plano Geométrico de la Plaza de Valencia y sus contornos, formado por Cortés y Chacón, 1811. Sector de San Francisco. Valencia, AHM; A. Llopis, L. Perdigón, F. Taberner, 2010.

mariscal Moncey en 1808. Del convento de San Francisco tan solo nos informa de su considerable ocupación en planta, la mayor de la ciudad si exceptuamos la casa de Armas o *Ciudadela*. De inmediato se reconoce su articulación con la trama urbana y el espacioso huerto, que aquí parece alcanzar hasta la muralla. Dado que el delineante se retrotrajo al aspecto de la ciudad en 1808, ya no aparece el frondoso jardín conventual arrasado dos años antes, de ahí que la plaza de San Francisco se vea aquí más dilatada que en la axonometría de Tosca.

Otro interesante plano es el *Geométrico de la Plaza de Valencia y sus Contornos* dibujado por el Capitán de Ingenieros Francisco Cortés y Chacón en 1811. Aquí el convento aparece prácticamente igual al plano anterior, si bien en este caso el autor grafió con cierto esmero el pórtico norte no obstante sus nueve columnas, dos más de las siete que realmente había, a modo de *loggia* abierta a la plaza, pese a que en ese momento es probable que ya estuviera tapiado. También se distingue el doble claustro de proporciones más próximas a la realidad que las del plano de Moncey. Además, Cortés deja entrever que la

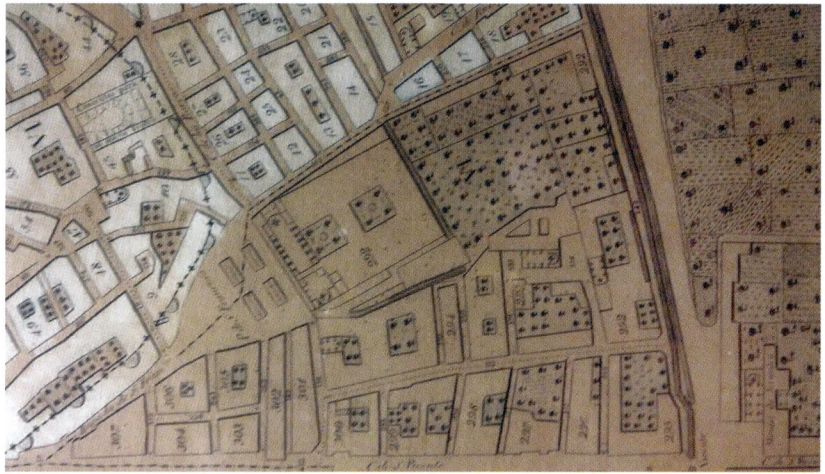

Detalle del Plano Geométrico de F. Ferrer. Sector correspondiente a San Francisco, 1831. Valencia, AHM; A. Llopis, L. Perdigón, F. Taberner, 2010.

parcela más próxima al lienzo sur de la muralla no pertenecería al huerto del convento franciscano sino al Seminario de Nobles de San Pablo.

La tercera y última cartografía es el *Plano Geométrico de la Ciudad de Valencia llamada del Cid, dedicado a la Real Sociedad Económica de la Misma por D. Francisco Ferrer, Académico de Mérito en la clase de Arquitectura de la Real de nobles Artes de San Carlos*. Dibujado en 1828 y publicado en 1831 a escala aproximada 1:3.200, este documento es fundamental para conocer la transformación de la ciudad en vísperas de la desamortización. La representación del templo de San Francisco es muy aceptable, ya que dibuja una planta uninave con capillas laterales entre contrafuertes y cabecera poligonal, demostrando una comprensión del espacio arquitectónico superior a la de otros cartógrafos coetáneos. Aunque la doble escala del plano en varas valencianas y castellanas no sea del todo fiable, Ferrer consideró una profundidad de nave de 60 varas valencianas (50,15 m.)[637], sin embargo sabemos por el plano de

---

637 Una vara valenciana equivale a 0,8359 m.

Ulloa/Navarro[638] que medía exactamente 200 pies castellanos (55,73 m.)[639]. La Capilla de la Inmaculada, ahora de la Tercera Orden, aparece esbozada en sus líneas esenciales con peor resultado. A juzgar por el grafismo parece claro que Ferrer no accedió a los claustros, ya que los dibuja notablemente desproporcionados, de ahí que este sector no aporta dato nuevo alguno.

Posterior al plano de Ferrer, la cartografía urbana de la segunda mitad de siglo XIX[640], en particular los dos planos realizados en 1853 y 1860 por el coronel de Ingenieros Vicente Montero de Espinosa a escala 1:1.250 y 1:2.500 respectivamente, y el anónimo *Plano Geométrico de Valencia* de 1892, a 1:300, apenas proporciona información a efectos de documentar nuestro convento.

Un célebre grabado anónimo

Durante los primeros años en que el convento funcionó como cuartel tras la desamortización debieron producirse algunos destrozos en la tabiquería interior como consecuencia de su adaptación al nuevo uso. No obstante, las obras de reacondicionamiento no afectaron a las dependencias principales si nos atenemos al plano de Ulloa/Navarro[641] de 1847, donde se observa que el edificio apenas había experimentado transformaciones más allá del cegado de algunas arquerías del claustro *nuevo* y la modificación de tabiquerías en los ámbitos de servicio. Sabemos por una conocida estampa anónima de mediados del siglo XIX, y también por las litografías de Guesdon publicadas poco después, que la volumetría general del edificio tampoco se vio alterada.

En la Curia Provincial de los Franciscanos de Valencia se conserva una reproducción de una estampa original, posiblemente una litografía, realizada en el ecuador del siglo XIX en fecha incierta. Esta lámina tuvo amplia difusión en periódicos y revistas locales de fin de siglo y ha sido reproducida en numerosas ocasiones para ilustrar el desaparecido convento de San Francisco. La revista *La Acción Antoniana* la incluyó en su número de 1924 sin indicar

---

638 Madrid, ACGE, PL, sign. V-4/18.
639 Un pie castellano es algo menor que el romano y mide 0,278635 m.
640 LLOPIS/PERDIGÓN/TABERNER, 2010.
641 Madrid, ACGE, PL, sign. V-4/18.

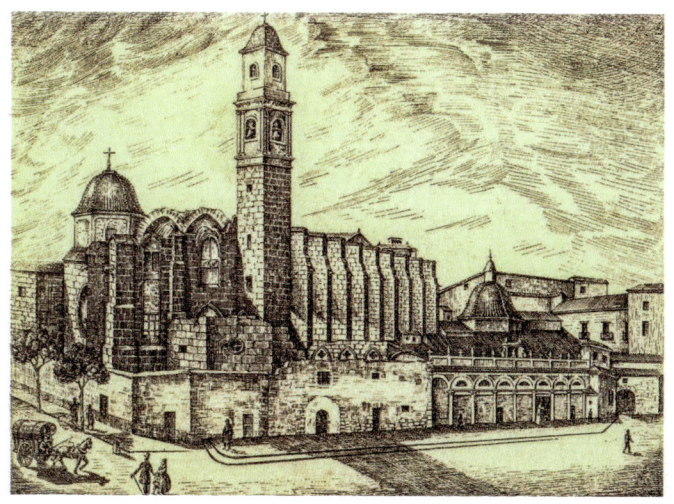

Estampa anónima del cuartel de San Francisco (versión 1), ca. 1850. Valencia, Curia Provincial de los Franciscanos.

procedencia, colección u otro dato catalográfico. Gayano Lluch la reprodujo después en su obra *Valencia retrospectiva, estampas de la ciudad*, publicada en 1948. Junto con la cartografía de Tosca y el plano de Ulloa/Navarro, esta lámina decimonónica constituye la fuente de información gráfica más valiosa que se dispone sobre el convento de San Francisco.

Algunos historiadores atribuyen erróneamente el grabado a un tal Eutimio Fernández. Al respecto hay que aclarar que ese nombre es el de un maquetador gráfico que, sin escúpulo alguno, reprodujo y *firmó* la lámina para un Christmas navideño con el que el Ayuntamiento de Valencia felicitó las fiestas en 1952, aproximadamente un siglo después de la publicación de la lámina original. Difundida la postal navideña por el diario *Las Provincias*[642], el P. Conrado Ángel la recortó y pegó seis años después en la página 193 de su manuscrito[643]. En él se ve el grabado decimonónico del convento de San Francisco, a cuyo pie leemos: EUTIMIO FERND.ᶻ VAL.1952. Queda claro,

642 *Las Provincias*, 26 Diciembre 1952: 16.
643 Véase: ÁNGEL, 1943: 193.

pues, que Eutimio Fernández no elaboró el dibujo preparatorio ni la litografía decimonónica como muchos creyeron, sino solamente el fotomontaje del Christmas municipal por orden de un funcionario de apellido Arenas. Así lo aclara el pie de foto de la noticia:

> *"La composición es obra de don Eutimio Fernández, bajo la dirección del funcionario municipal señor Arenas, y el recuerdo es un indudable acierto que agradecerán los amantes de nuestra historia y de nuestros monumentos"*[644].

A partir de ahí se comprende mejor porqué el nombre de Eutimio Fernández no figura en los originales decimonónicos de la estampa y tampoco en la versión que publicó *La Acción Antoniana* en octubre de 1924.

De la abundante información que proporciona el dibujo, lo primero que llama la atención es el destrozo de la zona del presbiterio y capilla de la Porciúncula. Sucías recoge la noticia de un incendio ocurrido en el convento de San Francisco a mediados del siglo XIX, al que siguió *"una serie de explosiones de la pólvora y munición almacenadas"* que dieron como resultado *"el hundimiento de la bóveda del templo y sus muros"*[645]. Es muy probable que la devastada cabecera de la iglesia y los daños bajo la torre-campanario que muestra el grabado reflejen el estado del edificio tras la deflagración ocurrida en torno a 1850[646]. Podríamos conjeturar si el motivo por el cual se realizó la vista hacia

---

644 *Las Provincias*, 26 Diciembre 1952: 16. La cita corresponde al pie de foto y va precedida de este texto: "*He aquí reproducido el Convento de San Francisco que a mediados del pasado siglo ocupaba la hoy plaza del Caudillo, frente al Palacio Municipal, éste entonces la Casa de la Enseñanza que fundara el Arzobispo Mayoral. El Ayuntamiento de Valencia ha tenido la feliz iniciativa de elegir como tema para su Christmas de 1952 el magnífico edificio que en su día erigieron "Los frares de Sant Francés" como monumento demostrativo de la devoción valenciana al Santo de Asís*".

645 Sucías anota el "*26 de noviembre de 1842 según el Diario Mercantil Valenciano de esa fecha*" [SUCÍAS, 1907, I: 266]. Consultado el diario de esa fecha no consta ninguna noticia al respecto. Concluimos que Sucías proporciona nuevamente una información inexacta.

646 Algunos autores adelantan notablemente esta datación. SALA, 1999: 203 sitúa la fecha del grabado anónimo, que él también cree "*de Eutimio Fernández*", en 1840. Catalá retrasa la datación de la misma versión del grabado con el telégrafo instalado a 1855, hipótesis que creemos muy asumible [CATALÁ, 1999: 188].

la cabecera del templo no sería otro que dejar testimonio gráfico del estado en que quedó esa parte de la iglesia tras el fatal percance. De ser así, el grabado se podría interpretar en clave de visión romántica de la ruina gótica de acuerdo con un género muy difundido en el siglo XIX.

El anónimo autor debió trabajar a cota de calle desde una posición próxima a la confluencia de Barcas con la plaza de San Francisco que, recordemos, había crecido en superficie tras la demolición de las tapias. La despejada plaza aparece árida, permitiendo una visión completa del edificio. El paisaje urbano cobra cierta vida gracias a la inclusión de una carreta tirada por un caballo y algún que otro viandante, en particular una pareja en primer plano. La cantidad de detalles que el grabador ha desplegado en su lámina viene a confirmar todo lo que nos ha deparado la larga historia de este edificio: en primer lugar ya no son tres, sino dos, las cúpulas barrocas de teja cerámica y silueta acampanada que despuntan por encima del edificio: la encamonada de la Sala capitular o Capilla Montagut, y la de la Tercera Orden o de la Inmaculada. La que cubría la capilla de Nuestra Señora de los Ángeles o de la Porciúncula ya no existe, probablemente a consecuencia de la explosión del polvorín. También voló parte de la bóveda presbiteral y su tejado, ya que aquella aparece algo desmochada y mostrando el interior del templo.

Es notable que una explosión de tal envergadura no derribara también el esbeltísimo campanario que, sin embargo, se yergue todavía majestuoso hacia lo alto. En él se distingue el tramo inferior prismático de noble sillería con su cuerpo intermedio de campanas, en cuyos ángulos reconocemos un orden dórico de pares de pilastras que, como ya sabemos por Ponz[647], eran fingidas. El dibujo ayuda a entender mejor esta adición clasicista de fecha imprecisa: la parte superior de la fábrica medieval desde la moldura hasta el cornisamiento debió estar revocada para recibir las pinturas de las falsas pilastras. De ahí que no fueran dos, sino tres, los diferentes acabados o texturas del campanario: la fábrica de sillería gótica hasta la moldura, la banda revocada correspondiente al cuerpo intermedio de campanas con las pilastras ilusionistas, y finalmente el cuerpo superior, que ahora presenta un aspecto muy distinto del hexagonal de ladrillo que conocíamos.

647 PONZ, 1772-1794: t. IV, carta V, epígr. 35.

A través de una información de Zacarés[648] se sabe que en 1846 el cuerpo superior todavía presentaba la misma sección hexagonal de ladrillo que vió Ponz. Sin embargo, en esta lámina coetánea o quizá ligeramente posterior, aunque en todo caso alrededor de 1850, encontramos una sorprendente novedad: el histórico cuerpo de remate ya no es hexagonal sino cuadrangular. Por lo demás sigue siendo de sección similar a la del cuerpo inferior y está coronado igualmente por cupulín acampanado. Éste no presenta acabado de estaño como el anterior sino tejas de cerámica vidriada de acuerdo con una larga tradición vernácula.

¿A qué pudieron deberse estos cambios acaecidos entre 1846, fecha del testimonio de Zacarés, y esta vista algo posterior que nos muestra un tramo superior más tradicional y anodino? Cabría pensar en una reconstrucción como consecuencia de un colapso por la caída de un rayo, pero aquí nos movemos en el terreno de la mera especulación. No parece que el motivo hubiera sido la potente explosión ocurrida alrededor de 1850, pues no es lógico que el grabado muestre una cabecera desmochada por una deflagración y al mismo tiempo un remate superior totalmente reconstruido. Tampoco parece que dicha modificación esté relacionada con la instalación en 1857 del telégrafo óptico sobre el campanario de San Francisco[649], ya que una versión ligeramente posterior del grabado[650] muestra las transformaciones llevadas a cabo en el

---

648 ZACARÉS, José María: *El Fénix*, 1 Marzo 1846: 253: "*Sobre esta capilla estaba la torre o campanario que subsiste ahora, formado de un cuerpo cuadrado de cantería que termina en pilastras de orden dórico, y sobre él otro de figura exágona trabajado de ladrillo con varias labores caprichosas*". Cuando Boix publica su *Manual del viajero* en 1849, no vio nada digno de admirar "*en el edificio que hoy día es un cuartel ruinoso*" más allá de "*la hermosa torre que ha quedado*" [BOIX, 1849: 175-176].

649 Cruilles la sitúa unos años antes, en 1846 [CRUILLES, 1876: 268] aunque esta fecha parece excesivamente prematura y en todo caso no afecta en nada a nuestra argumentación. La línea telegráfica Madrid-Valencia constaba de treinta torres, la primera de ellas en la Puerta del Sol de Madrid y la última en el convento de San Francisco de Valencia. Solían ser de planta cuadrangular de 6,15 m. de lado de base y dos niveles que alcanzaban una altura total de 8,5 m. Sus muros estaban fortificados y tenían un espesor de casi 1 metro. En la terraza estaba instalado todo el complejo sistema de señales, hoy desaparecido, que se accionaba desde la segunda planta y permitía la comunicación entre una torre y la siguiente, constituyendo una verdadera revolución en la mensajería.

650 Esta versión fue reproducida en *La Acción Antoniana* 52, octubre 1924: 198 y después por Rafael Gayano Lluch en *Valencia retrospectiva, estampas de la ciudad*, Valencia, 1948, fig. 20: 30, sin indicar ningún dato catalográfico, procedencia, colección, etc.

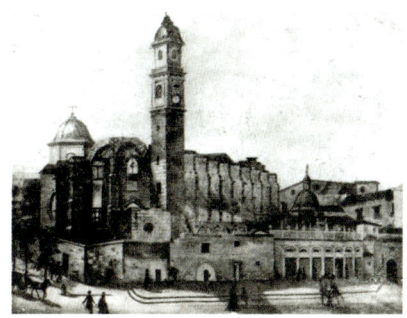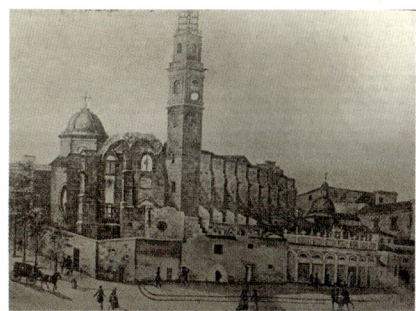

Izq.: Estampa anónima del cuartel de San Francisco con reloj (versión 2), ca. 1850. ¿Litografía? Fotograbado en la Curia Provincial de los Franciscanos de Valencia. Reproducido en la *Acción Antoniana* 52 (octubre 1924): 198; Gayano Lluch, 1948: 30; L. Guarner,1974: 33. Dcha.: estampa anónima del cuartel de San Francisco (versión 3) con la instalación del telégrafo, ca. 1857. Pingarrón-Esaín, 2005: 272.

cuerpo superior para colocar en él un repetidor de comunicación remota, y donde podemos comprobar que la torreta apenas ha sufrido cambios respecto de su estado anterior.

A propósito del telégrafo, hay que hacer notar que el campanario de San Francisco era el lugar idóneo para montarlo debido a su ventajosa ubicación, pues, al decir de Cruilles, *"como daba a lo más despejado de la ciudad, dominaba gran extensión de la hermosa vega que la rodea"*[651]. Ello, unido a la circunstancia de ser uno de los más elevados de la ciudad, justificó su elección como soporte del nuevo sistema de telecomunicación. Madoz, que conoció el convento cuando ya era edificio militar, afirma sin citar cronología que la instalación del telégrafo se realizó *"desmontando lo conveniente y arreglándolo según su nuevo destino"*[652]. Esos arreglos mínimos son precisamente los que se muestran en la tercera versión del grabado. No obstante, el sistema de comunicación sobre la *torre* de San Francisco permaneció allí pocos años hasta el derribo del campanario hacia 1860.

Siguiendo con la descripción de nuestro grabado, a la izquierda observamos la elevada cúpula de perfil acampanado sobre tambor construida a partir

---

651 Cruilles, 1876: 268.
652 Madoz, 1892: 383. "San Francisco. Plaza de su nombre, manzana 292, núm 14 y 58".

de 1738 sobre la capilla Montagut, y donde también se reconoce inmediatamente la fábrica gótica de Baldomar. La cúpula carece de linterna al tratarse de una encamonada sobre bóveda nervada.

El pabellón de celdas y dormitorios junto a la sala del Capítulo ya se había perdido como parece desprenderse tanto de este dibujo como de la vista oriental de Guesdon. Por otra parte, en el grabado se distingue perfectamente la arquería renacentista de ocho arcos ciegos, que ahora constituye el fondo de perspectiva de la plaza, y su orden columnario toscano. Un pequeño tejado vuela por encima de los arcos rematando en un peto coronado por jarrones o florones que prolongan visualmente los ejes de las columnas. Se distingue con claridad la cúpula barroca de la Purísima o de la Tercera Orden, de acusado perfil acampanado sobre achatado tambor, rematada en falsa linterna y al parecer con algunos desperfectos en el tejado.

A la izquierda de esta cúpula se levantan los potentes contrafuertes, que aquí presentan un perfil escalonado conforme disminuyen de sección hacia lo alto. Esta es una novedad que no conocíamos por la cartografía anterior, pues las escalas gráficas de Wyjngaerde, Mancelli o Tosca no podían bajar a tanto detalle. Próximo a la cabecera, el litógrafo representó el campanario y la citada cúpula *dels Montagut*, cuyo imponente tambor decorado con motivos de placas eleva considerablemente su casquete rematado en airosa cruz de hierro.

Numerosas puertas y alguna pequeña ventana dispuestas un tanto caóticamente perforan los envejecidos muros que, al menos el del lado de Sagrario de San Francisco, parecen levantarse sobre un zócalo de mejor labra. Aparentemente los muros no serían de tapial, sino de mampostería revocada con refuerzo de sillería o sillarejo en las esquinas, lo que explicaría su perdurabilidad en el tiempo. En la lámina destacan también algunas puertas: una de medio punto y gran dovelaje abierta antiguamente al jardín y ahora a la plaza; otra en el sexto arco que daba acceso a la portería y otra más en el extremo derecho del grabado, correspondiente al *cantó dels genovesos*, que daba paso al pequeño *parvis* de la cofradía italiana. Demolidas las tapias y arrasado el jardín en 1806, aquella discreta puerta cobraba excesivo protagonismo sobre el lado occidental de la plaza.

El edificio en las litografías de Guesdon

Transcurrido el ecuador del siglo XIX con el convento desafectado, un dibujante francés de nombre Alfred Guesdon[653], pintor, arquitecto y litógrafo, publicó a partir de 1853 en París una fascinante serie de panorámicas de ciudades españolas para la obra *L'Espagne à vol d'oiseau* cuyo efecto resulta asombroso por el amplísimo campo de visión que abarca y por su alarde de precisión técnica e interpretativa. Las dos litografías de Valencia corresponden probablemente a 1854 ó 1855 cuando ya había comenzado el derribo de la Casa de la Ciudad, pues en uno de los dibujos aparece solo una torre en lugar de las dos que tenía. La mayoría de los autores cree que Guesdon realizó sus vistas a partir de fotografías aéreas tomadas desde un globo aerostático a juzgar por el elevado punto de vista de la perspectiva, aunque Catalá[654] rechazó esta hipótesis al afirmar que el autor se valió de una fotografía de buena calidad similar a las que Laurent obtenía al colodión por esa época en Valencia. Sin embargo, un reciente estudio[655] apunta la posibilidad de que el bretón tomara apuntes del natural desde el suelo para construir después las vistas perspectivas gracias a sus notables conocimientos trigonométricos, procedimiento que exigiría recorrer a pie la ciudad haciendo un gran número de bocetos en lugar de sobrevolarla.

De las dos vistas de Guesdon sobre Valencia interesa comenzar por la oriental, la que tiene en primer plano el convento de Santo Domingo, que el autor subtitula "*Vista tomada desde encima de la puerta del Mar*". Su punto de vista escorado hacia el este permite divisar a lo lejos el convento de San Francisco, que aparece con cierta nitidez sobre el extremo izquierdo de la lámina. Dejando de lado la cuestión de si Guesdon hizo fotografías aéreas o se limitó a tomar apuntes gráficos a pie de calle, lo relevante para nosotros es que su trabajo de campo lo efectuó unos años antes de la publicación de la litografía en 1854 o 1855. Esto significa que el bretón conoció el convento cuando las

---

653 No se ha aclarado suficientemente si era natural de Niza o, más probablemente, de la Bretaña francesa.

654 CATALÁ, 1999, 200 y 202.

655 CABEZOS, Pedro/ESTAL, David/DE LAS HERAS, Helena, 2016. Guesdon ayer, Valencia hoy. A la sombra del globo. En: AA.VV.: *València, 1808-2015. La història contiúa*. Actes del Segon Congrés d'Història de la Ciutat de València, vol. I: 167-185.

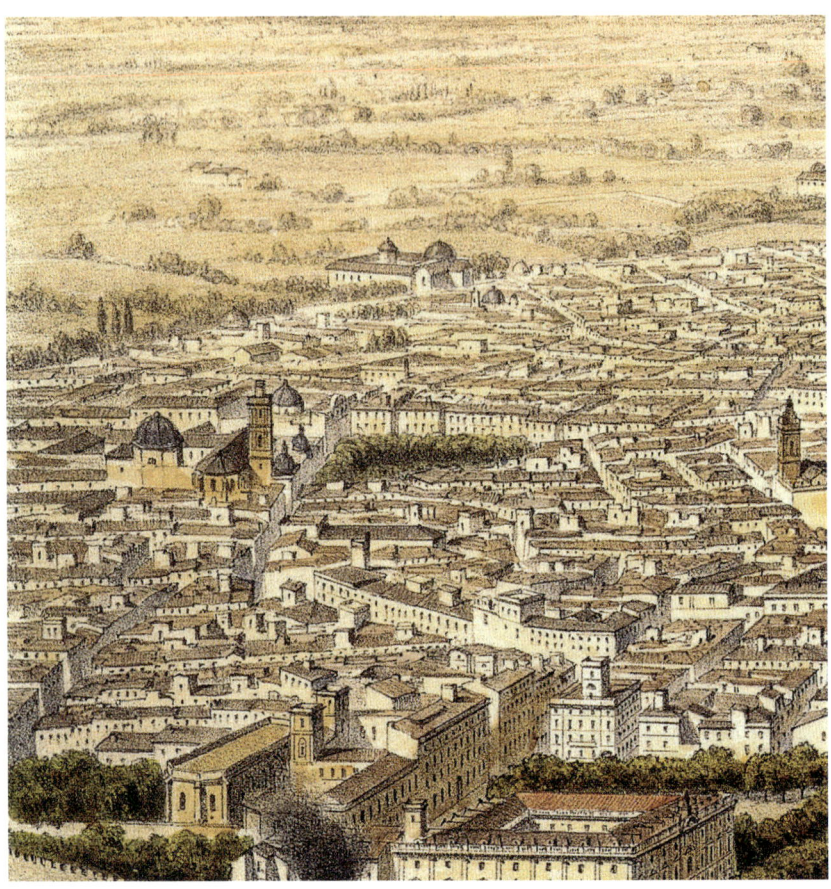

Fragmento de la Vista de Guesdon con el convento de San Francisco a la izquierda, ca. 1855. Valencia, AHM; A. Llopis, L. Perdigón, F. Taberner, 2010.

tropas todavía no habían dañado seriamente la volumetría del edificio, de ahí que su vista posea un gran valor para nosotros al reflejar el estado previo a los destrozos ocurridos en la etapa final.

Lo primero que se reconoce del convento de San Francisco es su esbelto campanario de cuerpos superpuestos, probablemente aún sin el telégrafo, aunque su forma difiere bastante de todo aquello que sabíamos acerca de él excepto los pares de pilastras, que aquí parecen tan enfatizadas que casi parecen semicolumnas, y el tramo superior más estrecho. Lo soprendente es la presencia de un doble cuerpo de campanas que resta credibilidad a su versión de la *torre*. Destaca también la prolongada nave de la iglesia que él ve desde la cabecera poligonal, donde dibuja unos ventanales entre contrafuertes. La capilla de Nuestra Señora de los Ángeles permanece intacta, si bien ya sabemos que la explosión ocurrida alrededor de 1850 la había destruido. Si admitimos que esta vista no es anterior a 1854, tal contradicción solo se explica porque Guesdon omitió los destrozos o simplemente tomó los datos antes de la deflagración.

En definitiva, si la estampa anónima ofrecía una imagen fidedigna del edificio tal como se encontraba a mitad de siglo, la vista de Guesdon no concuerda con su verdadero estado en 1854-58 sino con una situación anterior, probablemente 1848 ó 1849. Al igual que lo ocurrido con el campanario de Mancelli, el error podría estar en el lapso transcurrido entre la toma de datos y la publicación del dibujo definitivo.

La presencia en esta vista de las tres cúpulas barrocas confirma lo que ya sabíamos acerca de su silueta acampanada y su distinto peralte. Por otra parte, llama la atención el énfasis del litógrafo en subrayar el eje Barcas-Sangre y también la frondosa arboleda de la plaza de San Francisco, restituida por el municipio para compensar la tala indiscriminada del antiguo jardín conventual.

La segunda litografía está tomada, como rotula el propio Guesdon, "*desde encima del puente de San José*". Aunque en este caso la visión del convento sea menos favorable al estar muy escorada hacia oeste, sí que se reconoce la imponente mole de San Francisco en las proximidades de la plaza de toros[656]. Dos convoyes ferroviarios en direcciones opuestas, uno hacia el puerto y otro rumbo a Xàtiva, salen de la antigua estación de Caminos de Hierro del Norte

---

656 Los trabajos de la nueva plaza de toros bajo la dirección de Sebastián Monleón estuvieron en curso entre 1857 y 1861 a pesar de que el proyecto se había firmado en 1850 [*Memoria sobre la Plaza de Toros de Valencia* [...], Valencia: J. Ferrer de Orga, 1861]. Si la vista de Guesdon no es posterior a 1855, la plaza de toros que representó corresponde al antiguo coso. Si, por el contrario, dibujó el edificio de Monleón en obras, en ese caso la litografía no podría ser anterior a 1857. Preferimos la primera opción por ser más coherente con los hechos, en contra de la opinión de Catalá [1999, 201].

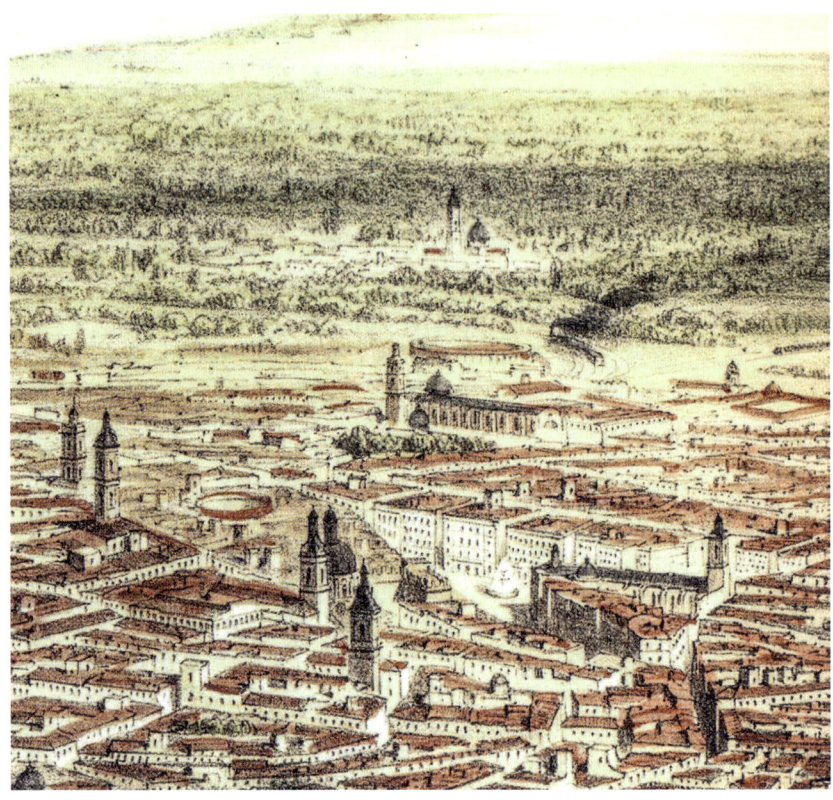

Fragmento de la Vista de Guesdon con el convento de San Francisco al fondo, ca. 1855. Valencia, AHM; A. Llopis, L. Perdigón, F. Taberner, 2010.

ubicada entre el convento franciscano y el coso taurino. Aquí Guesdon no solo insiste en el discutible duplicado del cuerpo de campanas de la versión anterior, sino que, sorprendentemente, prescinde de las cúpulas de la Porciúncula y de la Tercera Orden, dejando por tanto desnudos los contrafuertes de la iglesia. Por lo demás, esta vista, acaso algo más tardía que la primera, no aporta nada que no conozcamos ya del convento.

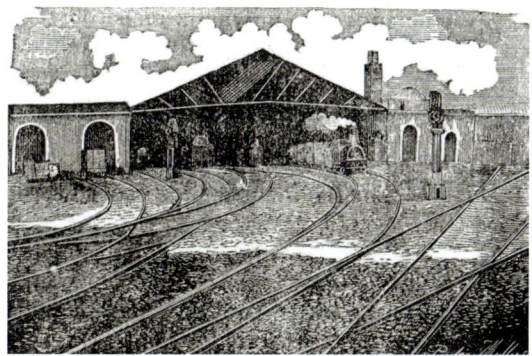

Hangar de la primitiva estación de ferrocarril desde el paso a nivel de la calle de Xàtiva. Xilografía de Muller, 1859. Valencia, AHM, Biblioteca Serrano Morales; M. A. Catalá, 1999: 205.

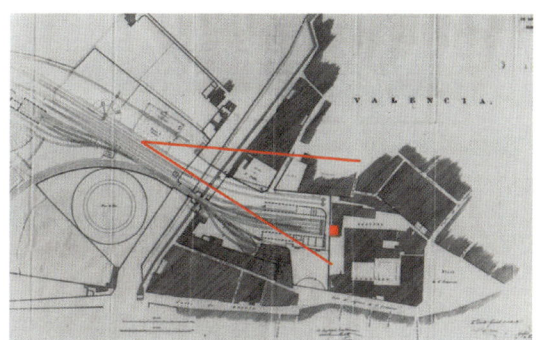

El campanario de San Francisco recaía dentro del ángulo de visión de Muller. Alcalá de Henares. Archivo General de la Administración.

La xilografía de Muller

Coetánea a las vistas de Guesdon, existe una pequeña xilografía de Pedro Muller conservada en la Biblioteca Serrano Morales de Valencia[657]. El motivo central de la miniatura de 60x89 mm. no es otro que la primitiva estación del ferrocarril, cuyas vías acometen desde el paso a nivel de la calle Xàtiva hasta el hangar de la antigua estación junto al convento. Apoyada sobre muros de car-

---

657 CATALÁ, 1999: 205.

ga, la cubierta a dos vertientes descansa sobre una modesta estructura de cerchas metálicas. Al fondo de la perspectiva se divisa una esbelta torre de planta cuadrangular que remata en otro cuerpo más estrecho donde se aprecian algunos desmontes. Su posición escorada hacia la derecha permite averiguar la posición exacta de Muller y afirmar que se trata sin duda del campanario de San Francisco, el cual estaba todavía en pie en 1859, fecha de la xilografía. Sabemos por Cruilles[658] que por entonces todavía no había sido demolido y continuaba desempeñando funciones de torre de comunicación. La vida útil de la instalación de telegrafía debió ser breve y en todo caso no superior a 1860 cuando se debió proceder a la demolición del campanario, aunque el momento exacto y las circunstancias del derribo son indemostrables.

Restitución histórica y gráfica del campanario

Uno de los mayores retos asumidos a la hora de abordar la morfología del convento de San Francisco se encuentra precisamente en la evolución formal de su campanario, del que poco se sabe más allá de la información que proporciona la cartografía valenciana y la estampa decimonónica. De entrada, desconocemos de él la fecha de su erección, aunque sabemos que fue recrecido en 1606 con un hermoso cuerpo hexagonal de ladrillo aplantillado. Sobre el momento concreto de su demolición hemos conjeturado que estaría en torno a 1860. Ninguna de las fuentes consultadas duda de su asombrosa esbeltez: su altura superaría los cuarenta y cinco metros (estimamos que podría ser de 46,40), no lejos de los cincuenta y uno del *Micalet*, y aunque la base no era octogonal sino cuadrada de veinte pies (5,57 m.), su extrema esbeltez, la mayor de todos los campanarios de la ciudad[659], no pasaba desapercibida al paseante.

Partiendo de la información gráfica proporcionada por Wijngaerde, Mancelli, Tosca, Guesdon y las dos versiones de la estampa anónima del XIX, unida a la valiosa descripción de Ponz y al testimonio de Zacarés, hemos reunido

---

658 Cruilles, 1876: 268.

659 La sección del campanario de San Francisco era de 20 x 20 pies (5,57 x 5,57 m.) según el plano de Ulloa/Navarro [Madrid, ACGE, PL, sign. V-4/18] con una altura de 46,60 m. Su esbeltez sería parangonable al de la iglesia de Campanar y su dimensión en planta se aproximaba mucho a la torre de San Bartolomé (5,53 m.).

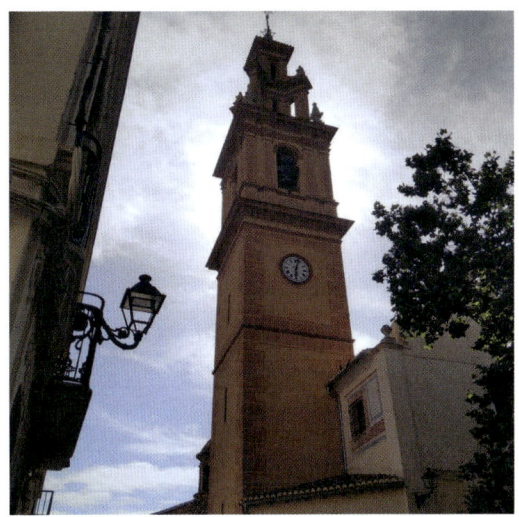
Valencia, iglesia de Campanar. Foto del autor.

suficientes datos que nos permiten elaborar una hipótesis científica de restitución histórica y morfológica del campanario de San Francisco.

El primer testimonio gráfico nos lo proporcionaba Wijngaerde (1563), cuyo boceto preparatorio y vista definitiva coinciden en la forma inicial de torreón de base cuadrangular con huecos abiertos de medio punto en el cuerpo de campanas y remate en tejado inclinado o chapitel puntiagudo. Su fábrica sería de sillería bien labrada, acaso procedente de la fundación de Codinats, y se podría teorizar si en sus inicios estuvo aterrazado a la manera de la *torre* del Salvador (Valencia) y el chapitel fuera añadido posteriormente en fecha incierta.

Los cronistas de la Provincia[660] no dudan en situar en 1606 el momento en que se efectuó el recrecido del cuerpo inferior de piedra superponiéndole otro cuerpo de ladrillo de planta hexagonal, dando lugar a una sugerente mezcolanza no solo de materiales y texturas, sino también de épocas artísticas y condiciones socio-pollíticas dispares. Sin embargo, el plano de Mancelli,

---

660 Martínez Colomer, 1803: 28. Magraner, 1824: 21vº.

elaborado inmediatamente después (1608), no contemplaba dicho cuerpo hexagonal sino más bien un aspecto similar al de Wijngaerde, aunque su mayor esbeltez puede aproximarse bastante más a la realidad.

La versión de Tosca de 1704 conservaba el cuerpo prismático inferior, que aquí aparece nuevamente muy esbelto y sin texturas, estando rematado por los consabidos huecos de medio punto que ya intuíamos en el plano de Mancelli. Encima de él distinguimos perfectamente el cuerpo hexagonal coronado por cupulín que, por el grafismo, es muy probable que estuviera acabado en estaño como aseguran los cronistas. El grabado de Fortea de 1738 no hacía sino confirmar todos los detalles del plano original.

Ponz visitó el convento varias décadas después, supuestamente hacia 1782. Su descripción asegura que sobre el cuerpo prismático de cantería se alzaba otro de ladrillo y planta hexagonal[661], sugiriendo que el campanario de tiempos de Tosca y Fortea continuaba intacto a finales del *setecientos*. El valioso testimonio de Ponz confirmó la presencia de pilastras dóricas fingidas sin entablamento que en los dibujos precedentes eran totalmente inapreciables.

Sabemos que el cuerpo superior hexagonal debió colapsar y ser sustituido por otro cuadrangular después de 1846, seguramente hacia 1850, pues Zacarés y las dos versiones de la estampa decimonónica así lo confirman. No obstante, el campanario mantuvo el mismo remate en forma de cupulín acampanado, aunque ahora de teja cerámica en lugar de estaño.

Toda la información disponible hasta 1846 acerca del campanario de San Francisco parece razonable y coherente. A partir de ese instante los datos se tornan confusos y contradictorios e introducen incógnitas acerca de sus últimos catorce años de vida.

Toda la información obtenida a partir de los dibujos decimonónicos ha corroborado la presencia de pares de pilastras en el cuerpo intermedio de campanas –particularmente enfatizados por Guesdon– dando así credibilidad al testimonio de Ponz quien, por vez primera, dio noticia de la presencia de órdenes. Sin embargo, lo más desconcertante del dibujo del bretón es el hecho de

---

661 PONZ, 1772-1794: t. IV, carta V, epígr. 35: "*Sobre un cuerpo quadrado de cantería, con pilastras de orden dórico, se levanta otro de figura exágona, trabajado de ladrillo*".

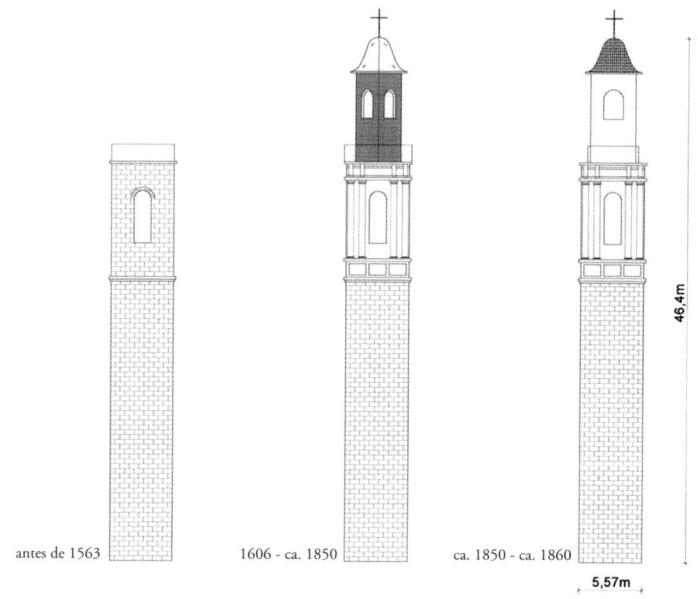

antes de 1563 1606 - ca. 1850 ca. 1850 - ca. 1860

46,4m

5,57m

Reconstrucción hipotética del campanario de San Francisco con sus fases evolutivas, según V. García Ros. Dibujo: Julia Mª Martínez.

dotar al campanario de cuatro cuerpos superpuestos, a diferencia de los tres que tenía, como resultado de duplicar inexplicableblemente el cuerpo de campanas.

Bajando más al detalle, las primeras noticias sobre la presencia de ventanucos de iluminación en la *torre* proceden de los grabados siglo XIX. Nunca hasta entonces habíamos tenido noticia de ellos, pues los autores siempre habían representado paños ciegos hasta la moldura del cuerpo de campanas. Quizá ya existían y los dibujantes prescindieron de ellos, o debieron practicarse en fecha muy avanzada con objeto de iluminar la escalera, que en cualquier caso sería de planta cuadrada con tramos de peldañeado en los lados y descansillos en las esquinas.

Concluido este análisis estamos en condiciones de formular por vez primera una hipótesis morfológica del campanario de San Francisco en todas sus fases históricas, y lo hacemos desde la certeza que nos da el hecho de apoyarnos úinicamente en datos científicos.

Los cuarteles de San Francisco y la renovación urbana

El progresivo abandono del antiguo convento de San Francisco camina en paralelo y en relación estrecha con el proceso de modernización que la ciudad de Valencia experimenta desde el promedio del siglo XIX gracias a la decisiva intervención de José Campo Pérez, futuro Marqués de Campo (1814-89). Elegido alcalde en 1842 a los veintiocho años, consiguió imprimir un fuerte impulso urbano al empedrar algunas de las calles más céntricas como Zaragoza, San Vicente o San Fernando. Suprimió numerosos *atzucats* o callejones sin salida, urbanizó espacios intramuros que estaban sin edificar y trató, sin éxito, de promover un barrio en la Zaidía para descongestionar la ciudad intramuros[662]. Y qué duda cabe que el maltrecho convento de San Francisco reconvertido ahora en cuartel podía suponer a ojos del Marqués de Campo un impedimento a la hora de dignificar el eje viario Zaragoza-San Vicente-bajada de San Francisco-camino de Ruzafa que articulaba el sur de la ciudad.

Un equipamiento urbano que afectó tangencialmente al recinto de nuestro convento fue el ferrocarril. El inglés Wole había obtenido en 1845 la concesión de la línea Almansa-Valencia-Tarragona, pero el Marqués de Campo consiguió revertir el proyecto a favor del municipio y concluyó el tramo Valencia-El Grao en 1851. En 1854 el tren llegaba a Xàtiva y en 1859 a Almansa donde enlazaba con la línea Madrid-Alicante. El grabado coetáneo de Guesdon incluye precisamente un ferrocarril enfilando hacia la puerta de Ruzafa tras la cual se reconoce el cuartel de San Francisco junto a la plaza de toros.

También por esos años, en 1857 se estableció la conexión por telégrafo entre Madrid y Valencia que, como ya sabemos, tenía en el campanario de San Francisco la última estación de su línea[663]. Poco después, en 1859, se

---

662 SANCHIS, 1976: 445-492.

663 Las torres de telegrafía óptica de la línea Madrid-Valencia existentes todavía hoy en los 102 km del tramo que va desde VIllagordo del Cabriel hasta la del campanario de San Francisco de Valencia (desaparecida) forman un único Bien de Interés Cultural formado por varias torres ubicadas en los términos municipales de Torrent, Chiva, Godelleta, Buñol, Requena, Fuenterrobles y Villagordo. Todas ellas, a diferencia de la de San Francisco que aprovechaba los 46,40 metros del campanario conventual, presentan una estructura y unas características arquitectónicas muy similares como resultado de un único proyecto diseñado por José María Mathé Aragua y también consecuencia de una sola inciativa constructiva.

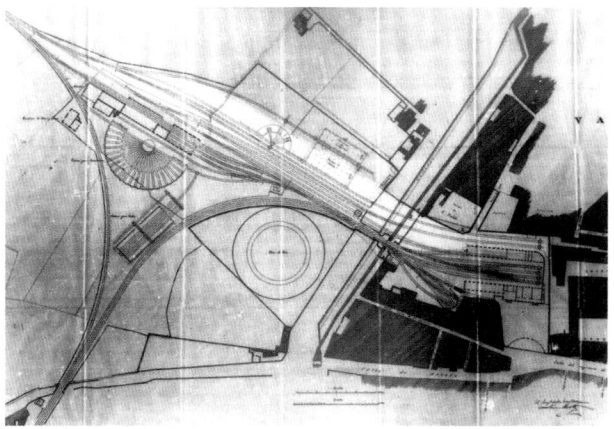

J. Beatty: Plano de situación de las instalaciones ferroviarias, 1864. A la derecha del extremo de las vías se ve el cuartel de San Francisco. Alcalá de Henares, Archivo General de la Administración.

derriba la antigua Casa de la Ciudad que ocupaba el actual jardín de la plaza de la Virgen y el nuevo Ayuntamiento se traslada a la Casa de la Enseñanza, comenzando a gestarse el desplazamiento del centro de gravedad administrativo hacia el Llano de San Francisco.

Todo este cúmulo de circunstancias supuso la sentencia de muerte de nuestro convento. En 1846 la Sociedad Valenciana del Fomento, propietaria del suelo del antiguo huerto conventual, había encargado al arquitecto académico Sebastián Monleón un proyecto de reparcelación de los terrenos de cultivo, que éste presentó en febrero de 1847, justificando su propuesta de caserío por la "*notoria falta de habitaciones*" en la ciudad y procurando "*conciliar el interés público con el privado*"[664]. Poco después, en 1855, el arquitecto urbanista Antonino Sancho, director general de Caminos Vecinales, escribió

664 Valencia, AHM, PU, 1847, nº exp. 157, caja 68 (78): "Construcción de nuevas calles y casas en el terreno que comprende el Huerto del Convento de San Francisco. Carta de D. Sebastián Monleón a la Sociedad Valenciana de Fomento". El Ayuntamiento Constitucional estimó favorable la propuesta de Monleón "*por la imperiosa necesidad de habitaciones*" [Id.]. El expediente se dio por concluido el 21 de Mayo de 1847 con el Vº Bº del arquitecto Timoteo Calvo. El plano de Monleón ha desaparecido del expediente.

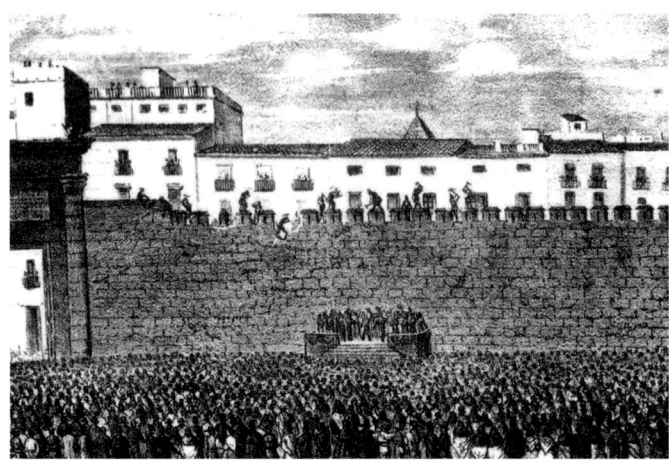

A. Bergón: Inauguración de los trabajos de demolición de la muralla de Valencia el 20 de febrero de 1865. Xilografía. Valencia, AHM, Biblioteca Serrano Morales; Catalá, 1999: 228.

un opúsculo determinante para la transformación urbana de la ciudad de Turia. La obra reune una serie de veinte artículos titulada *Mejoras materiales de Valencia* donde critica con dureza la abundancia de edificios religiosos que impedían la apertura de nuevas calles y dificultaban el trazado de alineaciones. Sancho consideraba absolutamente prioritaria la reivindicación civil del ex-convento de san Francisco en un texto premonitorio:

> *"El vetusto convento de San Francisco se derribará, tarde o temprano, del mismo modo que se derribarán otros, si así lo exige la pública utilidad, porque Valencia ha de regenerarse y se regenerará"*[665].

La mayor operación de *regeneración* urbana de la época fue la demolición de la muralla cristiana que impedía la expansión de la ciudad. En 1865 Cirilo Amorós, ejerciendo de manera interina el cargo de gobernador civil, procedió a su derribo con el pretexto de ocupar a los parados por la crisis de la industria

---

665 SANCHO: 1855: 110.

sedera. El resultado fue devastador para la historia de la ciudad: casi toda la muralla fue demolida y solo dos de sus doce puertas, las de Serranos y Quart, se salvaron de la piqueta.

La euforia por el progreso técnico y económico contrastaba con la demolición sistemática del patrimonio religioso y civil de Valencia. Al proceso de abandono del convento de San Francisco desde 1836 se unió el de muchos otros conventos y monasterios de la ciudad. Este fenómeno destructivo dio comienzo con la Guerra de la Independencia, cuando por razones de logística militar fueron destruidos el Palacio Real y los conventos de la Zaidía, San Juan de Ribera y la Esperanza. Con la supresión de las comunidades religiosas en 1837, conventos y monasterios como los de la Merced y los Trinitarios, las monjas de la Puridad, la Magdalena o las carmelitas de Santa Ana fueron derribados y sus solares aprovechados para abrir nuevas calles y plazas. Otros fueron adaptados para albergar instituciones políticas, culturales y sociales, sufriendo importantes reformas y transformaciones. No solo San Francisco, también Santo Domingo y el Pilar se convirtieron en cuarteles; San Agustín y Santa Ana en presidios, el Carmen en museo y la Corona en beneficencia[666].

Durante el proceso revolucionario de 1868 a 1874 fueron derribados los conventos de San Cristóbal y Santa Tecla, el de San Pío V se transformó en hospital militar, el de franciscanos de Jesús en manicomio y San Miguel de los Reyes en correccional. El de San Sebastián se dedicó a fábrica de fundición; San Juan de Ribera en taller industrial hasta su demolición en 1898; el de la Congregación fue cuartel antes de su derribo; San Camilo fue albergue de tropas y San Fulgencio depósito de provisiones militares hasta su destrucción[667]. Casi siempre se alegaba su estado ruinoso, pero encubiertamente existían intenciones especulativas, ya que la gran preocupación del Ayuntamiento durante la segunda mitad del siglo XIX era el ensanche de calles y la apertura de plazas.

El destino final del antiguo convento de San Francisco empezó a escribirse durante aquellos decisivos años. Un plano inédito de 1869 conservado en

---

666 Roig/Sempere, 2003: 91.
667 Boira, 2011: 251

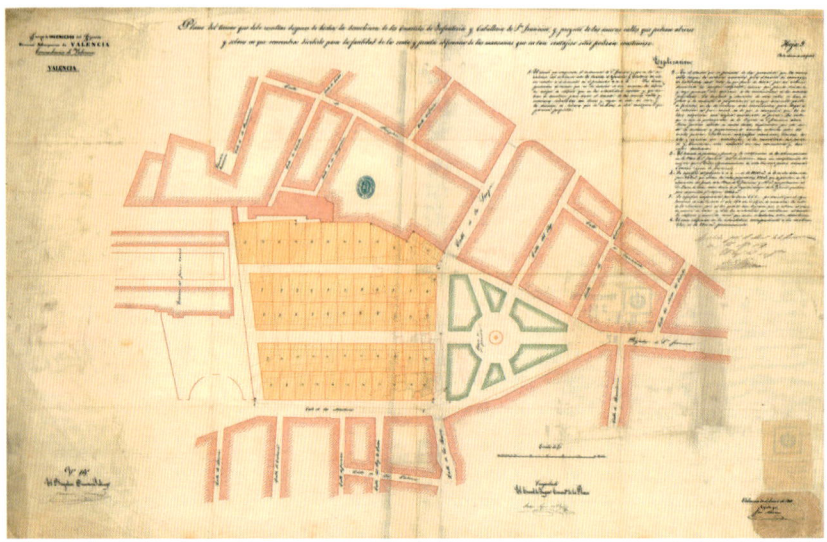

Plano del terreno que debe resultar después de hecha la demolición de los cuarteles de Ynfantería y Caballería de Sn. Francisco, y proyecto de las nuevas calles que podrán abrirse. Madrid, ACGE, PL, sign. V-4/23

el Archivo del Cuartel General del Ejército indica que el derribo del cuartel de San Francisco permitiría obtener fácilmente suelo residencial en un área privilegiada:

> "*La demolición de los cuarteles de Infantería y Caballería de San Francisco convendrá para la facilidad de la venta y pronta edificación de las manzanas que en tan ventajoso sitio podrán construirse*"[668].

El proyecto, firmado en Valencia por José Moreno, oficial del Cuerpo de Ingenieros del Ejército, prevé la completa demolición del cuartel y la colmata-

---

668 Madrid, ACGE, PL, sign. V-4/23: "Plano del terreno que debe resultar después de hecha la demolición de los cuarteles de Ynfantería y Caballería de Sn. Francisco, y proyecto de las nuevas calles que podrán abrirse". El plano mide 83,3 x 128,4 cm y está dibujado a escala 1:400. Lo firma José Moreno en Valencia, a 31 de enero de 1869.

ción del suelo resultante mediante una apretada trama ortogonal de viviendas adosadas. Al lado, la pequeña plaza triangular de San Francisco es lo único que el proyectista prevé respetar de todo el conjunto histórico.

Otras veces era el poder político el que lanzaba propuestas para la sustitución del antiguo convento por viales, parques o bulevares, más preferibles que las manzanas de casas a ojos de la municipalidad. Así, en 1880 el concejal Pedro Fuster proponía proyectar una gran avenida *"con plantaciones y arbolado"* que implicaba arrasar por completo el cuartel de San Francisco[669].

El abandono de los bienes patrimoniales no se debió exclusivamente a la acción activa de las instituciones, sino también a la desidia política y al conformismo e indiferencia de los ciudadanos. Esto resulta aún más paradójico si lo contrastamos con la incipiente reivindicación de la historia vernácula y de las propias raíces en el contexto de la irrupción del sentimiento regionalista y la recuperación literaria de la lengua valenciana, todo lo cual derivaría en la corriente que se ha dado en llamar la *Renaixença*. Pero tal movimiento cultural no parecía prestar atención al patrimonio edilicio, que sistemáticamente era destruido sin miramiento ni escrúpulo alguno[670].

---

669 Valencia, AHM, PU, 1874 [sic], exp. s/n, caja 114(147). La propuesta del edil Fuster es de 1880, pero está catalogada por error en 1874 y carece de plano.
670 Al respecto véase ROIG/SEMPERE, 2003: 91-92.

CAPÍTULO XI

ABANDONO, RUINA Y DEMOLICIÓN

La historia de más de seiscientos años del convento de San Francisco no arroja tantos incidentes graves como los acaecidos a partir de 1850 cuando constan múltiples episodios de incendios y derribos, ya fueran fortuitos o premeditados. El primer percance serio que sufrió el cuartel es la ya referida explosión ocurrida alrededor de 1850[671], cuando estando las tropas preparando los cohetes para un castillo de fuegos artificiales con ocasión de algún acto militar, se produjo un incendio fortuito de la pólvora y de la munición almacenadas en la zona del presbiterio, provocando *"una serie de explosiones"* que causaron *"el hundimiento de la bóveda del templo y sus muros"*. Al respecto, Sucías asegura que:

> *"La iglesia quedó tan sumamente arruinada que la autoridad castrense, a recomendación de los ingenieros militares, decidió desescombrarla y convertir el solar en una explanada destinada a la instrucción*

---

671 Sucías, único autor que recoge esta noticia, apunta la fecha de 1842. Este dato es difícilmente asumible ya que en la litografía de Guesdon de 1854 ó 1855 la iglesia aparecía aún en perfecto estado. Es cierto que Guesdon pudo tomar su primer apunte gráfico sobre San Francisco antes de 1842, pero parece poco probable que tardara más de una década en publicar su litografía. Sucías precisa incluso la fecha de la explosión diciendo que se produjo *"el 26 de noviembre de 1842 según el Diario Mercantil de Valencia de este día"* [Sucías, 1907, I: 266-267]. Consultado este periódico, no existe dicha nota informativa.

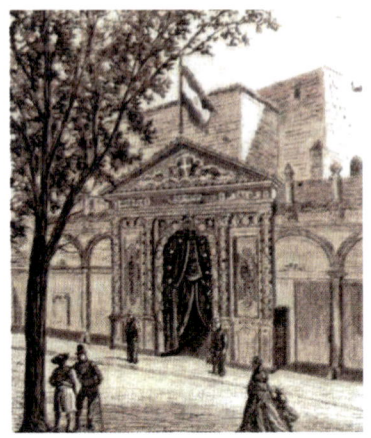 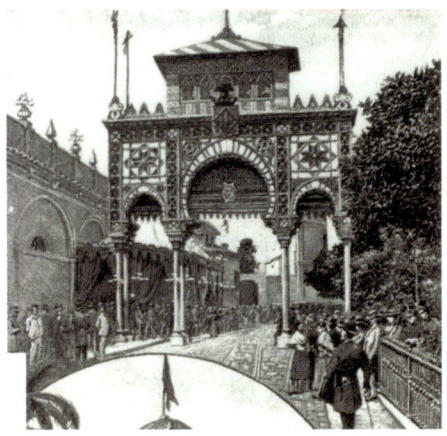

Valencia, Cuartel de San Francisco en 1871. Acceso principal sobre el pórtico renacentista ya cegado. *La Ilustración Española y Americana* 28 (25 Septiembre 1871): 469.

Efímero arco de triunfo ante el cuartel de San Francisco como bienvenida a los Reyes de España, grabado, 1888. *La Ilustración Española y Americana* 32 (15 Junio 1888).

de la tropa, de manera que antes de un mes no quedaba piedra de ella"[672].

No es cierto que la iglesia se desescombrara y menos aún que fuera arrasada en menos de un mes hasta no dejar piedra de ella. La realidad histórica muestra que el convento mantuvo su uso castrense hasta 1879 y que, hasta entonces, su templo seguía conservando el tercio occidental en ruinas tal como se aprecia en los planos de Valdés[673]. Es verdad que la cabecera y parte de la nave colapsaron y probablemente fueran desmontadas tras la explosión; al menos eso se desprende de la estampa anónima, donde el cuerpo oriental aparece seriamente dañado, y del propio plano de Gustavo Valdés donde ese sector ya ha desaparecido por completo. Si tenemos en cuenta que, en 1847, fecha del plano de Ulloa/Navarro[674], la iglesia permanecía intacta, la explosión solo pudo suceder en el

672 Sucías, 1907, I: 267.
673 Valencia, AIMC, sign. YP-7/234. Madrid, ACGE, PL, sign. V-4/19; V-4/20; V-4/21; V-4/22.
674 Madrid, ACGE, PL, sign. V-4/18.

lapso comprendido entre los dos planos, esto es, entre 1847 y 1879, aunque todo parece indicar que probablemente ocurrió en torno a 1850[675].

Conocemos con exactitud el momento en que el ejército planificó el abandono del convento de San Francisco a partir de la documentación existente en el Archivo Intermedio Militar Centro de Valencia. Los planes bianuales de inversión prevista en las diferentes instalaciones militares de Levante muestran que la partida presupuestaria correspondiente al cuartel de Infantería y Caballería desaparece a partir de 1878:

Propuesta de inversión *(en pesetas)* en los Cuarteles de San Francisco

Bienio	Infantería	Caballería	Caja AIMC
1875-1876	1.000,00	1.500,00	Y-20/265
1876-1877	1.000,00	1.500,00	Y-20/266
1877-1878	1.000,00	1.500,00	Y-20/267
1878-1879	0,00	0,00	Y-20/268
1879-1880	0,00	0,00	Y-20/269
1880-1881	0,00	0,00	Y-20/270
1881-1882	0,00	0,00	Y-20/271
1882-1883	0,00	0,00	Y-20/272
1883-1884	0,00	0,00	Y-20/273

Fuente: Valencia: AIMC. "Plaza de Valencia -1879- Memoria del Proyecto de demolición de los cuarteles de Infantería y Caballería de San Francisco formado por el Coronel del Cuerpo de Ingenieros don Gustavo Valdés. En Albacete, a 1º de Octubre de 1879", sign. Y-16/234.

---

675 Sucías refiere por equivocación otra desgracia ocurrida el 4 de octubre de 1871, festividad de San Francisco de Asís. A las diez de la mañana se habría iniciado un fuego en la dependencia donde se guisaba el rancho y "*hardió en este hincendio la cocina y varios dormitorios de los soldados*" [SUCÍAS, 1907, I: 267]. Tras contrastar esta información con los diarios de esas fechas, se demuestra que el incendio ocurrió en realidad en el convento de San Francisco de Xátiva [*Diario Mercantil de Valencia*, 4 Octubre 1871: 2]. Sucías, abundando en el error, conjetura que "*al decir de muchos el fuego fue voluntario para que se activasen más y más las obras de los cuarteles de San Juan de Ribera*" que desde 1870 se estaban construyendo en el Paseo de la Alameda. Sin embargo, el razonamiento de Sucías es un constructo mental carente de veracidad alguna. En cambio, conocemos la noticia cierta de la caída accidental o intento de suicidio de un soldado de Infantería desde una de las ventanas del cuartel de San Francisco en 1852, aunque por fortuna el desenlace no fue fatal [*Diario Mercantil de Valencia*, 16 Marzo 1852: 2].

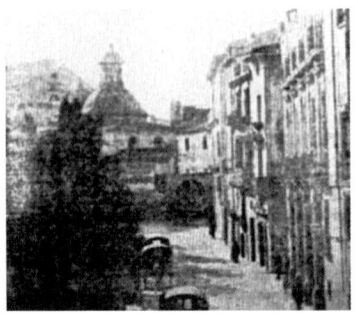

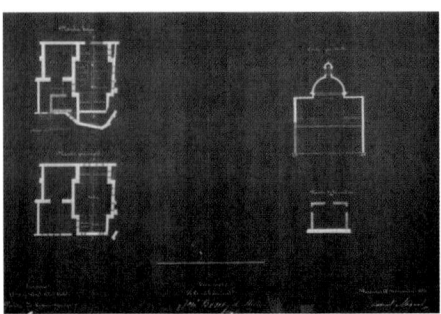

Fotografía con la cúpula de la antigua Capilla de la Tercera Orden desde la Bajada de San Francisco, ca. 1885. F. Pingarrón-Esaín, 2005: 273.

Proyecto de habilitación de un pabellón para el coronel en la antigua capilla de la Tercera Orden, por entonces cuartel de San Francisco, 1883. Valencia, Archivo Intermedio Militar Centro. Ministerio de Defensa. España.

La cancelación de las inversiones destinadas al cuartel de San Francisco en 1878 no implicó la salida inmediata del ejército. Las tropas continuaron utilizando el edificio, o al menos parte de él, durante los cinco años siguientes, hasta 1884, en tanto avanzaban las obras del cuartel de San Juan de Ribera. La decisión de interrumpir brucamente la inversión en 1878 probablemente haya que relacionarla con la redacción del proyecto de demolición de los cuarteles de San Francisco firmado por Valdés al año siguiente. Sin embargo, la demolición total del convento todavía tendría que esperar más de una década.

Que el cuartel de San Francisco, o al menos parte de él, continuaba todavía en uso en 1883 lo demuestra otro interesante plano conservado en el AIMC[676]. El proyecto, fechado ese mismo año, propone la habilitación de un pabellón como vivienda privada para el coronel, mediante la creación de un forjado intermedio a modo de altillo, en el espacio cruciforme de la Tercera Orden o Capilla de la Inmaculada. El documento inédito posee gran valor histórico al mostrar la planta, alzado y sección a escala de la cúpula barroca de tambor achatado que todavía podemos reconocer en algunas fotografías previas a la demolición del convento. Este proyecto extemporáneo de refun-

---

676 Valencia, AIMC, sign. Y-17/237.

cionalización de la capilla deja claro que, en 1883, cuatro años después de la redacción del plan de derribo, la demolición del antiguo convento todavía no tenía visos de comenzar.

Indiferencia social ante la ruina del edificio

Los viajeros foráneos que proporcionan testimonios de la ciudad de Valencia posteriores a 1850 suelen ignorar el cuartel de San Francisco, o más bien cabría decir, la inmensa ruina del antiguo convento. Tal es el caso de un granadino afincado en Madrid, Francisco de Paula Mellado, geógrafo, periodista y editor, en cuyo taller se imprimió la primera enciclopedia en castellano. Aquejado de *melancolía*, léase depresión, recorrió España por indicación médica llegando en 1850 a la ciudad de Valencia donde pernoctó ocho días. A pesar de lo prolijo de sus explicaciones, su obra *Recuerdos de un viage por España*[677], publicada poco después, no incluye dato alguno de nuestro edificio, por entonces convertido ya en caserna militar.

En cambio, algunos cronistas locales sí dieron cuenta del edificio en su fase terminal, destacando de entre todos ellos al Marqués de Cruilles. Testigo presencial de su progresivo abandono, las páginas que le dedica en su *Guía Urbana* no denotan sentimiento de nostalgia ni voluntad alguna de defender las ruinas de San Francisco. Tras admitir que sus claustros "*en cuanto a su arquitectura y ornato valían poco*"[678], centra casi todo su interés en recordar la memoria del venerable lugar al evocar el heroísmo de los mártires ajusticiados por Çeyt. En la exhaustiva tabla dimensional de iglesias valencianas que incluye al final de su obra, queda excluido de la lista el templo de San Francisco porque, como él mismo advierte, el edificio estaba "*en estado ruinoso*"[679]. El marqués conoció la irrupción del ferrocarril junto a los muros del convento

---

677 MELLADO, Francisco de Paula, 1849-1851. *Recuerdos de un viage por España*, IV parte, Madrid, Establecimiento Tipográfico de Mellado: 107-114.

678 CRUILLES, 1876: 266.

679 Ibídem, 269. La ausencia de la iglesia de San Francisco en la tabla dimensional de Cruilles no supone gran inconveniente para nuestra investigación ya que conocemos las dimensiones pormenorizadas del convento gracias a los planos a escala de Ulloa/Navarro [Madrid, ACGE, PL, sign. V-4/18] y Valdés [Valencia, AIMC, sign. YP-7/234].

y también los primeros movimientos especulativos que se cernían sobre la antigua propiedad franciscana.

Sobre el huerto conventual de *"más de 17.000 varas cuadradas"* [13.954 m²][680], Cruilles coincidió con muchos otros coetáneos en que éste obstaculizaba la comunicación entre los barrios de Pescadores y de San Vicente. El cálculo del marqués viene a coincidir con el de la *Memoria*[681] del proyecto de Gustavo Valdés, el cual, aunque no aporta datos del huerto, sí lo hace sobre la superficie construida del convento, similar en dimensión a la del terreno de cultivo:

Superficies	
Convento	13.145 m²
Casa Santa de Jerusalén (Área de los Genoveses)	815 m²
Total	13.960 m²

Fuente: Valencia: AIMC. "Plaza de Valencia -1879- Proyecto de demolición de los cuarteles de Infantería y Caballería de San Francisco formado por el Coronel del Cuerpo de Ingenieros don Gustavo Valdés. En Albacete, a 1º de Octubre de 1879", sign. Y-16/234.

La historia se volvía a repetir: arrasado en 1806 el jardín conventual porque bloqueaba el tránsito entre Barcas y Sangre, ahora es el huerto el que incomunica dos barrios a este y oeste. Así pues, siete décadas después del derribo de las tapias y la tala injustificada del jardín, surgían voces proponiendo la expropiación de los huertos y la apertura de nuevos viales.

A decir verdad, la desconexión de los dos barrios causada por la interposición del convento de San Francisco solo quedó parcialmente resuelta con la apertura del eje viario Barcas-Sangre, pero estaba todavía pendiente de solución en el flanco sur ocupado por los terrenos de la huerta. Un informe de 1838 firmado por los arquitectos Joaquín Cabrera y Antonino Sancho indicaba que el convento de San Francisco, edificado *"en el sitio del antiguo Palacio de los Reyes Moros"*, no ofrecía nada digno de atención al encontrarse en ruinas, por lo que recomendaba ganar con el huerto *"un espacio de más de*

---

680 Ibídem, 269. 1 vara valenciana=0,906 m. se divide en 4 palmos. Una vara cuadrada=0,8208 m².
De acuerdo con el cálculo de Cruilles, el huerto de San Francisco ocuparía 11.878 m².

681 Valencia: AIMC. sign. Y-16/234.

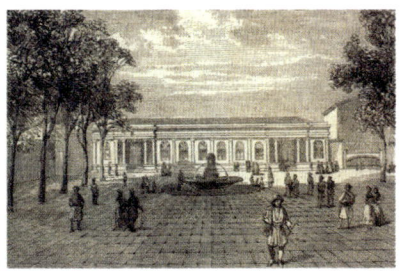
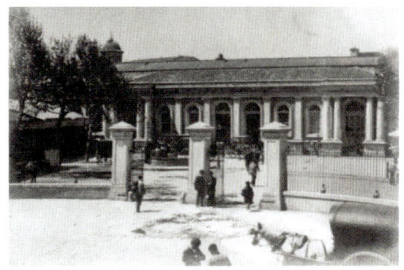

Perspectiva de la antigua estación de ferrocarril de J. Beatty, 1864. Fiel al origen inglés del autor, la fachada principal remitía al gusto victoriano. Madrid, Museo Nacional Ferroviario.

Acceso principal a la estación desde la calle Sagrario de San Francisco. Madrid, Museo Nacional Ferroviario.

1.700 varas cuadradas que interceptan la comunicación de dos principales barrios de la Ciudad"[682].

En 1841, cuando el huerto conventual ya estaba abandonado, se planteó por vez primera el trazado de calles sobre los antiguos campos de cultivo. Sin embargo, la empresa del ferrocarril del Grao a Játiva –la Compañía de Caminos de Hierro del Norte– se anticipó a los planes de parcelación y adquirió este huerto con vistas a ubicar en él una estación aprovechando su posición estratégica dentro de la ciudad[683]. La gran distancia entre el puerto y la metrópoli hacía insuficiente la única estación que tenía Valencia, la del Grao. Para dar acceso al tren hubo que demoler en 1851 parte del tramo de muralla desde el Muro de San Pablo hasta el flanco sur del convento de San Francisco, en cuyo terreno de huerta se levantó la primitiva Estación del Norte[684] sustituida hoy por el edificio

682 Valencia. RSEAP, 1836, C-91, V. Varios, n.10: "Memoria sobre Monumentos Artísticos y Antigüedades". Actas de reuniones desde febrero de 1836 hasta junio de 1838.

683 CRUILLES, 1876: 267; CORBÍN, 1988: 75.

684 Construida en 1851 por los ingenieros James Beatty y Domingo Cardenal, era un edificio clasicista, con un pórtico en cada extremo decorado con cuatro columnas dóricas. Fue puesta en funcionamiento el 21 de marzo de 1852 con la apertura de las líneas de algo más de 6 kilómetros que unía Valencia con la zona portuaria de El Grao. Sin embargo, el intenso tráfico ferroviario derivado de nuevas concesiones de líneas a la Compañía del Norte obligó a trasladar esa estación a un vasto solar ubicado al otro lado de la calle Játiva, entre la plaza de toros y la calle Bailén, donde finalmente se levantó la actual Estación del Norte.

de Telefónica. La fachada principal de la estación recaía sobre una ya menguada calle Sagrario de San Francisco a través de un atrio cerrado por una verja cóncava donde se efectuaba el tráfico de carruajes. Allí llegaba la línea del tranvía que, bajando por la *devallà de Sant Francesc* (o *baixà de Sant Francesc* como se la llamaba popularmente), se dirigía por Sagrario de San Francisco hacia la estación, donde tenía parada en el lugar que fue del *Pont dels Anets* es el plano de Tosca.

La irrupción del ferrocarril a los pies del antiguo convento de San Francisco no resolvió el problema de falta de comunicación entre los barrios de Pescadores y San Vicente, sino que lo agravó todavía más al quedar cercenado el camino de ronda por las vías del tren, inconveniente que algunos coetáneos, como Cruilles, justificaban en aras del progreso. Más aún, el marqués estaba convencido que, si finalmente prosperaba la demolición del convento y sus ruinas eran sustituidas por "*calles y construcción de edificios*", la historia de la ciudad quedaría escrita para siempre sobre aquel venerable lugar que un día fue de Çeyt:

> "*Si los planes de apertura de calles y construcción de edificios en el casi arruinado convento de San Francisco llegan á realizarse, el área que comprendía el antiguo palacio moro será el mejor libro en cuyas páginas se abarque una completa historia desde la civilización de aquellos a la de nuestros días con sus asombrosos adelantos*"[685].

En nombre del progreso técnico se justificaba la destrucción del patrimonio de una ciudad que, por aquellos años, conoció no solo la demolición en 1865 de la muralla medieval sino también la pérdida de notables edificios arrasados como consecuencia de la apertura de calles, avenidas, plazas y jardines.

Los planos inéditos del Cuartel de San Francisco

Los planos del Cuartel de San Francisco conservados en archivos militares de Madrid y Valencia, concretamente el de 1847 de Ulloa y Navarro[686] y

---

685 CRUILLES, 1876: 269.
686 Madrid, ACGE, PL, sign. V-4/18. "Plano del Cuartel de San Francisco para Infantería y Caballería (1847) levantado por Dn. Francisco Ulloa y Dn. José Navarro".

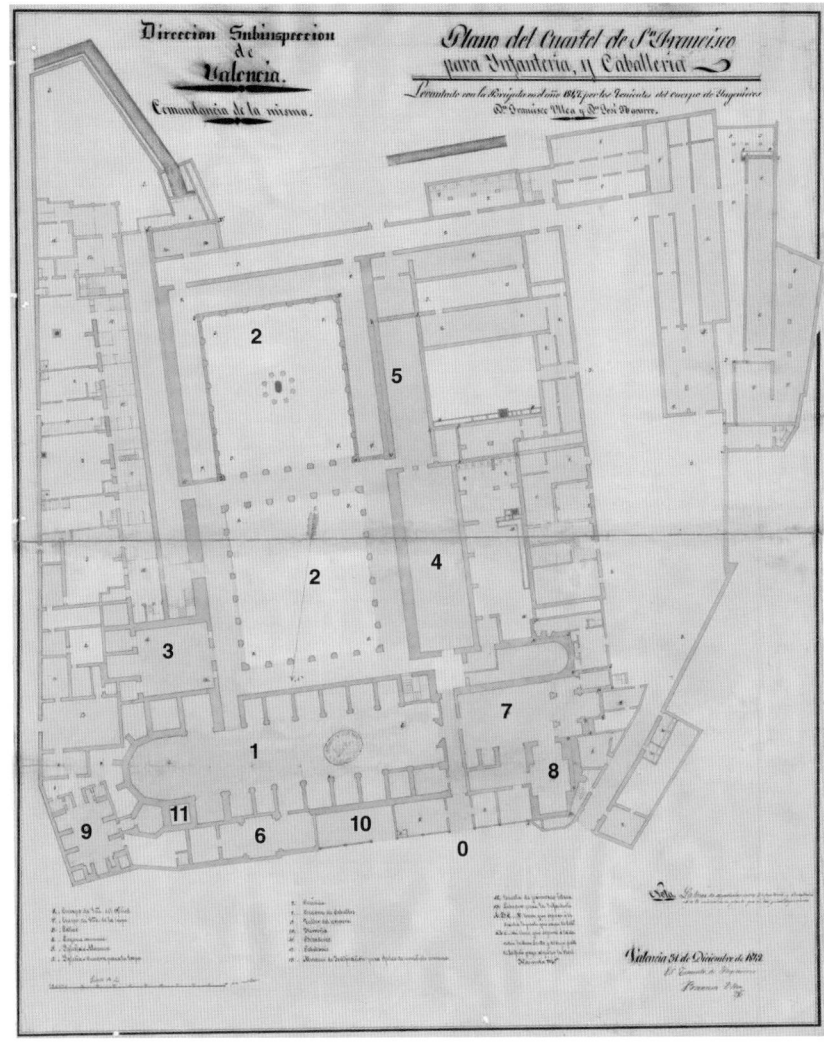

0. Ingreso - 1. Iglesia - 2. Claustros - 3. Sala Capitular (Capilla Montagut) - 4. Refectorio - 5. *De profundis* - 6. Capilla de Nª Sª de los Ángeles o Porziúncula - 7. Capilla de la Inmaculada o Nª Sª de las Nieves - 8. Capilla de la Tercera Orden - 9. Capilla Honda - 10. Pórtico renacentista - 11. Campanario.

Plano del Cuartel de San Francisco para Infantería y Caballería levantado por Dn. Francisco Ulloa y Dn. José Navarro, 1847. Madrid, Archivo del Cuartel General del Ejército. Ministerio de Defensa. España.

Iglesia	
Longitud nave	200 pies castellanos / 55,73 metros.
Luz de nave	40 pies / 11,14 m.
Capillas	15 x 17 pies / 4,18 x 4,74 m.
Claustros	
Superficie	100 x 85 pies / 27,86 x 23,68 m.
Ancho de pandas	16 pies / 4,46 m.
Sala Capitular (Capilla Montagut)	
Dimensiones	42 x 45 pies / 11,70 x 12,54
Refectorio	
Dimensiones	115 x 35 pies / 32,04 x 9,75 m.
De profundis	
Dimensiones	95 x 25 pies / 26,47 x 6,96 m.
Capilla Nª Sª de los Ángeles o de la Porziúncula	
Dimensiones	60 x 20 pies / 16,72 x 5,57 m.
Capilla de la Inmaculada, de la Concepción, de la Purísima, de Nª Sª de las Nieves o de la Comunión	
Dimensiones máximas	37 x 90 pies / 10,31 x 25,07 m.
Capilla de la Tercera Orden	
Dimensiones	25 x 45 pies / 6,96 x 12,54 m.
Capilla Honda	
Dimensiones ámbito libre	38 x 20 pies / 10,59 x 5,57 m.
Pórtico renacentista	
Profundidad	20 pies / 5,57 m.
Pasillo de portería	
Ancho	9 pies / 2,51 m.
Dimensiones máximas	
Longitud N-S	360 pies / 100,31 m.
Longitud E-O	370 pies / 103,10 m.

Datos obtenidos a partir del plano de Ulloa/Navarro [Madrid, ACGE, PL, sign. V-4/18]. Unidades en pies castellanos o pie de Burgos (1 pie = 0,278635 m.)

los cuatro de Valdés[687] de 1876, constituyen una verdadera *foto finish* tras seis siglos de existencia de nuestro convento. De ellos, el más valioso por la información que aporta es el del Archivo del Cuartel General del Ejército, firmado en Valencia el 31 de diciembre de 1847 por los Tenientes del Cuerpo de Ingenieros Francisco Ulloa y José Navarro. Se trata de un plano manuscrito de dimensiones 91 x 70 cm titulado *Plano del Cuartel de Sn Francisco para Infantería y Caballería*. En él aparece dibujada a escala 1:200 la planta íntegra del convento, entonces utilizado como cuartel pero todavía no afectado por demoliciones parciales. Se distingue perfectamente la iglesia gótica, los dos claustros –el interior con el pórtico parcialmente tapiado–, la sala capitular o capilla Montagut, el pórtico renacentista y la zona de portería, la capilla de la Porziúncula y la de la Inmaculada anexa a la cruciforme de la Tercera Orden, el cuerpo de dormitorio (posiblemente con alguna modificación de tabiquería) y otras dependencias menores. La enigmática construcción de planta rectangular que aparece en el vértice noreste junto a la cabecera del templo, de la que no tenemos noticia por ninguna otra fuente, podría corresponder a la llamada *Capilla Honda* con función de panteón funerario a juzgar por su morfología y ubicación próxima al ábside.

El hecho de que la iglesia conventual y la capilla de Nuestra Señora de los Ángeles se conserven todavía íntegras en este plano permite pensar que la explosión ocurrida en la cabecera del templo solo pudo producirse después de la elaboración del dibujo, confirmando así nuestra sospecha de que tanto la deflagración como el grabado anónimo serían posteriores a 1847.

Por otra parte, de los planos de Gustavo Valdés, Coronel del Cuerpo de Ingenieros, se conservan al menos dos copias idénticas, una en el Archivo del Cuartel General del Ejército en Madrid y otra en el Archivo Intermedio Militar Centro de Valencia. Se trata de cuatro planos de levantamiento del cuartel de San Francisco realizados en 1879 por encargo de la Comandancia

---

687 Valencia: AIMC. "Plaza de Valencia, 1879. Proyecto de demolición de los cuarteles de Infantería y Caballería de San Francisco formado por el Coronel del Cuerpo de Ingenieros don Gustavo Valdés. En Albacete, a 1º de octubre de 1879", exp. Y-16/234; planos: carp. YP-7/234. Madrid, ACGE, PL, sign. V-4/19; V-4/20; V-4/21; V-4/22.

de Valencia. El pliego, conjuntamente a la Memoria, compone el *Proyecto de demolición de los cuarteles de Infantería y Caballería de San Francisco*, firmado en Albacete el 1 de octubre de 1879[688].

Los cuatro planos del expediente traen las plantas a cota cero, entresuelo, primera y segunda, con algunas partes ya mutiladas, del cuartel de San Francisco. Además de dibujar con exactitud las nuevas construcciones militares levantadas desde la ocupación del edificio en 1836, el autor grafió con igual precisión los restos que por entonces quedaban del convento de San Francisco. Éstos comprendían parte de los dos claustros, las capillas laterales más próximas a los pies de la iglesia, el pórtico junto al área de portería, la capilla de la Inmaculada anexa a la cruciforme de la Tercera Orden, cuya cúpula seguía en pie, y la parte destinada a cocinas. En cambio ya ha desaparecido la cabecera de la iglesia incluida la torre, gran parte de los claustros y todo el bloque de celdas. En otra caja encontramos el pliego de condiciones del proyecto donde se detalla exhaustivamente materiales, dimensiones, alturas, superficies y volúmenes de obra, entre otros datos.

Más conocido es el plano de 1864 del ingeniero inglés James Beatty para la ampliación de la antigua Estación del Norte, proyecto que fue publicado por Huguet en su historia gráfica de la plaza del Ayuntamiento[689]. La propuesta de Beatty se enmarca en la voluntad de dar una respuesta adecuada a las crecientes necesidades. La estación funcionaba desde 1841, pero ya desde su origen estaba asumido por todos que el edificio era insuficiente para el movimiento de viajeros soportado por la ciudad[690]. Durante los años siguientes hubo una serie de mejoras destinadas a paliar los efectos de una concentración de servicios en aumento, especialmente a partir de la creación del enlace con Barcelona. A diferencia de la estación, que el autor dibuja con detalle, casi nada nos informa de los edificios colindantes como el cuartel de San Francis-

---

688 Valencia: AIMC, exp. Y-16/234; carp. YP-7/234. Madrid, ACGE, PL, sign. V-4/19; V-4/20; V-4/21; V-4/22.

689 Huguet, 2013.

690 Así lo reconoció el propio redactor del proyecto, Domingo Cardenal en 1841. Cfr. Abad Balboa, Tomás / Chías Navarro, Pilar, 1993. *La Estación del Norte en Valencia. La unión de todas las Artes*, Madrid, Renfe.

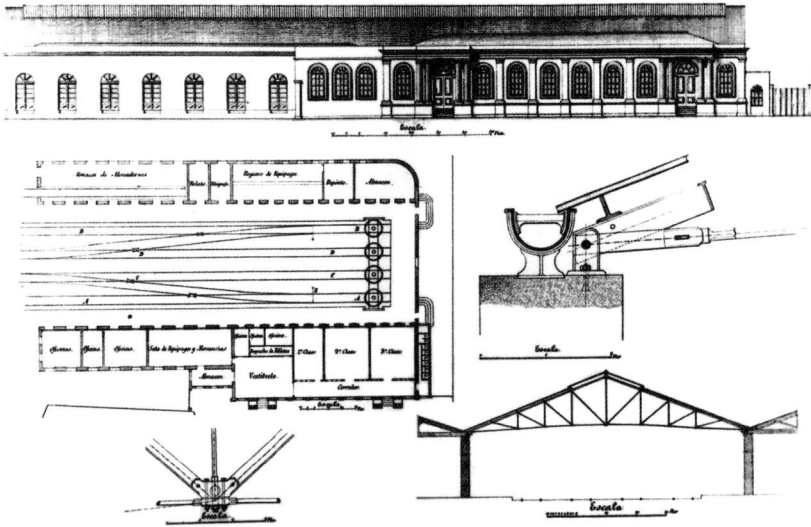

J. Beatty: Proyecto para la nueva estación de ferrocarril junto al convento de San Francisco, 1864. Planta, alzado y detalles constructivos. Alcalá de Henares, Archivo General de la Administración.

co, del que grafía poco más que su mancha urbana (véase págs. 285 y 291). La iglesia y el doble claustro parece que ya no existen, si bien sabemos por Valdés[691] que, en 1879, quince años después del plano de Beatty, algunos de ellos seguían en pie. Con todo, el hecho de estar dibujado a escala nos ha permitido comprobar algunas dimensiones que ya conocíamos por otras fuentes.

Fotografías de una nevada histórica
Son muy escasas las fotografías que se conservan del antiguo Cuartel de San Francisco. La mayoría fueron publicadas por Huguet, y en ellas se advierten notables coincidencias con la información de los planos de Ulloa/Navarro[692], Valdés[693] y

---

691 Valencia, AIMC, sign. YP-7/234. Madrid, ACGE, PL, sign. V-4/19; V-4/20; V-4/21; V-4/22.
692 Madrid, ACGE, PL, sign. V-4/18.
693 Valencia, AIMC, sign. YP-7/234. Madrid, ACGE, PL, sign. V-4/19; V-4/20; V-4/21; V-4/22.

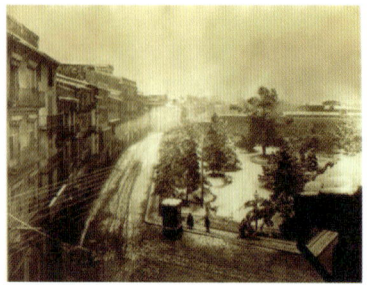

Antonio García Peris. La plaza de San Francisco tras la nevada de enero de 1885. Madrid, Museo Sorolla.

el proyecto de Beatty. Las más relevantes son las tres que se conservan en el Museo Sorolla de Madrid[694]. Se trata de unas fotografías de Antonio García Peris, suegro del pintor Joaquín Sorolla, tomadas entre el 14 y el 17 de enero de 1885 desde su estudio en la plaza de San Francisco tras una intensa nevada caída sobre Valencia. Según consta en el Centro Meteorológico Territorial, tres días de nieve ininterrumpida cubrieron toda la ciudad de un manto blanco como muestran los reportajes fotográficos reproducidos en la prensa local de aquellos días.

La primera de las imágenes muestra en primer plano el parque de San Francisco con los restos del convento al fondo. La iglesia gótica y su esbelto campanario ya no existen, aunque todavía se reconoce el pórtico renacentista, ya tapiado, junto algunas dependencias del que fue cuartel de Infantería y Caballería de San Francisco, por entonces ya deshabitado al haberse transferido en 1878 al de San Juan de Ribera en la Alameda[695]. A la izquierda, una hilera

---

694 Madrid: MS, Invº. 84011, 84012, 84014, "Fotografías de la Plaza y parque de San Francisco con el convento abandonado y en ruinas". Autor: Antonio García Peris. Fecha: 1885. Dimensiones: 1: 21,70 x 28,10; 2: 18,60 x 28,40; 3: 21,50 x 28,20.

695 No fue el cuartel de San Juan de Ribera, edificado de nueva planta sobre el antiguo convento de los franciscanos descalzos, la primera propuesta alternativa a los cuarteles de San Francisco. En el Memorial de Ingenieros de 1866 consta un interesante "Proyecto de Cuartel de Caballería de nueva planta para la ciudad de Valencia" [*Memorial de Ingenieros, Memorias, artículos y noticias interesantes al Arte de la Guerra en general y a la profesión de Ingeniero en particular*, t. XXI (1966). Madrid: Imprenta del Memorial de Ingenieros]. El documento, de 48 páginas y 5 planos desplegables y firmado por el Coronel de Ingenieros Juan Campuzano, fue descartado y el proyecto sustituido por el edificio que existe hoy en día en la Alameda, mucho más sencillo y económico.

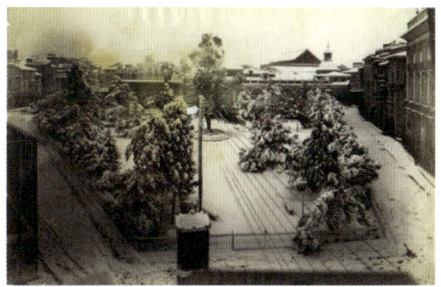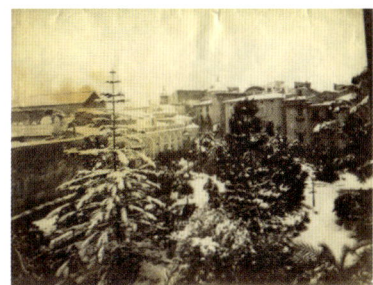

Antonio García Peris. La plaza de San Francisco tras la nevada de enero de 1885. Madrid, Museo Sorolla.

de viviendas entre Barcelonina y Barcas delimita la Bajada de San Francisco que, prolongándose hacia Ruzafa, se convertía en la angosta calle Sagrario de San Francisco entre el barrio de Pescadores y el antiguo convento. Ambos viales se perdieron para siempre al quedar integrados en el vacío urbano de la actual *Plaça de l'Ajuntament*.

La segunda de las fotografías muestra el flanco opuesto del parque de San Francisco tomado desde el mismo punto de vista. Nuevamente se reconoce la cerca que lo delimita y el arbolado que reemplazó al frondoso jardín de los frailes talado salvajemente en 1806. Al centro se divisa el pórtico renacentista de ingreso al convento con sus arcos ya cegados. Es notable la pervivencia de la cúpula de perfil acampanado con linterna que remataba la Capilla de la Tercera Orden; su aparente buen estado de conservación se debe al hecho albergar las dependencias nobles del cuartel hasta su desalojo, de ahí que se salvara de las sucesivas oleadas de derribos. Por detrás emerge el tejado a doble vertiente de la primitiva Estación del Norte. A la derecha, un caserío de viviendas sobre el lugar del actual Ayuntamiento, con el Palacio de Jura Real en primer plano, es el único recuerdo de la estrecha calle que daba paso al recinto donde la Cofradía de los Genoveses tenía su capilla. Este tramo conducía a la vecina iglesia de la Sangre de Cristo, cuya advocación dio nombre a la actual calle de la Sangre.

La tercera y última fotografía enfoca directamente hacia el convento. Su punto de vista más elevado permite divisar los tejados de San Francisco y los edificios alrededor del mismo. En el centro, entre una masa de arbolado, se reconoce una vez más la cegada arquería renacentista, protagonista absoluta del frente norte desde la destrucción de las tapias y talado del jardín. Algunos restos pertenecientes a la iglesia franciscana asoman a la izquierda de la imagen, pudiéndose distinguir incluso unos arranques de bóveda. Al fondo se alza la única cúpula aún en pie, la de la Tercera Orden, con casquete de forma acampanada y elegante linterna. Más atrás despunta la cúpula de la iglesia de la Sangre y su característica fachada de hastial curvilíneo rematando la Casa de Enseñanza. Por último se confirma, como en la vista de Guesdon, que el parque de San Francisco había recuperado su masa vegetal, aunque ni ésta ni ninguna de las reformas del siglo XX lograron devolver al lugar aquel aspecto de jardín fresco y frondoso que tuvo en tiempos pasados hasta 1806.

Demolición del convento

Los expedientes de Policía Urbana del Archivo Histórico Municipal de Valencia correspondientes a la última década del siglo XIX recogen diversas solicitudes presentadas por empresarios del mundo del espectáculo para la instalación, primero en las ruinas de San Francisco y después en sus solares, de casetas de teatro, ferias de atracciones o cines de verano[696]. La primera noticia que se tiene al respecto es la de un tal José Vidal Fernández, propietario del

---

696 Corbín se hace eco de una creencia muy difundida, aunque inexacta, que sitúa el primer cinematógrafo valenciano en la explanada de San Francisco durante la feria de Navidad de 1896 [CORBÍN, 1988: 37]. En realidad, la primera sesión cinematográfica de la que se tiene noticia en Valencia es algo anterior, de septiembre del mismo año, cuando el exhibidor ambulante Charles Kall proyectó una serie de películas en el Teatro Circo Apolo [NARVÁEZ TORREGROSA, D./CERÓN GÓMEZ, J. F.: Inicios del cinematógrafo en Valencia y Murcia, *Artigrama* 16 (2001): 133-153, en p. 135 citando una noticia de *El Pueblo*, 5 Septiembre 1896]. Dos meses después se abrió un cinematógrafo en la calle Zaragoza, el Cinematógrafo Lumière, primero de los salones dedicado a cine [VIDAL 1971: 165]. Poco después aparecieron otros dos en la calle de las Barcas, el Eliseo Express y el Cinematógrafo París. La competencia, la poca variedad de películas y la deficiente visión de los proyectores alumbrados por lámparas de petróleo los acabó cerrando en marzo de 1897 [VIDAL, 1971: 165]. Se sabe que, hasta 1905, las exhibiciones cinematográficas no se producían de modo estable sino que quedaban confinadas a los barracones instalados en las ferias de Julio y Navidad, o bien a unas improvisadas salas de espectáculos, así como a algunos cafés y parques públicos [LAHOZ, I.: La introducción del cinematógrafo en Valencia. En: AA.VV.: *Historia del cine valenciano*, Valencia, Editorial Prensa Valenciana, 1991: 7-10, en p. 7].

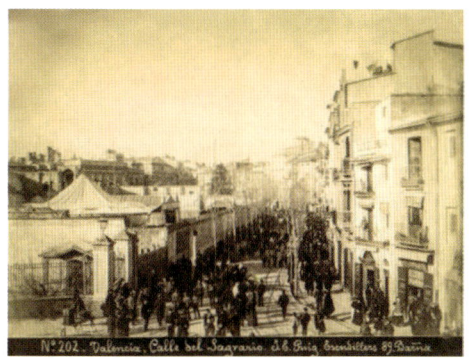

Feria de Navidad instalada en los solares de San Francisco con parte del vallado del convento recayente a Sagrario de San Francisco todavía visible (ca. 1890). La imagen fue reproducida por Gayano Lluch, 1948: 95. Fotografía gentileza de Rafael Solaz.

Teatro Peral, que en 1890 explotaba su negocio entre las ruinas del convento. Derruido por completo el edificio un año después, otros empresarios continuaron solicitando permisos de uso del ahora dilatado solar. Se sabe que en 1896 se instaló en esa explanada la Feria de Navidad y que en uno de sus barracones se proyectó una película de cine lento[697]. En 1899 se cursa una solicitud de dos empresarios, Eduardo Amorós y Carmelo Moreno, para construir un teatro de verano "*en los solares de San Francisco*", adjuntando para ello un proyecto firmado por el arquitecto Antonio Carbonell[698]. Incluso de 1900 encontramos la instancia que elevó al Ayuntamiento el empresario José Arnau solicitando "*establecer un teatro de verano en los solares de San Francisco en la parte recayente a la calle de la Sangre*"[699].

Todos los expedientes posteriores a 1891 coinciden en su mención al "*solar*" o "*solares*" de San Francisco, lo que pone de manifiesto que del antiguo convento no quedaba piedra sobre piedra. De ahí que no sea admisible la información de Sucias asegurando haber leído en un periódico la siguiente noticia:

697 Valencia, AHM, PU, 1896; CORBÍN, 1988: 37. Todo aprece apuntar a que la instalación de la feria de Navidad en los solares de San Francisco fue un hecho habitual en la última década del siglo.
698 Valencia, AHM, PU, 1899.
699 Valencia, AHM, PU, 1900.

"Dice el diario Las Provincias que en el año 1894 en el día 14 de Enero había en esta ciudad una carencia absoluta de trabajo y como quiera que el convento de San Francisco estaba abandonado [...] por orden del Sr. Gobernador y para dar trabajo a la clase obrera se acordó el derribo total del convento, y quedó terminado este derribo en el 14 de Enero de año dicho"[700].

Consultado el diario *Las Provincias* de esa fecha sin encontrar, evidentemente, noticia alguna al respecto, concluimos que el dato de Sucías es inexacto por la sencilla razón que el convento había sido completamente arrasado en 1891. Más aún, se diría que el presbítero confunde al supuesto gobernador que ordena demoler el convento de San Francisco *"para dar trabajo a la clase obrera"* con Cirilo Amorós, cuya decisión de derribar las murallas de la ciudad en 1865 estuvo motivada por la necesidad de ocupar a los parados de la industria sedera, lo que demuestra una vez más la escasa fiabilidad de sus informaciones[701].

Los solares de San Francisco

Para su investigación sobre la plaza del Ayuntamiento, Corbín[702] vació los diarios de sesiones de 1892 y 1893 celebradas poco después de la demolición del convento. Eran los años en que comenzaba a gestarse el espacio urbano más representativo de la Valencia contemporánea. Sin embargo, en aquel momento la parcela de San Francisco no era propiedad del municipio, sino que pertenecía a la Hacienda Pública como consecuencia del decreto desamortizador. Además, el Estado reclamaba al Ayuntamiento un elevado precio por

---

700 SUCÍAS, 1907: 267. El diario *Las Provincias* de ese día tan solo menciona a lo sumo una propuesta de derribo de los almacenes de la Glorieta, destinados provisionalmente a casa de Socorro, para levantar en sus solares un nuevo edificio [*Las Provincias*, 14 Enero 1894: 2].

701 A pesar a los incontables errores y datos no contrastados, cuando no inventados, que hemos detectado en su obra, Sucías presumía sin embargo de rigor científico: *"A falta de citas y enemigos siempre de los inventadores de la historia nos vemos en la necesidad de [...] venir a parar a lo que hemos visto en los Archivos que son las fuentes verdaderas y saludables que debe vever el historiador"* [sic].

702 CORBÍN, 1988: 82-88; véase también PERALES, Juan B.: "La plaza de San Francisco". En: *Valencia y su provincia*, col. "Tradiciones Españolas", Madrid, Biblioteca Enciclopédica Popular Ilustrada, 1882: 233.

la cesión de los terrenos a la ciudad, de ahí que el acuerdo entre las partes no terminaba de materializarse pese a los reiterados intentos por parte de la autoridad municipal[703]. En la Sesión Extraordinaria del 27 de enero de 1893 presidida por el alcalde Juan Busutil, el concejal Ribera hizo una exposición que resume la verdadera naturaleza del problema:

> *"La historia es muy sencilla. Existía un convento denominado de San Francisco que pasó a ser propiedad del Estado por la ley de desamortización. Este convento debió venderse como se vendieron todos los bienes procedentes de igual origen; no se vendió, pero se destino a cuartel, usufructuándolo Guerra; mas no solo lo usufructuó Guerra, sino que Guerra debía al Estado, al haber de la nación, al ministerio de Hacienda, cantidades determinadas por servicios fuera del presupuesto respectivo que iba realizándose y llegó un momento en que la Hacienda dijo al Ministerio de la Guerra: necesito ese convento para hacerme pago con el importe de sus solares de la cantidad que me debes… Eran dos millones de pesetas que Hacienda exigía a Guerra y por lo cual desahució a Guerra de los solares de San Francisco, expulsó de allí el servicio militar que en ellos se cumplía, se incautó de los solares y determinó su parcelación y venta"[704].*

En el litigio entre Hacienda y Guerra entra un tercer agente que reclama para sí los solares: el Ayuntamiento de Valencia, cuyas reiteradas solicitudes de devolución del suelo efectuadas desde 1868[705] eran desoídas sistemáticamente:

---

703 Valencia, AHM, BS, 3 septiembre 1892. Transcrito literalmente por Corbín [1988: 82-83].

704 Valencia, AHM, BS, 27 enero 1893. En este documento consta la referencia a una Real Orden de 11 de febrero de 1886 por la que el Gobierno negaba al Ayuntamiento de Valencia la concesión de esos solares como plaza pública.

705 Así consta en un documento fechado el 12 de octubre de 1868 conde se declara que el Ayuntamiento había acordado *"solicitar de la Junta Superior Revolucionaria la cesión del edificio que fue convento de San Francisco que hoy está destinado a cuartel de ynfantería y caballería, a fin de que, obtenida ésta, se proceda a su inmediato derribo"*. Valencia. AHM, Actas y Documentos de 1868, nº D-314, f. 239vº.

"Valencia, representada por su Ayuntamiento, pide que se le concedan esos solares y se lo niegan; pide que se le conceda la totalidad para destinarlos a servicios públicos y se lo niegan; pide que se le conceda la totalidad para urbanizarlos a su gusto y ceder después al Estado los terrenos que resultaron edificables y se lo niegan [...] Por ultimo, la Hacienda, desentendiéndose ya de otras peticiones del Ayuntamiento referentes a esos solares, acuerda su parcelación sin oír al Ayuntamiento"[706].

Temía el concejal Ribera que la parcelación de los terrenos prevista por Hacienda acabara por convertir el solar en una réplica del degradado barrio de Pescadores[707], de ahí su propuesta de conectar mediante una avenida este vacío urbano con la futura estación del Norte, cuya nueva ubicación entre la plaza de toros y Bailén ya estaba decidida:

"Creo que el día de mañana, Dios sabe cuándo, pero alguna vez será, cuando salga la estación de ferrocarril del Norte fuera de Valencia, donde tiene proyectado construirla la misma empresa, una de dichas vías ha de venir a parar desde el centro de la misma ciudad enfrente de la fachada de la nueva estación, entre la plaza de toros y la calle de Bailén, estas dos grandes calles son las que se imponen en esta parcelación, y si no se hace con arreglo a ellas la parcelación de los solares de San Francisco, señores, da pena el decirlo, pero no cabe expresarlo de otra manera: será reproducir el barrio de Pescadores al lado del barrio de Pescadores mismo que estamos destruyendo"[708].

La deseada conexión con la estación a través de una avenida se materializó pocos años después en la calle Amalio Gimeno, hoy Marqués de Sotelo. Pero

---

706 Valencia, AHM, BS, 27 enero 1893.
707 MILLO, 1980: 165-166. El barrio de Pescadores siempre albergó gentes de mal vivir. Allí existieron burdeles, casas de juego y cafetines de mala fama para distracción de unos y escándalo de otros. Esta circunstancia siempre perturbó la paz de los franciscanos [WEBSTER, 2000: 87; 145; 149] ya que sus celdas se ubicaban precisamente en el ala oriental del convento.
708 Valencia, AHM, BS, 9 enero 1893; CORBÍN, 1988: 85.

no fue la suya una opinión aislada: otro miembro del Consistorio, el concejal Igual, visualizó la creación de una gran plaza pública en el solar de San Francisco, recogiendo, según él, el sentir de muchos valencianos:

"Aunque nosotros no lo pidiéramos, aunque la Hacienda la niegue, aunque el Ayuntamiento no adoptará medida ninguna para hacer una plaza pública, el hecho está sancionado por la voluntad unánime de los valencianos que se han paseado por esos solares y tienen solemnemente demostrado que quieren que se conviertan en plaza pública"[709].

En su larga exposición, el ponente Igual expresó con gran clarividencia el desplazamiento del centro de gravedad hacia el sur de la ciudad, advirtiendo que el solar de San Francisco estaba llamado a constituir el futuro corazón urbano:

"Todos los valencianos saben que el porvenir de la ciudad está al lado del Ensanche de Colón. Todo el mundo sabe que el centro del movimiento es la plaza de San Francisco, Barcas y calles adyacentes; todos saben que el local que ocupan los solares de San Francisco es, digámoslo así, el corazón de Valencia, y lo será más a medida que la población desahogue interiormente, desaparezcan esos callejones inmundos que hoy son la afrenta del pueblo valenciano […]"[710].

Dos meses después de este debate el Estado desistió de su intención de reparcelar y vender los terrenos de San Francisco[711]. En esta decisión debió pesar la tenaz presión municipal de destinar el suelo a plaza en lugar de venderlo por lotes como proponía Hacienda. Finalmente, el Ayuntamiento presentó un anteproyecto firmado por el arquitecto municipal Antonio Ferrer Gómez

---

709 Valencia, AHM, BS, 27 enero 1893; CORBÍN, 1988: 87.
710 Ibídem.
711 CORBÍN, 1988: 88 menciona la Real Orden del Ministerio de Hacienda de 6 de marzo de 1893 *"suspendiendo las subastas anunciadas para este mes para la venta de los solares resultantes del derribo del ex–convento de San Francisco, hasta que se resuelva la solicitud elevada por este Ayuntamiento relativa a la cesión de los terrenos que han de destinarse a vía pública […]"*.

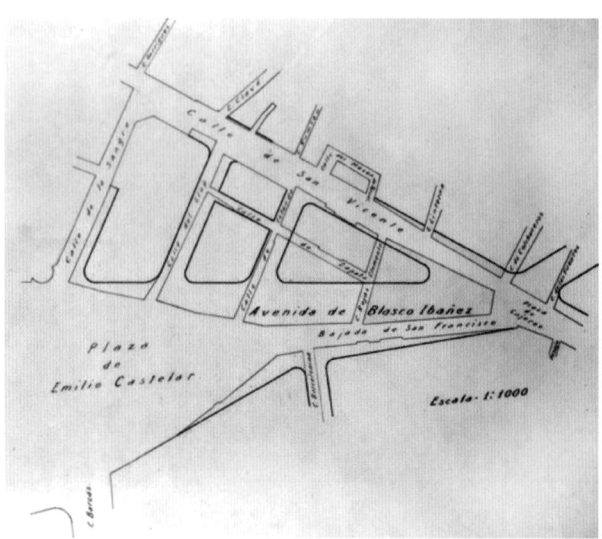

Nuevas alineaciones de la Plaza de Emilio Castelar, Bajada de San Francisco (renombrada Avenida de Blasco Ibáñez) y plaza Cajeros, ca. 1904. Valencia, Archivo GIRE.

para la construcción de un parque público sobre el solar del convento, logrando que el Estado cediera en sus pretensiones y terminara vendiendo el suelo al Ayuntamiento a cambio de una indemnización menor que la pretendida inicialmente[712].

El proyecto definitivo de Ferrer, titulado *Proyecto de plaza en los solares de San Francisco*, fue presentado al Ayuntamiento para su aprobación el 10 de agosto de 1894[713]. En su Memoria justificativa, el arquitecto aduce razones higienistas en defensa de la creación de una gran plaza "*como almacén o depó-*

712 Real Orden del Ministerio de Hacienda, 7 de agosto de 1893, "*disponiendo se proceda a la enagenación* (sic) *de los solares de San Francisco en la forma que aparecen en el proyecto presentado por este Ayuntamiento y previa indemnización de 25.590 pesetas por la pérdida de terreno que tienen los solares, según el referido proyecto*". La Orden posiblemente se refiera a un anteproyecto firmado por el arquitecto municipal Antonio Ferrer Gómez en 1893. MARTÍNEZ/SARTHOU, 1920-1927: 655 sitúan la fecha de la adquisición a 26 de febrero de 1896.
713 CORBÍN, 1988: 88; PINGARRÓN, 2005: 272.

sito de aire que viniera a renovar la viciada atmósfera que se respira en aquella populosa barriada" de Pescadores *"habitado por clases pobres"* cuyas *"reducidas viviendas en donde se hallan materialmente hacinados sus habitantes ha sido, en todas las épocas en que la epidemia colérica ha azotado esta capital, el verdadero foco de infección que ha irradiado a todos los ámbitos de la ciudad"*. Junto al argumento de salud pública pesaba también la intención práctica de *"facilitar la circulación del público y toda clase de vehículos que en diferentes direcciones cruzan ya hacia la plaza de toros en los días en que este espectáculo se verifica"*[714]. La Memoria termina declarando *"la importancia de la construcción o formación de una gran plaza en los solares de San Francisco no solo para satisfacer las crecientes necesidades de la población y de la higiene y salubridad pública, sino también bajo el punto de vista del ornato público"*[715]. El proyecto fue aprobado definitivamente el 8 de octubre de 1894 previo análisis de una reclamación de la Compañía de Caminos de Hierro del Norte, empresa que se veía afectada al colindar la antigua estación de ferrocarril con el solar de San Francisco[716].

En el ocaso del siglo XIX la plaza de San Francisco se había convertido en un amplio espacio ajardinado sin más imaginación que unos macizos de vegetación dispuestos a modo de islotes. No obstante, el anodino jardín daba una primera respuesta al parque que reclamaban los ciudadanos. En 1899 se mejoró con la plantación de arbolado y una fuente monumental dedicada al marqués de Campo[717]. Sarthou conoció este improvisado parque de *"robustos macizos"* plantado de *"plátanos, acacias, álamos, chopos y otros árboles comunes de hoja caduca"* sin que posteriores retoques lograran evitar *"su sello de nativa vulgaridad"*[718].

714 CORBÍN, 1988: 89.
715 Ibídem.
716 Valencia. AHM: PU, 1894, caja 198, exp. 77. PINGARRÓN, 2005: 272, n.4.
717 Entre los árboles del Parque de Castelar se ubicó una fuente monumental rematada por el busto del Marqués de Campo, valenciano emprendedor que introdujo en la ciudad el alumbrado por gas, la primera locomotora, fue dueño de una flota mercante y fundó un asilo. Sarthou lo calificó como *"el más espléndido de nuestros monumentos"* [MARTÍNEZ/SARTHOU, 1920-1927: 655]. En él no había inscripción alguna que conmemorara los logros del Marqués, pero el escultor Mariano Benlliure supo representarlos con cuatro geniales grupos de bronce. Al respecto véase MONTOLÍU SOLER, Violeta, 1997. *Mariano Benlliure, 1862-1947*, Valencia, Generalitat: 45-50.
718 MARTÍNEZ/SARTHOU, 1920-1927: 655.

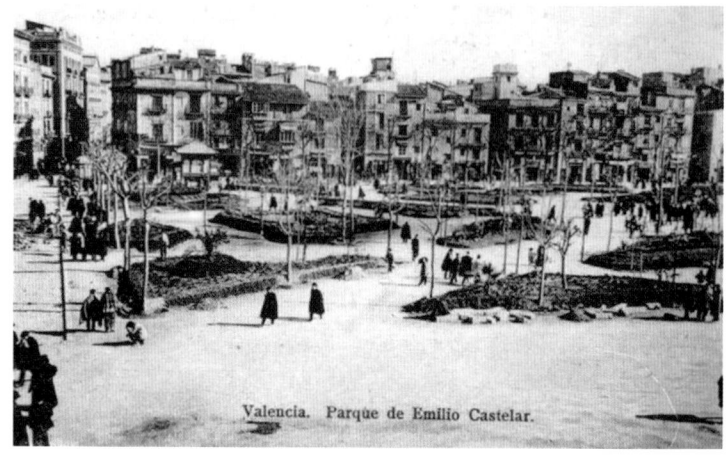

Parque de Emilio Castelar, poco después de 1900. V. Vidal Corella, 1980: 53; J. L Corbín, 1988: 40; R. Solaz, 2005: 195.

La plaza de San Francisco –o *parque de Emilio Castelar* como empezó a llamarse a partir de 1900– era accesible desde numerosas calles, algunas de las cuales todavía conservaban por entonces el mismo nombre que Tosca había rotulado dos siglos antes en su plano: *Devallada de Sant Francesc, Barcas, Sagrario de San Francisco, Sangre, Lobo (Llop o En Llop), Cotanda y Barcelonina.* El área conformaba un entramado de calles, conocido aún bajo la denominación genérica de *Pla de Sant Francesc,* que podría quedar delimitado por cuatro sectores:

a) Al este, sobre el flanco izquierdo del parque, el degradado barrio de Pescadores entre Barcas y Lauria, cuyas viejas casas fueron demolidas a partir de 1900.

b) Al sur, en dirección hacia la calle Játiva, los terrenos del Colegio San Pablo en medio de una trama urbana también arrasada para abrir con 32 metros de ancho la avenida Amalio Gimeno, hoy Marqués de Sotelo, que buscaba conectar en línea recta la nueva estación del Norte con la plaza de Zaragoza a través del parque de Emilio Castelar.

c) En el flanco oeste la Casa de Enseñanza, junto a la que habría de levantarse después el edificio de Mora para el nuevo Ayuntamiento.

d) Al norte, en dirección a San Martín, la Bajada de San Francisco y la plaza de Cajeros, cuya transformación causó el derribo del Palacio de Jura Real y otros edificios notables.

Actualmente, el corazón del *Pla de Sant Francesc*, la plaza del Ayuntamiento, coincide con el espacioso solar ocupado durante 652 años por el convento de San Francisco. La propia nomenclatura del lugar, desde la pequeña plazuela medieval de *Sant Francesch* hasta las cambiantes denominaciones de la Valencia contemporánea, sigue siendo un elocuente llamamiento a la búsqueda de soluciones para un problema todavía pendiente que reclama una solución integral e imaginativa para la plaza. Es de esperar que del concurso convocado en 2022 salga y se materialice una idea que supere para siempre las propuestas provisionales y mediocres que han marcado la historia de la plaza durante los dos últimos siglos, con excepción de la meritoria reforma de Javier Goerlich, derruida en 1961 para mayor desgracia de la ciudad.

Etapa	Nomenclátor
Hasta 1840	*Sant Francesch*
1840-1843	*General Espartero*
1843-1868	*Isabel II*
1868-1874	*Libertad*
1874-1900	*San Francisco*
1900	*Blasco Ibáñez* (solo mitad norte)
1900-1939	*Emilio Castelar*
1939-1979	*Caudillo*
1979-1987	*País Valenciano / Pais Valencià*
Desde 1987	*Ayuntamiento / Ajuntament*

Denominaciones históricas de la Plaza del Ayuntamiento (Valencia)

ANEXO A

REAL PRIVILEGIO DE FUNDACIÓN DEL CONVENTO DE SAN FRANCISCO, SITO EN LA CIUDAD DE VALENCIA, CONCEDIDO POR JAIME I A LA ORDEN FRANCISCANA.

Barcelona, ACA, Repartiment, 11 Enero 1239, f. 55; Transcrito en Valencia, ARV: Justicia Civil. Manaments i Empares, 1608, Lib. 9, mano 108, f. 1: "Donación de 85 brazas de tierra de longitud, junto al camino de Ruzafa, hecha por el rey Jaime I a favor de los frailes franciscanos de la ciudad de Valencia, para edificar su casa". Fue mandada registrar esta Escritura en 1608 por el fraile Jaume Gonçales, ecónomo del Convento de San Francisco de Valencia. El P. Teixidor publicó el Privilegio a partir de una copia conservada en el convento [Teixidor, 1767, II: 21].

Noverunt universi quod Nos Jacobus Dei gratia Rex Aragonum Majoricarum et Valentie Comes Barchinone et Urgelli et Dominus Montispesulani per Nos et omnes successores nostros ob remedium anime nostre et Parentum nostrorum salutem damus et concedimus perpetuo libere atque franche bobis Fratibus Ordinis Minorum in Valentia commorantibus et universis aliis permansuris Octuagenta quinque brachiatas terre in longitudine contiguas vie publice que vadit ad Ruçafam ex una parte et et totidem ex altera in Quinquaginta quinque in latitudine ex omni parte in loco illo qui est ante Portam de Boatella prope Cimiterium quem locum habeatis ad opus edificande Domus vestre teneatis possideatis et expletetis cum introitibus et exitibus affrontationibus et suis pertinentiis universis a celo in abyssum. Damus inquam vobis partem omnium illarum aquarum sive cequiarum de quibus consueverant irrigari vel competentius de cetero potuerit irrigari locus supra memoratus in quibus cequiis mundandis sive faciendis non temeamini aliquid solvere sed usum omnium illarum aquarum libere et absque contradictione aliqua gratis perpetuo habeatis. Dat. Valentie tertio idus Januarii era millesima ducentesima septuagesima[719] septima".

Traducción del autor:
"Que todos sepan que Jaime, por la gracia de Dios Rey de Aragón, de Mallorca y Valencia, Conde de Barcelona y Urgel y Señor de Montpellier, por nosotros y todos nuestros sucesores, para el auxilio de nuestra alma y de nuestros padres, otorgamos y concedemos perpetua libertad y albedrío a los hermanos de la Orden de los Frailes Menores de Valencia

---

719 "Vicesima" por error del copista de 1608. Anotado a lápiz "septuagésima".

para usar ochenta y cinco brazas de tierra colindantes con la vía pública que va a Ruzafa, por un lado, y cincuenta y cinco de ancho por cada lado en el lugar que hay frente a la puerta de Boatella, cerca del cementerio, destinado a construirse una casa, con las entradas y salidas asociadas y todos sus accesorios desde el cielo al abismo. Concedemos, digo, parte de todas las aguas, o aquellas con las que se solía regar el lugar antes mencionado y pudiera en adelante regarse de manera más apropiada, en el que no se tendrán que pagar nada por la limpieza, o por cualquier otra cosa, pues siempre harán uso de toda esa agua libremente y sin impedimento alguno, gratuita y perpétuamente. Dado en Valencia, a tres de enero de mil doscientos setenta y siete".

ANEXO B

CARTA DE FRAY NICOLAU ESPITAL
DIRIGIDA A LOS JURADOS DE LA CIUDAD.
Valencia. AHM, MC, 1376, nº 16, f. 61.

Anno M.º CCC.º LXXVI.º die XVIII.ª Julii.

"E vench al dit Consell lonrrat e religios Frare Nicolau Espital, Maestre en Sacta Theologia del Orde dels frares Menors, e proposá al dit Consell, com les claustres primera e segona del monestir dels Frares Menors de la dita ciutat estaven en gran partida a perill de caure, com de la primera claustra feen lo primer lats se fos somoguda la cuberta, a hagués empeses los pilars o colones daquella; e que la segona claustra en gran partida estava escalonada per vellea e podrida dels caps de les bigues daquella; per manera que ambdues les dites claustres estaven ab gran perill. E com lo convent del dit monestir fos tan pobre que apenes podien complir a la provisió lur, e no haguessen, ne haver poguessen de que adobar o refer les dites claustres: e aquelles e tot lo dit monestir fos a servici de la cosa publica de la dita ciutat. Per tal, lo dit frare Nicolau pregava e prega al dit Consell que li pogués fer ajuda convinent al dit convent pera adobar o refer les dites claustres, o semblants paraules. E sobre açó feu moltes e bones induccions axi en auctoritat de Sancta Theologia, com altres. E dit aço, partis de la Sala del dit Consell.

E lo dit Consell, haud parlament e accord sobre aquestes coses, considerant que lo dit monestir e edificis daquell e lur bellea eren a honor e servici de la dita ciutat, e lo contrari era deshonor e dany de la cosa publica daquella; e que aquesta obra era necessaria, e valia mes, e era de molt menys cost adobar e conservar ço que obrat era, que lexarho caure e perdre e en aprés de nou fer; e que era cert a molts del dit Consell quel dit convent passava gran fretura, majorment per ocassió de la fam pasada, per la cual se eren molt endeutats. Per aquestes rahons lo dit Consell, concordantment atorga esser dats de la pecunia comuna de la dita ciutat a la obra o adop de les dites claustres, tres milia solidos de reyals de Valencia, convertidors en la dita obra o adop, per mans de un prohom de la dita ciutat, per los dits jurats elegidor".

ANEXO C

ÍNDICE DE LOS NOMBRES DE LOS DUEÑOS DE LAS SEPULTURAS Y CAPILLAS EN EL CONVENTO DE SAN FRANCISCO (1771).

Completado el original y ordenado alfabéticamente por Llabrés Bernal, Juan, 1926. "Notas para la historia de Valencia. Sepulturas, capillas y altares del demolido convento de San Francisco de Valencia. Sus dueños y poseedores en el año 1771", *Boletín de la Real Academia de la Historia* 88: 837.

Adam
Almirantes de Aragón
Adorno
Agost
Alfonso
Almela
Ariza (marqués de)
Avila

Beatas de la 3ª Orden
Beltrán
Berni
Blanquer
Bochons
Bosch
Burgos

Calatayud
Calbillo
Camarasa
Camareras de la Marquesa de Dos Aguas
Cardona
Carlet (conde de)
Cebriá
Cerdá

Chicano
Clero de San Nicolás
Codinat
Cofradía de la Cruz
Cofradía de la Purísima
Cofradía del Cordón
Colchoneros (gremio de)
Colón
Costa
Croix (condesa de)
Cucaló

Desdier
Domenech
Dos Aguas (marqués de)
Durán

Escuder
Espinosa de Molina
Esplugues

Ferrer
Ferris
Flores

García

Hermandad de la Cruz
Hermandad de San Antonio de Padua
Hermandad de Tierra Santa

Inglera

Lagarda
Lamarque
Lasala
Lita
López
Lorente
Lorente (presbítero)

Llaneres (marqués de)

Marqués
Minguet
Molina
Mollá
Monleón
Monsonas
Morera

Navarrete

París
Pastor (viuda de)

Petrés (barón de)
Puchades

Quevedo
Quincoses

Rodrigo
Rumbau

Salavert
San José (marqués de)
Sariñena
Simó
Sirat
Sirat (conde de)
Solsona

Tercera Orden
Teruel
Trilles

Vaciedo
Valdenoche
Valera
Verger
Vidal
Villarrasas

Zapata
Zapateros

ANEXO D

SECUENCIA CRONOLÓGICA DEL CONVENTO DE SAN FRANCISCO

1214   Probable viaje de San Francisco a la península Ibérica

1217-20   Fr. Giovanni de Perugia y fr. Pietro de Sassoferrato parten de Teruel hacia Valencia

1228ca   Decapitación de los mártires Giovanni de Perugia y Pietro de Sassoferrato

1228-29   Los frailes habitan de manera estable una(s) casa(s) en el camino de Ruzafa

1236   Las Cortes reunidas en Monzón resuelven la toma de Valencia

1238   Jaime I reconquista la ciudad de Valencia

1238   Supuesta reclusión voluntaria de los cruzados fr. Iluminado y Pietro del Sede en la quinta de Çeyt

1238   Doña Toda Ladrón lega el primer testamento a favor de los franciscanos de Valencia

1239   **Jaime I concede a la Orden de San Francisco unas tierras junto a la puerta de la Boatella**

1241   Maria Portaioyes lega 5 sueldos para el sustento de los franciscanos

1242   Jaime I entrega 1.000 maravedís a los frailes

1255   Ochoa Alemany solicita sepultura en el cementerio de los menores

1257   San Buenaventura denuncia abusos en materia constructiva dentro de la Orden

1260   Promulgación de las Constituciones de Narbona, que imponen restricciones constructivas

1260   El convento franciscano de Valencia no pasa de una *chiesa-fienile* y una casa anexa

1260   Solicitud de fray Iluminado de un terreno para cementerio: Segunda donación Real

1262   Fernando Pérez, hijo de Çeyt, nombra al guardián de San Francisco como albacea testamentario

1268   Traslado de los restos de Çeyt al convento de San Francisco

1269   Tres canónigos de la catedral soicitan sepultura en el convento

1276   Concesión de tierras en el lugar de Alchannitia: Tercera donación Real

1290   El convento está necesitado de una ampliación urgente

1290   El rey Alfonso confirma la concesión de tierras en el lugar de Alchannitia

1290   Posible elevación de la casa conventual en un piso alto

1290ca   Se descarta la creación de un *Studium* en San Francisco de Valencia a favor de Lérida

1300   El convento sigue manteniendo su fábrica humilde

1304   Jaime II prohíbe levantar edificaciones privadas junto al convento

1310   Compra de un solar para la construcción del Hospital de la Reina junto al convento

1317	Jaime II insta a los Jurados a clausurar un prostíbulo cercano al convento
1326	El Hospital de la Reina atraviesa grandes apuros económicos
1336	Donación Real de productos alimenticios básicos a favor de los franciscanos
1336	Pedro IV confirma la donación del cementerio de la segunda concesión Real (1260)
1338	Comienzan a proliferar las sepulturas de familias nobles en el convento
1348	La Peste Negra irrumpe en Europa
1356	Pedro IV inicia la construcción de la muralla cristiana envolviendo al convento en el área intramuros
1358	El templo conventual amenaza ruina según dijeron los arquitectos que fueron a examinarlo
1358	La pobreza de la comunidad de San Franciscco es extrema
1358?	Prodigio ocurrido al noble Berenguer de Codinats en su casa de la calle Zaragoza
1359	Inicio de obras de la nueva fundación a expensas de Berenguer de Codinats
1375	El Hospital de la Reina se encuentra en una situación económica límite
1375	La peste sigue arreciando con fuerza en Valencia. Penuria económica de la comunidad
1376	Nicolau Espital recibe una subvención de 3.000 sueldos de los Jurados de la ciudad
1379	Los franciscanos renuncian al Hospital de la Reina, que pasa a la gestión pública
1382	El convento se populariza entre las familias nobles de Valencia como lugar de sepultura
1383	Construcción a expensas de Vidal de Vilanova de una capilla funeraria que actúa de Sala Capitular
1383	Demolición de la Puerta de la Boatella y del tramo contiguo de muralla almohade
1383	Fr. Francesc Eiximenis ingresa en el convento
1388-89	Primeras fundaciones observantes de la Provincia franciscana: Chelva y Manzanera
1390	Fin de las sucesivas oleadas de Peste Negra
1391	Los restos de fr. Pedro de Aragón son trasladados desde Pisa al convento franciscano de Valencia
1399	Los claustrales de San Francisco protagonizan un escándalo nocturno en el convento
1400ca	Martín I interviene ante el primer intento municipal de expropiar el jardín de los frailes
1409	Fr. Francesc Eiximenis muere en su celda del convento
1414	Los Jurados solicitan al Papa la erección de una cátedra de árabe en San Francisco
1424	Los franciscanos detentan una cátedra de árabe en el convento
1428	Intento fallido de pasar el convento a la observancia
1448	El convento alberga setenta personas entre frailes y *servicials,* y gestiona su propia enfermería y hospedería
1466	Aldonza de Vilanova [Montagut] ordena reedificar la capilla funeraria familiar
1469	Francesc Baldomar firma las capitulaciones de la capilla con Aldonza Montagut

1492	Proliferan las rejas en las capillas nobiliarias del templo
1500-09	Paso fugaz del convento de San Francisco a la Observancia.
1518	Nuevo conato municipal de arrebatar a los frailes su jardín y protección de Carlos V
1531	Prohibición de Clemente VII de talar los árboles del jardín bajo pena de excomunión
1531	Se oficializa la denominación popular *Devallà de Sant Francesc*
1535	Fundación de la Archicofradía de la Santísima Sangre de Cristo en el antiguo Hospital de la Reina
1538	Domingo de Urteaga ejecuta el coro alto a los pies de la iglesia conventual
1545	Paulo III ordena sacar a los frailes claustrales del convento y poner religiosos observantes
1563	La vista de Anton van den Wijngaerde ofrece el primer dibujo conocido del edificio
1567	Los frailes claustrales abandonan el convento y toman posesión de él los observantes
1567	Los observantes arrancan con furia los suntuosos azulejos de los claustros (1ª serie)
1579	Colocación de la losa sepulcral de Berenguer de Codinats en el centro de la iglesia
1591	El convento posee una biblioteca con más de quinientos libros
1598	Limosna de los Jurados para recomponer un muro en mal estado
1606	Superposición de un cuerpo superior hexagonal de ladrillo sobre el campanario medieval de cantería
1612	Comienza la retirada de las rejas que cerraban las capillas del templo
1627	Sustitición del zócalo de azulejos de Manises (2ª serie) por otra barroca y popular
1668	Bula de Inocencio XI prohibiendo a los franciscanos convertir sus conventos en *casas de comedias*
1672	Serios daños en las tapias a causa de las lluvias y orden municipal de paralizar su reparación
1672	Tercera intentona municipal de apropiación del jardín conventual y recurso contra la Ciudad
1672	Supuesto plan (frustrado) de enrejar las ventanas del convento con el hierro del balcón municipal
1695	Contratación de Juan Pérez Castiel para remodelar la capilla de Nª Sª de los Ángeles
1699	Pérez Castiel repara un muro e interviene en el llamado *claustro viejo* o primer claustro
1701	Finalización de la Capilla de Nª Sª de los Ángeles o de la Porciúncula
1704	Juan de Perugia y Pedro de Saxoferrato son elevados a beatos de la Iglesia por Clemente XI
1704	Tosca realiza el dibujo más completo que se conoce del convento
1711-15	Trabajos de remodelación clasicista de los claustros
1722	Gran demostración de fuegos de artificio en el convento
1738	Campaña de renovación barroco-clasicista impulsada por Andrés Mayoral

1738-39 Construcción de la falsa cúpula sobre la Sala Capitular o Capilla Montagut

1758 Andrés Mayoral funda la Real Casa de Enseñanza junto al convento.

1767-68 Fray Antonio de Villanueva pinta los lunetos del primer claustro

1768 Obras de embellecimiento del templo y renovación del pavimento

1768 Fallece Andrés Mayoral y concluyen los trabajos de renovación clasicista del convento

1768 Capítulo General de la Orden en el convento de San Francisco de Valencia.

1772ca Ponz visita el convento de San Francisco

1785 Villanueva finaliza las pinturas de los claustros y del pórtico antes de su fallecimiento

1787-89 El convento alcanza el número de población más elevado de su historia: 200 frailes

1806 Destrucción alevosa del jardín conventual por las autoridades municipales

1808 Invasión napoleónica. El P. Rico, fraile de San Francisco, lidera la sublevación junto al *Palleter*

1808-09 Fr. Vicente Cuenca construye la nueva enfermería y noviciado

1812 Atropello liberal contra el clero regular en las Cortes de Cádiz

1814 Obras de adecuación del templo al gusto ilustrado y despojo de la inmensa talla y hojarasca

1823 Parte del convento es requisado como cuartel de Caballería por los constitucionales

1827 Fernando VII ordena la retirada de las tropas del "Cuartel del Rey" instalado en San Francisco

1835 Supresión de las comunidades religiosas y exclaustración de los frailes

1836 Ley de Desamortización de Mendizábal. El convento y sus bienes pasan a manos del Estado.

1838 Antonino Sancho recomienda recuperar para la ciudad los huertos de San Francisco

1846 José Mª Zacarés publica en *El Fénix* el primer artículo monográfico sobre el convento

1847 Sebastián Monleón proyecta la reparcelación de los terrenos del huerto de San Francisco

1847 Francisco Ulloa y José Navarro realizan el primer levantamiento gráfico del cuartel de S. Francisco.

1850ca Explosión de un polvorín en la cabecera de la iglesia y publicación de una estampa romántica.

1851 Construcción de la primitiva Estación del Norte sobre los huertos de San Francisco

1852 Se inauguran las fuentes-candelabros en la plaza renombrada de Isabel II

1855 Antonino Sancho insiste en la reivindicación civil del antiguo convento de San Francisco

1857 Instalación del telégrafo óptico sobre el campanario de San Francisco

1859 Traslado del nuevo Ayuntamiento a la Casa de Enseñanza junto al cuartel de San Francisco

1860ca Derribo de la torre-campanario

1864	James Beatty proyecta la ampliación de la estación sin afectar al cuartel de San Francisco
1865	Cirilo Amorós ordena derribar la muralla de la ciudad
1868	El Municipio reclama al Estado el suelo del cuartel de San Francisco
1869	Plano de demolición del cuartel y proyecto de nuevas calles que podrán abrirse (J. Moreno)
1870	Construcción del cuartel de San Juan de Ribera en el Paseo de la Alameda
1874	Se suspenden las inversiones en el cuartel de San Francisco
1878	El cuartel queda deshabitado al desplazar las tropas al cuartel de San Juan de Ribera
1879	Proyecto de demolición del Cuartel de Infantería y Caballería de San Francisco (G. Valdés)
1883	Proyecto de habilitación de una vivienda para el coronel en la antigua capilla de la TOR
1885	El parque de San Francisco recupera parte de su masa vegetal
1885	La prensa local publica fotografías del jardín de San Francisco tras una gran nevada
1890	El teatro Peral se instala entre las ruinas del cuartel
1891	**Demolición de las ruinas del antiguo convento y cuartel de San Francisco**
1892-93	Debates municipales sobre el destino del solar resultante
1894	Proyecto de plaza pública en el Llano de San Francisco
1896	Instalación de la Feria de Navidad en la explanada de San Francisco
1899	Diversas solicitudes para instalar cines de verano en los solares de San Francisco
1899	Ajardinamiento y colocación de la fuente y monumento al Marqués de Campo
1904ca	Nuevas alineaciones de la plaza Castelar y Bajada de San Francisco
1905	Traslado de la estatua al pintor Ribera a la plaza de Emilio Castelar
1906	Inicio del traslado de la Estación de Ferrocarril a su actual emplazamiento
1907-09	Derribo del barrio de Pescadores
1915-20	Construcción del nuevo Ayuntamiento según el proyecto de Francisco Mora
1929	Demolición de los kioskos japoneses y traslado de la estatua del pintor Ribera a la plaza Poeta Llorente
1929	Traslado de la fuente-monumento al marques de Campo a la plaza Cánovas del Castillo
1930	Demoliciones en la antigua Bajada de San Francisco
1931-33	Obras de la plaza y mercado de flores de Javier Goerlich
1961	Eliminación de la plataforma central de Goerlich
1962	Construcción de la fuente luminosa del ingeniero Carlos Buigues
1976	Emilio Rieta dibuja por primera vez los alzados de la plaza
1996	Concurso para la remodelación de la plaza del Ayuntamiento
2021	Peatonalización parcial de la plaza y colocación de maceteros cilíndricos
2022	Concurso para la urbanización integral de la plaza del Ayuntamiento

ANEXO E

INFORME DE LA PROSPECCIÓN GEOFÍSICA POR RADAR EN LA PLAZA DEL AYUNTAMIENTO DE VALENCIA

Autor: Lluís Marí i Sala

Informe 1109-AYU
Marzo 1994

Empresa: ARQUEO RADAR s.c.p. Tecnologies de prospecció. 08024 BARCELONA

Al descartar prospección por medios mecánicos (coste, asfalto, tráfico...) se opta por el georadar.
Se realizó los días 22 y 23 de febrero de 1994
Se usa la hoja 5F – 23 de la Cartografía Básica Municipal del Excmo. Ayuntamiento de Valencia.

Problemas de resultados:
- Vibraciones por tráfico rodado
- Superficie lo más horizontal posible SIN obstáculos que impidan el paso del equipo. Aquí los había.
- Superposición de estructuras hasta la época actual. Aquí las había y muchas.
- Muchas zonas, ocupadas por jardines, puestos de venta, aparcamientos y los propios viales, han sido espacios sobre los que no se ha podido actuar.

Conclusiones:
No se aprecian alineaciones claras en las anomalías, paso previo para establecer la planta de un edificio.
La prospección ha evidenciado la presencia de estructuras en diversos puntos de la plaza, aunque sin poder adscribirlas a un elemento constructivo concreto debido a las pocas señales registradas.
Clave interpretativa de los planos:
Punto gordo negro: alteraciones relacionadas con estructuras de cualquier tipo
Asterisco: alteraciones asociadas a estructuras de tipo alcantarillado o similar
Barras paralelas inclinadas: tramos que presentan alteración respecto al contexto en que se encuentra.

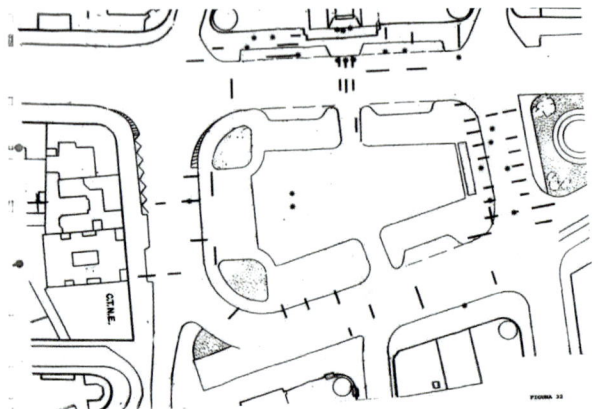

Prospección geofísica por radar en la Plaza del Ayuntamiento de Valencia, 1994. Empresa: ARQUEO RADAR, Barcelona.

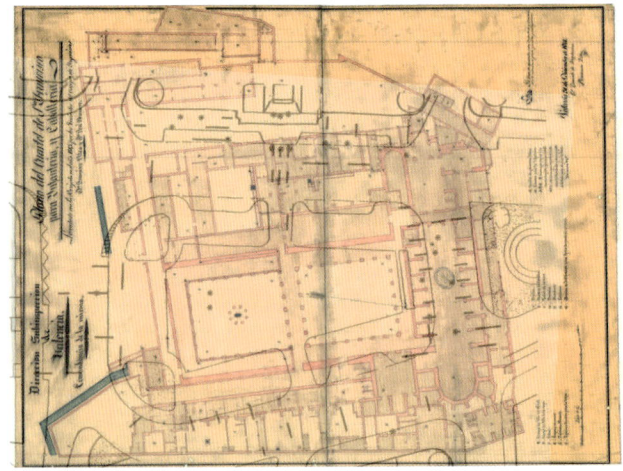

Superposición del georradar al plano de Ulloa/Navarro. A la derecha se observa que la prospección geofísica por radar detectó los contrafuertes de la iglesia de San Francisco.

ANEXO F

PINTURAS PROCEDENTES DEL CONVENTO DE SAN FRANCISCO

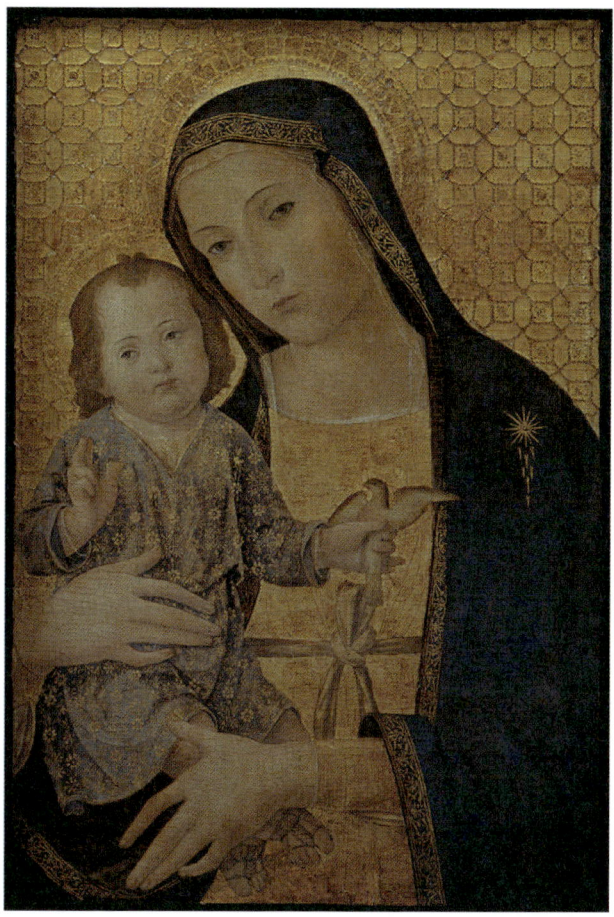

Virgen con el Niño, ca. 1495. Antonio Aquili, 'Antoniazzo Romano' (documentado en Roma entre 1452 y 1508). Óleo y oro sobre tabla. 64 x 44 cm. Museo de Bellas Artes de Valencia, procedente del convento de San Francisco. Nº inv. 274.

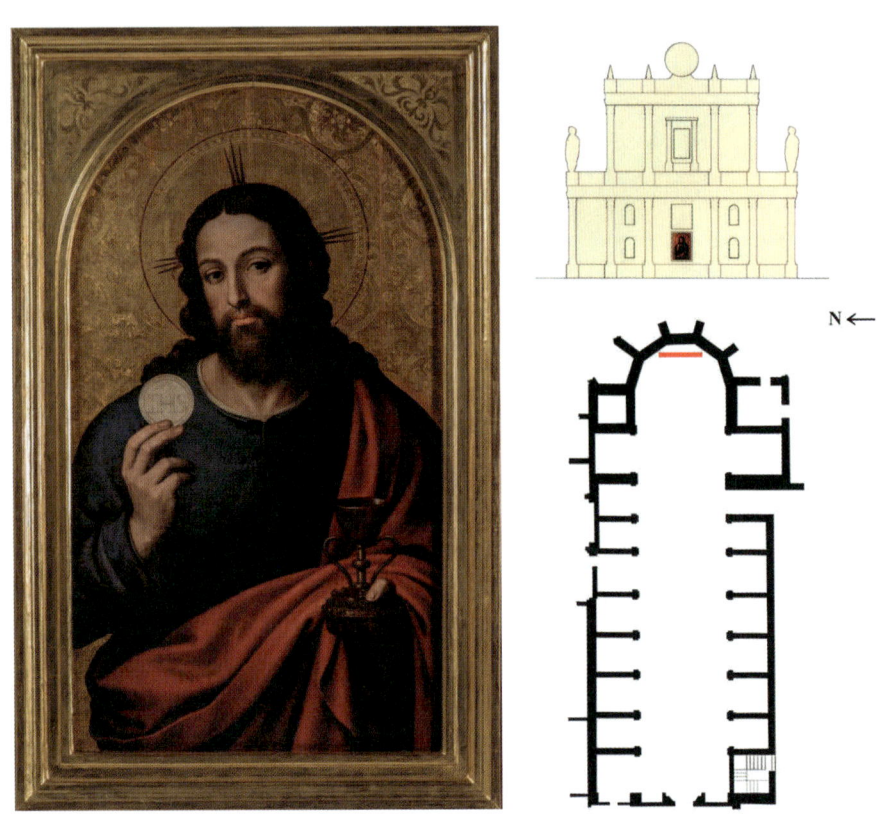

Salvador Eucarístico, ca. 1555-1565. Juan de Juanes (Bocairent, +1579). Óleo sobre tabla. 112 x 65 cm. Museo de Bellas Artes de Valencia, procedente del convento de San Francisco. Estaba ubicado en el retablo del altar mayor. Fotografía: Francisco Alcántara. Planos: V. García Ros.

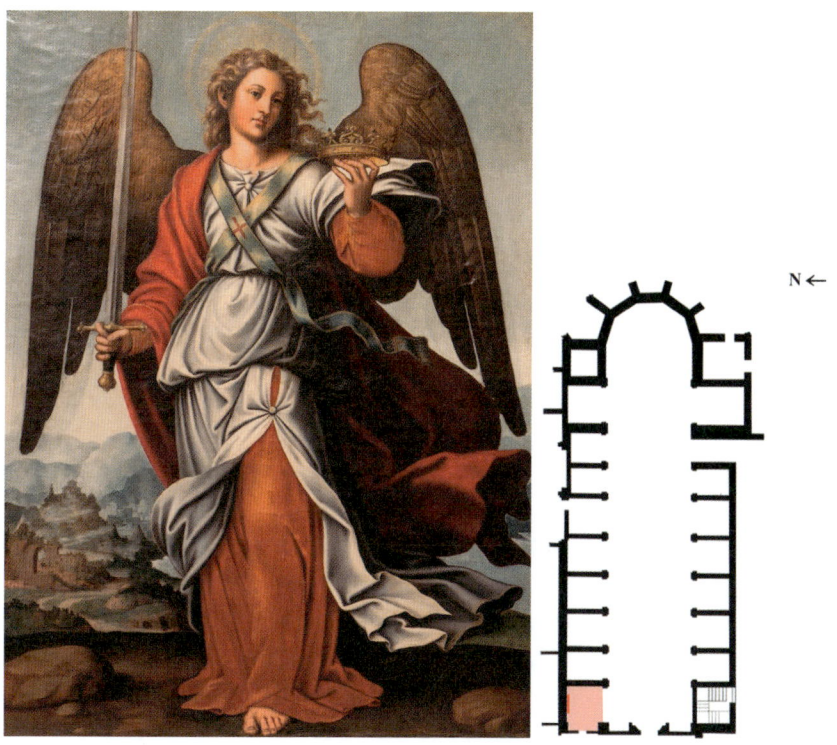

N ←

Ángel Custodio de la Ciudad, ca. 1555-1560. Juan de Juanes (Bocairent, +1579). Óleo sobre tabla. 99,5 x 75,5 cm. Museo de la Catedral de Valencia. Procedente de la iglesia del convento de San Francisco, ubicado en la primera capilla del evangelio. Fotografía: Francisco Alcántara. Plano: V. García Ros.

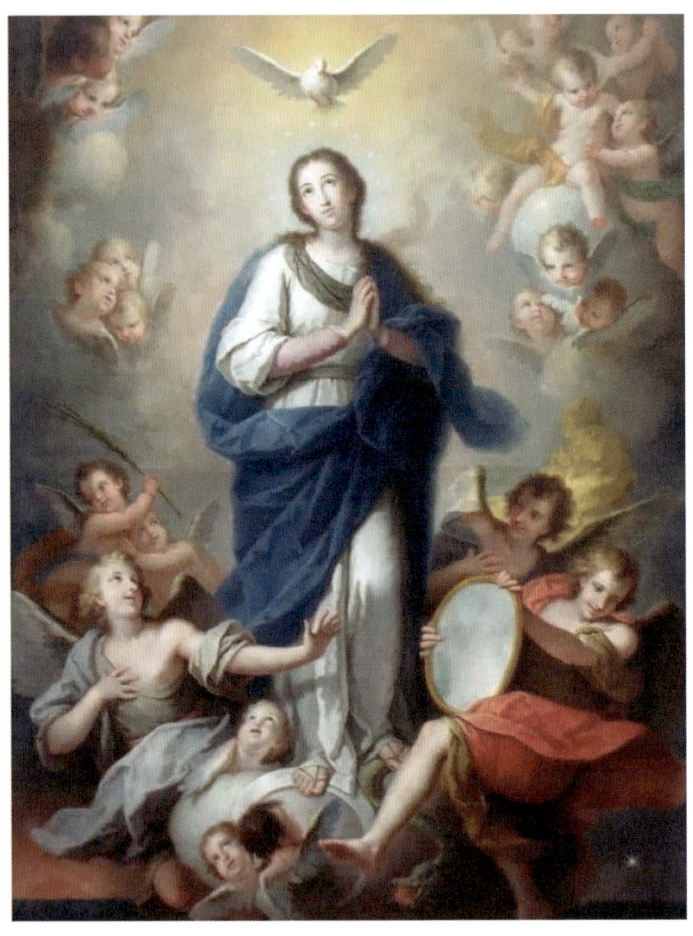

Inmaculada Concepción, siglo XVIII. José Vergara Ximeno (Valencia, 1726-1799). Óleo sobre lienzo, 207 x 149 cm. Museo de Bellas Artes de Valencia, procedente del convento de San Francisco. Nº inv. 4267.

APÉNDICES

Fotográfico - Planimétrico - Infográfico

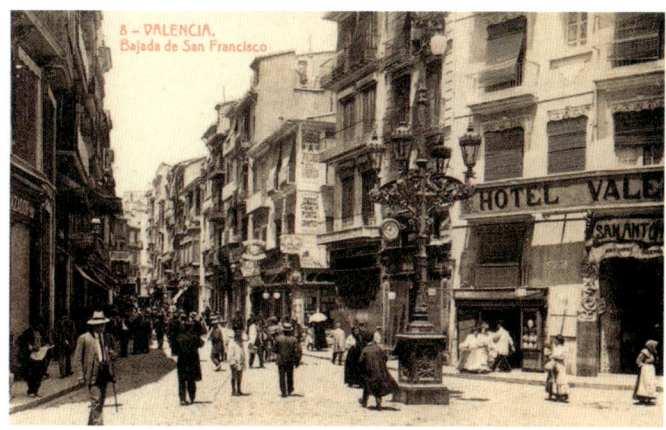

Bajada de San Francisco, ca. 1905. Vidal Corella, 1971: 193; R. Solaz, 2005: 175.

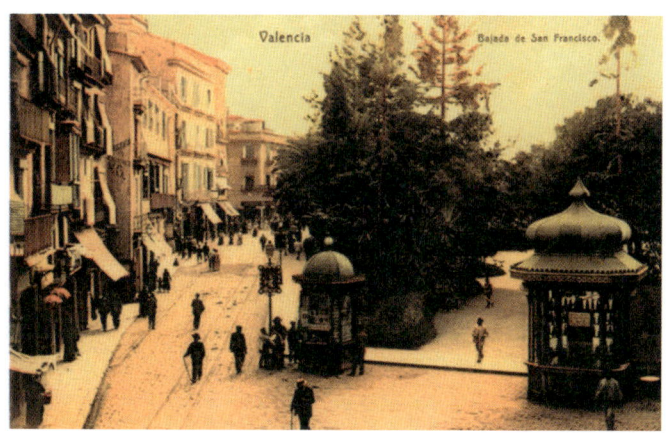

Bajada de San Francisco, ca. 1905. Vidal Corella, 1971: 193; R. Solaz, 2005: 176.

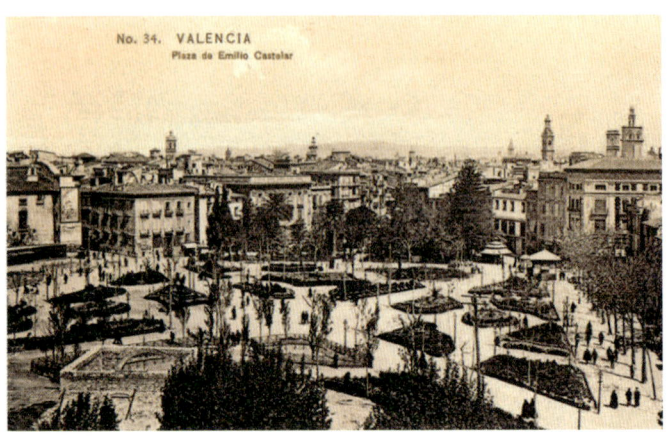

Plaza de Emilio Castelar plantada de setos (ca. 1907). Vista desde el sur (actual Telefónica). Al fondo, jardines y bajada de San Francisco. V. Vidal Corella, 1971: 192; 1980: 62; J. L. Corbín, 1993: 38; R. Solaz, 2005: 196.

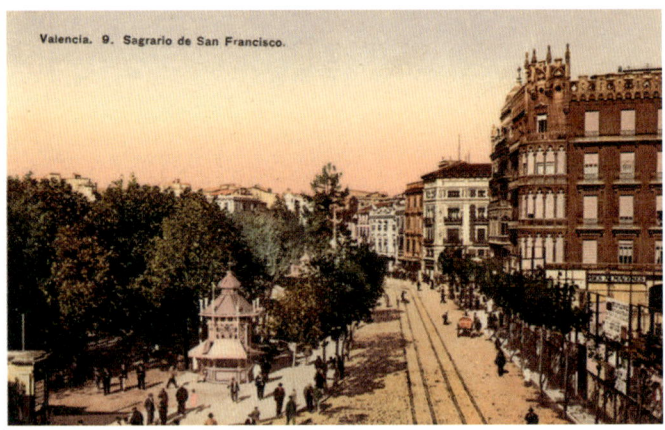

Calle Sagrario de San Francisco (ca. 1910) con las vías del tranvía aproximándose a la antigua Estación del Ferrocarril y el arbolado de la plaza de Castelar. R. Solaz, 2005: 182.

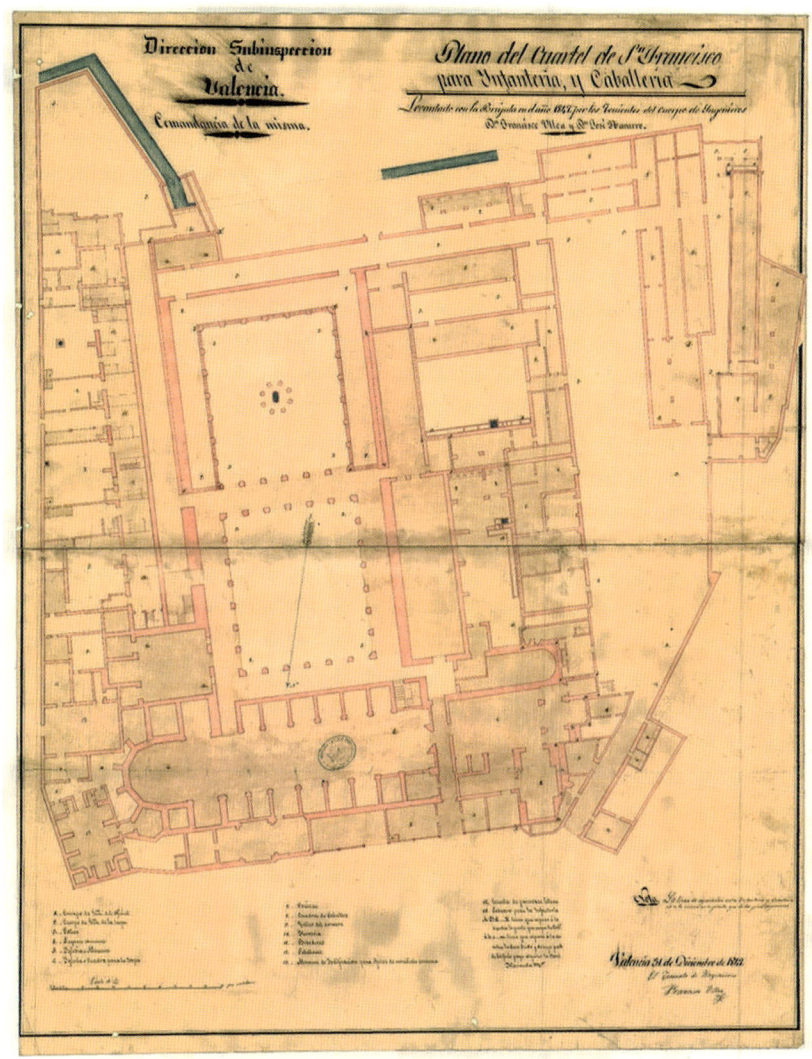

Plano del Cuartel de San Francisco para Infantería y Caballería levantado por Dn. Francisco Ulloa y Dn. José Navarro, 1847. Madrid, Archivo del Cuartel General del Ejército. Ministerio de Defensa. España. PL, sign. V-4/18.

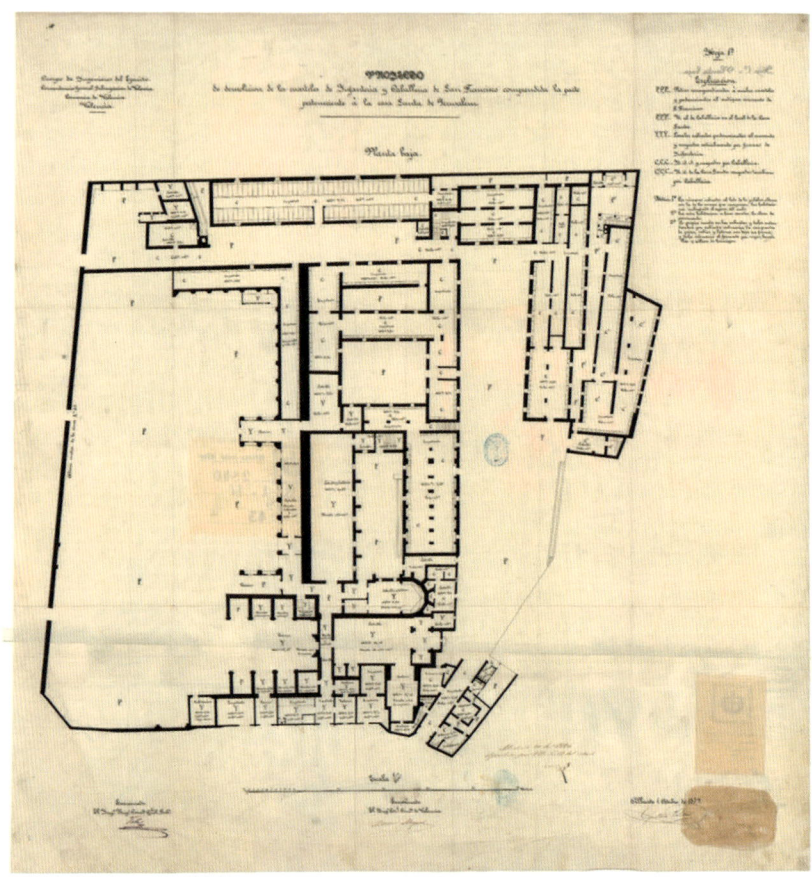

Proyecto de demolición de los cuarteles de Infantería y Caballería de San Francisco formado por el Coronel del Cuerpo de Ingenieros don Gustavo Valdés, 1879. Planta baja. Madrid, Archivo del Cuartel General del Ejército. PL sign. V-4/19 / Valencia, Archivo Intermedio Militar Centro, exp. Y-16/234; carp. YP-7/234. Ministerio de Defensa. España.

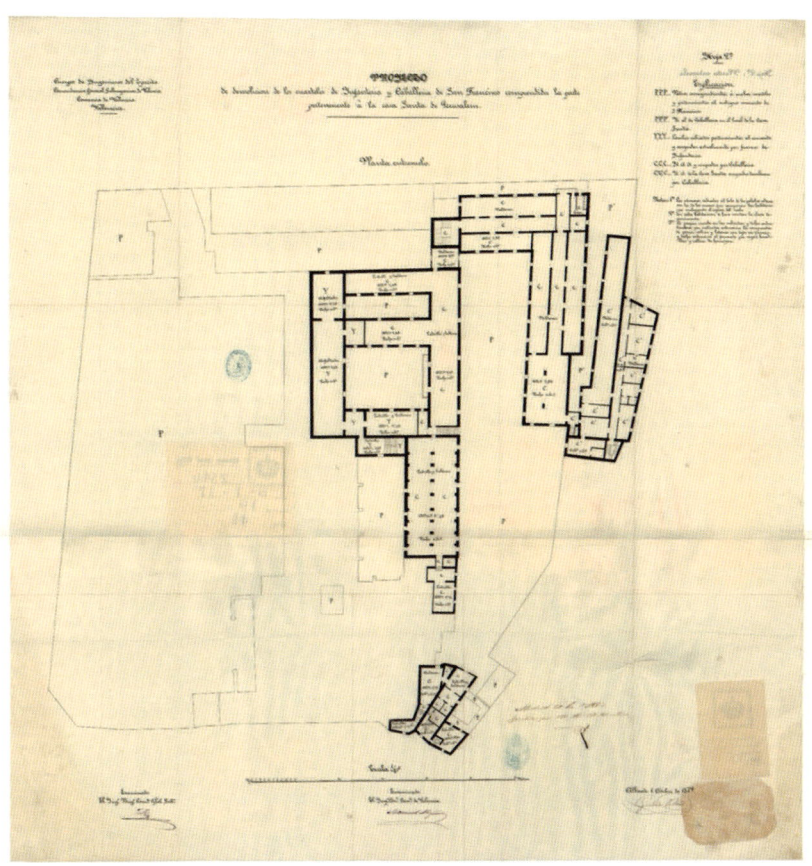

Proyecto de demolición de los cuarteles de Infantería y Caballería de San Francisco formado por el Coronel del Cuerpo de Ingenieros don Gustavo Valdés, 1879. Planta entresuelo. Madrid, Archivo del Cuartel General del Ejército. PL sign. V-4/20 / Valencia, Archivo Intermedio Militar Centro, exp. Y-16/234; carp. YP-7/234. Ministerio de Defensa. España.

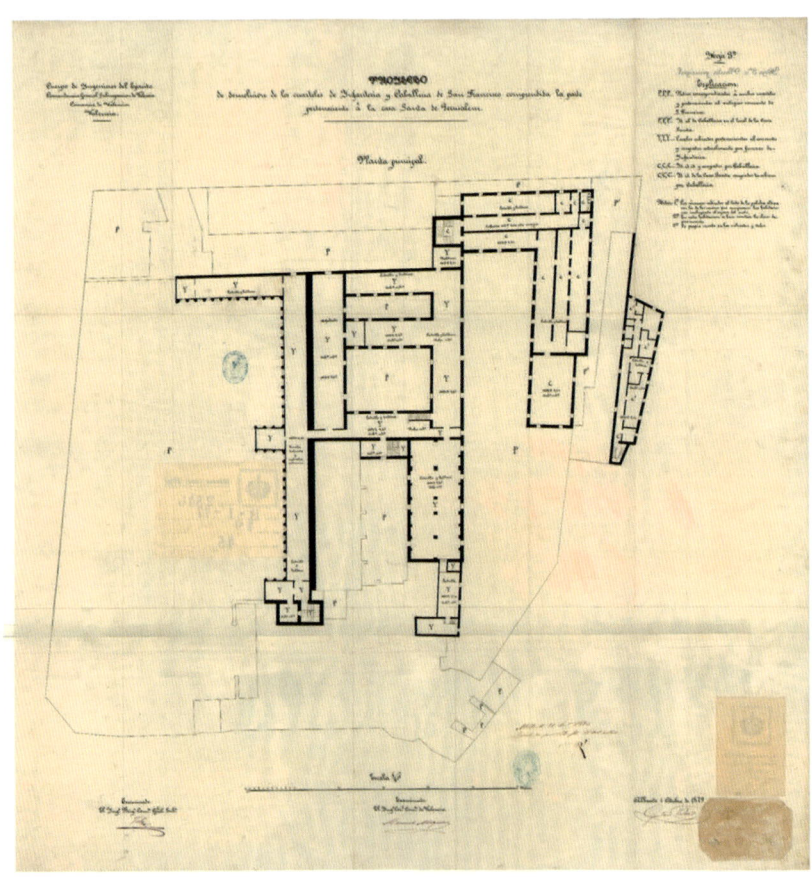

Proyecto de demolición de los cuarteles de Infantería y Caballería de San Francisco formado por el Coronel del Cuerpo de Ingenieros don Gustavo Valdés, 1879. Planta principal. Madrid, Archivo del Cuartel General del Ejército. PL sign. V-4/21 / Valencia, Archivo Intermedio Militar Centro, exp. Y-16/234; carp. YP-7/234. Ministerio de Defensa. España.

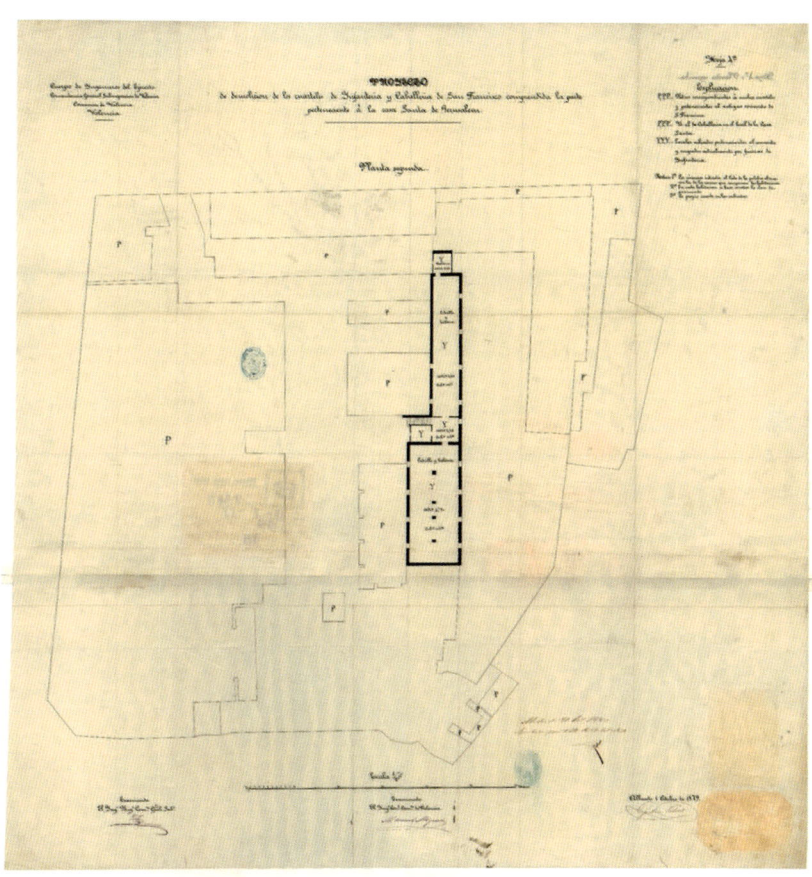

Proyecto de demolición de los cuarteles de Infantería y Caballería de San Francisco formado por el Coronel del Cuerpo de Ingenieros don Gustavo Valdés, 1879. Planta segunda. Madrid, Archivo del Cuartel General del Ejército. PL sign. V-4/22 / Valencia, Archivo Intermedio Militar Centro, exp. Y-16/234; carp. YP-7/234. Ministerio de Defensa. España.

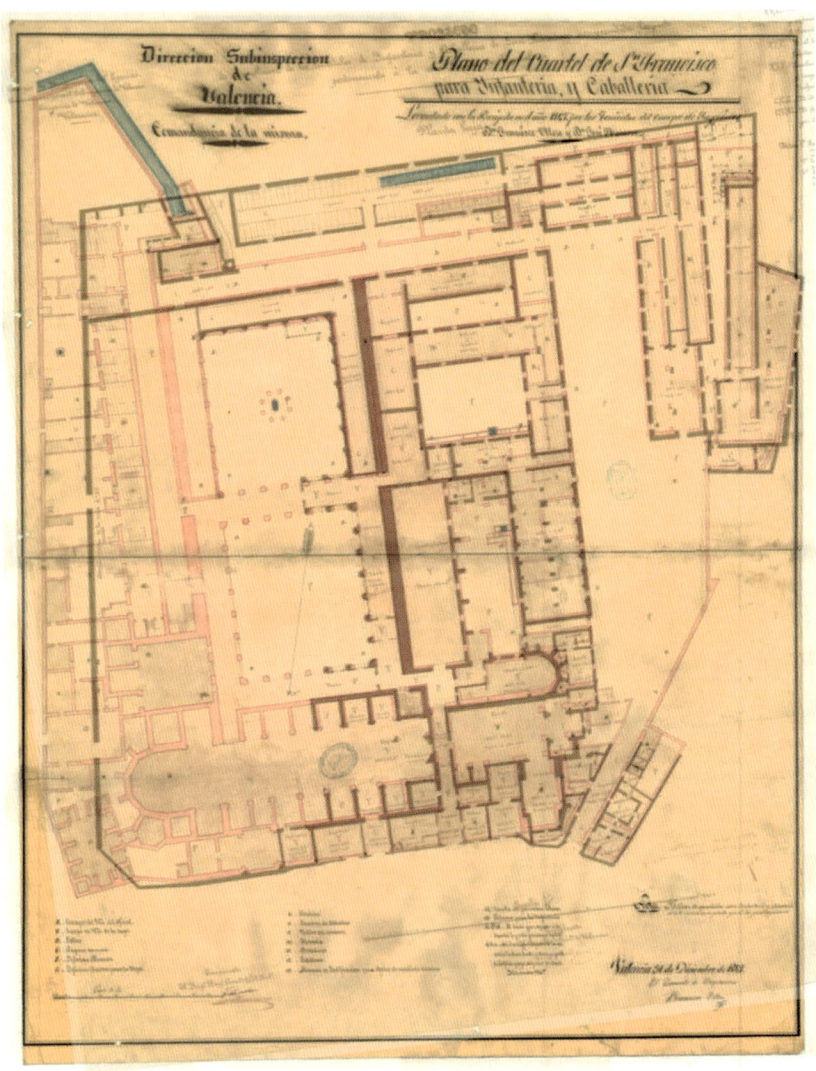

Superposición de los planos de Ulloa/Navarro (en rojo) y Gustavo Valdés. Planta baja. Se aprecia la perfecta coincidencia entre ambos. El cuerpo de celdas a la izquierda ya estaba demolido cuando Valdés grafió el muro de cierre del cuartel. Fotocomposición: V. García Ros / J. M. Gómez Lozano.

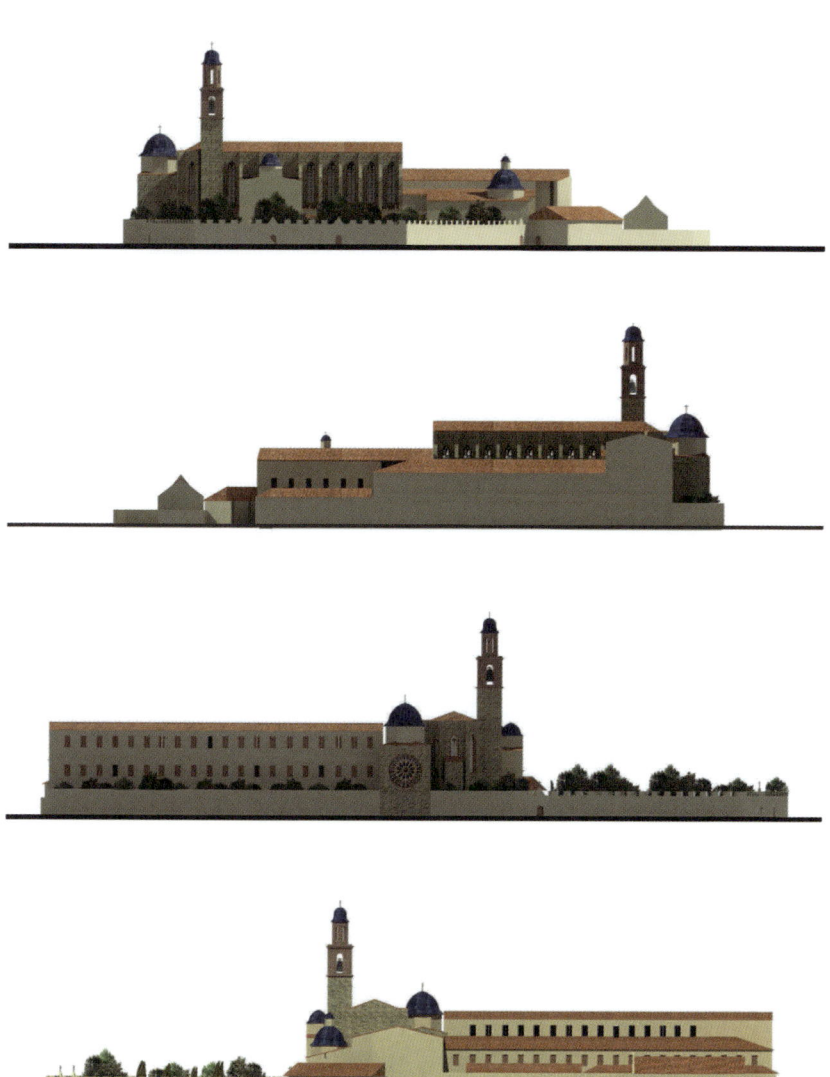

Valencia. San Francisco, alzados Norte / Sur / Este / Oeste (según V. García Ros). Infografía: V. Espasa Ramón.

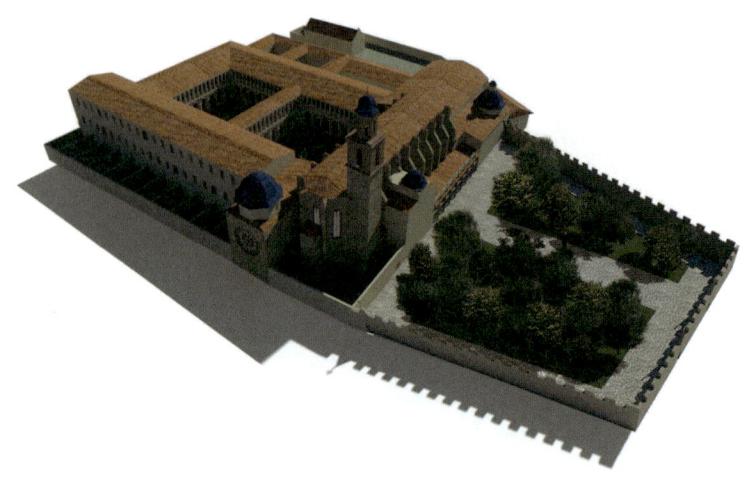

Vista general del convento (según V. García Ros). Infografía: V. Espasa Ramón.

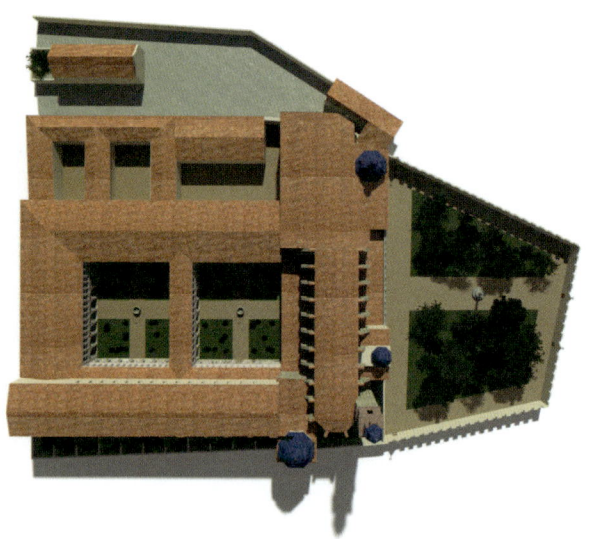

El edificio a vista de pájaro (según V. García Ros). Infografía: V. Espasa Ramón.

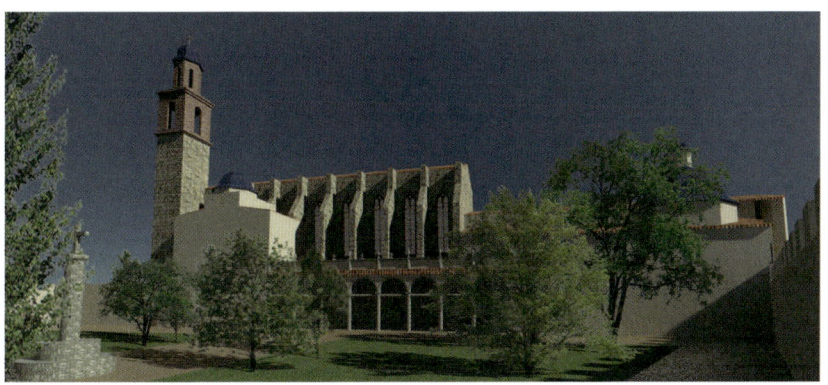

Vista desde el jardín con la Capilla de la Tercera Orden en primer plano, el pórtico renacentista, la iglesia gótica y el campanario (según V. García Ros). Infografía: V. Espasa Ramón.

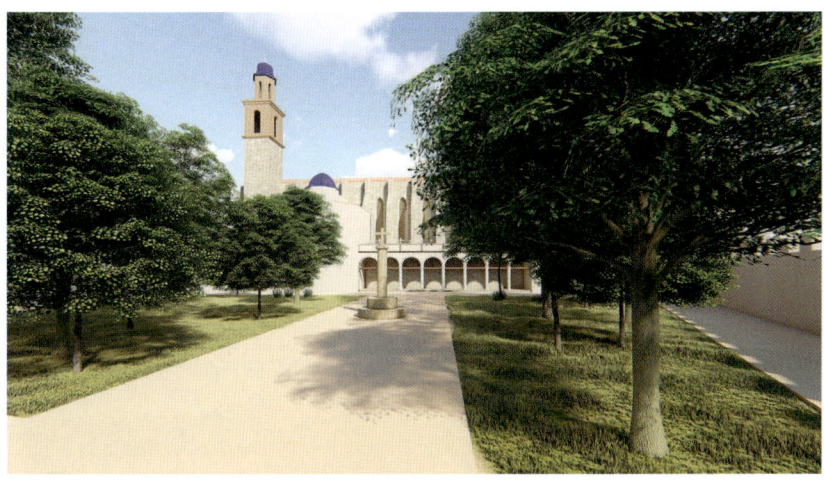

Fachada Norte desde el jardín con la logia renacentista (según V. García Ros). Infografía: V. Espasa Ramón.

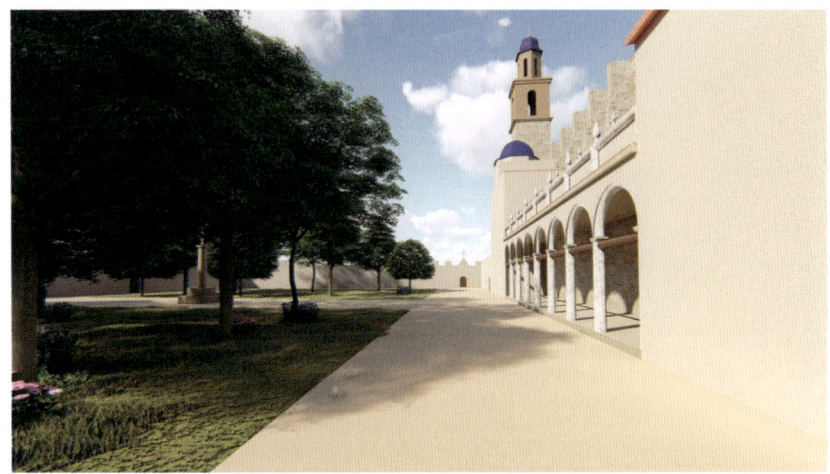

Fachada Norte desde el jardín. Al fondo la puerta Este de salida a calles Barcas y Sagrario de San Francisco (según V. García Ros). Infografía: V. Espasa Ramón.

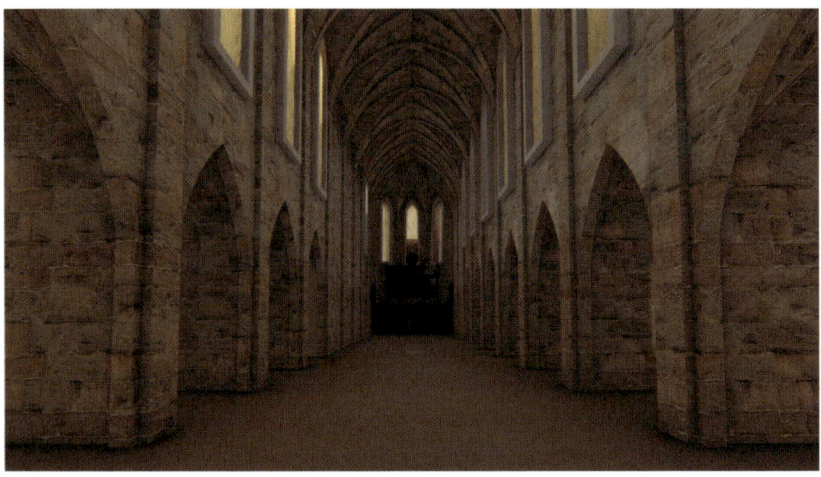

Aspecto interior de la iglesia a finales del siglo XVI con el retablo renacentista pero todavía sin las remodelaciones barrocas (según V. García Ros). Infografía: V. Espasa Ramón.

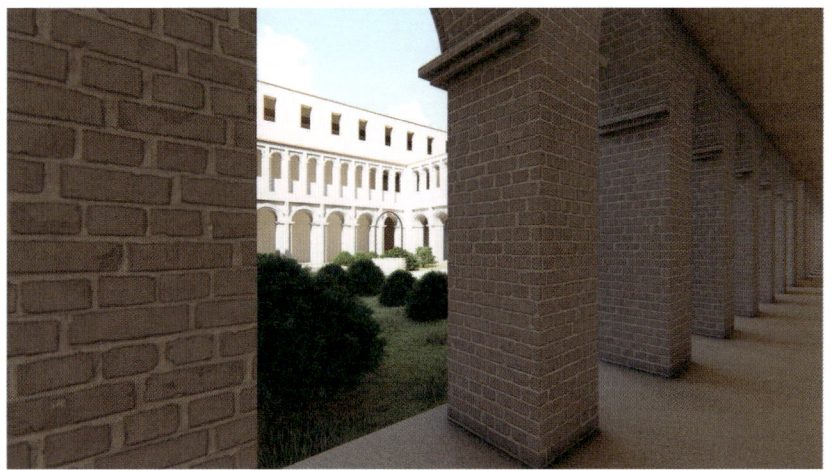

Primer claustro, llamado impropiamente *claustre vell* o *claustro antiguo*, desde una de las pandas (según V. García Ros). Infografía: V. Espasa Ramón.

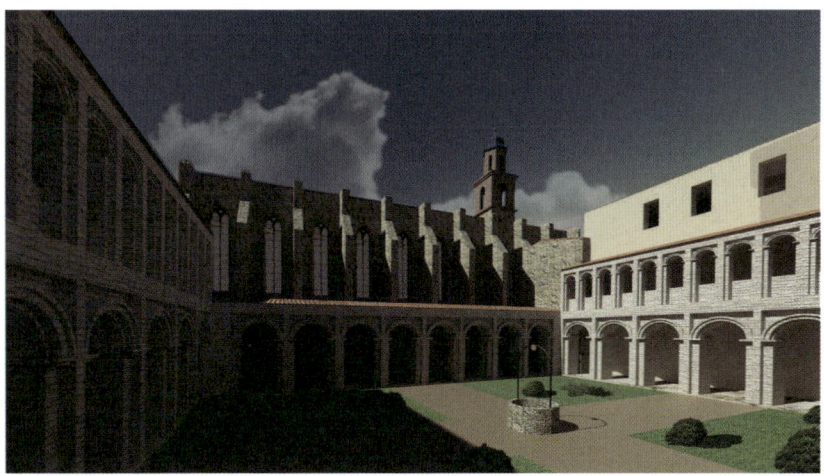

Vista general del primer claustro con la iglesia al fondo (según V. García Ros). Infografía: V. Espasa Ramón.

FUENTES

Archivo de la Catedral de Valencia
Archivo de la Corona de Aragón, Barcelona
Archivo de la Diputación Provincial de Valencia
Archivo de la Real Academia de Bellas Artes de San Carlos, Valencia
Archivo de Protocolos del Colegio del Patriarca, Valencia
Archivo del Cuartel General del Ejército, Madrid
Archivo del Reino de Valencia
Archivo del Seminario Metropolitano, Valencia
Archivo General de la Administración, Alcalá de Henares
Archivo Histórico de la Provincia Franciscana de Valencia
Archivo Histórico Municipal, Valencia
Archivo Histórico Nacional, Madrid
Archivo Intermedio Militar Centro, Valencia. Ministerio de Defensa. España
Archivo Renfe, Valencia
Arxiu-Biblioteca Històrica de la Universitat de València-Estudi General
Arxiu Històric dels Franciscans de Catalunya, Barcelona
Asociación Hispánica de Estudios Franciscanos, Madrid/Barcelona
Biblioteca del Convento de Santo Espíritu del Monte, Gilet
Biblioteca del Sacro Convento di San Francesco d`Assisi
Biblioteca General de la Universidad Politécnica de Valencia
Biblioteca Histórica Municipal "Lluís Fullana", Valencia
Biblioteca Nacional de España, Madrid
Biblioteca Valenciana / Biblioteca Valenciana Digital: bivaldi.gva.es
Biblioteca Virtual de Patrimonio Bibliográfico del Ministerio de Cultura: bvpb.mcu.es
Centro de Información y Documentación Científica del CSIC, Madrid
Centro Geográfico del Ejército. Archivo Cartográfico y de Estudios Geográficos, Madrid
Hemeroteca del Ateneo Mercantil, Valencia
Instituto de Historia y Cultura Militar, Madrid
Museu Nacional Ferroviario, Madrid
Museo Postal y Telegráfico, Madrid
Real Academia de Bellas Artes de San Carlos, Valencia
Real Academia de Cultura Valenciana, Valencia
Servicio de Proyectos Urbanos. Ayuntamiento de Valencia
Servicio de Investigación Arqueológica Municipal de Valencia
Societá Internazionale di Studi Francescani. Assisi
St. Bonaventure University. Franciscan Institute. New York

BIBLIOGRAFÍA

ABAD PÉREZ, Antolín, 2005. La desamortización: exclaustración y restauración de los franciscanos en España (1835-1878), en: *El franciscanismo en la Península Ibérica. Balance y perspectivas.* I Congreso Internacional. Madrid, 22-27 de septiembre, 2003. Ed. a cargo de Mª del Mar Graña Cid y Agustí Boadas Llavat. Almería: GBG / Barcelona: AHEF: 255-271.

AGULLÓ PASCUAL, J. Benjamín, 1992. Los Franciscanos de la Observancia en el Reino de Valencia. En: J. Bru i Vidal (ed.): *Crónica de la XVIII Asamblea de Cronistas del Reino de Valencia* (Valencia-Alicante, octubre 1990), Valencia: Associació de Cronistes Oficials del Regne de Valéncia.

—. 1990. Los Franciscanos en la Reconquista espiritual de Valencia. En: J. Bru i Vidal (ed.): *Crónica de la XVII Asamblea de Cronistas del Reino de Valencia* (Valencia-Torrevieja, octubre 1988). Valencia: Associació de Cronistes Oficials del Regne de Valéncia.

—. 1978. Los restos del rey moro Zeit Abu Ceid, en el monasterio de la Puridad de Valencia. En: S. Bru i Vidal (ed.): *Crónica de la IX Asamblea de Cronistas del Reino de Valencia* (Valencia-Utiel-Requena-Alcoy, octubre 1974). Valencia: Centro de Cultura Valenciana: 1-6.

ALDANA FERNÁNDEZ, Salvador, 1999. Convento de San Francisco. En: S. Aldana (coord.): *Monumentos desaparecidos de la Comunidad Valenciana,* vol. I. Valencia: Consell Valencià de Cultura: 165-167.

—. 1967-68. El arquitecto barroco Juan Pérez Castiel. *Boletín de la Sociedad Castellonense de Cultura* 43 (1967): 248-279; 44 (1968): 74-87.

ALMELA Y VIVES, Francisco, 1958. *Destrucción y dispersión del tesoro artístico valenciano,* Valencia: Tipografía Moderna.

—. 1954. *El barrio de pescadores,* Valencia: Semana Gráfica.

—. 1945. *Jardines valencianos,* Valencia, Dirección General de Turismo.

AMBROSIO DE SALDÉS, 1910. La Orden Franciscana y la casa Real de Aragón, *Bullarium Franciscanum* 4: 157-159.

—. 1907. La Orden franciscana en el antiguo reino de Aragón: Colección diplomática, *Revista de Estudios Franciscanos* 1: 90-92; 219-222; 279-280; 414-417.

AMORÓS PAYÁ, León, 1956. Los Santos mártires franciscanos B. Juan de Perusa y B. Pedro de Saxoferrato en la historia de Teruel, *Teruel* 8: 28-46.

ÁNGEL, Conrado, 1943. *Notas históricas de las Seráficas Provincias de Valencia.* Ms. inéd. Valencia, Archivo de la Provincia Franciscana.

—. 1988. *Religiosos ilustres de las seráficas provincias de Valencia.* Petra (Mallorca): facsímil.

ATIENZA LÓPEZ, Ángela, 2008. *Tiempos de conventos. Una historia social de las fundaciones en la España moderna*, Madrid: Marcial Pons.

BADÍA, Ángeles, 1989. La muralla. En: A. Ribera Lacomba: *Guía arqueológica de Valencia*, Valencia: Generalitat: 52-54.

BAS CARBONELL, Manuel, 1996. *Viajeros británicos por la Valencia de la Ilustración (siglo XVIII)*. Col. "Así nos vieron", Valencia: Ayuntamiento.

BENAVENT, Ignacio, 2004. *Cosas más notables sucedidas en Valencia*. En: *Memoria escrita, historia viva. Dos dietarios valencianos del seiscientos*, ed. a cargo de E. Callado y A. Esponera. Valencia: facsímil: Ayuntamiento, 21-90.

BEUTER, Pedro. A., 1546 [1604]. *Primera parte de la Coronica general de toda España, y especialmente del Reyno de Valencia donde se tratan los estraños acaecimie[n]tos que del diluuio ... hasta los tiempos del rey don Iayme de Aragon en España se siguieron* [...] Impressa en Valencia: en casa de Pedro Patricio Mey.

BIHL, Michael, 1941. Constitutiones generales editae in capitulis generalibus celebratis Narbonae an. 1260, Assisi, an. 1279 atque Parisii an. 1292, *Archivum Franciscanum Historicum* 34: 47-48.

BOADAS LLAVAT, Agustí, 2016. De chozas a mansiones: notas a los asentamientos franciscanos españoles. En *El franciscanismo: identidad y poder*. Congreso internacional, coord. por Manuel Peláez del Rosal. Córdoba: Universidad Internacional de Andalucía: 19-86.

—. 2014. *Els franciscans a Catalunya: història, convents i frarades (1214-2014)*. Lleida: Pagès Editors.

BOIRA MAIQUES, Josep Vicent, 2011. *Valencia. La ciudad*. Valencia: Tirant lo Blanch.

BOIX Y RICARTE, Vicente, 1862. *Valencia histórica y topográfica. Relación de sus calles, plazas y puertas*. Valencia: José Rius.

—. 1849. *Manual del viajero y guía de los forasteros en Valencia*. Valencia: José Rius.

BONELLI, Renato, 1983. L'insediamento francescano. Legislazione, cronología, linguaggio, poetiche, *Storia della città* 26-27: 15-20.

BRINES BLASCO, Joan, 1978. El desarrollo urbano de Valencia en el siglo XIX. La incidencia de la desamortización de Mendizábal, *Estudios de Historia de Valencia*, Universidad de Valencia (tirada aparte): 387-398.

BRONSEVAL, Claude de, 1993. *Viaje por la Valencia del siglo XVI*. Valencia: Ayuntamiento.

BURNS, Robert I., 1989. El Rei Jaume I i Valencia: perfil d'un conqueridor. En: E. Belenguer (coord.): *Història del Pais Valencià*, vol. II: *De la conquesta a la Federació Hispànica*", Barcelona: Edicions 62: 43s.

—. 1982. *El Reino de Valencia en el siglo XIII: Iglesia y sociedad*, 2 vol. Valencia: Del Cenia al Segura.

BURRIEL ALBERICH, Josep Mª, 1998. "Proyecto de Intervención Arqueológica. Plaza del Ayuntamiento de Valencia", 22 febrero 1998. Proyectos Urbanos. Informe 1109-AYU. Pieza separada del Exp. 256/96 Proyectos Urbanos. "Documentación concurso ideas remodelación plaza Ayuntamiento".

CABANES PECOURT, M. Desamparados, 1977. *El "Repartiment" de la ciudad de Valencia,* Col. "Temas Valencianos" nº 2. Valencia: Anúbar.

—. 1974. *Los monasterios valencianos: su economía en el siglo XV.* Valencia: Universidad de Valencia.

Calendario manual y Guía de forasteros de Valencia para el año 1784, Valencia: Benito Monfort.

CARBONERES, Manuel, 1873: *Nomenclátor de puertas, calles y plazas de Valencia.* Valencia, Imprenta del Avisador Valenciano.

CÁRCEL ORTÍ, Vicente, 1987. *Historia de la Iglesia en Valencia,* 2 vol., Valencia, Arzobispado.

CATALÁ GORGUES, Miguel A., 1999. *Valencia en el grabado 1499-1899.* Valencia: Ayuntamiento.

—. 2019. *Conventos y monasterios valencianos: guía histórico-artística,* 2 vol. Valencia: Sargantana.

CAVANILLES, Antonio Josef, 1797. *Observaciones sobre la historia natural, geografía, agricultura, población y frutos del Reyno de Valencia.* Madrid: Imprenta Real.

CHABÁS LLORÉNS, Roque, 1891. Çeid Abu Çeid, *El Archivo* 5: 283-304.

—. 1890. Çeid Abu Çeid, *El Archivo* 4: 215-221.

Compendio cronológico de la Provincia Observante de S. Francisco de Valencia. 1805-1826. Ms. inéd. Valencia, Archivo Histórico de la Provincia Franciscana.

Concurso de ideas para la remodelación de la Plaza del Ayuntamiento, Exp. 256/96. Ayuntamiento de Valencia. Area de Urbanismo. Servicio de Proyectos Urbanos. Sección: Proyectos Urbanos.

CORBALÁN DE CELIS Y DURÁ, Juan, 2006. La capilla de los Montagut en el convento de San Francisco de la ciudad de Valencia, *Boletin de la Sociedad Castellonense de Cultura* 82: 289-305.

CORBÍN FERRER, Juan L., 1988. *La plaza del Ayuntamiento, antigua de San Francisco.* Valencia: Caja de Ahorros de Valencia.

—. 1992. *De San Martín a las Barcas.* Valencia. Federico Doménech.

—. 1993. *Desde Plaza del Ayuntamiento a San Vicente de la Roqueta. La reforma interior y el Ensanche extramuros.* Valencia. Federico Doménech.

COSCOLLÁ SANZ, Vicente, 2003. *La Valencia musulmana.* Valencia. Carena.

CORNEJO, P. Fr. Damián, 1682-1686: *Chronica Seraphica,* Madrid: Juan García Infançon.

Crónica de Jaime I o Libre dels Feyts. Ed. a cargo de A. Ferrando y V. J. Escartí. Valencia. Institució Alfons el Magnànim, 2008.

CRUILLES, Vicente Salvador y Monserrat, Marqués de, 1876. *Guía urbana de Valencia antigua y moderna*, 2 vol. Valencia: José Rius. (Ed. facsímil: París-Valencia, 1979).

CUADRADO SÁNCHEZ, Marta, 1991: *Arquitectura franciscana en España (siglos XIII-XIV)*, Tesis Doctoral, Madrid, Universidad Autónoma. Extracto en: *Archivo Ibero-americano* 51 (1991) nº 201-202: 15-70; nº 203-204: 479-552.

DELICADO MARTÍNEZ, Javier, 2006. La desamortización eclesiástica de Mendizábal y las comisiones provinciales de monumentos artísticos de Valencia, Castellón y Alicante, *Archivo de Arte Valenciano* 87: 81-90.

DIAGO, Francisco, 1613. *Anales del Reyno de Valencia*, 2 vol. Valencia: Pedro P. Mey.

Donación de tierras del rey Jaime I a los frailes de las órdenes mendicantes de Valencia, dada en dicha ciudad, 1265-1608, Manaments y Empares, a. 1608, Lib. 9, mano 108, f. 1r-1vº.

DURLIAT, Marcel, 1974. Le rôle des ordres mendiants dans la création de l´architecture gothique méridionale. En: *Le naissance et l´essor du gothique méridional au XIII siècle*, nº monográf. *Cahiers de Fanjeux* 9: 71-85.

EIXIMENIS, Francesc: *Regiment de la cosa pública*. Valencia: Christofol Cofman, 1499.

ESCLAPÉS DE GUILLÓ, Pasqual, 1738. *Resumen Historial de la Fundación y Antigüedad de la Ciudad de Valencia de los Edetanos, vulgo del Cid*. Valencia: por Antonio Bordazar de Artazú. (Reed. 1805. Valencia: Imprenta Josef Estevan)

ESCOLANO, Gaspar, 1610-1611. *Décadas de la historia de la insigne y coronada ciudad y Reino de Valencia*. Valencia: Pedro Patricio Mey.

ESPINALT Y GARCÍA, Bernardo, 1786. *Atlante Español o descripción general de todo el Reyno de España. Descripción del Reyno de Valencia*. Madrid: Hilario S. Alonso.

FAROL, El, 1839. La plaza de San Francisco. Descripción versificada del jardín. *Diario Mercantil*, 8 Junio 1839.

FERNÁNDEZ-GALLARDO JIMÉNEZ, Gonzalo, 2000. La supresión de los franciscanos conventuales de la Corona de Aragón, *Archivo Ibero-americano* 60, nº 236: 217-241.

—. 2006. Los Franciscanos Conventuales en España: *Actas del II Congreso Internacional sobre el Franciscanismo en la Península Ibérica*. Barcelona, 30 de marzo - 1 de abril de 2005. Madrid: Asociación Hispánica de Estudios Franciscanos.

FERRER NAVARRO, Ramón, 1999. *Conquista y Repoblación del Reino de Valencia*. Valencia: Del Senia al Segura.

FORD, Richard, 1982. *Manual para viajeros por los Reinos de Valencia y Murcia y lectores en casa*. Madrid: Turner.

Francesco d´Assisi, Chiese e conventi, Catalogo della mostra di Narni. Milano, Electa, 1982.

FULLANA MIRA, Luis, 1926. Don Jaime, Ceit Abu Ceit y los Franciscanos, *Almanaque Las Provincias*, año 1926: 232.

—. 1924a. Notas históricas de la Seráfica Provincia de Valencia. Convento de San Francisco. Adorno del patio del convento de San Francisco de Valencia. Suceso desagradable ocurrido en su capilla, *La Acción Antoniana* 43, enero 1924: 4.

—. 1924b. Notas históricas de la Seráfica Provincia de Valencia. Los Reyes don Alfonso III de Valencia y su esposa doña María de Castilla, protectores del convento de Valencia, *La Acción Antoniana* 44, febrero 1924: 20.

—. 1924c. Notas históricas de la Seráfica Provincia de Valencia. Convento de San Francisco. Nuevas gracias concedidas por doña María de Castilla, y por su cuñado don Juan, Rey de Navarra, al Convento de San Francisco de Valencia, *La Acción Antoniana* 45, marzo 1924: 40.

—. 1923a. Notas históricas de la Seráfica Provincia de Valencia. Familia de Codinats. Reedificación de la iglesia de este Convento, *La Acción Antoniana* 34, abril 1923: 55.

—. 1923b. Notas históricas de la Seráfica Provincia de Valencia. Convento de San Francisco de Valencia. Su iglesia sirvió de sepultura a don Berenguer de Lauria y a su madre doña Saurina de Entenza, *La Acción Antoniana* 36, junio 1923: 94.

—. 1923c. Notas históricas de la Seráfica Provincia de Valencia. Protección del Rey don Jaime II, dispensada al Convento de San Francisco de Valencia, *La Acción Antoniana* 32, febrero 1923: 26-27.

—. 1923d. Notas históricas de la Seráfica Provincia de Valencia. Reedificación de los claustros del convento de San Francisco de Valencia. Cooperación del Jurado de esta ciudad, *La Acción Antoniana* 41, noviembre 1923: 175.

—. 1923e. Notas históricas de la Seráfica Provincia de Valencia. Edificación de la Sala Capitular del convento de San Francisco, de Valencia. Capilla y enterramiento del noble caballero D. Vidal de Vilanova, *La Acción Antoniana* 42, diciembre 1923: 195.

—. 1922a. Notas históricas de la Seráfica Provincia de Valencia. Nueva ampliación del convento de San Francisco de Valencia: edificación de su iglesia, *La Acción Antoniana* 30, diciembre 1922: 7.

—. 1922b. Notas históricas de la Seráfica Provincia de Valencia. Convento de San Francisco de Valencia: Ampliación de su fábrica, *La Acción Antoniana* 27, septiembre 1922: 7.

—. 1922c. Notas históricas de la Seráfica Provincia de Valencia. Convento de S. Francisco de la ciudad de Valencia. No fue su fundador el Rey Ceit Abu-Ceit, *La Acción Antoniana* 26, agosto de 1922: 9.

—. 1922d. Notas históricas de la Seráfica Provincia de Valencia. Convento de San Francisco: sus primeros fundadores, *La Acción Antoniana* 28, octubre 1922: 8.

—. 1922e. Notas históricas de la Seráfica Provincia de Valencia. Martirio de los Santos Franciscanos Juan de Perusa y Pedro de Saxoferrato, *La Acción Antoniana* 22, abril 1922: 7.

—. 1922f. Notas históricas de la Seráfica Provincia de Valencia. Los Santos Mártires, su venida a Valencia, *La Acción Antoniana* 21, marzo 1922: 3.

—. 1922g. Notas históricas de la Seráfica Provincia de Valencia. Convento de San Francisco de la ciudad de Valencia. Donaciones del rey Don Jaime para su fundación, *La Acción Antoniana* 23, mayo 1922: 4-5.

—. "Catálogo de los conventos existentes en Valencia (1800)", carp. R.69. Fondo L. Fullana. Valencia, Biblioteca Histórica Municipal "Lluís Fullana".

FURIÓ I DIEGO, Antoni (coord.), 1999. *Historia de Valencia*. Valencia: Editorial Prensa Valenciana y Universitat de València.

GARCIA MARSILLA, Juan Vicente, 2011. *Art i societat a la València medieval*. Catarroja-Barcelona: Afers.

GARCÍA MERCADAL, José (coord..), 1999. *Viajes de extranjeros por España y Portugal desde los tiempos más remotos hasta comienzos del siglo XX*. 6 vol. Valladolid: Junta de Castilla y León, Consejería de Educación y Cultura.

GARCÍA ORO, José, 2013. Los Frailes Menores en la Hispania medieval y su asentamiento. *Archivo Ibero-americano* 73, nº 275-276: 195-228.

—. 2003. Los frailes menores en la Hispania medieval. Proceso de asentamiento, en: *El franciscanismo en la Península Ibérica. Balance y perspectivas*. I Congreso Internacional. Madrid, 22-27 de septiembre, 2003. Ed. a cargo de Mª del Mar Graña y Agustí Boadas. Almería: GBG / Barcelona: AHEF: 201-212.

—. 1987. El franciscanismo hispano de la Edad Media. *Verdad y Vida* 45: 207-249.

GARCÍA ROS, Vicente, 2018. La memoria olvidada: fr. Vicente Cuenca, arquitecto Ilustrado en Xàtiva. En: *Ulleye* (Xàtiva), col. "Una ullada a la Història", IX Jornades d'Art i Història, Xàtiva, Julio 2018: 37-118.

—. 2002. El transfondo arquitectónico de las querellas contra la conventualidad franciscana. En: *VII Curso de Verano "El franciscanismo en Andalucía"*, vol. I, Priego de Córdoba, Córdoba, 403-414.

—. 2000. *Los franciscanos y la Arquitectura. De San Francisco a la exclaustración*. Valencia: Asís.

—. 1999. La arquitectura como conflicto moral: Pensamiento arquitectónico en los escritos de San Francisco de Asís. En: *Asimetrías. Colección de Textos de Arquitectura* 1. Valencia: Universidad Politécnica: 75-94.

—. 1996. *Arquitectura de los franciscanos en la Corona de Aragón, 1217-1835*. Tesis Doctoral. 2 vol. Departamento de Composición Arquitectónica. Escuela Técnica Superior de Arquitectura. Universidad Politécnica de Valencia.

G[ARULO], J[osé], 1861. *Manual de forasteros en Valencia, o sea Guía segura*. Valencia: Julián Mariana.

—. 1852. *Valencia en la mano, o sea, Manual de forasteros.* Valencia: Julián Mariana.

GAYA NUÑO, Juan Antonio, 1961. *La arquitectura española en sus monumentos desaparecidos.* Madrid: Espasa-Calpe.

GAYANO LLUCH, Rafael, 1948. *Valencia retrospectiva: estampas de la ciudad.* Valencia: Cosmos.

GINÉ I TORRES, Anna Mª, 1989. Establiments franciscans a Catalunya. Arquitectura franciscana, *Acta Historica et Archeologica Medievalia* 10: 125-143.

—. 1988. El convent de Sant Francesc de Barcelona. Reconstrucció hipotètica. *Acta Historica et Archeologica Medievalia* 9: 221-243.

GÓMEZ-FERRER LOZANO, Mercedes, 2008. Monasterios y nuevas fundaciones conventuales en la Valencia del siglo XVI, en: AA.VV.: *Historia de la Ciudad V. Tradición y progreso.* Valencia: Colegio Territorial de Arquitectos: 95-113.

GONZAGA, Francisco, 1587. *De origine Seraphicae Religionis Franciscanae eiusque progressibus de Regularis Observantiae, institutione, forma, administrationis, ac legibus, admirabilique eius propagatione,* 2 vol. Roma; 2ª ed., Venecia 1603.

GONZÁLEZ TORNEL, Pablo, 2008. Barroquizar la arquitectura. Intervenciones de signo barroco en construcciones medievales eclesiásticas de la ciudad de Valencia, en: AA.VV.: *Historia de la Ciudad V. Tradición y progreso.* Valencia: Colegio Territorial de Arquitectos: 131-152.

GRAÑA CID, María del Mar / Boadas Llavat, Agustín (coords.), 2005. *El franciscanismo en la Península Ibérica. Balance y perspectivas.* I Congreso Internacional. Madrid, 22-27 de septiembre, 2003. Almería: GBG / Barcelona: AHEF.

GRATIEN DE PARIS, 1928. *Histoire de la Fondation et dé l'évolution de l'Ordre des Frères Mineurs au XIIIé siècle,* Paris. Trad. esp.: *Historia de la fundación y evolución de la Orden de Frailes Menores en el siglo XIII,* Buenos Aires 1947.

GRAU MESTRE, Lucía, 1999. *Ayuntamiento de Valencia, antigua Casa de la Enseñanza, Iglesia de la Sangre y Capilla de Santa Rosa de Lima.* Valencia: Ayuntamiento.

Guía de naturales y forasteros en Valencia, y su Estado Militar con un plano topográfico de esta ciudad, Valencia: Benito Monfort, 1827-1830.

GUIDONI, Enrico, 1977. Città e ordini mendicanti. Il ruolo dei conventi nella crescita e nella progettazione urbana dal XIII al XIV secolo, *Quaderni Medievali* 4: 69-106; reed.: AA.VV.: *La città dal Medioevo al Rinascimento,* Bari 1981: 123-158.

HALICZER, Stephen, 1990: *Inquisition and society in the kingdom of Valencia 1478-1834.* Berkeley/Los Angeles: University of California Press.

HEBRERA Y ESMIR, Joseph A. de, 1703. *Chronica Seráfica de la Santa Provincia de Aragón de la Regular Observancia de N. P. S. Francisco.* Zaragoza: Diego de Larumbe.

—. 1590: *Historia abreviada de la vida y martirio glorioso de los mártires de Teruel San Juan de Perusia y San Pedro de Saxoferrato,* Zaragoza.

HERRERA, José María (y otros), 1985. *Cartografía histórica de la ciudad de Valencia, 1704-1910*. Valencia: Ayuntamiento.

HUGUET CHANZÁ, José, 2013. *La plaza del Ayuntamiento de Valencia, 1890-1962*. Valencia: Ayuntamiento.

HUICI MIRANDA, Ambrosio, 1969. *Historia musulmana de Valencia y su región*, 3 vol. Valencia: Ayuntamiento.

HUICI MIRANDA, Ambrosio / Cabanes Pecourt; M. Desamparados, 1976/1982. *Documentos de Jaime I de Aragón*. 3 vol. Zaragoza: Anubar.

INSA CORIA, Juan, 1607. *Historia de la Provincia de Valencia de la Orden de San Francisco*. Ms. desap.

IRIARTE, Lázaro [=Lázaro de Aspurz], 1979. *Historia franciscana*. Valencia: Asís.

IVARS CARDONA, Andrés, 1931-1933. Franciscanismo de la reina de Aragón, doña María de Luna (1396-1406), *Archivo Ibero-americano* 34: 568-594; 36 (1933): 255-281; 416-432.

—. 1927-1929: Cronistas franciscanos de la Provincia de Valencia, *Archivo Ibero-americano* 28: 263-271 y 378-386; 31: 387-402.

—. 1916a. El testamento del noble Ochova Alaman (1255) y los Franciscanos de Valencia, *Archivo Ibero-americano* 5: 284-288.

—. 1916b. Cuándo y dónde murió el Infante Fr. Pedro de Aragón, *Archivo Ibero-americano* 5: 138-145.

J. M. L. de A., 1876. Observaciones sobre la Ruzafa de Zeit y el convento de menores de Valencia, *Revista de Archivos, Bibliotecas y Museos* 23, año VI (Madrid, 5 Diciembre 1876): 377-380.

LABORDE, Alexandre de, 1826. *Itinerario descriptivo de las Provincias de España: Reino de Valencia*. Valencia: Librería Cabrerizo.

—. 1806-1820. *Voyage Pittoresque et Historique de l'Espagne*, Paris: Pierre Didot.

LAMARCA Y MORATA, Luis, 1848. *Valencia antigua, o sea relación de las puertas, calles y plazas*, Valencia: José Ferrer de Orga.

LARRAÑAGA, Tomás, 1974. Las constituciones Narbonenses y su incidencia en la historia y en la vida franciscana, *Verdad y Vida* 32: 567-584.

Las reformas en los siglos XIV y XV: Introducción a los orígenes de la Observancia en España, *Archivo Ibero-Americano* 17, nº 65-68 (1957).

LAVEDAN, Pierre, 1935. *L'Architecture gothique religieuse en Catalogne, Valence et Baléares*, París: Henri Laurens.

Libre del Repartiment de Valencia. Ed. a cargo de A. Ferrando Francés y otros, Valencia, Vicent Garcia, 1988.

Libre del Repartiment del Regne de Valencia. Ed. a cargo de Mª. D. Cabanes Pecourt y R. Ferrer Navarro. Valencia-Zaragoza: Anubar, 1979-1980.

Libre dels Feyts (véase: Crónica de Jaime I).

LLABRÉS BERNAL, Juan, 1926. Notas para la historia de Valencia. Sepulturas, capillas y altares del demolido convento de San Francisco de Valencia. Sus dueños y poseedores en el año 1771, *Boletín de la Real Academia de la Historia* 88: 825-837.

LLOMBART, Constantí, 1887. *Valencia Antigua y Moderna: guía de forasteros, la más detallada y completa que se conoce.* Valencia: Librería de Pascual Aguilar.

LLOPIS, Amando / PERDIGÓN, Luis / TABERNER, Francisco, 2010. *Cartografía histórica de la ciudad de Valencia, 1608-1944,* Valencia: Universidad Politécnica.

LLORENTE, Teodoro, 1887-1889. *Valencia, sus monumentos y sus artes, su naturaleza e historia,* 2 vol., Barcelona: D. Cortezo. Reed. 1980 (Valencia: Albatros).

*Lo spazio dell`umiltà,* Actas del Convegno di Studi sull`edilizia dell`ordine dei Minori. Fara Sabina, 3-6 noviembre 1982. Fara Sabina, Centro Francescano S. Maria in Castello, 1984.

LÓPEZ, Atanasio, 1915a. *La provincia de España de frailes menores. Apuntes histórico-críticos sobre los orígenes de la Orden Franciscana en España.* Santiago de Compostela: tipografía El Eco Franciscano.

—. 1915b. Fundación del convento de Segorbe y orígenes de la Observancia en Aragón y Valencia, *Archivo Ibero-americano* 3: 341-349.

—. 1932. El franciscanismo en España durante los pontificados de Eugenio IV y Nicolás V a la luz de los documentos vaticanos, *Archivo Ibero-americano* 35: 89-112; 205-224; 366-393.

LORTE Y ESCARTÍN, Fr. Gerónimo, 1708. *Vita et gesta de S. Juan de Perusa y S. Pedro de Saxoferrato,* Zaragoza: Manuel Román.

MADOZ IBÁÑEZ, Pascual, 1949. *Diccionario geográfico-estadístico-histórico de España y sus posesiones de ultramar,* t. XII-XIII. Madrid: Imprenta del Diccionario Geográfico de P. Madoz.

MAGRANER Y SOLER, P. Fr. Miguel, 1824. *Historia de la Provincia de la Regular Observancia de San Francisco, t. II: La historia particular del Real Convento de S. Francisco de Valencia [...],* Ms. inéd. Copia de 1975 por el P. Germán Rius. Valencia, Archivo Histórico de la Provincia Franciscana.

MANCINELLI, Chiara, 2015. Un lugar donde ser pobres: la Observancia franciscana en la Corona de Aragón (1380ca. – 1460ca.), *Memoria Europae* I: 95-123. Consultado 31/12/2017. http://goo.gl/Pfhuvc.

MARTÍ OLTRA, Javier, 1989. La ciudad cristiana. En: A. Ribera Lacomba (coord.): *50 años de viaje arqueológico en Valencia,* Valencia, Generalitat.

MARTÍNEZ ALOY, José / SARTHOU CARRERES, Carlos, 1920-1927. Provincia de Valencia, t. I-II. En: F. Carreras Candi, *Geografía General del Reino de Valencia,* Barcelona: Alberto Martín.

MARTÍNEZ COLOMER, Vicente, 1803. *Historia de la Provincia de Valencia de la Regular Observancia de San Francisco*. 2 vol. t. I: Valencia: Salvador Faulí (ed. facsímil: Madrid: Cisneros, 1982); t. II: Ms. inéd. nº 6422, Archivo Histórico Municipal de Valencia.

MARTÍNEZ MORELLÁ, Vicente, s.a. *Conventos Franciscanos*, Valencia, Archivo de la Provincia Franciscana, Ms. inéd.

MATEU Y SANZ, Lorenzo, 1658. Relacion de las festivas demostraciones que ... Don Luis Guillen de Moncada [...], Capitán general en [...] Valencia [...] hizieron por el [...] alumbramiento de la Reyna [...]. Valencia: Bernardo Noguès.

MERCADER, Fr. Christoval, s.a. *Crónicas de la Santa Provincia de la Observancia de San Francisco de Valencia*, Ms. inéd. Valencia, Archivo de la Provincia Franciscana.

MÍNGUEZ CORNELLES, Victor, 1990: *Art I arquitectura efímera a la València del segle XVIII*. Valencia: Institució Alfons el Magnànim.

MILLO, Lloréns, 1980. *Carrers i racons de València: guia d'aquesta ciutat per a passejants ociosos i parsimoniosos, o amb pocs diners*, Valencia: Diputació Provincial i Ajuntament.

MISTRETTA, Mª Beatrize, 1983. *Francesco, architetto di Dio. L'edificazione dell'Ordine dei Minori e i suoi primi insediamenti*. Roma: Città Nuova.

MONTEAGUDO ROBLEDO, Mª Pilar, 1995. *Fiestas reales en la Valencia Moderna*. Valencia: Ayuntamiento.

MOORMAN, John. R. H., 1983. *Medieval Franciscan Houses*. History Series 4, New York, St. Bonaventure University - Franciscan Institut Publications.

MUÑOZ JIMÉNEZ, José Miguel, 2000. «El convento mendicante como elemento ordenador de la periferia en la ciudad bajomedieval: El caso español». *Butlletí de la Reial Acadèmia Catalana de Belles Arts de Sant Jordi* 14: 151-177.

NOGUERA GIMÉNEZ, J. Francisco, 1981. *La ciudad histórica de Valencia como modelo de ciudad conventual*. Tesis Doctoral (inéd). Escuela Técnica Superior de Arquitectura. Universidad Politécnica de Valencia.

Notas de las Centurias que contiene el Archivo de la Provincia. Libro de las Bulas, Privilegios y otros papeles que contiene el Archivo de la Provincia desde la Centuria 1200, Ms. inéd., año 1764, Archivo del Reino de Valencia, Clero, Lib. 1869.

NÚÑEZ RODRÍGUEZ, Manuel, 1989. La arquitectura de las órdenes mendicantes y la realidad de la "Devotio Moderna", *Archivo Ibero-americano* 49, nº 193-194: 123-140.

ORELLANA, Marcos Antonio de, 1967. *Biografía Pictórica Valentina: o Vida de los pintores, arquitectos, escultores y grabadores valencianos*. Valencia: Ayuntamiento: ed. de X. Salas (2.ª ed.).

—. 1923-1924. *Valencia Antigua y Moderna*. 2 vol. Valencia: Acción Bibliográfica Valenciana.

ORTÍ Y MAYOR, Joseph Vicente, 1740. *Fiestas centenarias con que la insigne, noble, leal y coronada ciudad de Valencia celebró en el día 9 de Octubre de 1738 la quinta Centuria de su Christiana Conquista*. Valencia: por Antonio Bordazar.

PALANCA, GABRIEL (OFM), 1914-1917. El testamento y codicilio de Dª Francisca, mujer de D. Francisco de Vilarasa y los Franciscanos de Valencia, *Archivo Ibero-americano* 2 (1914): 491-492; 3 (1915): 289-296; 5 (1916): 284-288; 7 (1917): 432-441.

PANÉS, A.: *Los conventos del Reino de Valencia*, 3 vol. Ms. inéd. Valencia, Biblioteca Histórica Municipal "Lluís Fullana".

PEDRAZA, Pilar, 1982. *Barroco efímero en Valencia*, Valencia: Ayuntamento.

PELÁEZ DEL ROSAL, Manuel, (ed.), 2017. *El mundo del Barroco y el Franciscanismo*. Córdoba: Asociación Hispánica de Estudios Franciscanos - Universidad Internacional de Andalucía.

—. 2016. *El franciscanismo: identidad y poder.* Actas del Congreso Internacional (2015). Córdoba: Universidad Internacional de Andalucía.

PERALES, Juan B., 1882. "La plaza de San Francisco". En: *Valencia y su provincia*, col. "Tradiciones Españolas", Madrid, Biblioteca Enciclopédica Popular Ilustrada: 233-246.

PINGARRÓN-ESAÍN SECO, Fernando, 2005. Derribos, ventas y destinos de conventos suprimidos de la ciudad de Valencia y de los enajenados entre los años 1837 y 1839, *Ars Longa: Cuadernos de Arte* 14-15: 271-301.

—. 1998. *Arquitectura religiosa del siglo XVII en la ciudad de Valencia.* Valencia: Ayuntamiento.

Plano del Cuartel de San Francisco para Infantería y Caballería (1847) levantado por Dn. Francisco Ulloa y Dn. José Navarro. Madrid: Archivo del Cuartel General del Ejército, sign. V-4/18.

Plaza de Valencia, 1879. "Proyecto de demolición de los cuarteles de Infantería y Caballería de San Francisco formado por el Coronel del Cuerpo de Ingenieros don Gustavo Valdés. En Albacete, a 1º de octubre de 1879". Valencia: Archivo Intermedio Militar Centro, sign. YP-7/234 y Memoria, exp. Y-16/234. Madrid, Archivo del Cuartel General del Ejército, PL, sign. V-4/19; V-4/20; V-4/21; V-4/22.

PONZ Y PIQUER, Antonio, 1772-1794. *Viage de España, ó Cartas, en que se da noticia de las cosas más apreciables, y dignas de saberse que hay en ella.* Madrid: Joachin Ibarra.

PORCAR, Pere Joan, 2012: *Coses evengudes en la ciutat y regne de Valencia, Dietari (1585-1629).* Edición a cargo de J. Ll. Lozano Lerma. PUV, col. Fonts Històriques Valencianes 50. Valencia: Universitat de València.

REGLERO DE LA FUENTE, Carlos Manuel, 2021. *Monasterios y monacato en la España Medieval,* Madrid: Marcial Pons.

Reseña histórica de la Provincia Franciscana de Valencia, Ms. inéd. Valencia, Archivo de la Provincia Franciscana.

RIBERA LACOMBA, Albert (coord.), 1989a. *Guía arqueológica de Valencia,* Valencia: Generalitat Valenciana.

—. (coord.), 1989b. *50 años de viaje arqueológico en Valencia,* Valencia, Generalitat Valenciana.

RIQUELME OLIVA, Pedro / VERA BOTÍ, Alfredo, 2014. *El convento de San Francisco de Murcia. Historia y restitución gráfica*. Murcia: Espigas.

RODRIGO PERTEGÁS, José, 1924. *La urbe valenciana en el siglo XIV*. Valencia: Imprenta Vives Mora.

ROIG CONDOMINA, Vicente Mª / SEMPERE VILAPLANA, Luisa, 2003. Destrucción, conciencia de conservación y restauración del patrimonio arquitectónico de la ciudad de Valencia en el siglo XIX: el ejemplo de los monumentos góticos, *Ars Longa* 12: 91-100.

ROJAS, Fr. Francisco de, 1652. *Anales de la Orden de los Menores*, 3 vol., Valencia: Herederos J.C. Garriz.

ROSSELLÓ I VERGER, Vicent M., 1990. *Les vistes valencianes d'Anthoine van den Wijngaerde [1563]*. Valencia: Conselleria de Cultura, Educació i Ciéncia, Generalitat Valenciana.

RUIZ DE LIHORY Y PARDINES, José, Baron de Alcahali, 1897. *Diccionario biográfico de artistas valencianos*. Valencia: Federico Domenech.

SALA GINER, Daniel, 1999. *Viajeros franceses por la Valencia del XVII*. Valencia: Ayuntamiento.

SALVAGNINI, Gigi, 1984. Architettura francescana. En: *Convegno dell`Instituto Storico Lucchese*, Pescia 1984: 11-16.

San Francisco de Asís. Escritos, Biografías, Documentos de la época. Ed. a cargo de J. A. Guerra, 5ª ed., Madrid: BAC, 1993.

SANCHIS GUARNER, Manuel, 1976. *La ciutat de València. Síntesi d'història i geografia urbana*, Valencia: Albatros.

SANCHIS SIVERA, José, 1932. Arquitectura urbana en Valencia durante la época foral, *Archivo de Arte Valenciano* 18: 3-32.

SANCHO ARANGO, Antonino, 1855. *Mejoras materiales de Valencia*, Valencia: J. Mateu Garín.

Sant Francesc d`Assis, "el Pobrissó" (1181/2-1226). El seu pas per Catalunya, Col. "Les nostres devocions" 18, Reus, Torrell de Reus, 1968: 481-507.

SARTHOU CARRERES, Carlos, 1943. *Monasterios valencianos. Su historia y su arte*. Valencia: Diputación Provincial.

SANZ DE BREMOND Y MAYÁNS, 2001. Los documentos franciscanos de la Corona de Aragón en el Archivo Histórico Nacional, *Archivo Ibero-americano* 61, nº 240: 371-498.

SEMPERE VILAPLANA, Luisa / ROIG CONDOMINA, Vicente Mª, 2002. La divulgación de nuestro patrimonio cultural en la prensa periódica valenciana del ochocientos, *Ars Longa* 11: 143-151.

SERRA DESFILIS, Amadeo, 1994. *La influencia de las órdenes mendicantes en la evolución urbana de la Valencia medieval*. IV Congreso de Arqueología Medieval Española. Sociedades en transición: Alicante. 4-9 de octubre 1993, vol. 2: 205-211.

SETTIER, Joseph María, 1866. *Guia del viajero en Valencia / Guide du voyager à Valence*. Valencia: Salvador Martínez.

SOLAZ ALBERT, Rafael, 2005. *Valencia, ciudad de postal. Paseo por el centro histórico a través de antiguas tarjetas postales*. Valencia: Ayuntamiento.

SUCÍAS APARICIO, Pedro, 1907. *Los conventos del Reino de Valencia*. 3 vol. Fondo bibliográfico Sucías. Valencia, Biblioteca Histórica Municipal "Lluís Fullana".

SWINBURNE, Henry, 1779. *Travels through Spain in the years 1775 y 1776 in which several monuments of Roman and Moorish architecture are illustrated by accurate drawings taken of the spot*. London: Printed for P. Elmsly.

TEIXIDOR Trilles, Josef, 1767. *Antigüedades de Valencia. Observaciones críticas donde con instrumentos auténticos se destruye lo fabuloso, dejando en su debida estabilidad lo bien fundado*. vol.I: Valencia: El Archivo Valentino; vol.II (reed. 1895), ed. a cargo de Roque Chabás, Valencia: F. Vives Mora.

TEIXIDOR, María Jesús, 2006. Cementerios y conventos. Transformaciones decimonónicas en el antiguo Raval de la Boatella (Valencia), *Cuadernos de Geografía* 79: 19-52.

TORRES Y BELDA, José María, 1876. Rectificaciones a varios artículos sobre sigilografía española, *Revista de Archivos, Bibliotecas y Museos* 10 (Madrid, 20 Mayo 1876): 169-172; 11 (Madrid, 5 Junio 1876): 185-189.

TOWNSEND, Joseph, 1792. *A journey through Spain in the years 1786 and 1787 [...] and Remarks in passing through a part of France*, 3 vol. 2nd. ed. with additions and corrections. London: printed for C. Dilly.

TWISS, Richard, 1775. *Travels through Portugal and Spain in 1772 and 1773*. London, author's edition.

VALDA, Juan Bautista de, 1663. *Sole[m]nes fiestas que celebró Valencia a la Inmaculada Concepción de la Virgen María*. Valencia: Gerónimo Vilagrasa.

Valencia en la mano, o Guía breve para encontrar las cosas más dignas de ella sin necesidad de preguntar. Valencia: José Gimeno, 1825.

VALLÉS ASENSIO, Felice, 1772. *Nova et Vetera S. Provinciae Aragoniae Regularis observantiae S. P. N. S. Francisci [...]*. 4 lib. en 1 vol. Ms. inéd. Valencia, Archivo de la Provincia Franciscana.

VICIANA, Martín de, 1564. *Chronyca de la inclita y coronada ciudad de Valencia y de su Reyno*. Valencia: Juan Navarro; (reed. a cargo de Joan Iborra) Valencia: Universidad de Valencia, 2002.

VIDAL CORELLA, Vicente, 1992. *La Valencia de otros tiempos. Tipos, costumbres, fiestas y tradiciones*. Valencia: Federico Domenech.

—. 1980. *Cien años de historia gráfica de Valencia*. Valencia: Caja de Ahorros.

—. 1971. *Valencia antigua y pintoresca*. Valencia: Círculo de Bellas Artes.

VILLETTI, Gabriela,1982. Legislazione e prassi edilizia degli Ordini mendicanti nei secoli XIII e XIV. En: *Francesco d'Assisi, Chiese e conventi*, Catalogo della mostra di Narni, Milano, Electa Editrice: 23-31.

WADDING, Lucas, 1625-1654. *Annales Minorum seu trium Ordinum a s. Francisco institutiorum.* 8 vol. Lugduni; 3ª ed. en 17 vol. por J. M. Fonseca, Quaracchi, Collegium S. Bonaventurae, 1931-1935.

WEBSTER, Jill R.: Conventuals and Observants in late medieval Aragon: a documentary view, *Archivum Franciscanum Historicum* 100 (2007): 221-225.

—. 2000. *Els franciscans catalans a l'Edat mitjana.* Lleida, Pagès editors.

—. 1998. *Per Déu o per diners. Els mendicants i el clergat al Pais Valencià*, Col. Recerca i Pensament, Catarroja-Barcelona: Afers.

—. 1993. *Els Menorets. The franciscans in the realms of Aragon from St. Francis to the Black Death.* Toronto: Pontifical Institute of Mediaeval Studies.

—. 1991. La reina doña Constanza y los hospitales de Barcelona y Valencia, *Archivo Ibero-americano* 51 (1991): 375-385.

—. 1987. L'art gòtic i els framenors segons alguns documents de Barcelona i de Vic, *Ausa* 12 (Vic): 203-208.

—. 1982. Excerpts from the Works of Francesc Eiximenis, *Folklore Seminar Papers* 3 (Sant Andrews): 6.

—. 1982. Franciscanismo de la reina de Aragón, doña María de Luna (1396-1406), *Archivo Ibero-americano* 42: 81-123.

—. 2012. Nomenclàtor de frares menors a la Corona d'Aragó: Manual de referència pels historiadors del Franciscanisme medieval (recurso electrónico). Consultado el 31/12/2017. goo.gl/o7nvKu.

XIMÉNEZ CROS, Ramón Mª, 1858. De la arquitectura religiosa en Valencia, *Las Bellas Artes* 15: 171.

ZACARÉS Y VELÁZQUEZ, José María, 1846: Valencia artística y monumental. Fundación del Real convento de san Francisco de Asís de esta ciudad, *El Fénix* 19 (Valencia, 8 Feb. 1846); 20 (15 Feb. 1846); 21 (22 Feb. 1846); 22 (1 Mar. 1846).

ZARAGOZÁ CATALÁN, Arturo, 2000. *Modos de construir en la Valencia medieval: Bóvedas.* Colegio Oficial de Arquitectos de la Comunidad Valenciana, Valencia.

—. 1993. El arte del corte de piedras en la arquitectura valenciana del cuatrocientos. Francesc Baldomar y el inicio de la estereotomía moderna. *Actas del Primer Congreso de Historia del Arte Valenciano*, Valencia: Generalitat Valenciana: 97-105.

ZUSKA POLASEK, Simón, 1980. Catálogo de incunables de la biblioteca de los franciscanos de Valencia, *Archivo Ibero-americano* 40, nº 160: 291-314.

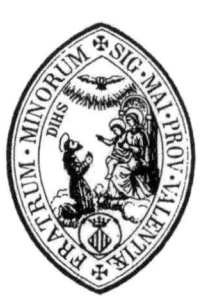